Christopher Mee

JOSEF HOFMANN

JOURNALIST IN REPUBLIK, DIKTATUR UND BESATZUNGSZEIT ERINNERUNGEN 1916 – 1947

Bearbeitet und eingeleitet

von

RUDOLF MORSEY

MATTHIAS-GRÜNEWALD-VERLAG · MAINZ

CIP-Kurztitelaufnahme der Deutschen Bibliothek

Josef Hofmann
Journalist in Republik, Diktatur und Besatzungszeit. Erinnerungen 1916–1947
(neunzehnhundertsechzehn bis neunzehnhundertsiebenundvierzig)
bearb. u. eingeleit. von Rudolf Morsey. – Mainz: Matthias-Grünewald-Verlag.
NE: Morsey, Rudolf (Bearb.)
1. Aufl. 1977
(Veröffentlichungen der Kommission für Zeitgeschichte: Reihe A, Quellen; Bd. 23)
ISBN 3-7867-0623-9

© 1977 by Matthias-Grünewald-Verlag, Mainz
Umschlaggestaltung: Roland P. Litzenburger
Gesamtherstellung: Fränkische Gesellschaftsdruckerei GmbH, Würzburg

VORWORT

HEINRICH KÖPPLER, MdL,
stellvertretender Vorsitzender der CDU Deutschlands
und Oppositionsführer im nordrhein-westfälischen Landtag

In einem Porträt über Dr. Josef Hofmann, das von einem namhaften Düsseldorfer Journalisten aus Anlaß seines 75. Geburtstages in »Landtag intern«, der Parlamentszeitschrift des nordrhein-westfälischen Landtags, erschien, schreibt dieser über ihn unter anderem: »Wer über den Menschen und Politiker Dr. Josef Hofmann schreibt, darf dies nicht verschweigen: seine dynamischen Impulse für sein menschliches, journalistisches und politisches Engagement empfängt er zuerst und letztlich aus seinem weltoffenen, tiefverwurzelten Glauben. Christ sein ist für ihn kein Zustand, sondern eine dauernd zu erfüllende Aufgabe und Verpflichtung.« Der Journalist und Politiker, dessen Erinnerungen der Zeit von 1916 bis 1947 mit diesem Werk vorgelegt werden, war sehr wesentlich vom früheren Zentrumsführer Ludwig Windthorst geprägt, was zumindest seine politische Arbeit ein Leben lang bestimmt haben dürfte. Konservative Elemente verbanden sich bei ihm mit einer tiefen Verwurzelung in der christlich-sozialen Gedankenwelt.

Diese Erinnerungen sind von außerordentlicher Aktualität, weil sie das Bild eines Journalisten autobiografisch zeichnen, der aus seinem politischen Engagement nie einen Hehl machte und sich in der Phase seines Lebens, die in diesem Werk beschrieben wird, auf der Grenzlinie zwischen Journalismus und Politik bewegte, ohne die Grenze zur Politik hin zu überschreiten. Wir beobachten heute oft, daß sich die Journalisten für die besseren Politiker halten und die Politiker für die besseren Journalisten. Die Verbindung von Journalist und Politiker ist selten geworden, weil derjenige, der sich heute für die Politik entscheidet, in der Regel dem Journalismus Adieu sagt. Immerhin leistet das Werk einen wichtigen Beitrag zu der Diskussion, inwieweit der Journalismus die Politik lediglich begleitet oder ob er sie auch von seinem Selbstverständnis her beeinflußt bis hin zur Mitgestaltung.

Josef Hofmann beschreibt in diesem Werk jene Zeit seines Lebens, in der er noch nicht, wie später, in erster Linie Politiker war, sondern in der er die Politik noch journalistisch, wie man heute feststellen würde, kritisch würdigend begleitete, und das in außerordentlich bewegten Zeiten. Er hat in dieser Zeit seine journalistische Distanz zur Politik nicht aufgegeben, sondern nach einer gediegenen, journalistischen Ausbildung jene politische Linie redaktionell zu unterstützen versuchte, die seinen Grundüberzeugungen entsprach.

Nicht zuletzt deshalb kann der Leser dieses Werkes nicht nur Erhebliches über das Verhältnis von Presse und Politik lernen, sondern er kann sich auch mit jener

Selbstverständlichkeit vertraut machen, daß Zeitungen in der Regel eine politische Richtung vertreten, der sich ihr angehörende Journalisten bewußt sein sollten. Auch für diese Diskussion, die aktuell ist, ist das Werk ein wichtiger Beitrag.

Besonders berührt bei der Lektüre der 1. Auflage der Erinnerungen von Josef Hofmann hat mich die überzeugende Darstellung seiner Menschlichkeit und seiner Zugewandtheit zum Menschen. Er hätte sich sicher nicht für einen Intellektuellen gehalten, auch wenn er einer war, doch sein Werk beweist überzeugend, daß zu einem engagierten Journalismus nicht nur kritische Distanz, sondern auch das Bemühen um Verständnis und Verständigung gehört.

Ebenfalls sehr beeindruckend ist die Beschreibung der Phase seiner journalistischen Tätigkeit in der Zeit der Naziherrschaft, in der es für ihn darauf ankam, Opposition verbal so auszudrücken, daß diese zwischen den Zeilen aufleuchtete, ein Unterfangen, das ein hohes Maß an journalistischen Fähigkeiten voraussetzt und zu seiner Zeit alles andere als ungefährlich war, was die Erinnerungen deutlich widerspiegeln.

Besonderes Interesse verdient dann die plastische Beschreibung der ersten Gehversuche der jungen deutschen Demokratie in den ersten Jahren der Besatzungszeit. Der Autor beschreibt hier, wie er am Wiederaufbau eines demokratischen Pressewesens in Deutschland beteiligt ist und gleichzeitig als Mitbegründer der CDU nunmehr auch die Grenze vom Journalismus zur Politik hin überschreitend auch als Politiker tätig wird. Seine Würdigung des Ahlener Programms im Zusammenhang mit seiner Veröffentlichung zeichnet ihn zwar noch als Journalisten aus, deutet jedoch schon zusammen mit den damaligen konkreten politischen Aktivitäten des Autors auf seinen weiteren Weg als führender Kulturpolitiker hin.

Kulturpolitiker war Josef Hofmann aus Leidenschaft. Von 1946 bis zu seinem Ausscheiden aus dem Landtag 1970 war er Mitglied des Kulturausschusses des nordrhein-westfälischen Landtags, 19 Jahre sein Vorsitzender. Kaum ein anderer Abgeordneter hat die Bildungs- und Kulturpolitik dieses Landes so stark beeinflußt und geprägt wie er. Seine sachliche Autorität wurde von Freunden und Gegnern respektiert, zumal sein Votum nie von tagespolitisch-taktischen Gesichtspunkten, sondern stets von grundsätzlichen, im Geschichtsbewußtsein gegründeten Überlegungen getragen war.

Die »Erinnerungen« von Josef Hofmann sind auch für jene als Lektüre wertvoll, die seinen politischen Grundüberzeugungen nicht nahestehen. Sie sind insbesondere ein wertvoller Beitrag für eine junge Generation, die sich ihrerseits außerordentlich schwertut, die Lebensumstände und das Lebensgefühl jener nachzuempfinden, deren Leben in der bewegten Zeit lag, die dieses Werk beschreibt.

INHALT

Vorwort des Bearbeiters 9

Zur Einführung: Der Autor 11

Abkürzungen 15

1. Kapitel
Kriegsdienst und Studium 1916–1923 17
An der Ost- und Westfront – In englischer Gefangenschaft (1917–1919) – Studium in Münster – Mit der Akademischen Bürgerwehr gegen die »Rote Armee« – Verlobung – In der Hochschulgruppe der Zentrumspartei – Volontär bei der »Osnabrücker Volkszeitung« – Arbeit an der Dissertation

2. Kapitel
Redakteur der »Osnabrücker Volkszeitung« 1923–1928 30
Redaktionsalltag in der Inflation – Ruhrbesetzung – Hitler-Putsch – Heirat – Auslandsreisen – Streiflichter zur Innenpolitik – Journalistische Fortbildung – Kontakte zu Zentrumspolitikern

3. Kapitel
Wechsel zur »Kölnischen Volkszeitung« 1929 42
Abschied von Osnabrück – Umzug nach Köln – Redakteure und Charaktere der »Kölnischen Volkszeitung« – Rückblick auf den »Zentrumsstreit« – Vertriebsprobleme – Oberbürgermeister Konrad Adenauer

4. Kapitel
Journalistischer Alltag in unruhiger Zeit 52
Zeit- und Geistesströmungen – Einsatz für die Zentrumspartei – Gegen die NSDAP – Kontakt zu katholischen Verbänden – Redakteur der Zeitschrift »Das Abendland« – Auslandsreisen – Katholikentage – Enzyklika »Quadragesimo anno« 1931

5. Kapitel
Begegnungen mit Heinrich Brüning 60
Verbindungsmann zum Reichskanzler – Gegen Kommunismus und Nationalsozialismus – Gespräche in der Reichskanzlei – Sturz Brünings – Papen: »Ephialtes der Zentrumspartei« – Mit dem Exkanzler im Wahlkampf des Sommers 1932 – Über Brünings Sturz – Papen und Schleicher – Im letzten Wahlkampf Februar/März 1933

6. Kapitel

Von Köln nach Essen: Umzug mit der »Kölnischen Volkszeitung« . 72
Finanzielle Schwierigkeiten der Görreshaus AG – NS-Machtübernahme in Köln –
Konkurs der Görreshaus AG – Übergang der »Kölnischen Volkszeitung« an den
Verlag Fredebeul und Koenen – Stellungslos – Beim Münchner Gesellentag
(8.–11. Juni 1933) – Rückkehr in die Redaktion – Umzug nach Essen – Alltag
im Hitler-Staat – Sprachregelung und Zensur – »Katholischer Zugang zum
Nationalsozialismus« – Schwierigkeiten – Tagungen des Akademikerverbandes –
Kardinal Pacelli zur Situation in Deutschland (Februar 1934)

7. Kapitel

Schwere Jahre bis zum Verbot der »Kölnischen Volkszeitung« 1941 . 85
Überwacht und schikaniert – Verleger Hans von Chamier – Umgehung der
Sprachregelungen – Erschwerte Berichterstattung – Vor und nach Kriegsbeginn
1939 – Verschärfte Zensur – Verhaftung von Hein Houben – Reise nach Wien –
Haussuchungen und Verhöre durch die Gestapo – Verbot der »Kölnischen Volks-
zeitung« 1941 – Abschied – Entwicklung der Auflagenhöhe

8. Kapitel

Redakteur der »Kölnischen Zeitung« 1941–1945 99
Ein neuer Verlag und ein neuer Vertrag – Absprache mit Max Horndasch –
Redakteure und Redaktion eines Weltblatts – Nachrichtenbeschaffung und Kommentierung – »Zwischen den Zeilen-Schreiben und -Lesen« – Gestufte Zensurbestimmungen – Umzug nach Köln – Luftkrieg und Bombenschäden – Verlegung
der Redaktion nach Bonn

9. Kapitel

Gedanken über die Gestaltung der Nachkriegszeit 114
Kontakt mit P. Laurentius Siemer O.P. – Johannes Albers – Besuch beim Bischof
von Aachen – Überlegungen für den Tag X – Nikolaus Groß und Bernhard
Letterhaus – Kommentator der Wehrmachtsberichte – Schlesien im Sommer 1944
– Nach dem 20. Juli 1944 – Vormarsch der Amerikaner – Karl Driever

10. Kapitel

Evakuierung der Redaktion aus der Kölner Trümmerwüste 126
Kriegswinter 1944/45 – Evakuierung der Familie – Umzug der Redaktion der
»Kölnischen Zeitung« nach Siegen – Reise nach Berlin – Zerstörung von Siegen –
Rückkehr in die Kölner Trümmerwüste Januar 1945 – Die Front rückt näher –
Umzug der Redaktion nach Lüdenscheid – Das Ende der »Kölnischen Zeitung«
und des Krieges – Zwei Monate untätig in Schnellenbach

11. Kapitel

Besatzungsherrschaft in Köln 1945 141
Überlegungen über das Wiedererscheinen der »Kölnischen Zeitung« – Besuche
bei der Stadtverwaltung – Gespräche mit Leo Schwering über eine Christlich-

Demokratische Bewegung – Wilhelm Hamacher will im »Zentrumsturm« bleiben
– »Deutsch-Demokratische Bewegung« in Gummersbach – Angebot einer journalistischen Tätigkeit in Aachen – Gespräche mit Adenauer und Robert Grosche

12. KAPITEL

DIE GRÜNDUNG DER CDU IN KÖLN 152
Beratungen im Kolpinghaus am 17. Juni 1945 – Fortsetzung im Kloster Walberberg am 23. und 30. Juni 1945 – Ein Programm entsteht – Differenzen über den Parteinamen – Gründung der Kölner CDP – Auseinandersetzungen mit dem neuen Zentrum

13. KAPITEL

CHEFREDAKTEUR DER »AACHENER NACHRICHTEN« 161
Verhandlungen über den Eintritt in die Redaktion – Chefredakteur – Auflagenhöhe, Richtlinien, Zensurbestimmungen der Besatzungsmacht – Konflikt mit Heinrich Hollands – Verwaltung in der Trümmerstadt – Bischof van der Velden – Dozent an der Journalistenschule – Erste Zeitungslizenzen – Gespräch mit der Provinzialregierung in Düsseldorf – Überlegungen zur deutschen Frage

14. KAPITEL

WIEDERAUFBAU IN AACHEN 175
Gespräch mit Johannes Stepkes – Gründung des Rheinisch-Westfälischen Journalistenverbandes – Personalpolitik der Besatzungsmacht – Gründung der CDU in Aachen – »Reichstreffen« der CDU in Godesberg – Neue Zeitungslizenzen für Aachen – Erwägungen über einen Berufswechsel – Vorbereitungen zur Gründung einer christlich-demokratischen Zeitung

15. KAPITEL

MITLIZENZTRÄGER UND CHEFREDAKTEUR DER »AACHENER VOLKSZEITUNG« . 186
Start der »Aachener Volkszeitung« – Letzter Konflikt mit Hollands – Die neue Aufgabe – Schwieriger Start – Alltag unter Besatzungsherrschaft – Hungersnot und Schwarzmarkt – Umzug nach Aachen – Demontage – Zur Deutschlandpolitik der Westmächte – Gründung des Landes Nordrhein-Westfalen

16. KAPITEL

PARTEIPOLITISCHE TÄTIGKEIT IN DER CDU –
UMSTRITTENER »CHRISTLICHER SOZIALISMUS« 197
Provinzialrat und Landtag von Nordrhein-Westfalen – Kabinettsbildung im Sommer 1946 ohne CDU – Wahlkämpfe und Wahlerfolge – Parlamentsarbeit im ernannten Landtag – Umbildung der Regierung und des Landtags – Um den »Christlichen Sozialismus« – Das Ahlener Programm – Landtagsdebatten über die Frage der Sozialisierung

17. Kapitel

Aufbauarbeit in Presse und Partei 209
    Im Stadtrat von Aachen – Kommunale und regionale Probleme – Arbeit in der
    CDU – Gründung des Vereins Union-Presse und des Nordwestdeutschen Journa-
    listenverbandes – Reise nach Erfurt – Ausbau der »Aachener Volkszeitung« –
    Fortdauer der Zensur – »Hungerwahlen« im Frühjahr 1947 – Der erste gewählte
    Landtag – Bildung des Kabinetts Arnold

Nachwort des Bearbeiters 223
1. Entstehung und Niederschrift des Manuskripts
    a) Überlieferung
    b) Quellengrundlage

2. Zur Edition

Personenregister 229

VORWORT DES BEARBEITERS

Die hier veröffentlichten Erinnerungen des Journalisten und Parlamentariers Josef Hofmann (1897–1973) bilden den ersten Teil eines umfangreichen Manuskripts, dessen Niederschrift der Verfasser, der 1968 aus dem Landtag von Nordrhein-Westfalen ausgeschieden war, 1971 begonnen hatte. Der hier publizierte kleinere Teil der Erinnerungen – etwa ein Viertel des Gesamtumfangs – reicht vom Frühjahr 1916, dem Zeitpunkt von Hofmanns Abitur in Hannover, bis zum Frühsommer 1947, als mit der Bildung der ersten Regierung Arnold in Düsseldorf ein neuer Abschnitt des politischen Lebens in Nordrhein-Westfalen begann.

Josef Hofmann gehörte zu den prominentesten Journalisten des politischen Katholizismus im Ausgang der Weimarer Republik. Als Redakteur der »Osnabrücker Volkszeitung« und seit 1929 der »Kölnischen Volkszeitung« kommentierte und beeinflußte er die Meinungsbildung in der Deutschen Zentrumspartei. Hofmann war Verbindungsmann seiner Redaktion zu Reichskanzler Brüning, dessen Vertrauen er gewann. Für die Ära der Hitler-Diktatur, die den Verfasser nach dem Verbot der seit 1933 in Essen erscheinenden »Kölnischen Volkszeitung« (1941) zurück nach Köln an die liberale »Kölnische Zeitung« führte – in deren Redaktion er bis zum Untergang dieses Weltblatts im April 1945 tätig war –, ist J. Hofmann ein Kronzeuge für die eingeschränkten Möglichkeiten und Formen publizistischer Opposition im Terrorstaat. Im Sommer 1945 gehörte der zunächst stellenlose Publizist zu den Gründern der CDU in Köln und wenig später dann in Aachen, wo er als Hauptschriftleiter der »Aachener Nachrichten« an vorderster Stelle beim Aufbau des Pressewesens in der britischen Zone mitgewirkt hat.

1946 wurde Hofmann Mitlizenzträger und Chefredakteur der neu gegründeten »Aachener Volkszeitung«. Als CDU-Abgeordneter für Aachen gehörte er dem Landtag von Nordrhein-Westfalen von 1946–1968 an, von 1948–1966 als Vorsitzender des Kulturpolitischen Ausschusses. In dieser Stellung und in zahlreichen anderen parteipolitischen und publizistischen Ämtern konnte er insbesondere die kulturpolitischen Weichenstellungen in Nordrhein-Westfalen wesentlich mit beeinflussen.

Den größten Umfang in J. Hofmanns Manuskript, nämlich mehr als 700 Maschinenseiten, beansprucht die Schilderung seiner Tätigkeit im Düsseldorfer Landtag nach 1947. Dabei handelt es sich im wesentlichen jedoch um eine chronologisch angelegte, nüchtern referierende Beschreibung der vielfältigen Tätigkeit und parlamentarischen Alltagsarbeit eines prominenten Abgeordneten und Ausschußvorsitzenden. Dieser Teil stützt sich neben eigenen Aufzeichnungen auf das umfangreiche parlamentarische Quellenmaterial; er bietet nicht mehr jene auch atmosphärisch verdichtete, spannend zu lesende Zeitbeobachtung und Personenschilderung, die den hier abgedruckten und wesentlich stärker komprimierten ersten Abschnitt auszeichnen.

Angesichts der so unterschiedlichen Anlage der Memoiren konnten sich Bearbeiter und Kommission nicht dazu entschließen, das umfangreiche Manuskript als Ganzes zu publizieren. Es steht jedoch wissenschaftlichen Benutzern in der Geschäftsstelle der »Kommission für Zeitgeschichte« in Bonn zur Verfügung. Der außerordentlich umfangreiche Nachlaß von Josef Hofmann befindet sich auf Grund eines Depositalvertrags vom 17. März 1972 im Hauptstaatsarchiv Düsseldorf, wo er geordnet und verzeichnet worden ist (Bestand RWN 210).

An dieser Stelle möchte ich den Angehörigen der Familie Hofmann, vor allem den Söhnen Diplom-Bibliothekar Bernhard Hofmann (gest. 1974 in Aachen) und Privatdozent Dr. med. Norbert Hofmann (Neuss), für die Erlaubnis danken, das Manuskript zu veröffentlichen und neben kleineren Teilen des Nachlasses, die sich noch in Familienbesitz befinden, auch ein hinterlassenes Tagebuch ihres Vaters aus der Zeit von 1945–1949 einsehen zu können. Dem Hauptstaatsarchiv Düsseldorf, insbesondere Herrn Staatsarchivrat Dr. Rolf Nagel, danke ich für hilfreiche Unterstützung bei der Benutzung des Nachlasses J. Hofmann, dem Historischen Archiv der Stadt Köln sowie Herrn Stadtarchivdirektor Dr. Herbert Lepper (Aachen) bei der Erteilung von Auskünften.

Speyer, im November 1976   *Rudolf Morsey*

ZUR EINFÜHRUNG: DER AUTOR

Im »Handbuch des Landtags Nordrhein-Westfalen« für die erste Wahlperiode von 1947 an[1] findet sich die folgende Kurzbiographie von Dr. rer. pol. Josef Hofmann:

»Hauptschriftleiter, direkte Wahl im Wahlkreis I, Aachen-Stadt, CDU-Fraktion. Mitglied der Zentrumspartei seit 1920, der CDU seit 1945, ab 1945 Mitglied des Landesvorstandes der CDU des Rheinlandes, Mitglied des ernannten Landtages Nordrhein-Westfalen, seit 1946 Stadtratsmitglied in Aachen.

Geb. am 1. Mai 1897 in Hannover, katholisch, Volksschule, Gymnasium, Universität Münster in Westf., seit 1923 Schriftleiter an der ›Osnabrücker Volkszeitung‹, ›Kölnischen Volkszeitung‹, ›Kölnischen Zeitung‹, 1945 Hauptschriftleiter der ›Aachener Nachrichten‹, 1946 der ›Aachener Volkszeitung‹.«

Die knappe Aufzählung dieser Daten und Fakten umschließt jenen Lebensabschnitt Hofmanns, den er im ersten Teil seiner Memoiren schildert, der in diesem Bande veröffentlicht wird. Der Autor gehörte 1945 zu den »Männern der ersten Stunde«, zu den Mitbegründern der CDU in Köln und Aachen, die als Lehre aus der Geschichte nicht die Wiedererrichtung des »Zentrumsturms«, sondern die Schaffung einer interkonfessionellen christlichen Volkspartei erstrebten und durchsetzten. Josef Hofmann zählt zu den Angehörigen jener Generation christlicher Demokraten, die in den zwölf Jahren der Hitler-Diktatur, obwohl an exponierter Stelle publizistischer Verantwortung verblieben, ihre Überzeugung nicht preisgegeben und die Brücke von der ersten zur zweiten Republik geschlagen haben.

Er wurde am 1. Mai 1897 in Hannover geboren, als Sohn des aus Pfullendorf (Baden) stammenden Küsters und Rechnungsführers an der St.-Clemens-Kirche in Hannover, Anton Hofmann (1864–1930), und dessen Ehefrau Maria, geb. Volmer (1866–1948). Von Erziehung und Schulzeit des Autors ist in seinen Memoiren nicht die Rede; sie beginnen mit der Schilderung seiner Erlebnisse nach dem Abitur am Königlichen Kaiserin-Auguste-Victoria-Gymnasium in Hannover-Linden am 29. Februar 1916. Das Abiturzeugnis[2] weist Hofmann als guten Schuler aus (Betragen und Fleiß: sehr gut), der in zwei Fächern (Geschichte und Religion) sehr gute Noten und nur in einem Fach (Turnen) eine »genügende« Leistung erreicht hatte. Seine Handschrift wurde als »undeutlich« beurteilt.

Der weitere Lebenslauf Josef Hofmanns ergibt sich aus der folgenden tabellarischen Aufstellung:[3]

[1] Hrsg. vom Landtag Nordrhein-Westfalen. Düsseldorf 1949, S. 288.
[2] *Im Nachlaß im* HAUPTSTAATSARCHIV DÜSSELDORF (HStAD), RWN 210/640.
[3] *Zusammengestellt auf Grund von Angaben des Autors in seinen Erinnerungen sowie aus einem Fragebogen der britischen Militärregierung aus dem Spätjahr 1945 (HStAD, RWV 46/145), ergänzt durch andere Informationen.*

1916	Militär- und Kriegsdienst
1917	in englischer Gefangenschaft (bis 1919)
1920	Beginn des Studiums an der Universität Münster (Januar)
	Mitglied der Akademischen Bürgerwehr (März/April)
	Mitglied der münsterischen KV-Korporation »Germania«
	Mitglied der Deutschen Zentrumspartei
1921	Vorsitzender der Hochschulgruppe der Deutschen Zentrumspartei an der Universität Münster
	Volontär an der »Osnabrücker Volkszeitung« (bis 1922)
1922	Mitglied im Verein katholischer Akademiker (seit 1926 im Osnabrücker Ortsvorstand)
1923	Promotion zum Dr. rer. pol. an der Universität Münster
	Schriftleiter der »Osnabrücker Volkszeitung« (bis 1929)
1924	Heirat mit Maria Hesse aus Hattingen, geboren in Kottwitz (Schlesien) (1896–1976)
	Dieser Ehe entstammen vier Kinder: Bernhard (1925–1974), Winfried (1926–1954), Norbert (geb. 1928), Adelheid (geb. 1930)
1924	Mitglied des »Augustinus-Vereins« (bis 1934)
1925	Mitglied des Ortsvorstandes der Deutschen Zentrumspartei (bis 1929)
1925	Mitglied des »Volksvereins für das katholische Deutschland«, seit 1926 als Vorsitzender des Ortsvereins
1926	Mitglied des Reichsverbandes der deutschen Presse (bis 1945; 1926 bis 1929 Vorsitzender des Ortsvereins)
1929	Schriftleiter für Politik und Kultur der »Kölnischen Volkszeitung« (bis 1941)
	1929–1933 in Köln
	1933–1941 in Essen
1930	Mitglied des Zentralvorstandes des »Volksvereins für das katholische Deutschland« (bis 1933)
1941	Schriftleiter der »Kölnischen Zeitung« (bis 1945)
	1941–1944 in Köln
	1944/45 in Bonn, Siegen, Köln
1945	Gründungsmitglied der CDU Köln und Aachen
	Chefredakteur der »Aachener Nachrichten«
	Mitbegründer des Rheinisch-Westfälischen Journalistenverbandes
1946	Mitlizenzträger und Chefredakteur der »Aachener Volkszeitung« (bis 1961)
	Mitglied des Rates der Stadt Aachen (bis 1948)
	Mitglied des Vorstands der CDU-Kreispartei Aachen und des Landesvorstands der rheinischen CDU

	Abgeordneter des (ernannten) ersten Landtages von Nordrhein-Westfalen
1947	Abgeordneter des Landtags von Nordrhein-Westfalen (bis 1966)
	Vorstandsmitglied des Vereins Union-Presse e. V. (Vorsitzender von 1949–1966)
1948	Vorsitzender des Kulturpolitischen Ausschusses des Landtags (bis 1966)
1952	Mitglied (und zeitweise Vorsitzender) des Bundesausschusses für Kultur der CDU-Bundespartei
	Mitglied des Arbeitskreises Presse im Zentralkomitee der Deutschen Katholiken
	Komtur des Päpstlichen Ordens vom Heiligen Gregorius
1956	Vorsitzender der Kreispartei der CDU Aachen (bis 1966)
1958	Ehrensenator der Technischen Hochschule Aachen
1959	Träger des Großen Bundesverdienstkreuzes der Bundesrepublik Deutschland
1968	Dr. Ing. e. h. der Technischen Hochschule Aachen
	Ehrensenator der Universität Münster
27. Dez. 1973	gestorben in Aachen

Josef Hofmann war »Zentrumsmann« von Herkunft und politischer Anschauung mit starken sozialpolitischen Interessen. Er gehörte zum republikanischen Flügel seiner Partei und stand in engem Kontakt mit westdeutschen Arbeiterführern wie Bernhard Letterhaus und später Johannes Albers.

Von seiner Studienzeit angefangen bis hin zum letzten Wahlkampf im Februar/März 1933 hat Hofmann neben seiner journalistischen Arbeit eine ausgedehnte politische und kulturpolitische Vortragstätigkeit ausgeübt. Bereits aus dem Frühjahr 1921 liegt ein maschinenschriftlich ausgearbeitetes Referat mit dem anspruchsvollen Titel »Ein Gang durch das deutsche Wirtschafts- und Gesellschaftsleben« vor. Er sprach im Rahmen des »Volksvereins für das katholische Deutschland«, in Gesellen- und Arbeitervereinen, im Auftrag der Reichszentrale für Heimatdienst, ferner vor Mitgliedern der »Windthorstbunde« und des »Görresrings«, der Zentrumspartei und seiner eigenen Studentenverbindung. Eine Reihe noch erhaltener handschriftlicher Manuskripte[4] – übrigens auch über Themen wie »Sozialismus und Religion« bzw. »Religion und Politik« – bezeugt, wie sorgfältig sich der Redner Hofmann jeweils vorzubereiten pflegte: eine Eigenschaft, die auch für seine journalistische Tätigkeit kennzeichnend geblieben ist. Auf diesen Beruf hin hat er sein Studium ausgerichtet und innerhalb dieses Berufs ist er konsequent aufgestiegen.

Hofmanns Reden wie seine Artikel zeichneten sich durch Gründlichkeit, Nüch-

---

[4] RWN 210.

ternheit und Sachlichkeit aus. Der Zuverlässigkeit seiner Mitteilungen entsprach das Augenmaß seiner Urteile, wie es auch die Memoiren ausweisen. Wenn es darin an einer Stelle heißt[5]: »Ich suchte Fühlung mit allen Richtungen zu halten und zwischen ihnen als Mann des Ausgleichs zu stehen«, so ist damit ein Grundzug von Hofmanns Wirksamkeit angesprochen. Als weiteren Grundzug muß man sein praktisches Christentum nennen und die aus der Sicherheit seines katholischen Glaubens resultierende selbstverständliche konfessionelle Toleranz.

Josef Hofmann hatte das Glück, bis 1941 mit einer kleinen Gruppe gleichgesinnter katholischer Journalisten an der traditionsreichen »Kölnischen Volkszeitung« bis zu deren Verbot durch die Nationalsozialisten zusammenbleiben zu können. Wie es ihnen immer wieder gelungen ist, mit Spürsinn, Geschick und Mut den innerhalb der rigoros gehandhabten Zensur verbliebenen minimalen Spielraum publizistisch zu nutzen, tritt aus den Memoiren eindrucksvoll zutage. Es bleibt ein Desiderat, diese Art ebenso aufreibenden wie gefahrvollen Nicht-Anpassens und Opponierens anhand der einzelnen Zeitungsjahrgänge zu untersuchen. Das gleiche gilt in bezug auf die redaktionelle Gestaltung der »Aachener Nachrichten« und der »Aachener Volkszeitung« in dem hier geschilderten Zeitraum totaler Besatzungsherrschaft zwischen 1945 und 1947.

Seit 1946, mit dem Einzug in den Landtag von Nordrhein-Westfalen, und seit 1948, mit der Übernahme des Vorsitzes in dessen Kulturpolitischem Ausschuß, verlagerte sich der Schwerpunkt von Hofmanns Aktivität immer stärker auf die Landespolitik und hier wiederum auf die Kulturpolitik. In engem Zusammenwirken mit den Düsseldorfer Kultusministern Christine Teusch, Werner Schütz und Paul Mikat gewann Hofmann wesentlichen Anteil am Wiederauf- und Ausbau des Schul- und Berufsschulwesens, der Universitäten, Pädagogischen Hochschulen und anderer kultureller Institutionen (Bibliotheken, Museen, Theater, Archive). Das Amt des Kultusministers selbst zu übernehmen – womit er in den fünfziger und frühen sechziger Jahren das eine oder andere Mal wohl gerechnet hatte – war ihm jedoch nicht vergönnt.

Er blieb weiterhin ein ebenso sachkundiger wie einflußreicher und hilfsbereiter Parlamentarier, ein Motor für den Auf- und Ausbau der Unions-Presse und ihres Pressedienstes. Von seinen Redakteuren wurde er respektiert, bei seinen journalistischen Volontären war er beliebt, weil er gerecht urteilte und ein stets ansprechbarer Chef blieb.

Es dürfte kaum einen zweiten Abgeordneten dieser Jahre geben, der wie Hofmann eine solche Fülle hoher und höchster staatlicher, kirchlicher und wissenschaftlicher Auszeichnungen und Ehrungen erhalten hat: als Anerkennung für sein uneigennütziges Wirken, als Dank für seinen Einsatz zugunsten einer auf christlichen Grundsätzen basierenden demokratischen Staats- und Lebensordnung. Sein langjähriger journalistischer Weggefährte und Freund Max Horndasch

---

[5] S. unten S. 190.

schrieb in einer Würdigung zum 60. Geburtstag Hofmanns (1. Mai 1957) in der »Aachener Volkszeitung«, mit der Persönlichkeit des Jubilars sei das »Prinzip des Maßes und der Geduld« verbunden; er gehöre zu den Garanten eines wohltemperierten Fortschritts in den öffentlichen Angelegenheiten der Deutschen. Horndasch sprach ferner von der Akribie Hofmanns, »die ein Wesensmerkmal seiner Arbeit ist«, und von unbestechlicher Sachlichkeit und persönlicher Bescheidenheit, gepaart mit politischem Augenmaß und steter Einsatzbereitschaft. In zahlreichen Nachrufen wurde Josef Hofmann als Vorbild eines aus christlicher Überzeugung und Verantwortung handelnden Politikers gewürdigt, der – ebenso gesinnungsfest wie tolerant – keine Feinde gekannt habe und wegen seiner selbstlosen Hilfsbereitschaft geachtet und geschätzt worden ist.

ABKÜRZUNGEN

AN	=	Aachener Nachrichten
AVZ	=	Aachener Volkszeitung
BBC	=	British Broadcasting Corporation
CDU	=	Christlich-Demokratische Union
CSU	=	Christlich-Soziale Union
DDP	=	Deutsche Demokratische Partei
DNB	=	Deutsches Nachrichten-Büro
DNVP	=	Deutschnationale Volkspartei
DVP	=	Deutsche Volkspartei
EVZ	=	Essener Volkszeitung
FDP	=	Freie Demokratische Partei
KPD	=	Kommunistische Partei Deutschlands
KV	=	Kölnische Volkszeitung
NSDAP	=	Nationalsozialistische Deutsche Arbeiterpartei
OVZ	=	Osnabrücker Volkszeitung
PG	=	(NSDAP-)Parteigenosse
PK	=	Propaganda-Kompanie
SA	=	Sturmabteilung
SED	=	Sozialistische Einheitspartei Deutschlands
SPD	=	Sozialdemokratische Partei Deutschlands
SS	=	Schutzstaffel

1. KRIEGSDIENST UND STUDIUM 1916–1923

Wenige Tage nach meinem Abitur (29. Februar 1916) gab es für mich an meinem Namenstage, dem 19. März 1916, ein böses Erwachen. Da ich nach Ansicht des diensthabenden Gefreiten auf seinen Ruf hin »Aufstehen« nicht schnell genug aus dem Bett gesprungen war, mußte ich bis zum Dienstbeginn den ganzen Etagenflur der Volksschule, die zur Kaserne umgewandelt war, fegen. Glücklicherweise zeigte mir ein Kamerad, wie man einen Besen richtig anfaßt. Diese Hilfskaserne in Hannover war seit dem 15. März 1916 mein neues Heim. Ich gehörte zum Rekrutendepot des Infanterieregiments 74 und hatte mich nur 14 Tage der Freiheit von der Schule erfreuen dürfen. Der Unteroffizier, der die Namen aufnahm, wußte nichts mit meiner Angabe anzufangen, ich sei Abiturient. Erst als ich sagte, ich sei Student, war er beruhigt. Um mich nicht dem Vorwurf der Hochstapelei auszusetzen, ließ ich mich sobald wie möglich bei der Technischen Hochschule Hannover immatrikulieren und belegte eine Geschichtsvorlesung, die ich auch mehrmals besuchte.

Zweimal wurde die Ausbildungszeit durch Aufenthalte im Munsterlager in der Lüneburger Heide unterbrochen. Da damals mein Vater schwer erkrankte, erhielt ich die Erlaubnis, zum Wochenende nach Hannover zu fahren, wo ich des Sonntags meinen Vater im Küsterdienst vertrat. Schließlich kamen wir zum Ersatzbataillon der 73er in die Kasernen am Waterlooplatz. Kommandeur war dort Bernhard Rust, der spätere Reichserziehungsminister (1934–1945) zur Nazizeit. Seine Eltern wohnten uns in der Bäckerstraße gegenüber, und fast jeden Tag war in meiner Jugendzeit seine Mutter in die St.-Klemens-Kirche zu einem Gebet um ihren Sohn gekommen, der sich als Student von der Kirche getrennt hatte. Mehrfach hatte mir damals mein Vater gesagt, ich möge doch, wenn ich Student sei, meinen Eltern nicht das antun, was Bernhard Rust seinen Eltern angetan habe.

Da ich nun beim Ersatzbataillon der 73er war, hoffte ich, auch zu den 73ern ins Feld zu kommen, wo mein Schulfreund Heinz Wöstmann bereits Offizier war. Als aber die Zeit herankam, daß wir ins Feld hinaus sollten, wurde bekannt, daß die 73er nicht mehr zur 20. Infanteriedivision gehörten, da die Divisionen inzwischen von vier auf drei Regimenter reduziert worden waren. Unser Transport zur 20. ID ging nach dem Osten, nach Wolhynien, wo die Division in schweren Abwehrkämpfen gegenüber der Brussilow-Offensive stand. Im Feldrekrutendepot wurde ich dann dem Hildesheimer Regiment, den 79ern, zugewiesen, die ebenso wie die 73er den Gibraltarstreifen[1] an ihrer Uniform trugen. Von Wolhy-

---

[1] *Kurfürst Georg III. von Hannover hatte den an der Verteidigung von Gibraltar 1775–1784 beteiligten Bataillonen ein Erinnerungsband verliehen, das von Wilhelm II. am 24. Januar 1901 erneuert worden war. Demnach trugen hannoversche Regimenter auf dem rechten Ärmel des*

nien ging es dann mit beginnendem Winter quer durch Deutschland nach Frankreich in die verschneiten Schützengräben bei Noyen. Dann wurden wir Heeresreserve, zuerst im südlichen Elsaß, dann in Laon. Hier am Chemin des Dames mußten wir den zweiten Stoß der großen französischen Offensive auffangen, wobei unsere Kompanie bis auf wenige Gruppen zusammenschmolz. Mit jungem Ersatz aufgefüllt, ging es weiter in die Champagne. Hier erhielt ich zu Pfingsten 1917 das Eiserne Kreuz II. Klasse und konnte bald darauf auch meinen Heimaturlaub antreten. Die Division traf ich wieder in Galizien bei der Aufgabe, die Russen bis zur Ostgrenze Galiziens zurückzudrängen. Kaum war das geschafft, wurden wir in Kurland eingesetzt, um Riga zu nehmen.

Von dort ging es wieder nach dem Westen, wo wir in die Flandernschlacht, in diese gewaltige Materialschlacht des Ersten Weltkrieges, geworfen wurden. Dort geriet ich am 4. Oktober 1917 in der Nähe von Passchendaele in englische Gefangenschaft, die mich über Abbeville für fast zwei Jahre in ein großes Gefangenenlager bei Rouen führte, wo wir im 4th Heavy Repair Shop arbeiteten, dem Hauptreparaturwerk der britischen Armee für ihre Lastkraftwagen. Dort erlebte ich am 11. November 1918 das Ende des Krieges, tief erschüttert darüber, daß der Kaiser entgegen den markigen Worten, die man immer wieder von ihm gehört hatte, es vorzog, sich nach Holland abzusetzen.

Mein Regiment hatte von Kriegsausbruch bis Kriegsende 4165 Gefallene zu beklagen. Mit dem Trommelfeuer seiner Materialschlachten war der Erste Weltkrieg ein grausamer Krieg, dessen Grausamkeit der Zweite Weltkrieg erst mit Stalingrad erreichte. Dabei wurden von den Truppen Marschleistungen verlangt, die ihresgleichen suchten. Auch wir hatten einmal in voller kriegsmäßiger Ausrüstung in Galizien an einem Tage 70 Kilometer zu Fuß zurückzulegen. Mir schien es ein Wunder, daß ich unverletzt geblieben war. Schon in den Tagen der Gefangenschaft wurde mir das zu der Verpflichtung, fortan alle meine Kräfte für die Zukunft des Volkes einzusetzen, die sich immer düsterer mit dem Waffenstillstand und der Friedensregelung abzeichnete.

Mein heimlicher Wunsch war es seit langem gewesen, politisch tätig zu werden. Aber ich wußte, daß man dazu eine Existenz braucht. So war ich beim Abitur entschlossen gewesen, zunächst Gymnasiallehrer mit den Fakultäten Deutsch, Geschichte und Latein zu werden. Als ich jedoch in der Gefangenschaft las, daß es in Deutschland infolge der Abtretung von Elsaß-Lothringen und weiter Gebiete im Osten zu einer Überbesetzung des Lehrerberufes gekommen sei, entschloß ich mich nach mancherlei Überlegungen, nach meiner Rückkehr Journalist zu werden und als solcher in politische Auseinandersetzungen einzugreifen. Vieles

---

Waffenrocks oberhalb des Aufschlags ein hellblaues Band mit der Aufschrift Gibraltar. *Das* Gibraltarband *gehörte in den Zusammenhang der Aussöhnung zwischen Hannover und Preußen. Die Tradition der hannoverschen Regimenter sollte von bestimmten preußischen Truppenteilen weitergeführt werden. Vgl.* Martin Lezius, Die Entwicklung des deutschen Heeres von seinen ersten Anfängen bis auf unsere Tage. Berlin-Fürstenwalde 1936, S. 468. *Frdl. Auskunft von Herrn Kollegen* Heinz Hürten, *Freiburg i. Br.*

hatte ich im Felde hinzugelernt, so vor allem, daß auch Sozialdemokraten und Republikaner anständige Menschen waren, mit denen man diskutieren konnte und die einem Blicke in soziale Strukturen tun ließen, die man als Schüler so nicht beachtet hatte.

Im Fortschreiten des Sommers 1919 teilten die Engländer durch Anschlag im Gefangenenlager mit, daß sie hinsichtlich des Rücktransports der Gefangenen das Datum der Ratifizierung des Friedensvertrages vordatiert hätten und daß der Rücktransport schon jetzt beginne, während die Franzosen ihre Kriegsgefangenen dem Versailler Vertrag entsprechend erst im Februar 1920, nach der erfolgten Ratifizierung des Vertrages, freigaben. Infolgedessen stand den Engländern für den Rücktransport nur die ihnen übergebene Bahn Boulogne–Calais–Köln zur Verfügung. So mußten wir in mehreren Tagemärschen von Rouen bis Boulogne marschieren. Über das Durchgangslager Münsingen in der Schwäbischen Alb erreichte ich dann Hannover, wo ich zu frühmorgendlicher Stunde meine Eltern und Schwestern überraschen konnte. Das war um die Wende vom Oktober zum November 1919.

Für das zweite Zwischensemester, das für Kriegsteilnehmer gerade begonnen hatte, war es aber doch zu spät geworden. Ich mußte auf das normale Wintersemester warten, das Anfang Januar begann. Die Monate November und Dezember benutzte ich, mich auf das Studium vorzubereiten und erste Fühlung mit der Hannoverschen Lokalredaktion der Kornackerschen »Hildesheimschen Zeitung« in Hildesheim zu nehmen. Man lud mich ein, zunächst einfache Lokalberichte zu schreiben, unter denen, wie ich mich erinnere, auch ein Bericht über die damalige Renovierung des Ratskellers im alten Rathaus war. Die Brücke zum wissenschaftlichen Studium schlug die Teilnahme an Veranstaltungen der Volkshochschule und eifriges Bücherstudium. Auch mit dem Schreiben von Aufsätzen begann ich wieder, wie ich das bereits als Schüler und selbst im Gefangenenlager getan hatte, und setzte das später als Student fort. Sie sind freilich niemals veröffentlicht worden, und wenn ich sie heute durchsehe, muß ich sagen, daß auch ich als Redakteur sie als viel zu langatmig nicht angenommen hätte.

Bei der Durchsicht solcher Aufsätze fiel mir beim Niederschreiben dieser Zeilen auf, wie sehr ich damals für eine organische Durchgestaltung des Staates eintrat und die Auflösung Preußens als die Voraussetzung dafür ansah, daß aus dem Reich ein lebendiger Organismus würde. Veröffentlicht wurde nur der Beitrag, den ich als Student für den »Führer durch die katholischen Gemeinden, Vereine und caritativen Anstalten Großhannovers« zum Katholikentag von Großhannover und Umgebung am 2. September 1920 geschrieben habe. In diesem Aufsatz hatte ich auf die Notwendigkeit verwiesen, einen vertieften Katholizismus zu schaffen, der etwas anderes bedeuten würde als der Vorkriegskatholizismus.

Mit dem Beginn des neuen Jahres 1920 begann auch das Wintersemester 1919/20, mit dem ich mein Studium in Münster aufnahm. Heinz Wöstmann hatte mir ein

Zimmer besorgt, allerdings gegen das Versprechen, es später seiner Korporation Tuisconia wieder zurückzugeben. Da die Assistenten bereit waren, Studienanfänger zu beraten, sprach ich den von mir ausgewählten Semester-Studienplan mit einem Assistenten durch. Er fragte mich, was ich denn werden wolle, und als ich ihm sagte, Journalist, billigte er meinen Plan, auf dem außer Volkswirtschaft und Staatswissenschaft auch Logik, moderne Geschichte und Literatur sowie Übungen im Schreiben von Leitartikeln standen.

Das Semester nahm ein plötzliches Ende. In Berlin war es am 13. März 1920 zum Kapp-Putsch gekommen, gegen den sich der Generalstreik der Arbeiter und Beamten wandte. In diesen Tagen sagte Privatdozent Dr. Hans Teschemacher, der die Übungen im Schreiben von Leitartikeln leitete: »Da keine Zeitungen erscheinen, haben wir jetzt dieselbe Lage, wie Sie sie später auf einer Redaktion antreffen. Da müssen Sie nämlich über ein Ereignis schreiben, ehe Sie in anderen Zeitungen nachsehen können, was diese geschrieben haben. Deshalb werden wir übermorgen eine Sonderstunde einlegen und bis dahin werden Sie Artikel über den Kapp-Putsch geschrieben haben.« Jeder konnte nun wählen, für welche Zeitung er schreiben solle. Ich wählte die »Kölnische Volkszeitung«. Als wir uns dann wiedertrafen, wurden die Artikel vorgelesen und kritisch unter den beiden Gesichtspunkten besprochen, ob die Haltung der gewählten Zeitung getroffen sei und wie es um Ausdruck und Stil stehe.

Dann aber kam aus dem Ruhrgebiet die Nachricht, daß es dort im Gegenschlag zum Kapp-Putsch zu einem kommunistischen Aufstand gekommen sei und daß sich eine Rote Armee gebildet habe, die in Wetter an der Ruhr das Freikorps Lichtschlag aufgerieben habe und sich nun anschicke, auf Münster zu marschieren. Professor Paul Krückmann rief daraufhin die Akademische Wehr auf, die im ersten Semester nach dem Kriege von Dr. Josef Kannengießer gegründet war. So zogen wir Studenten wieder in Kasernen[2]. Die katholischen Verbände bildeten ein Bataillon mit den drei Kompanien KV, CV und UV, während ein weiteres Bataillon aus den schlagenden Verbindungen bestand und die Nichtinkorporierten das dritte Bataillon bildeten. Zunächst wurden einzelne Studenten, die aus dem Ruhrgebiet stammten, mit falschen Papieren in die Heimat gesandt, um die wirkliche Lage auszukundschaften. Doch zeigte sich schnell, daß ein Student nicht ohne weiteres als Oldenburger Arbeiter deklariert werden konnte, da die roten Grenzposten zunächst die Hände kontrollierten. Die Folge dieser Entdeckung war, daß Studenten nur als Friseure oder kaufmännische Angestellte ausgegeben werden konnten. Mittlerweile sammelten sich in Münster auch weitere Reichswehreinheiten und andere Freikorps wie das Freikorps Epp aus Bayern. Den militärischen Befehl über den Einmarsch ins Ruhrgebiet hatte General Oskar Watter, ihm zur Seite stand als Vertreter der Reichsregierung und der preußischen Regierung Carl Severing aus Bielefeld.

---

[2] *Im Nachlaß Hofmann befindet sich eine Bescheinigung, wonach er der* Akademischen Wehr Münster *vom 17. März bis zum 24. April 1920 angehört hat.* RWN 210/640.

Bevor der Vormarsch gegen die Rote Armee begann, von der in Essen die Polizisten, die den Wasserturm besetzt gehabt hatten (18. März 1920), erschlagen worden waren, mußte ich einen Spähtrupp längs der Bahnlinie nach Hamm führen, um zu erkunden, bis wohin die Rote Armee vorgerückt sei. Der letzte Posten der Münsterschen Truppen stand auf der Brücke des Dortmund-Ems-Kanals bei Hiltrup. Nach einem Marsch von annähernd zwei Stunden fanden wir ein Blockwärterhaus. Der Bahnwärter sagte uns, daß die Spitze der Roten Armee sich in Drensteinfurt befinde. Ich hielt es aber für notwendig, doch noch weiterzugehen, bis wir plötzlich im Dunkel der Nacht Schritte auf uns zukommen hörten. Das Gewehr im Anschlag legten wir uns an den Gleiskörper, und auf den Ruf »Halt, wer da, einzeln näherkommen« tönte es uns entgegen »Friedliche Bürger aus Münster«. In der Tat, es waren Münsteraner, die in Drensteinfurt, 20 Kilometer vor Münster, von den Roten aus dem Zug mit der Bemerkung gesetzt worden waren, von nun an müßten sie zu Fuß weitergehen. Nach dieser eindeutigen Auskunft konnten auch wir den Rückmarsch antreten und berichten. In der Karwoche begann der Vormarsch durch die Davert über Ascheberg und Nord- und Südkirchen in Richtung Werne, wo wir nach dem Waffenstillstand (24. April 1920) am Ostersonntag die Lippe überschritten und durch die Bergarbeiterorte bis Altenbochum vorrückten. Uns oblag in der Hauptsache die Durchsuchung der Bergarbeitersiedlungen und auch der Friedhöfe nach Waffen. Es gab nämlich frische falsche Gräber, in denen niemand bestattet war, sondern in denen Gewehre und Maschinengewehre der Roten Armee vergraben waren, soweit diese sich aufgelöst hatte. Von Altenbochum aus mußten wir die Straße Bochum–Hattingen kontrollieren, um verdächtige Fahrzeuge zu durchsuchen, wobei wir aber den normalen Verkehr nicht behindern sollten. Leider sah man es keinem Fahrzeug an, ob es verdächtig war, und so ließen wir schließlich alle fahren.

Erst nach Abschluß der Aktion erfuhr ich, daß an derselben Straße, an der ich Posten gestanden hatte und den Verkehr aus Richtung Hattingen beobachtete, mein Vereinsbruder und zukünftiger Schwager Gerhard Hesse, der sich in Hattingen der Bürgerwehr angeschlossen hatte, an der Ruhrbrücke den Verkehr aus Richtung Bochum kontrollierte. Während dieses Aufenthaltes im Ruhrgebiet wagte ich es, mit einigen Vereinsbrüdern auf einer Zeche, die den Betrieb wieder aufgenommen hatte, einzufahren, um ein Bergwerk unter Tage kennenzulernen. Schließlich wurde der Vormarsch in Richtung Niederrhein fortgesetzt, dann aber mußte auf Befehl der Alliierten die Akademische Wehr wieder zurückgenommen werden, da wir in ein Gebiet gekommen waren, das die Franzosen als Besatzungsgebiet reklamierten. Wir stimmten daraufhin unter uns ab, ob wir uns weiter als eine Art Besatzungstruppe im Ruhrgebiet betrachten wollten, oder ob wir, da die Rote Armee sich aufgelöst hatte, nach Münster zurückkehren sollten. Wir entschieden uns für die Rückkehr.

Im zweiten Semester, das bald darauf begann, gelang es mir, von Professor Josef

Lukas die Zulassung zu seinem Privatissimum über politische Neuerscheinungen zu erbetteln, über die jeweils einer der Teilnehmer zu berichten hatte. Mir wurden drei Neuerscheinungen über die Pariser Friedenskonferenzen zum Referat zugewiesen. Bei einem der Bücher handelte es sich, wie ich mich erinnere, um die Memoiren von Nitti, dem italienischen Ministerpräsidenten[3]. Die Referate, die meinem Referat vorangingen, kamen mir höchst langweilig vor, weil sie die einzelnen Bücher kapitelweise besprachen. Im Gegensatz dazu legte ich mein Referat so an, daß ich zunächst die Quintessenz der drei Werke zusammenfaßte, dann untersuchte, in welchen Punkten sie übereinstimmten und in welchen Punkten sie auseinandergingen, um erst dann auf den Inhalt im einzelnen einzugehen. Damit hatte ich einen großen Erfolg, und Professor Lukas, der Staats- und Verwaltungsrecht lehrte, begleitete mich nach Schluß der Seminarsitzung bis zu meiner Wohnung, um das Gespräch noch fortzusetzen.

Den Höhepunkt dieses Semesters bildete für mich das Stiftungsfest meiner Korporation Germania, auf dem ich mich mit der Schwester meines Vereinsbruders Gerhard Hesse, mit Maria Hesse aus Hattingen, inoffiziell verlobte, nachdem ich schon vorher auf Ausflügen im kleinen Kreis mit ihr zusammengetroffen war. Sie war eine gebürtige Schlesierin, hatte Lyzeen in Breslau, Kolberg und Stettin besucht und ihre Studien auf einem Berliner Oberlyzeum mit dem Lehrerinnenexamen abgeschlossen. Nach Schluß des Krieges war ihr Vater Direktor der Landwirtschaftsschule in Hattingen geworden. Damals hatte ich gesagt, wir würden wohl fünf Jahre bis zur Heirat warten müssen, da ich ja erst eine Existenz gefunden haben müsse. Doch konnten wir schon 1924 heiraten.

Zum Abschluß des Semesters hatte ich mich mit dreien meiner Vereinsbrüder verabredet, mit dem Doppelskuller, der der Korporation 1914 zum 50jährigen Jubiläum von Professor Alois Meister geschenkt und auf den Namen seiner Frau Paula getauft worden war, eine Fahrt die Weser abwärts und dann die Ems abwärts bis Lingen und von da zurück auf dem Kanal zu unternehmen. Es waren drei herrliche Tage, die allerdings damit endeten, daß auf der Rückfahrt auf dem Dortmund-Ems-Kanal rund zehn Kilometer vor Münster unser Boot von einem rangierenden Schleppzug an die Uferböschung gedrückt und beschädigt wurde. Wir mußten ein Pferdefuhrwerk organisieren, um es nach Handorf zurückzubringen, wo wir unser Bootshaus hatten und wo sich auch ein Bootsbauer befand. Es gelang uns jedoch, die Kosten für die Reparatur aus Sportförderungsmitteln der Universität erstattet zu erhalten.

In den Sommerferien war ich zunächst in Berlin als Gast bei der Familie Kohler. Herr Kohler, der aus dem württembergischen Schwarzwald stammte, war als Stellmachergeselle zusammen mit meinem Vater im Stuttgarter Gesellenverein

---

[3] *Hier liegt offensichtlich eine zeitliche Verwechslung vor; von* FRANCESCO SAVERIO NITTI *(Ministerpräsident 1919/20) sind erst 1922 zwei Bücher in deutscher Übersetzung erschienen:* Das friedlose Europa (L' Europa senza pace; Fiorenze 1921), Frankfurt, 1. und 2. Aufl. 1922; Der Niedergang Europas, Frankfurt 1922.

gewesen. Er hatte sich zum Oberingenieur einer Berliner Waggonfabrik empor-
gearbeitet. Der Zufall wollte es, daß Kohlers befreundet waren mit der Familie
Baumer, die aus dem badischen Schwarzwald stammte und deren Tochter Klas-
senkameradin meiner Braut gewesen war, so daß Kohlers auch Maria Hesse
kannten, die während der Jahre, da sie in Berlin ein Oberlyzeum besuchte, in
einem Schwesternstift in der Frankfurter Allee gewohnt hatte.

Zum Reichstag und zum Preußischen Landtag hatte ich noch keinen Zutritt, doch
um so mehr interessierten mich die Berliner Museen und die Umgebung Berlins
mit Potsdam. Bei der Einfahrt in Berlin war mir ein Rätsel, daß einige Straßen
schwarz verfärbt waren. Ich kam dann dahinter, daß dies die von Autos befah-
renen Hauptverkehrsstraßen waren, auf denen sich die Reifen abrieben. Von
Berlin fuhr ich zu meinem Onkel in Thüringen, der dort Chemiker an einer der
Kaligruben war. Nachdem ich im Frühjahr auf einer Kohlengrube im Ruhrgebiet
eingefahren war, lernte ich jetzt eine Kaligrube kennen mit ihren geräumigen
Gängen und Hallen, in denen alles weiß in weiß war. Mit meinem Onkel besuchte
ich auch Eisenach und die Wartburg, so daß ich in diesen Ferien ein gutes Stück
Deutschlands und deutscher Geschichte kennengelernt hatte.

Mit Beginn des dritten Semesters wurde ich Vorsitzender der Hochschulgruppe
der Zentrumspartei. Diese war sofort nach dem Kriege von Josef Kannengießer
gegründet worden. Ihm folgten im Vorsitz Albert Maas, der nachmalige Oberbürgermeister von Aachen (1946), und Fritz Stricker, der später (1946–1947)
der erste Verkehrsminister von Nordrhein-Westfalen wurde. Nur wenige Semester nach mir war Johannes Peters Vorsitzender, der spätere Landwirtschafts-
minister von Nordrhein-Westfalen (1953–1958). Damals studierten in Münster,
allerdings ohne daß ich sie persönlich kennenlernte, auch Werner Schütz, der
nachmalige Kultusminister (1958–1962), und Friedrich Middelhauve, der spätere
Wirtschaftsminister von Nordrhein-Westfalen (1954–1956). Der eine von ihnen
war AStA-Vorsitzender, der andere Fachschaftsleiter. In den Vorlesungen bei
Professor Johannes Plenge lernte ich aber auch Bernhard Ernst kennen, den
späteren Chefreporter beim Westdeutschen Rundfunk, dessen Dissertation über
Sportpresse und Sportberichterstattung ich im Hauptseminar zu besprechen hatte,
sowie Friedrich Holzapfel, den späteren Mitbegründer der westfälischen CDU
und Gesandten in der Schweiz (1952–1958).

Bei der Hochschulgruppe der Zentrumspartei traf ein Brief des Verlegers der
»Osnabrücker Volkszeitung«, Dr. Leo Fromm, ein, der anfragte, ob es unter
ihren Mitgliedern nicht einen Studenten gebe, der daran interessiert sei, bei ihm
Volontär zu werden. Noch ehe ich diesen Brief einer Mitgliederversammlung der
Gruppe vorlegen konnte, kam bereits ein zweiter Brief von Dr. Fromm, diesmal
an mich persönlich adressiert, er habe vom Chefredakteur Theodor Warnecke
vom »Westfälischen Merkur« erfahren, daß ich Journalist werden wolle, und so
frage er mich, ob ich nicht Volontär bei ihm werden wolle. Ich antwortete ihm
sofort, daß ich großes Interesse daran hätte. Nach einer Rücksprache in Osnabrück

war es abgemacht, daß ich unter Fortsetzung des Studiums Volontär bei der »Osnabrücker Volkszeitung« wurde. Eine Wohnung fand ich bei einer alten Dame, Schloßstraße 2.

Wegen des Eintritts hatte ich mir aber noch ein freies Wochenende ausbedungen. Es war nämlich abgemacht, daß ich Ende November vom Bruder meiner Braut ihren Eltern vorgestellt werden sollte. Meinem Schwiegervater imponierte es, daß ich schon während meiner Studien in der Redaktion einer Zentrumszeitung tätig würde. Er war nämlich durch und durch ein Zentrumsmann, und das um so mehr, als er in Glatz als Landwirtschaftslehrer wegen seiner Zugehörigkeit zur Zentrumspartei hatte weichen müssen. Allerdings veränderten sich auch in Glatz im Laufe der Jahre die Verhältnisse, denn Ende der zwanziger Jahre war es der Direktor dieser Glatzer Landwirtschaftsschule, Ludwig Perlitius, der nicht nur Reichstagsabgeordneter, sondern 1931 auch Vorsitzender der Zentrumsfraktion wurde. Die Verlobung mußte allerdings noch um ein Jahr hinausgeschoben werden, da ich erst mit meinen Studien weiterkommen sollte.

Ihren Ursprung hatte die »Osnabrücker Volkszeitung« in Hildesheim. Dort hatte Antonius Fromm, der eine Zeitlang Feuilletonredakteur der Vorgängerin der »Kölnischen Volkszeitung« gewesen war, 1868 eine Zeitung gegründet, die er »Neue Volksblätter, Organ der Katholiken Hannovers und der angrenzenden Landesteile« nannte. Am 1. April 1870 hatte A. Fromm dann Verlag und Druck nach Osnabrück übergeführt, wo die Zeitung, als deren Herausgeber er im Kulturkampf mehrfach zu hohen Geldstrafen verurteilt worden war, am 1. Januar 1874 den Titel »Osnabrücker Volkszeitung« annahm. Anfang der achtziger Jahre wurde das Geschäftshaus am Breiten Gang errichtet. 1903 übernahm Dr. Leo Fromm, ohne daß er sich nach Abschluß seiner Studien noch bei größeren Zeitungen umsehen konnte, zur Unterstützung seines Vaters die Redaktion. 1913 wurde mit dem bisherigen Setzer Franz Schumacher, der sich in der Jugendorganisation des Zentrums, im Windthorstbund, einen Namen gemacht hatte, ein Lokalredakteur eingestellt. Erst 1919 folgte auch ein politischer Redakteur[4]. Für kurze Zeit war das Willi Jäger, der aber bald Chefredakteur des »Aachener Volksfreunds« wurde.

Als erste Arbeit wurde mir auf der Redaktion in Osnabrück die Aufgabe zugeteilt, die berühmte Essener Rede Adam Stegerwalds vom 21. November 1920, in der er zur Bildung einer christlichen, demokratischen, sozialen und nationalen Partei aufrief[5], so zu kürzen, daß der Inhalt in der Zeitung untergebracht werden konnte. Ich machte mich mit großer Sorgfalt an die Arbeit und fing an, längere

---

[4] *Zur Geschichte der* OSNABRÜCKER VOLKSZEITUNG *vgl.* DIE OSNABRÜCKER PRESSE. Ein Almanach zum Empfangsabend des Ortsvereins Osnabrücker Presse am 2. April 1927, hrsg. von HEINRICH DROEGE und HANS WUNDERLICH. Osnabrück o. J. (*Darin von* JOSEF HOFMANN: Redakteur und Zeitung; Redaktionsarbeit; die Osnabrücker Volkszeitung); 60 JAHRE OSNABRÜCKER VOLKSZEITUNG. Festausgabe der Nr. 271 der OVZ. Osnabrück 1928. (*Darin von* JOSEF HOFMANN: Die katholische Presse und ihre moderne Umwelt.)
[5] *Gedruckt unter dem Titel:* Deutsche Lebensfragen. Berlin 1921, *61 Seiten.*

Absätze schriftlich zusammenzuziehen, als Dr. Fromm kam und sagte, zu solcher Arbeit sei auf einer Zeitungsredaktion keine Zeit. Da müsse man einfach streichen. So huschte sein Stift über die Manuskriptseiten, auf denen immer wieder ganze Absätze gestrichen wurden. Mir tat diese Behandlung einer Rede in der Seele weh. Aber ich sah ein, daß, wenn die Zeitung pünktlich erscheinen sollte, schnell gearbeitet werden mußte, und später habe ich das Kürzen von Reden Volontären ebenso gezeigt, wie es mir am ersten Tage meiner Redaktionsarbeit Dr. Fromm gezeigt hatte.

Ein zweiter Lehrmeister war der Metteur. Er brachte mir das Lesen der Spiegelschrift bei, das damals in der gotischen Schriftart noch leichter war als in der heutigen Antiqua. Dabei betonte er auch immer wieder, daß der Satz »kein Quark« sei, d. h. sich nicht zusammendrücken lasse. Es müsse daher schon bei der Hereingabe der Manuskripte in die Setzerei daran gedacht werden, daß alles auch in der Zeitung untergebracht werden könne. Auch lernte ich dabei die seltsamen Fachausdrücke der Buchdruckersprache kennen, darunter das Wort vom Durchschießen, das soviel besagt, als daß der Zeilenabstand durch das Einstecken schmaler Regletten vergrößert wird. Die Leser einer Berliner Zeitung werden sich nicht wenig gewundert haben, als sie eines Tages in einer Meldung lasen: »Von hier ab mit Viertel-Petit nachdurchschießen.« Das war eine technische Anweisung an den Metteur gewesen, die dieser herauszunehmen übersehen hatte. In späteren Jahren passierte es mir einmal beim Umbruch in der Mettage der »Kölnischen Zeitung«, daß ich, während eine Gruppe Soldaten die Setzerei besichtigte, dem Metteur zurief: »Der Spieß in der zweiten Spalte muß fort.« Die Soldaten sahen erstaunt auf. Sie verstanden unter »Spieß« etwas ganz anderes als der Buchdrucker, der darunter eine Reglette versteht, die nicht tief genug eingedrückt ist, so daß es beim Druck zwischen den Zeilen einen schwarzen Strich gibt.

Fürchterliches passierte mir in den ersten Monaten, in denen ich den Umbruch, d. h. die Verteilung des Satzes auf die einzelnen Seiten, schon allein zu leiten hatte. Dabei hatte ich mir den Umbruch der ersten Seite bis zuletzt aufgespart, also bis zu einer Zeit, in der die Setzmaschinen schon Schluß gemacht hatten und auch Handsetzer, die damals noch einen großen Teil des Satzes herstellten, nicht mehr da waren. Da mußte ich feststellen, daß der vorhandene Satz nicht ganz ausreichte, die Seite zu füllen. Wir hatten schon mehrere Meldungen durchschossen, damit sie einen größeren Raum einnahmen, aber immer blieb am Ende der Seite noch eine Lücke. Im Stehsatz fand ich nur eine kleine Meldung, in deren Überschrift ich das Wort »Glocken« zu lesen glaubte. Also hinein mit der Meldung und darüber die große Rubrikzeile »Kirchliches«. Aber was stand am anderen Morgen am Ende der ersten Seite rechts unten unter der Rubrik Kirchliches? »Gluckende Hennen« war da zu lesen. Ich traute mich am anderen Morgen kaum zur Redaktion. Aller Anfang ist eben schwer.

Das Verlagshaus am Breiten Gang machte einen burgartigen Eindruck. Es war vom Vater des damaligen Verlegers, dem Gründer der »Osnabrücker Volkszeitung« und der Handelsdruckerei A. Fromm, zugleich als Wohnhaus und als Geschäftshaus gebaut worden. Während Dr. Leo Fromm im zweiten Stockwerk wohnte, befand sich im ersten Stock zur Straße hin noch die Wohnung seiner Mutter, daran anschließend das Zimmer des Verlegers, dessen Wände einer Gemäldegalerie glichen, und dann nach rückwärts mit Durchgang zum Betriebsgebäude die Redaktion. Das Zimmer der Redaktion, in dem dauernd Licht brennen mußte, weil es nur wenige Fenster gab, hätte auch Faustens Studierzimmer sein können. Vor dem einen Fenster war der Tisch des Lokalredakteurs, daneben vor der Heizung ein Papierkorb, in dem der Dackel Walli schlief und stets im Verdacht stand, ein mißliebiges Manuskript vom Tisch des Lokalredakteurs zu sich in den Papierkorb geholt zu haben.

Der Redakteur für den Nachrichtenteil und das Feuilleton saß an einem länglichen Tisch mit hohen Aufbauten, die mit ihren verschließbaren Fächern wie ein Büfett gegen die Wand standen. Der Platz des Hauptschriftleiters – während meiner Volontärzeit war es Dr. Fromm selbst – befand sich in einer Art Anbau und zum Redaktionszimmer geöffnet durch einen romanischen Torbogen. Zu seiten dieses an die Wartburg erinnernden Bogens saß auf der einen Seite am Fenster die Sekretärin und auf der anderen Seite der Volontär. Wer abends als letzter die Redaktion verließ, mußte den Durchgang zur Setzerei, in dem der Korrektor saß und später auch der Pressefunk aufgenommen wurde, abschließen und den Papierkorb mit dem Dackel ins Treppenhaus stellen.

Die Nachrichten kamen zweimal am Tage in Eilbriefen von der Filiale des Wolffschen Telegraphenbüros (WTB) in Münster. Um 19 Uhr gab es noch eine telefonische Durchgabe der letzten Nachrichten. Da ich, wie unsere Sekretärin, die Gabelsbergische Stenographie schrieb[6], konnte sie um diese Zeit zum Abendessen nach Hause gehen. Ich nahm dann das Telefonat auf und ging, wenn ich keinen Abenddienst hatte, nach Hause, indem ich ihr das Stenogramm zur Übertragung hinlegte. Parlamentsberichte, parteipolitische Nachrichten, Leitartikel und Glossen sowie vertrauliche Meldungen aus Kreisen der Zentrumsführung kamen von einem Berliner Büro, das ursprünglich von Ernst H. Kley gegründet war, den ich später in der Schriftleitung der »Kölnischen Volkszeitung« kennenlernte, und das dann von Johann Baptist Krauß übernommen worden war, der später der Schwiegervater von Hermann Josef Dufhues wurde. Bei der Auswahl des Zeitungsromans hatte das letzte Wort die Mutter des Verlegers, die alte Frau Fromm, wie es im Kreis der Redaktion hieß. Eine Sportberichterstattung, wie sie heute die Montagsausgaben der Zeitungen beherrscht, war 1920 noch unbekannt. Damals taten es ein paar Meldungen über heimische Vereine und aus der großen Sportwelt. Die Dissertation meines Mitstudenten Ernst über Sportberichterstattung erschien ja erst 1922. Zwischen 1923 und 1929 begann der Pressefunk des

---

[6] *Im Nachlaß Hofmann befinden sich zwei Diplome vom Gesamtverband Rheinisch-Westfälischer Stenographen über Hofmanns Stenographie-Kenntnisse (System Gabelsberger), und zwar über 150 Silben (Januar 1921) und 200 Silben (März 1921).* RWN 210/640.

WTB. Unsere Antenne war damals vom Betriebsgebäude bis zum Turm der Herz-Jesu-Kirche gespannt.

Mir ging es während meines Volontariats nicht nur um die Bearbeitung von Nachrichten und um den Einblick in die Technik der Zeitungsherstellung, sondern auch um die Kunst des Schreibens von Leitartikeln und Glossen. Die Voraussetzungen dazu mußte ich mir, abgesehen von den Übungen bei Dr. Teschemacher, selbst erarbeiten, indem ich immer wieder die Leitartikel der großen Zeitungen analysierte. Mit den ersten Leitartikeln, die ich schrieb, begleitete ich die Reparationskonferenzen, jene von Ende 1920 in Paris und jene vom März 1921 in London. Auf der Pariser Konferenz waren die Westalliierten unter sich. Sie hatten eine Reparationsforderung in der Gesamthöhe von 226 Milliarden Goldmark aufgestellt, die Deutschland bis 1963 abtragen sollte. Das wurde von der deutschen Regierung und vom deutschen Volk als unausführbar abgelehnt. Ich selbst schrieb damals, ein solcher Plan werde nie in Erfüllung gehen, da es Frankreich nie gelingen werde, 42 Jahre lang die Sklavenpeitsche über Deutschland zu schwingen.

Zweimal in der Woche fuhr ich nach Münster, um an Vorlesungen und Seminaren teilzunehmen. Damals gab es noch keinen Abschluß volkswirtschaftlicher Studien mit einem Diplom. Wer einen akademischen Grad erreichen wollte, mußte sich zum Dr. rer. pol. promovieren lassen, was allerdings bereits nach dem sechsten Semester möglich war. So ließ ich mir im Herbst 1921 von Professor Johannes Plenge eine Doktorarbeit geben. Er schlug mir zunächst vor, die Wahlresultate in einem Wahlkreis von der ersten Reichstagswahl 1871 bis zur Nationalversammlung 1919 und zur ersten Reichstagswahl des republikanischen Deutschlands 1920 zu untersuchen. Für eine solche Arbeit hatte ich wenig Lust. Ich wies auf die Schwierigkeiten infolge der Änderungen des Wahlrechts und der Wahlkreise hin. »Dann habe ich noch ein anderes Thema«, sagte darauf Plenge, »es könnte aber viel schwieriger sein, aber ich würde es begrüßen, wenn Sie zugriffen.« Es handelte sich um das Thema »Der ständische Gedanke und die Gesellschaftsauffassung des Zentrums«. Ich nahm die Arbeit an. Dabei wurde es mir allerdings bald klar, daß ich Studium, Volontariat und Doktorabeit nicht zusammen bewältigen könne. Als ich darüber mit meinem Verleger sprach, sagte er, daß er das verstehe, aber mich bitte, nach der Promotion zu ihm zurückzukommen. Ich stellte ihm das in Aussicht, lehnte aber, um mich nicht völlig zu binden, eine Bezahlung für das Jahr, das ich nun wieder an der Universität Münster verbrachte, ab. So beendete ich mein Volontariat zum 31. März 1922.

In den zwölf Monaten, die vor mir lagen, mußte ich dreierlei schaffen: erstens meine Studien zum Abschluß bringen, um im Rigorosum nicht zu versagen, zweitens das Material für meine Dissertation zusammensuchen, d. h. die katholischen Bewegungen des 19. Jahrhunderts auf ihre gesellschaftspolitischen Äußerungen prüfen, und drittens aufgrund des so gewonnenen Materials meine Dissertation schreiben. Das mußte zu einer Zeit geschafft werden, da die Inflation immer größere Ausmaße annahm und das Leben immer schwieriger wurde. Als Korporationsstudent konnte man sich bei einem Kommers nicht mehr als ein einziges Glas Bier leisten, den Durst mußte man draußen an der Wasserleitung stillen.

Im Winter 1922/23 blieb der Lesesaal der Bibliothek bis 22 Uhr geöffnet, aber anschließend mußte man im ungeheizten Zimmer in einen dicken Mantel gekleidet bei einer Petroleumlampe bis um Mitternacht weiterarbeiten. Ich lebte damals von einem Stipendium des Albertus-Magnus-Vereins und von Zuschüssen meines Onkels, da mir mein Vater nur wenig zukommen lassen konnte. Als er einmal einen Dollar geschenkt bekam, sandte er ihn mir. Ich bewahrte ihn als einen Notgroschen auf und tauschte ihn erst ein, als es dafür 7000 Mark gab. Zum Wochenende fuhr ich häufig nach Hattingen zu meiner Braut, mit der ich mich als cand. rer. pol. zu Weihnachten 1921 offiziell verlobt hatte. Ich saß dann, ein Buch zum Studium in der Hand, im überfüllten Abteil vierter Klasse eines Personenzuges.

Bei der Beschaffung des Materials für meine Dissertation leistete mir die Bibliothek des »Volksvereins für das katholische Deutschland« in Mönchengladbach große Hilfe.

Der »Volksverein für das katholische Deutschland« war 1890 in Mönchengladbach von dem Fabrikanten Franz Brandts, dem Theologen Franz Hitze und dem Zentrumsführer Ludwig Windthorst gegründet worden, um nach dem Ausklingen des Kulturkampfes unter den katholischen Deutschen ein neues Staatsbewußtsein demokratischer Verantwortung zu entwickeln und eine katholische Staats- und Soziallehre zu erarbeiten, die der wachsenden Industrialisierung entsprach, aber zugleich einen Damm gegen den revolutionären Marxismus aufbaute. Dabei wurden die sozialen Aufgaben, die die Zeit stellte, mutig aufgegriffen. Mönchengladbach war auf diese Weise zu einer geistigen Schaltstelle des katholischen Deutschlands geworden. Die Schulungsarbeit war nach dem Ersten Weltkrieg derartig angewachsen, daß neben Mönchengladbach ein zweites Schulungszentrum in Paderborn errichtet werden mußte. Es war das Gelände, auf dem später um 1950 die Pädagogische Hochschule entstand.

Die Gründung des Volksvereins, der die christlichen Gewerkschaften bejahte, zugleich aber auch durch katholische Arbeitervereine das kirchliche und kulturelle Leben der Arbeiter zu fördern suchte, hatte seinerzeit nicht überall Zustimmung gefunden. Daß er sich durchsetzen konnte, war dem Interesse zu danken, das der erzbischöfliche Stuhl von Köln diesen Zielsetzungen entgegenbrachte. Es war die Zeit der Enzykliken Leos XIII., die nicht nur die sozialen Fragen aufgriffen, sondern auch eine Versöhnung zwischen Kirche und modernem Staat herbeizuführen suchten. Auf diese Weise wurde der Syllabus Pius' IX. beiseite geschoben, der noch 1864 einen demokratischen Staatsaufbau verneint hatte. Als junger Redakteur habe ich dann nach meiner ersten Bekanntschaft mit dem Volksverein wegen des Materials für meine Dissertation viele Volksvereinskurse besucht, die damals von Prälat August Pieper und Anton Heinen für katholische Journalisten abgehalten wurden. Später wurde ich in Osnabrück Vorsitzender des dortigen Volksvereins.

Auch die katholische Presse, die im Kulturkampf als Verteidigerin der Rechte der Kirche gegründet worden war, hatte umlernen und verstehen müssen, daß nicht mehr der Kampf gegen Bismarck ihre Aufgabe war, sondern die demokratische Vertretung politischer Grundsatz- und Tagesfragen. So waren die katholischen Zeitungen zu Zentrumszeitungen geworden, und nach dem Ersten Weltkrieg brachte der Wechsel vom autoritären Obrigkeitsstaat Bismarckscher Prägung zur Weimarer demokratischen Republik für sie eine weitere Stufe des Umdenkens.

Von Mönchengladbach erhielt ich ganze Bücherpakete, die durchgearbeitet werden mußten. Daß mir das in so kurzer Zeit gelang, verdankte ich meinen stenographischen Fertigkeiten, die es mir erlaubten, die notwendigen Auszüge schnell zu machen. In meiner alten Redaktion in Osnabrück konnte ich die Dissertation diktieren. Um die Wende vom Januar zum Februar des Jahres 1923 lieferte ich die Arbeit ab. Als sie zur Besprechung im Hauptseminar anstand, bekam ich einen nicht geringen Schreck, als Professor Plenge die Seminarsitzung mit der Bemerkung eröffnete, es sei geradezu furchtbar, was für Doktorarbeiten heute eingereicht würden, unglaublich sei der Stil, in dem viele abgefaßt seien. Da muß er gesehen haben, wie ich zusammengesunken dasaß, denn plötzlich schaltete er den Zwischensatz ein: »Das alles gilt allerdings in keiner Weise von der vorzüglichen Arbeit, die wir heute besprechen wollen.« Mir fiel in diesem Augenblick ein zentnerschwerer Stein vom Herzen. Später hörte ich von einem Assistenten, daß ich mir auch wegen des Rigorosums keine Sorgen mehr zu machen brauche. Die Arbeit sei in Übereinstimmung mit dem Korreferenten, dem Privatdozenten Dr. Teschemacher, mit einer Eins zensiert worden, so daß ich schlimmstenfalls auf ein Genügend kommen könne. Da ich aber in der mündlichen Prüfung Glück hatte, wurde das Ergebnis von Dissertation und mündlicher Prüfung zu einem »magna cum laude« zusammengezogen[7].

Professor Dr. Johannes Plenge stand damals als Nationalökonom und Soziologe auf der Höhe seines Ruhmes, bevor er dann in eine Krise gezogen wurde und es zu heftigen Auseinandersetzungen in der Fakultät und im Staatswissenschaftlichen Institut kam. Erstaunlich war die große Zahl späterer Politiker verschiedener Parteien, die aus Plenges Institut hervorgegangen sind, darunter auch Kurt Schumacher. Plenge vertrat den sogenannten organisatorischen Sozialismus und sah sich in einer Reihe, die mit Plato begann.

---

[7] *Im Vorwort (S. II) der Dissertation (Umfang: 122 Schreibmaschinenseiten) heißt es:* Ohne Scheu gesteht der Verfasser, daß er ein bewußter Anhänger der Zentrumspartei ist. *Exemplare im Nachlaß Hofmann.* RWN 210/593, 622.

2. REDAKTEUR DER »OSNABRÜCKER VOLKSZEITUNG«
1923 – 1928

So konnte ich zum 1. April 1923 wieder an die »Osnabrücker Volkszeitung« zurückkehren und die Leitung des politischen Teiles der Zeitung übernehmen. Einige Jahre darauf ließ mich Dr. Fromm auch als Hauptschriftleiter zeichnen. Im Frühjahr 1923 trieb die Inflation ihrem Höhepunkt entgegen. Die wichtigste Meldung auf der ersten Seite der Zeitung war der tägliche Dollarkurs. Man lernte mit Millionen, mit Milliarden und schließlich mit Billionen rechnen. Ein furchtbarer Augenblick für mich war es, als ich meine Zimmerwirtin – ich hatte die alte Wohnung wieder beziehen können – weinend vor ihrem Tisch sitzend antraf und sie mir mit tränenerstickter Stimme sagte, sie hätte geglaubt, für ihr Alter gespart zu haben und nun habe sie erfahren, daß die ganze Schublade voll mit Ein- und Zwei-Mark-Scheinen überhaupt nichts mehr wert seien. Der Brotpreis des jeweils nächsten Tages wurde des Abends den Zeitungen bekanntgegeben, damit er in der Morgenzeitung veröffentlicht werden konnte. Wir eilten dann von der Redaktion zum nächsten Bäckerladen, um zu versuchen, noch ein Brot zum alten Preise zu erhalten. Meistens aber hieß es, alles ausverkauft. Dabei mußte ständig neues Geld gedruckt werden und andererseits mußte am Freitag genügend Geld in den Kassen sein, um die Wochenlöhne auszahlen zu können.
Ich erinnere mich eines Freitagvormittags, an dem Dr. Fromm nervös im Hause herumlief, um zu sehen, wo noch Geld vorhanden sei oder welche Rechnungen noch einkassiert werden könnten. Es blieb aber nichts anderes übrig, als bei der Industrie- und Handelskammer anzufragen, ob sie nicht einen Vorschuß auf die Druckkosten des neuesten Notgeldes zahlen könne. Die Antwort war, daß auch sie kein Geld habe, aber in der Höhe des erbetenen Druckkostenvorschusses solle das Notgeld fertiggedruckt und numeriert werden, um damit die Löhne auszuzahlen. Als am Montagmorgen mit diesem neuen Notgeld eingekauft wurde, fragten die betreffenden Kaufleute bei der Industrie- und Handelskammer an, was es denn mit diesem Gelde auf sich habe, von dem man noch nichts gehört habe. Von dort wurde geantwortet, wenn es sich um Betriebsangehörige der Handelsdruckerei A. Fromm handle, sei die Sache in Ordnung. Mitte der Woche wurde dann dieses Notgeld offiziell in Umlauf gebracht.
Im Urlaub wollten meine Braut und ich meine Verwandten in Süddeutschland besuchen. Dr. Fromm riet mir, einen bestätigten Reichsbankscheck über 300 Millionen mitzunehmen. Den müsse mir jede Bank in Geldscheine eintauschen. Als ich aber damit in Konstanz zur Bank kam, hieß es, Geldscheine für eine solche Summe habe man nicht. Was man an Geldscheinen habe, brauche man, um im kleinen Grenzverkehr Schweizer Franken einzutauschen. Ich müsse warten, bis

mit der Eisenbahn ein Güterwagen mit neugedrucktem Geld eingetroffen sei. Schließlich tauschte man mir den bestätigten Reichsbankscheck in sechs Schecks auf die Konstanzer Bank in Höhe von je 50 Millionen um. Meinem Onkel gelang es schließlich, einen dieser Schecks bei der Sparkasse in Geld einzulösen. Am Tage vor der Weiterfahrt nach Pfullendorf war dann doch der Güterwagen mit dem neuen Geld eingetroffen. Ich konnte die Schecks einlösen, mußte aber nun, da inzwischen die Bahnpreise um das Zehnfache erhöht worden waren, für die Rückreise den neunfachen Betrag nachbezahlen. Am Tage nach unserer Rückkehr ging die Reichsbahn zu Indexfahrpreisen über, d. h. es wurde nun täglich der Index bekanntgegeben, mit dem der Grundfahrpreis für den betreffenden Tag zu multiplizieren war. Auf der Rückreise hörte man bereits, daß die Reichsregierung Stresemann gebildet sei (13. August 1923) und daß der passive Widerstand gegen die Besetzung des Ruhrgebietes durch die Franzosen aufgegeben würde.

Damals mußten ja alle Arbeiter im Ruhrgebiet, die im passiven Widerstand standen, also nicht arbeiteten, und das waren die Bahnarbeiter und die Bergarbeiter, mit neugedrucktem Geld entlohnt werden. Dieses Geld wurde mit Hilfe der Engländer in das Ruhrgebiet gebracht. Es kam mit dem Flugzeug nach London und von dort mit einem englischen Flugzeug nach Köln, von wo es in das Ruhrgebiet geschafft werden konnte, nachdem an der Grenze des von Frankreich besetzten Gebietes eine unterirdische Stollenverbindung geschlagen worden war. Zu heftigen diplomatischen Auseinandersetzungen zwischen Frankreich und England kam es, als ein solches Geldflugzeug am Niederrhein in der belgischen Besatzungszone notlanden mußte und der Geldtransport offenkundig wurde.

Die Ruhrbesetzung, die länger dauerte als der passive Widerstand, hat auch meiner Braut und mir arg zugesetzt. Hattingen war damals nur über Elberfeld zu erreichen, weil die Engländer auf der freien Durchfahrt nach Köln bestanden hatten. Aber kurz vor Hagen im Güterbahnhof Hengstey kontrollierten die Franzosen die Fahrkarten, ob es auch wirklich Fahrkarten seien, die in die britische Zone führten. Am Heiligen Abend 1923 wurde dort der Kölner D-Zug von den Franzosen solange kontrolliert, daß ich in Elberfeld-Barmen keinen Anschluß mehr nach Hattingen bekam. Zu allem Unglück hatte auch das Telefonamt Hattingen bereits Dienstschluß gemacht, so daß ich meiner Braut nicht einmal mitteilen konnte, ich müsse die Nacht in Elberfeld verbringen und käme erst am ersten Weihnachtstag mit dem Frühzug an. Als meine Braut einmal von Münster nach Hattingen zurückfuhr, wurde sie in Hengstey aus dem Zug herausgesetzt. Es blieb ihr nichts anderes übrig, als eine Elektrische zu suchen, die um Hengstey herum fuhr. Ein nicht geringer Teil der Ausstattung wurde von meiner Schwiegermutter in Bochum eingekauft und dann in der Elektrischen durch die Kontrolle an der Ruhrbrücke nach Hattingen geschmuggelt. Inzwischen war die Währungsreform erfolgt. Es wurde die neue Rentenmark geschaffen, wobei eine Rentenmark gleich einer Billion bisheriger Mark entsprach. Nationale Empörung wurde in diesen Monaten geweckt, als bei der Besetzung von Essen am 31. März 1923 auf demonstrierende Krupp-Arbeiter geschossen wurde und als später Leo Schlageter, der vom passiven Widerstand zum aktiven Widerstand übergegangen war, zum Tode verurteilt und am 26. Mai 1923 in der damaligen Heide am Nordrand von Düsseldorf erschossen wurde. Diese Maßnahmen der Franzosen waren eine nicht unwichtige Wurzel des Nationalsozialismus.

Am 9. November 1923 glaubte Hitler, in München losschlagen zu können. Deutschland wurde vom Münchner Hitlerputsch erschüttert. Aber die Ausgabe der »Osnabrücker Volkszeitung« vom 10. November trug zum größten Erschrecken von uns allen die phänomenale Überschrift »Zur Lage«. Unter dieser Überschrift wurde dann mitgeteilt, daß es im Reich überall ruhig sei. Was war passiert? Unser Redakteur, der am 9. November Abenddienst hatte, hatte erheblich einen über den Durst getrunken und die telephonischen Meldungen, die über den Hitlerputsch gekommen waren, einfach in die Tasche gesteckt und vergessen, sie an den Setzmaschinen abzuliefern. So blieb uns nichts anderes übrig, als sofort ein Extrablatt herauszugeben. Daß eine Zeitung so etwas ohne Schaden überleben konnte, gehört mit in das Bild der Irrungen und Wirrungen jener Zeit.

In das Bild jener Zeit gehört aber auch die Tatsache, daß in die Listen des Wohnungsamtes nur bereits Verheiratete aufgenommen wurden. So mußten diejenigen, die auf eine Wohnung warteten, um heiraten zu können, zunächst einmal standesamtlich heiraten. Unsere standesamtliche Heirat fand im Oktober 1923 in Hattingen statt. Aber auch hier gab es noch einen Zwischenfall. Ich hatte angegeben, daß ich Dr. rer. pol. sei. Plötzlich verlangte man die Urkunde. Da mußte ich erklären, daß diese mir erst ausgehändigt würde, wenn ich soundso viele Exemplare der Dissertation in Schreibmaschinenschrift und 200 gedruckte Zusammenfassungen abgegeben hätte. Das sei mir noch nicht möglich gewesen. So wurde der Dr. rer. pol. in der Heiratsurkunde wieder gestrichen. An diesen Vorfall mußte ich denken, als mich einmal beim Besuch der Bonner Universitätsbibliothek deren Leiter fragte, wann ich meinen Doktor gemacht hätte und dann an eine Kartothek ging, um nachzusehen, ob meine Aussage stimme. In der Bonner Universitätsbibliothek wird nämlich eine Kartothek über alle in Deutschland verliehenen Doktorgrade geführt. Ich mußte ihm nachrufen, wenn es sich um das Datum der Urkunde handle, dann dürfe er nicht 1923, sondern dann müsse er 1924 nachsehen. Dort befand sich dann auch die Eintragung.

Nachdem es mir im Frühjahr 1924 gelungen war, in Untermiete ein Wohn- und Schlafzimmer in Osnabrück zu finden, fand die kirchliche Trauung am 3. Juni 1924 in Hattingen statt[8]. Inzwischen hatte auch Dr. Fromm mir die Kredite für

---

[8] *Im Nachlaß Hofmann befindet sich eine gedruckte Broschüre mit Gedichten usw. Zur Vermählungsfeier des Herrn Dr. Josef Hofmann mit Fräulein Mia Hesse.* RWN 210/640.

den Bau eines Hauses in der Miquelstraße gegeben, das kurz vor der Geburt unseres ersten Sohnes bezogen werden konnte.

Der Chefredakteur des »Westfälischen Merkur«, Theodor Warnecke, Alter Herr meiner Studentenverbindung »Germania«, hatte mir den Rat mit auf den Weg gegeben, daß ich, wenn ich etwas von der Welt kennenlernen wolle, Auslandsreisen in den ersten Jahren machen müsse. Später käme ein Journalist nicht mehr so leicht dazu. Diesen Rat habe ich befolgt. 1925 fuhr ich nach London zur Empire-Ausstellung, um damit einen Blick in das britische Weltreich zu tun. Für diese Reise hatte mir Dr. Fromm durch den Auswanderer-Seelsorger des St.-Raphael-Vereins in Bremen eine Freifahrt auf der »Kolumbus« bis Southampton besorgt. Während meines Englandaufenthaltes nahm ich auch teil an einer Tagung der Catholic Social Guild in Oxford, wo mich nicht nur Schriften überraschten, daß ein Katholik durchaus die Labour Party wählen könne, sondern wo ich auch meinen späteren Kollegen Hans Carduck kennenlernte, der mit dieser Tagung die von ihm wahrgenommene Londoner Vertretung der »Kölnischen Volkszeitung« abschloß. Auf der Rückreise besuchte ich von Ostende aus die flandrischen Schlachtfelder. Von Ypern, das noch weithin in Trümmern lag, fuhr ich mit einem Taxi nach Passchendaele hinaus, um den kleinen Bunker wiederzufinden, in dem ich gefangengenommen worden war.

Da ich nicht wußte, ob es angebracht sei, mich als Deutschen zu erkennen zu geben, sprach ich mit dem Fahrer englisch. Er hielt mich auch für einen Engländer, denn nachdem ich einige Minuten an dem Ort, an dem ich in Gefangenschaft gekommen war, geweilt hatte, fragte er mich, ob er mich noch zum englischen Friedhof fahren solle. Da gab ich mich zu erkennen und antwortete ihm, ich möchte zum deutschen Friedhof. Dieser erschütterte mich um so mehr, als er noch nicht hergerichtet war. Auf der Rückfahrt unterhielten wir uns weiter in englischer Sprache. Der flämische Fahrer fragte mich, weshalb denn überhaupt keine Deutschen kämen. Ich sei der erste, den er gesehen habe. Er würde viel lieber Deutsche als Engländer fahren, nachdem er belgischer Besatzungssoldat am Niederrhein gewesen sei.

1926, ein Jahr nach der Unterzeichnung der Locarno-Verträge, führte mich meine Reise über Aachen nach Frankreich und zurück durch die Schweiz. In Aachen war eine Tagung des Katholischen Akademikerverbandes. Ich weiß allerdings nicht mehr, ob sie mit einer Tagung katholischer Verbände verbunden war, über die ich mir einige Notizen gemacht hatte und zu der namens des Volksvereins Prälat Pieper eingeladen hatte. Es kann allerdings auch sein, daß diese Tagung der Aachener Tagung vorangegangen war. Jedenfalls hatte auf der Tagung der katholischen Verbände, zu der allerdings nicht alle Verbände erschienen waren, Franz Xaver Landmesser vom Katholischen Akademikerverband gesprochen und darauf hingewiesen, daß man im katholischen Lager oft nicht wisse, was man zu neuen Fragen sagen solle und sagen dürfe. In Aachen lernte ich auch meinen späteren Kollegen Wilhelm Spael kennen. Es imponierte mir sehr, daß er als Vertreter der »Kölnischen Volkszeitung« nach der Rede des Kölner Erzbischofs Josef Kardinal Schulte auf diesen zugehen und sich das Manuskript der Rede ausbeten konnte. Ich erinnere mich auch, wie ich mit Kölner Bekannten vor dem Café Vaterland am Elisenbrunnen Kaffee getrunken hatte mit dem Blick auf ein Haus, von dem ich nicht ahnte, daß ich 20 Jahre später darin wohnen würde.

Meine Fahrt zu den französischen Schlachtfeldern führte über St. Quentin nach Laon. Dort mietete ich mir ein Taxi, um zum Chemin des Dames zu fahren. Da damals in Frankreich die Inflation auf dem Höhepunkt war – ein paar Tage später wurde Poincaré zum Retter des Franken –, hatte ich kein französisches Geld bei mir, sondern Schweizer Franken. Ich wurde mit dem Fahrer dahin einig, daß er für die mehrstündige Fahrt 20 Schweizer Franken bekam. Dort waren die Schützengräben noch so, wie sie Ostern 1917 gewesen waren. Schließlich besuchte ich noch Reims, dann folgten einige Tage des Kennenlernens von Paris. Von dort ging es zu dem Friedenskongreß europäischer Jugend, zu dem Marc Sangnier in seinem Heimatort Bierville südlich von Paris aufgerufen hatte.

Das Ziel dieses Kongresses war der Abbau des Hasses und der Aufbau einer brüderlichen Welt im Geiste von Locarno. Wir tagten und aßen in Zelten, in denen im Kriege französische Soldaten geschlafen hatten. Ein Wort von Marc Sangnier blieb mir in dauernder Erinnerung: »Es ist oft mutiger, Frieden zu schließen als Kriege zu machen.« Dort lernte ich auch Josef Joos kennen. Nikolaus Ehlen stand nicht an, zu bekennen, daß wir Katholiken die Vorwürfe verdient hätten, daß während des Krieges jedes Volk für sich in den Kirchen um den Sieg gebetet habe. Hermann Platz, der Bonner Romanist und, wie ich später erfuhr, Studienfreund von Heinrich Brüning, wies darauf hin, daß ein zweiter Weltkrieg Europa zur Ohnmacht bringen werde und daß das Friedenswerk nur gesichert sein würde, wenn es sich auf organisch gebildete Vaterländer gründe. Der Bischof von Arras unterstrich, daß der Friede nur durch Einsicht und Zusammenklang der Herzen gesichert werde. Dennoch lehnten Franzosen eine Kriegsdienstverweigerung ab, solange noch ein Staat angegriffen werden könne. In der Entschließung am Schluß des Kongresses wurde diese Frage dahin beantwortet, daß, wenn ein Staat sich unter Verachtung aller Rechtsgarantien in einen Krieg stürze, jeder Bürger dieses Staates das Recht und die Pflicht habe, den Waffendienst zu verweigern. Außerdem sei es wünschenswert, daß in den Staaten, in denen noch die allgemeine Dienstpflicht bestehe, für Leute, die Gewissensbedenken haben, ein ziviler Dienst vorgesehen werde, der an Dauer und Strapazen sogar den Heeresdienst übertreffen könne.

Den Rückweg über die Schweiz zu nehmen, hatte mir Dr. Fromm geraten. Ich solle mich bemühen, von den Schweizer Bahnen Freifahrtscheine zu erhalten. Gegen das Versprechen, über die Schweiz zu schreiben, erhielt ich nicht nur die gewünschten Freifahrtscheine, sondern es wurden mir noch weitere angeboten mit der Bitte, doch auch diese Strecken kennenzulernen. So fuhr ich über Genf und Lausanne mit der Zweisimmenbahn nach Spiez und von dort durch den Lötschberg nach Brieg und weiter nach Zermatt und hinauf zum Gornergrad, dann wieder zurück nach Interlaken, von dort hinauf mit der Jungfraubahn zur Jungfrau und schließlich zurück über Luzern und Zürich nach Konstanz.

Im Jahre 1928 war ich Ende Juli noch einmal in Paris zur Teilnahme an der Semaine Sociale. Diesmal lernte ich auch den Chefredakteur von »La Croix«, Pater León Merklen, kennen. Um diese Zeit, vielleicht auch ein oder zwei Jahre zuvor, machte ich meinen ersten Flug. In Osnabrück suchte ein Flieger einen Lufttaxibetrieb zum Flughafen in Hannover zu betreiben. Doch war die Nachfrage gering, obgleich ich einen begeisterten Artikel über einen solchen Flug Osnabrück – Hannover und zurück schrieb. In der Kabine standen allerdings nur drei Rohrsessel, und für die 100 Kilometer brauchte die Maschine fast eine Stunde. Damals fuhren auch die Autos noch nicht so schnell wie später. So war ich einmal eingeladen, an einer Autofahrt teilzunehmen, durch die eine ADAC Rallcy rund um Osnabrück vorbereitet wurde. Ich saß im Wagen, der vom Fabrikanten Wilhelm Karmann gesteuert wurde, dessen Werk damals schon eine nicht geringe Bedeutung als Karosseriewerk errungen hatte. Ich war nicht wenig betroffen, als die Tachometernadel bis auf 70 Kilometer kletterte.

Überhaupt war damals das Leben gemütvoller als die späteren Jahre. Der Dämmerschoppen, zu dem sich vor dem Abendessen Stammtischrunden versammelten, durfte durch nichts gestört werden. So ging Dr. Fromm, während wir als Redakteure weiterarbeiteten, jeden Tag kurz nach 18 Uhr, begleitet von seinem Dackel, zum Dämmerschoppen ins Hotel Dütting. Diese Dämmerschoppen führten die Gespräche weiter, die es in früheren Jahrhunderten unter der Dorflinde gegeben hatte, bis ihnen Rundfunk und später auch Fernsehen den Todesstoß gaben. Der Rundfunk stand damals in seinen ersten Anfängen. In der Nähe von Langenberg und damit in der Wohnung meiner Braut in Hattingen brauchte man keine Antenne. Hier genügte ein Kristalldetektor, der an die Hängelampe angeschlossen war. Von ihm führten Kabelschnüre zu Kopfhörern, die sich die um den Tisch Versammelten anlegten. Zu gleicher Zeit aber experimentierte man bereits nördlich von Osnabrück in Bohmte und am Dümmersee mit Raketen.

Für die Sonntagsausgaben, sie umfaßten damals meistens zwölf Seiten, schrieb ich jeweils einen längeren Artikel unter der Überschrift »Politische Wochenendbetrachtung«. Als ich mir bei der Niederschrift dieser Erinnerungen noch einmal diese Artikel des Jahres 1928 ansah, mußte ich feststellen, wie sehr doch viele Fragen des Jahres 1928 denen von 1971 glichen. So klingt der damals von mir zitierte Satz des Bischofs Kaspar Klein von Paderborn »Heute will das Volk die Religion nicht bloß hören, sondern auch sehen«, durchaus wie eine Vorwegnahme dessen, was wir heute hören. In weltanschaulichen Fragen ging es damals bereits ebenfalls um Ehescheidungsrecht und um Schulfragen und um

eine Reform des katholischen Organisationslebens. Im Innerpolitischen ging es
um Fragen der Reichsreform, um die Verlagerung von Kompetenzen der Länder auf das Reich und um die Frage, ob Mißtrauensvoten im Reichstag nicht
besser eine qualifizierte Mehrheit erforderten. Im Wirtschaftspolitischen ging es
um Demonstrationen des Landvolkes, um bessere Preise für Agrarprodukte,
um Arbeitskämpfe an der Ruhr sowie um den Ausgleich des Etats, wobei ich
einmal schrieb: »Eine Demokratie, die dem Volke statt Führung nur Krisen
geben würde, wäre tatsächlich reif, ebenso fortgefegt zu werden, wie 1918 die
Monarchie.«

Dieser Satz galt Entwicklungen unter der Reichsregierung von Hermann Müller, dem Vorgänger von Dr. Heinrich Brüning. Dieser hatte im Juli 1928 das
Kabinett von Wilhelm Marx abgelöst. Von »entfesselten Gewalten« schrieb ich,
um das zu kennzeichnen, was sich im Wirrwarr der damaligen Parteien – es
gab schließlich fast 40 von ihnen – in Politik, Wirtschaft und Sozialem abspielte.
Hinzu kamen die Reparationsfragen, die Notwendigkeit einer Revision des
Dawes-Planes, die Probleme des Kellogg-Paktes, die Auseinandersetzungen über
die vorzeitige Räumung der dritten Besatzungszone sowie Hinweise auf Miß-
verstehen und Furcht in Frankreich, wo selbst der »Matin« die Greuelmeldung
brachte, daß in allen deutschen Verwaltungen Schilder hingen mit der Aufschrift
»Schwer-Besatzungsgeschädigte werden bevorzugt abgefertigt«.

Von Panzerkreuzer und Kinderspeisung war die Rede, von der Gründung des
Jungdeutschen Ordens durch Artur Mahraun und vom Rücktritt Wilhelm Marx'
vom Vorsitz der Deutschen Zentrumspartei. Auf dem Kölner Parteitag im Dezember 1928 wurde als sein Nachfolger Prälat Ludwig Kaas gewählt, während
Stegerwald sich große Hoffnungen darauf gemacht hatte und der frühere Reichsarbeitsminister Heinrich Brauns, der ja selbst Geistlicher war, unter den Delegierten umherging und sie fragte, ob es wirklich richtig sei, einen Geistlichen
zum Vorsitzenden zu wählen. Hinweisend auf die inneren Auseinandersetzungen im Zentrum gebrauchte ich damals das Bild des Motors, in dessen Zylin-
dern dauernd Explosionen vor sich gingen, die aber dadurch, daß die Zylinderwände stärker als diese Explosionen seien, zum Antrieb würden. Es komme also
alles nur darauf an, ob das, was für das Zentrum die Zylinderwände seien,
stärker als die inneren Auseinandersetzungen seien.

Bereits in meine Volontärzeit, d. h. in das Jahr 1921, war das Volksbegehren für
ein selbständiges Land Hannover gefallen. Darüber war man damals im Rheinland
sehr erschrocken, weil ein solches Herauslösen Hannovers aus Preußen nur Wasser
auf die Mühlen der rheinischen Separatisten gewesen wäre. So sprachen rheinische
Abgeordnete des Preußischen Landtages auf Kundgebungen in der Provinz
Hannover gegen das Volksbegehren. Im Teutoburger Wald hieß es allerdings,
man müsse für ein selbständiges Hannover stimmen, dann könne man wieder
am Schmuggel von Hannover ins preußische Westfalen verdienen. Das hatte
es in der Tat vor 1866 gegeben, ehe es ein Deutsches Reich gab. Hannover hatte

nie dem Deutschen Zollverein angehört. Zu denen, die in Osnabrück sprachen, gehörte auch der junge preußische Zentrumsabgeordnete Dr. Leo Schwering, den ich schon 1921 kennenlernte, woran er mich noch in seinem letzten Brief an mich, drei Monate vor seinem Tode (7. Mai 1971), erinnerte. Das Volksbegehren blieb erfolglos, nützte mir aber insofern, als ich bei der Doktorprüfung in Staatsrecht den Artikel der Weimarer Verfassung über die Neugliederung des Reiches (Artikel 18) erläutern sollte. Ich legte den mir überreichten Text, ohne ihn anzusehen, beiseite, da ich ihn im Frühjahr 1923 noch auswendig konnte, und begann sofort mit der Kommentierung.

Eine Sonderfrage im Verbreitungsgebiet der »Osnabrücker Volkszeitung« bildete die Notlage des Emslandes mit dem Hümling im Osten und dem Bourtanger Moor im Westen. Hier war es der damalige Regierungspräsident Dr. Adolf Hubert Sonnenschein, der die preußische Regierung und den preußischen Landtag für ein Notstandsprogramm zur Kultivierung dieser Gebiete zu gewinnen wußte. Ich hatte ihm damals vorgeschlagen, auch die deutsche Presse zu einer Besichtigungsfahrt einzuladen. Als diese schließlich Ende April 1929 stattfand, war ich allerdings nicht mehr in Osnabrück, sondern bereits in Köln. So machte ich diese Fahrt, die ich mitgeplant hatte, als Berichterstatter der »Kölnischen Volkszeitung« mit.

Um an meiner Weiterbildung zu arbeiten, ließ ich keine Schulungstagung für Journalisten aus, die der Volksverein unter Leitung von August Pieper und Anton Heinen in Mönchengladbach oder in Paderborn durchführte. Einer der wichtigsten Mitarbeiter des Volksvereins, Dr. Heinrich Brauns, war allerdings damals nicht mehr in Mönchengladbach. Er war von 1920 bis 1928 Reichsarbeitsminister und war als solcher Reichstagsabgeordneter des Wahlkreises Weser-Ems vom Wahlkreis Köln-Aachen übernommen worden. Er besuchte oft diesen großen Wahlkreis, der aus den Regierungsbezirken Osnabrück und Aurich, dem Lande Oldenburg und der Freien und Hansestadt Bremen bestand. So kam es, daß ich bald in nähere Beziehungen zu ihm trat und von ihm auch seine Berliner Geheimnummer erhielt, unter der ich ihn anrufen konnte, um mich über politische Entwicklungen zu erkundigen. Oft haben wir uns über das bedeutendste Werk unterhalten, das er in seiner Amtszeit geschaffen hat, nämlich die Arbeitslosenversicherung und die Errichtung der Reichsanstalt für Arbeitsvermittlung und Arbeitslosenfürsorge mit ihren Landesarbeitsämtern und Arbeitsämtern. Brauns war eng befreundet mit dem Reichspräsidenten Friedrich Ebert und dem Wehrminister Otto Gessler, von denen er wegen ihres politischen Sachverstandes nur mit großer Hochachtung sprach. Als er während eines Wahlkampfes erkrankt war und nur kurze Ansprachen halten konnte, kam es vor, daß ich vor ihm die Hauptrede zu halten hatte.

In große Not geriet ich einmal als Redakteur, als bei einer Opern-Erstaufführung unser Musikreferent, mit dem ich zusammen die Aufführung besuchen wollte, ausblieb. Wie sollte nun eine Besprechung geschrieben werden? Ich selbst war unmusikalisch. Der Kollege einer Wochenzeitung war so freundlich, mir einige Tips zu geben. Auch erkundigte ich mich bei Bekannten, von denen ich wußte, daß sie ein gutes musikalisches Urteil hatten. So kam es, daß ich zum ersten und zum letzten Male eine Opernkritik schrieb. Sie konnte sich sogar sehen lassen.

Eine besondere Rolle spielte in jenen Jahren bei einer katholischen Zeitung die Stereotypie. Dort mußten nämlich auf der Mater einer Anzeigenseite Mädchengestalten besser angezogen werden, sei es, daß zu kurze Röcke durch Fransen verlängert wurden, sei es, daß Beine oder Arme geschwärzt wurden. Die münstersche SPD-Zeitung hatte aus den Versuchen katholischer Zeitungen, ein Erdal-Mädchen anzuziehen, eine Sonderseite zusammengestellt und die unterschiedlichen Versuche mit ironischen Versen begleitet. Aus dieser Seite ging hervor, daß die »Osnabrücker Volkszeitung« dem Mädchen besonders viel angezogen hatte. Dr. Fromm kaufte sofort die Mater dieser Seite und ließ davon Abzüge herstellen, die er an alle Geistlichen der Diözese Osnabrück verschickte. Einmal schien uns aber die Kritik an unseren Anzeigen zu weit zu gehen. Da beklagte sich ein Kaplan, daß in einer Anzeige für ein Pfannenreinigungsmittel eine Köchin bloße Arme gehabt habe. Er würde auffordern, zum Protest die »Osnabrücker Volkszeitung« abzubestellen. Diesen Brief sandte Dr. Fromm dem bischöflichen Sekretär. Von dort kam die Antwort, wir möchten dem Kaplan nicht antworten, das würde das Generalvikariat tun.

Größere Arbeit brachten verschiedene Sondernummern mit sich, die in jenen Jahren zusammengestellt werden mußten. Das war einmal im März 1925 eine Sondernummer zum 25jährigen Priesterjubiläum von Bischof Dr. Wilhelm Berning, der noch kurz nach Beginn des Ersten Weltkrieges, bereits 14 Jahre nach seiner Priesterweihe, Bischof von Osnabrück geworden war. Da er ein Vetter des Hattinger Arztes Dr. Berning war, in dessen Hause meine Braut und ich manche frohe Stunde verbracht hatten, wurden wir auch mit ihm und mit seiner Schwester persönlich bekannt. Eine Sondernummer anderer Art erschien zur 600-Jahr-Feier der Stadt Lingen.

Als Wilhelm Marx im Mai 1926 zum dritten Male Reichskanzler geworden war, lud er im Laufe des Winters Chefredakteure der Provinzpresse zu Empfängen in die Reichskanzlei ein. Auf einem solchen Abend lernte ich Emil Dovifat kennen, der damals zusammen mit Dr. Heinrich Brüning die Zeitung »Der Deutsche« redigierte, die die Grundgedanken der Essener Rede Stegerwalds weiterpflegte. Anlässe zu Fahrten nach Berlin waren auch Tagungen der Zentrumspartei. Bei solchen Berlinaufenthalten besuchte ich des öfteren das Reichsgeneralsekretariat der Zentrumspartei, wo ich den Generalsekretär Dr. Heinrich Vockel und den Jugendsekretär Dr. Heinrich Krone kennenlernte. Aber auch mit den Mitarbeitern August Heinrich Berning und Dr. Friedrich Kühr wurde ich bekannt.

Wenige Abende vor dem Neujahrstag 1929 wurde ich aus Köln von Konsul Julius Stocky angerufen, ob ich nicht Interesse daran habe, in die Redaktion der »Kölnischen Volkszeitung« einzutreten. Dr. Karl Klein habe gekündigt, da er zum 1. April Chefredakteur des »Düsseldorfer Tageblattes« werde. Dieser Anruf war für mich eine große Überraschung. Ich konnte weder zusagen noch absagen, erklärte mich aber bereit, am Nachmittag des Dreikönigstages nach Köln zu kommen, da ich sowieso am Tage darauf in Düsseldorf an der Versammlung des Augustinus-Vereins teilnehmen müsse. Dr. Fromm war nicht wenig betroffen, als ich ihm eröffnete, daß ich einen Ruf an die »Kölnische Volkszeitung« erhalten hätte. Ich müsse ihm aber, sagte er, wenn ich tatsächlich diesem Rufe folge, einen guten Nachfolger für die »Osnabrücker Volkszeitung« besorgen. Zunächst sprach ich mit dem Vorsitzenden der Osnabrücker Zentrumspartei, dem Telegrapheninspektor Hehenkamp, weil dieser mir seit längerem Andeutungen gemacht hatte, daß ich bei der nächsten Wahl für den Preußischen Landtag kandidieren solle.

Ich überlegte mir nun zweierlei, einmal ob es wirklich sicher sein würde, daß ich als Kandidat aufgestellt würde, und zum zweiten, was höher zu schätzen sei, ein Landtagsmandat oder die Stellung in der Redaktion der »Kölnischen Volkszeitung«. Unbedingt sichere Zusagen konnte mir Hehenkamp nicht geben. Und persönlich war ich der Meinung, daß ein Innenpolitiker der »Kölnischen Volkszeitung« mehr bedeute als ein einfacher Abgeordneter. Dann suchte ich den Regierungspräsidenten Sonnenschein auf, der ein Kölner und mit der Familie Bachem befreundet war. Ich stellte ihm die konkrete Frage, wie es denn um die wirtschaftliche Sicherheit der »Kölnischen Volkszeitung« stehe. Es liefen doch Gerüchte um, daß sie einer wirtschaftlichen Krise entgegensteuere.

Dr. Sonnenschein erwiderte darauf, es sei zu bedauern, daß die Familie Bachem die »Kölnische Volkszeitung« abgegeben habe, weil jenes jüngere Familienmitglied, das nach dem Kriege sich der Zeitung im Verlag hätte annehmen sollen, im Kriege gefallen sei. So habe man beim Auftauchen der ersten Schwierigkeiten in einer Art Kurzschlußpanik 1920 die »Kölnische Volkszeitung« abgestoßen. In der Tat gehe es augenblicklich der Görreshaus GmbH nicht gut. Aber eine Zeitung wie die »Kölnische Volkszeitung« könne überhaupt nicht bankrott gehen, da sie als Sprachrohr des Zentrums bestehen bleiben müsse. Hätte ich damals gewußt, was im August 1933 in dem Görreshaus-Prozeß offenkundig wurde, nämlich, daß die Görreshaus GmbH schon 1929 den Bankrott hätte anmelden müssen, hätte ich mich sicherlich entschieden, in Osnabrück zu bleiben.

So aber fuhr ich nach diesen vorbereitenden Gesprächen am Dreikönigstag 1929 nach Köln. Ich war mit Konsul Stocky für den Nachmittag in seinem Hause verabredet. Außer mir war auch sein Mitverleger Generalkonsul Heinrich Maus zugegen. Einigermaßen überrascht war ich allerdings, daß Dr. Karl Hoeber als Hauptschriftleiter nicht zugegen war. Zwischendurch fragte ich, wie denn Dr. Hoeber zur Frage meines Eintritts in die Redaktion stehe. Er würde sicher zustimmen, wurde mir erwidert. Und in der Tat, als ich ihn am nächsten Tag in

Düsseldorf beim Augustinus-Verein fragte, sagte er, nichts würde ihn mehr freuen, als wenn ich in die Redaktion einträte[9]. Als nun alles mit Stocky und Maus besprochen war, bat ich noch einmal um drei Tage Bedenkzeit, da ich mich ja in Osnabrück lösen müsse und der 31. Dezember, zu dem eine Kündigung für den 1. April hätte erfolgen müssen, bereits verstrichen sei. Da fiel mir ein, daß ich doch noch mit Josef Ruffini im Generalsekretariat der Rheinischen Zentrumspartei sprechen sollte. Als ich bei ihm anklopfte, war er gar nicht überrascht, daß ich an diesem Abend zu ihm kam. Er habe mich sogar erwartet, sagte er, denn er sei es gewesen, der mich dem Verlag der »Kölnischen Volkszeitung« vorgeschlagen habe, und so habe er auch gewußt, daß ich soeben bei Stocky gewesen sei. Bei einer Flasche Wein sprach er mir eifrig zu, unter allen Umständen nach Köln zu kommen.

Anderentags war die Versammlung des Augustinus-Vereins in Düsseldorf. Ich hatte der Kommission angehört, die die neuen Satzungen, über die Beschluß zu fassen war, entworfen hatte. Schnell sprach sich herum, daß ich wohl jetzt zur »Kölnischen Volkszeitung« gehen würde. Mir wurde deshalb in der Mittagspause bedeutet, daß man mich nun von der Liste für die Vorstandswahl streichen müsse, weil sonst zu viele von der »Kölnischen Volkszeitung« im Vorstand vertreten seien. Ich sagte, daß ich das gut verstehen könne. Abends fuhr ich mit Dr. Fromm gemeinsam im Zug nach Osnabrück zurück. Er nahm es nun als gegeben an, daß ich dem Ruf der »Kölnischen Volkszeitung« folgen würde, fragte mich aber, weshalb ich so still sei und irgendwie bedrückt schien. Ich konnte ihm nur antworten, daß ich mir jetzt wie ein Mann vorkomme, der bisher sein Schiff im sicheren Hafen gehabt habe und es nun aufs hohe Meer hinaus steuern müsse. Schließlich sprachen wir über die Möglichkeiten meiner Nachfolge. Nach meiner Ansicht kam in erster Linie Kollege Hans J. Contzen von der »Germania« in Frage, dessen Vater Chefredakteur der »Essener Volkszeitung« war. Und so kam es auch, ohne daß wir wußten, was sich alles noch vier Jahre später abspielen würde mit vielerlei Schwierigkeiten für Contzen in Osnabrück und für mich in Köln.

Nachdem ich noch einmal alles gründlich mit meiner Frau besprochen hatte, sandte ich das Telegramm nach Köln, daß ich dem Rufe folgen würde. Am Aschermittwoch (13. Februar), nach dem kältesten Rosenmontag jenes Jahrzehnts, fuhr ich nach Köln, um mit Generalkonsul Maus einige Wohnungen zu besichtigen. Ich entschloß mich für die Wohnung in der Lütticher Straße 40, die als Parallelstraße zur Aachener Straße mit ihren Vorgärten eine sehr ruhige Straße war. In der Karwoche erfolgte der Umzug. Dr. Fromm, der mir seinerzeit Kredite zum Bau unseres Hauses in Osnabrück gegeben hatte, hatte dieses Haus unter Löschung der Kredite in das Eigentum des Verlages genommen. Vor der Übersiedlung nach Köln gab es noch seitens der Osnabrücker Zentrums-

---

[9] *Im Notizkalender* HOFMANNS *von 1929 heißt es unter dem 7. Januar:* Ich erzählte Hoeber, der noch nichts wußte, von dem Angebot. Er sei sehr einverstanden.

partei, in der ich so eifrig mitgearbeitet hatte, einen Abschiedsabend. In meinen Dankesworten konnte ich auch Dr. Fromm noch einmal für alle Förderung danken, die er mir hatte zuteil werden lassen, insbesondere auch durch die Auslandsreisen, die er mir ermöglicht hatte. So nahm ich Abschied vom Breiten Gang in Osnabrück, ohne zu wissen, was alles das Leben noch mit mir vorhatte.

Mein Abschied von Osnabrück fiel in die unruhigen Tage der heraufziehenden Hetze der Nationalsozialisten gegen Erich Maria Remarques Roman »Im Westen nichts Neues«, der ursprünglich als Fortsetzungsroman in der Berliner »Vossischen Zeitung« erschienen war und dann als Buch herauskam. Dieses Buch wurde ein ungeheurer Erfolg. Es wurde in 45 Sprachen übersetzt und erreichte eine Gesamtauflage von über acht Millionen. Als Vorwort waren ihm die Sätze mitgegeben: »Dieses Buch soll weder eine Anklage noch ein Bekenntnis sein. Es soll nur den Versuch machen, über eine Generation zu berichten, die vom Kriege zerstört wurde, auch wenn sie seinen Granaten entkam.«

In Osnabrück konnte es aber nicht lange verborgen bleiben, daß sich hinter dem Schriftstellernamen in Wirklichkeit ein Erich Remark verbarg, der am 22. Juni 1898 in Osnabrück als Sohn des Buchbinders Peter Remark geboren war und dessen Urgroßvater, der in Bonn lebte, sich seiner französischen Herkunft gemäß noch Remarque geschrieben hatte. Er hatte in seiner Vaterstadt das katholische Lehrerseminar besucht, bis er 1916 eingezogen wurde. Nach dem Kriege und dem Abschluß seines Studiums wurde er Lehrer auf dem Hümling, hatte aber dann nach einer Auseinandersetzung mit dem Ortspfarrer Abschied von der Schule genommen und war in Hannover Schriftleiter des »Continental-Echos« geworden, der Werkszeitung von Continental.

Was in Osnabrück, wo zunächst der Glaube aufgekommen war, er hieße Kramer, Ärger verursachte, war die Tatsache, daß man in Personen des Romans Leute aus Osnabrück wiederzuerkennen glaubte und daß in der Tat manche Bezeichnungen nur leicht abgewandelt waren, bis dann in dem 1931 erschienenen Fortsetzungsroman »Der Weg zurück« sogar echte Osnabrücker Namen benutzt wurden. Diese Erregung hatte jedoch noch nichts zu tun mit der Hetze, die dann von den Nationalsozialisten angefacht wurde. Auf Befehl von Goebbels ließen sie im Dezember 1930 bei der Berliner Uraufführung der amerikanischen Verfilmung weiße Mäuse laufen. Damals sah sich die »Kölnische Volkszeitung« veranlaßt, ein- oder zweimal eine ganze Seite mit Leserbriefen pro und contra erscheinen zu lassen. Übrigens ist in dem Buch »Im Westen nichts Neues«, wenn auch leicht verfremdet, eine der schönsten Beschreibungen Osnabrücks enthalten, wie auch Remarques Buch »Zeit zu leben und Zeit zu sterben« an Osnabrück erinnert.

Am 1. April 1929 nahm ich meine Arbeit im Görreshaus am Neumarkt in Köln auf[10]. Einige der neuen Kollegen kannte ich bereits. So Dr. Karl Hoeber vom

---

[10] *Zur Geschichte der* KÖLNISCHEN VOLKSZEITUNG *vgl.* ROLF KRAMER, *Kölnische Volkszeitung (1860–1941), in:* HEINZ-DIETRICH FISCHER *(Hrsg.),* Deutsche Zeitungen des 17. bis 20. Jahr-

Augustinus-Verein und dem Namen nach sogar seit meiner Studentenzeit als den Herausgeber der »Akademischen Monatsblätter«, der Zeitschrift des Kartellverbandes katholischer Studentenvereine. Max Horndasch hatte ich kennengelernt, als er als Vorsitzender des Rheinisch-Westfälischen Journalistenverbandes und Mitschöpfer des Versorgungswerkes der Deutschen Presse die Festrede bei der Gründung des Ortsvereins der Osnabrücker Presse gehalten hatte. Hans Carduck hatte ich auf meiner Englandreise getroffen, und mit Wilhelm Spael war ich auf einer Aachener Tagung des Katholischen Akademiker-Verbandes zusammengekommen. Nun trat ich in ihren Kreis und in den Kreis der übrigen Kollegen ein, von denen ich bis dahin nur die Namen gehört hatte. Etwas völlig Neues war für mich die Größe der Redaktion, obgleich ich nach kurzer Zeit im Verein der Kölner Presse feststellen mußte, daß sie doch eigentlich noch klein war gegenüber der Redaktion der »Kölnischen Zeitung«.

Chef vom Dienst, dem die innere Organisation der Redaktion und die äußere Aufmachung der Zeitung oblag, war Max Horndasch. Er war ein Journalist höchster Grade, ein vielbelesener Mann immensen Wissens, ein bewunderungswürdiger Stilist, der sich ständig an Balzac schulte, ein wirklich anschaulicher Schreiber, dem ein Artikel nur so aus der Feder floß, aber auch ein glänzender Tischredner, der immer wieder durch seine Formulierungen überraschte. In Würzburg geboren, hatte er als Journalist von der Pike auf gedient und es auch nicht verschmäht, gelernter Setzer und Korrektor zu werden. Nach weiten Wanderungen durch Deutschland war er Chefredakteur des Kölner »Lokalanzeigers« geworden. Den Ersten Weltkrieg hatte er als Offizier mitgemacht. Dann aber wurde er Chef vom Dienst der »Kölnischen Volkszeitung«. Den Erzählungen aus seiner reichen journalistischen Laufbahn zuzuhören, war immer ein hoher Genuß für alle jüngeren Kollegen. Nie war er als Mainfranke ein Verächter eines guten Trunkes, bei dem er in Hans Carduck seinen Gesellschafter fand. Nicht selten verkündete er gegen elf Uhr, daß er eben einmal mit Carduck zum Polizeipräsidium oder zur Regierung gehen müsse. In Wirklichkeit ging es dann in die Kölsche Wirtschaft auf der anderen Seite des Neumarktes.

Hans Carduck, ein gebürtiger Aachener, war der Sprachenkenner der Redaktion, der Französisch, Englisch, Italienisch und Spanisch beherrschte und hierin nur von dem früheren Kollegen Josef Froberger vom Orden der Weißen Väter übertroffen wurde, der uns noch hin und wieder besuchte. Dieser beherrschte darüber hinaus auch die slawischen und sogar die arabischen Sprachen. Übrigens war dieser unscheinbare Pater, der in den zwanziger Jahren aus der Redaktion hatte ausscheiden müssen, weil er über die Franzosen Verbindung zu den Separatisten gesucht hatte, eigentlich ein Graf. Mir wurde erzählt, daß er einmal das Zimmer mit dem jungen Freiherrn Raitz von Frentz geteilt hatte und dieser ihm bedeu-

hunderts. Pullach 1972, *S. 257 ff.;* HEINZ-DIETRICH FISCHER, Die »Kölnische Volkszeitung« im Jahre 1932/33, *in:* COMMUNICATIO SOCIALIS 6, 1973, *S. 27 ff.*

tete, er möge doch einige Achtung vor dem Freiherrn haben. Da sei Froberger hinausgegangen und habe den Gotha, das Adelslexikon, aus dem Archiv geholt und es mit dem Stichwort Graf Froberger, burgundischer Uradel, dem Baron auf den Tisch gelegt. Sofort sei es zwischen den beiden umgekehrt gewesen.

Doch zurück zu den Kollegen von 1929. Der dritte in der politischen Abteilung war Ernst H. Kley, der in Brühl wohnte und im Frühjahr immer einige Tage »krank« war, da er seinen Garten bestellen mußte. Er hatte noch Windthorst gekannt und als junger Reichstagsberichter für verschiedene Zentrumszeitungen angefangen. Schon während der Reden faßte er deren Inhalt zusammen und schrieb ihn gleich mit mehreren Durchschriften handschriftlich nieder[11]. Am 1. September 1903 war er in die Redaktion der KV eingetreten, nachdem er zwischendurch eine apologetische Korrespondenz herausgegeben hatte.

Auch 1929 wurden die meisten Artikel noch mit der Hand geschrieben. Wir nannten das »in die Feder hinein denken«. Erst ganz allmählich kam das Diktat in die Schreibmaschine auf. Es gab sogar Setzer, die Abscheu vor maschinengeschriebenen Manuskripten hatten. Sie sagten, von solchen glatten Manuskripten zu setzen, sei wie ein Fahren auf gerader öder Landstraße. Einzelne Setzer waren auf die Handschriften der Redakteure spezialisiert. Sie konnten fließend lesen, was oft ein Fremder nur mit Mühe zu entziffern vermochte.

In die Arbeiten im Kultur- und Feuilletonteil teilten sich Dr. Karl Hoeber und Dr. Wilhelm Spael, dabei unterstützt von dem einen oder anderen jüngeren Kollegen. Hoeber, der mehr der geistige Führer der Zeitung war als das, was man sich heute unter einem Chefredakteur vorstellt, war ein Mann erlesener humanistischer Bildung und ein Dante-Freund und Dante-Kenner, wie es nur wenige gab. Kaum einen hervorragenden Geisteswissenschaftler gab es auf katholischer Seite, der nicht sein Freund gewesen wäre. Das galt vor allem von Carl Muth, dem Gründer und Herausgeber des »Hochland«, jener Monatszeitschrift, die einer Wiederbegegnung von Kirche und Kultur den Weg bahnte. In weiten Kreisen nannte man ihn auch den »Laienbischof Deutschlands«. Zwischen konservativer und progressiver Haltung wußte Muth stets die rechte Mitte zu halten. In den Bombennächten des Zweiten Weltkrieges erlag er 1944 einem heimtückischen und schmerzlichen Leiden.

Wilhelm Spael war mehr dem künstlerischen und literarischen Geschehen des Tages zugewandt. Jedes Jahr in der vorweihnachtlichen Zeit gab er den »Literarischen Ratgeber« heraus, der alle Neuerscheinungen des Jahres auf ihren geistigen Gehalt prüfte. Vor eine schwierige Aufgabe war er gestellt, als der »Osservatore Romano« die neue Kirchenbaukunst in Deutschland angriff und verurteilte und nun die »Kölnische Volkszeitung« in eine Polemik mit dem Blatte des Vatikans treten mußte. Auch eine andere Polemik hatte er einmal zu führen. Über ein Weihnachtsbild, auf dem das Jesuskind als Knabe zu erkennen war,

---

[11] *Dazu vgl.* Wilhelm Spael, Das katholische Deutschland. Würzburg 1964, *S. 326.*

hatte es die Beschwerde eines hohen Geistlichen (Weihbischof Josef Hammels) gegeben. Dieser Beschwerde trat damals Spael mit zwei Sonderseiten entgegen, auf denen er Beiträge von Künstlern und Moraltheologen veröffentlichte. Unterstützt wurde Spael in der redaktionellen Arbeit durch Dr. Lorenz Honold, der insbesondere Theaterkritiken und Berichte über Kunstausstellungen schrieb. Bei der Überführung der KV nach Essen blieb er als Mitarbeiter in Köln, ging aber später zur »Dürener Zeitung«.

Das musikalische Leben fand in Anton Stehle einen eifrigen Freund und Beurteiler. Er war ein großer Wagner-Verehrer, ein Hausfreund in der Villa Wahnfried. Allen seinen Kindern hatte er Namen aus Wagners Opern und Musikdramen gegeben. Seine Berichte über die alljährlichen Bayreuther Festspiele waren hochgeschätzt, aber nicht immer erreichten sie uns pünktlich. Dann mußten wir die Berichte bei ihm in Bayreuth anmahnen, weil unsere Konkurrenz, die »Kölnische Zeitung«, längst ihre Artikel gebracht hatte. Aber es tat uns doch leid, wenn er dann klagte, wie schwer es ihm falle, mit seinen gichtigen Händen zu schreiben. Als es einmal eine Auseinandersetzung wegen einer scharfen Kritik des jüngeren Kollegen vom »Lokalanzeiger« über eine Kölner Opernaufführung gab, sagte er in der Besprechung beim Verlag: »Mein junger Kollege hatte vollkommen recht. Aber dem eigenen Opernhaus gegenüber sollte man das nicht so direkt heraussagen. Doch die Kunst, zu kritisieren ohne wehzutun, lernt man erst aus langer Erfahrung.« Unvergessen bleiben mir die Stunden, die wir mit Anton Stehle, der aus Baden stammte, in der Badischen Weinstube verbrachten.

Obgleich ich von vornherein auch Glossen und Leitartikel, darunter insbesondere den Leitartikel für die Sonntagsausgabe schrieb, war ich vor allem in der Nachrichtenabteilung beschäftigt. Hier teilte ich die Arbeit mit Dr. Otto Thissen. Sehr angenehm für mich war es, daß ich nicht wöchentlich zwischen Tages- und Nachtschicht zu wechseln brauchte, weil Dr. Thissen, der außerdem Sozial- und Kommunalpolitik bearbeitete, es vorzog, ständig Abenddienst bis um Mitternacht zu machen. Er brauchte nämlich die Tagesstunden als besonderer Freund der Kölschen Sprache zum Schreiben der Divertissementchen. Das waren lustige Theaterstücke aus der kölnischen Geschichte mit Musik, Gesang und Balletteinlagen. Das Besondere an ihnen war nicht nur die kölnische Mundart, sondern auch der Umstand, daß auch die weiblichen Rollen von Männern dargestellt wurden und selbst die Ballettgruppe aus Männern bestand, was jedesmal besondere Heiterkeit hervorrief. Aufgeführt wurden diese Divertissementchen alljährlich in der Karnevalszeit vor mehrfach vollbesetztem Hause im Stadttheater durch die Mitglieder der Cäcilia Wolkenburg, einer relativ selbständigen Gruppe innerhalb des Kölner Gesangvereins. Nach 1933 verboten die Nationalsozialisten die Darstellung weiblicher Rollen durch Männer. Die Divertissementchen konnten sie aber auch mit dieser Anordnung nicht töten.

Übrigens war Dr. Thissen auch der Mitbegründer und der erste Geschäftsführer der Kommunalpolitischen Vereinigung der Zentrumspartei. Im Fortschreiten der

Jahre übernahm dann deren Geschäftsführung sein Mitarbeiter Dr. Reinhold
Heinen, der in der Nachkriegszeit Verleger der »Kölnischen Rundschau« wurde.
Schon während meiner Studienzeit hatte ich ihn einmal in Köln aufgesucht, ohne
zu ahnen, daß ich damals bereits im Hause meines nunmehrigen Kollegen Thissen
gewesen war.

Von Dr. Thissen erfuhr ich auch, wie es gekommen war, daß sich die Familie des
Industriellen Fritz Thyssen mit y schrieb. Da hatte es nämlich früher in Aachen
zwei Vettern gleichen Vornamens aus der Familie Thissen gegeben. Da deren
Post dauernd verwechselt wurde, beschlossen sie, ihre Namen unterschiedlich zu
schreiben und erreichten auch die amtliche Genehmigung dazu. Von jenem Aachener, der sich nun Thyssen mit y schrieb, stammte dann die Unternehmerfamilie
im Ruhrgebiet ab.

Was in Köln und im Rheinland geschah, wurde von Josef Breuer beobachtet.
Er war kein Rheinländer, aber er hatte eine quicklebendige Rheinländerin zur
Frau. In seinem Hause zu Rodenkirchen war es auch, daß mir zum ersten Male
ein »Tausendjähriger« kredenzt wurde. Dieser Weinbrand drohte mir den Hals
zuzuschnüren, aber ich ließ mir nichts anmerken, weil ich es für unhöflich hielt zu
sagen, daß der Weinbrand offensichtlich schlecht geworden sei. Ich hoffte, daß das
herauskommen müsse, wenn weiter eingeschenkt würde. Aber es wurde nicht
weiter eingeschenkt, sondern ich wurde gefragt, ob ich noch ein zweites Glas
haben wolle. Da griff Josef Breuer ein, und unter großem Gelächter aller Anwesenden erklärte er, daß ich die Probe glänzend bestanden hätte und deshalb müsse
nun auch Schluß des grausamen Spieles sein, denn ein »Tausendjähriger« sei ein
auf Pfeffer abgezogener Weinbrand, den es nur in einer Kölner Gastwirtschaft
am Rhein gäbe.

Als später in Köln die Internationale Christlicher Demokraten tagte, hatten
Carduck und ich mit einem französischen Kammerabgeordneten diese Wirtschaft
aufgesucht und Carduck hatte für unseren französischen Freund einen »Tausend-
jährigen« bestellt. Das hätte beinahe die ganze christlich-demokratische Internationale gesprengt. In seinem Arbeitszimmer auf der Redaktion saß Josef
Breuer nicht selten bis in die Abendstunden hinein vergraben hinter Bergen von
Zeitungen und Haufen von Manuskripten. Dr. Hoeber nannte ihn deshalb unseren »Hieronymus im Gehäuse« und drohte schon manchmal, einen großen
Hund mitzubringen, um Josef Breuer des Abends nach Hause zu jagen.

In der Handelsredaktion arbeiteten Christian Fülles und Werner Peiner sowie
Elisabeth Dresemann, die Tochter des früheren Außenpolitikers der Redaktion.
Dieser war, wie noch oft erzählt wurde, ein Eisenbahnnarr gewesen, der es
verabscheute, mit der Straßenbahn nach Hause zu fahren, sondern vom Bachem-
Hause in der Marzellenstraße zum Hauptbahnhof ging, um von dort mit dem
Zug nach Köln-West zu fahren. Auf seinen Auslandsreisen habe er stets Boh-
nenkraut mitgenommen, um es in der Hotelküche als Würze des von ihm
bestellten Bohnengerichtes verwenden zu lassen. Werner Peiner war der ein-

zige der Redaktion, der sich 1933 als Nationalsozialist entpuppte und Leiter des Wirtschaftsteiles der Düsseldorfer Gauzeitung »Volksparole« wurde. Er war der Vetter jenes Malers gleichen Namens, dem Göring in Kronenburg in der Eifel ein Atelier größten Ausmaßes einrichtete. In der Nachkriegszeit versuchte Frau Christine Teusch als Kultusminister, dieses Ateliergebäude zu einer Zweigstelle der Düsseldorfer Kunstakademie auszubauen. Dieser Plan scheiterte, weil die Akademiestudenten nicht in die Einsamkeit der Eifel ziehen wollten. Die Gebäude wurden dann als Bildungsstätte des Landes Nordrhein-Westfalen benutzt, die uns noch oft bei den Etatberatungen im Kulturausschuß des Landtages beschäftigte.

Untereinander waren wir alle gute Kollegen. Horndasch, der im privaten Zusammensein Carduck duzte, achtete aber darauf, daß auf der Redaktion kein Du gebraucht wurde, damit sich keine Sondergruppen bildeten. Gute Beziehungen bestanden auch zu den Kollegen des im gleichen Verlag erscheinenden »Kölner Lokalanzeigers«. Dort bildete man auch Volontäre aus, während es in der Redaktion der »Kölnischen Volkszeitung« keine Volontäre gab. Allerdings gab es hier auch weibliche Mitarbeiter, unter ihnen auch Lisbeth Thoeren, die es nach ihrer Studienzeit in Königsberg vorgezogen hatte, nicht in den Schuldienst zu gehen, sondern Journalistin zu werden.

Hin und wieder kam auch einer der Auslandsvertreter zur Zentralredaktion auf Besuch. In Rom war Edmund Freiherr Raitz von Frentz unser Vertreter, der als Päpstlicher Kammerherr besonders gute Beziehungen zum Vatikan hatte. Aus Wien berichtete für uns und für die »Germania« Friedrich Schreyvogel. In Paris arbeitete damals für uns der junge Clemens Graf Podewils, dem seine Schwester den Haushalt führte und bei dem ich einmal köstliche Artischocken vorgesetzt bekam. Damals wußte ich allerdings schon, wie man Artischocken aß, was ich noch nicht gewußt hatte, als ich sie auf meiner ersten Frankreichreise im Jahre 1926 erstmals in einem Hotel in Laon vorgesetzt bekam. Der Ober hatte mir auf einem silbernen Tablett mehrere Artischocken gebracht, von denen ich eine auswählen sollte. Aber da ich nicht wußte, was ich überhaupt mit diesen stacheligen grünen Blättern tun sollte, war ich dabei, von einer Artischocke nach der anderen den kurzen weißen Stil, den köstlichen Artischockenboden, abzuschneiden, als der Ober mir das Tablett entriß und mir dann zeigte, wie man Blatt um Blatt abnehmen, in Öl tauchen und dann aussaugen mußte. Das alles wußte ich nun schon bei Graf Podewils, und so konnte ich auch ein Wort von Bismarck zitieren, das ich inzwischen gefunden hatte. Bismarck hatte nämlich gesagt, daß es in der Politik ebenso zugehe wie beim Artischockenessen. So wie man hier nur Blatt um Blatt nehmen könne, könne man auch in der Politik immer nur eine Frage nach der anderen zu lösen versuchen. Später vertrat uns in Paris Franz Albert Kramer, der damals auch für uns eine Rußlandreise machte und der dann nach dem Kriege der Gründer des »Rheinischen Merkur« wurde.

Nicht zu vergessen war aber auch unsere Berliner Redaktion mit Dr. Ernst Buhla und Karl Gasper sowie einem Kollegen für Wirtschaft und Handel. Aber noch vor 1933 wurde Buhla Chefredakteur der »Germania«, während Hermann Orth, der dies gewesen war, die Leitung der Berliner Redaktion der »Kölnischen Volkszeitung« übernahm. Orth hatte nämlich, als von Papen die Aktienmehrheit der »Germania« erwarb, als Chefredakteur der »Germania« unter einem Pseudonym im »Berliner Tageblatt« heftige Artikel gegen Papen geschrieben. Da zu befürchten war, daß dies herauskommen könne, kamen Orth und Buhla überein, ihre Stellen zu tauschen. 1933 wurde Buhla als Chefredakteur der »Germania« durch Emil Ritter abgelöst, der der Publizist für Papens Sammlungsbewegung »Kreuz und Adler« geworden war. In dieser Bewegung suchte Papen auf katholischer Seite konservative Kräfte nationaler Prägung zusammenzufassen. Orth hat uns noch mehrfach in Essen besucht. Des Nachts gab er dann eine Runde Bohnensuppe aus. In seiner ostpreußischen Heimat kam er beim Einmarsch der Russen ums Leben.

Als ich in die Redaktion der »Kölnischen Volkszeitung« eintrat, war es Sitte, daß sich niemand als Redakteur der »Kölnischen Volkszeitung« bezeichnete, sondern jeder bezeichnete sich als Redakteur an der »Kölnischen Volkszeitung«. Die Zeitung als solche war das Wichtige, nicht die Arbeit des einzelnen Redakteurs. So mußte ich auch gleich zum Faktor der Setzerei gehen, um mir das Zeichen auszusuchen, unter dem nun meine Beiträge erscheinen sollten. Faktor war damals Johannes Rings, Vorsitzender der Zentrumsfraktion im Kölner Stadtrat. Doch zugleich ging es mir nun auch darum, mich in die Geschichte der Zeitung zu vertiefen, an der ich jetzt tätig war.

Die »Kölnische Volkszeitung« war am 1. April 1860 aus den »Kölnischen Blättern« des Verlages Bachem hervorgegangen. Ihre geistige und politische Prägung erhielt sie durch Julius Bachem, der als junger Verwandter der Verlegerfamilie im ersten Jahre ihres Bestehens in die Redaktion eingetreten war und in ihr bis 1915 gewirkt hatte, obgleich er nie ihr eigentlicher Chefredakteur war. Chefredakteur wurde 1876 der Bonner Privatdozent Hermann Cardauns, der volle 31 Jahre hindurch bis 1907 dieses Amt innehatte und mit Julius Bachem jenes Dioskurenpaar bildete, das zum Inbegriff der sogenannten Kölner Richtung im Katholizismus Deutschlands und in der Zentrumspartei wurde. Als junger preußischer Landtagsabgeordneter war Julius Bachem ein Schüler Windthorsts und steuerte in dessen Sinne nach dem Ende des Kulturkampfes auf eine von gesamtpolitischem Denken erfüllte Partei interkonfessioneller christlicher Prägung hin. Mit seinem Artikel »Wir müssen aus dem Turm heraus« in den »Historisch-politischen Blättern« leitete er 1906 jene auch von Windthorst gewollte Entwicklung im Zentrum ein, die das Zentrum später unter demokratischen Verhältnissen in den Stand setzte, jene Rolle des Ausgleichs zwischen den Extremen von rechts und links wahrzunehmen, ohne die die Weimarer Republik kaum zu denken gewesen wäre.

Dieser Sprung des deutschen Katholizismus in das 20. Jahrhundert vollzog sich allerdings nicht ohne heftige Auseinandersetzungen. Man braucht nur an den Gewerkschaftsstreit zu erinnern, der zwischen der Kölner und der Berlin-Trierer Richtung über die Frage ausbrach, ob man wie die Kölner zu Christlichen, d. h. interkonfessionellen, Gewerkschaften ja sagen sollte, oder ob man wie die Berliner und Trierer an katholischen Fachgruppen festhalten sollte. Selbst in Köln stießen noch 1909 die Meinungen hart aufeinander, als es zur sogenannten Osterdienstagskonferenz jener katholischen Kreise kam, die im Turm der Konfessionalität verharren wollten. Für die »Kölnische Volkszeitung« war die Frage des Vorstoßes in die Gegebenheiten des 20. Jahrhunderts bereits entschieden, als sich der Verlag in den achtziger Jahren entschloß, der Zeitung einen umfangreichen Handelsteil anzugliedern und zugleich auch den Zeitungstitel zu erweitern auf »Kölnische Volkszeitung und Handelsblatt«.

Damit nahm die »Kölnische Volkszeitung« endgültigen Abschied von alten ständischen Ideen, wie sie noch weithin insbesondere in Adelskreisen verbreitet waren. Als dann 1887 Anton Traub die Leitung dieses Handelsteils übernahm, trat zum erstenmal ein Zentrumsblatt in echte Konkurrenz zu der übrigen überregionalen Presse Deutschlands. Julius Bachem hat seine Erlebnisse 1913 in dem Buche »Erinnerungen eines alten Publizisten und Politikers« niedergelegt. Auch wenn sich heute so vieles in der Publizistik weiterentwickelt hat, sollte doch immer noch die journalistische Jugend hin und wieder zu diesem Buche greifen. Cardauns Nachfolger war 1907 Karl Hoeber geworden, der sich bereits in jungen Jahren als Direktor des Lehrerseminars in Straßburg einen Namen gemacht hatte.

Doch eine Zeitung besteht nicht allein aus der Redaktion und dem Verlag. Dafür, daß die Arbeit der Redaktion und der Druckerei auch zum Leser gelangt, bedarf es einer Vertriebsabteilung, deren Aufgaben um so größer sind, je weiter verstreut die Abonnenten wohnen und je mehr Ausgaben die Zeitung am Tage hat. Die »Kölnische Volkszeitung« hatte, als ich bei ihr eintrat, jeden Wochentag drei Ausgaben, und zwar eine erste und zweite Morgenausgabe und eine Abendausgabe. Erst später, als die wirtschaftlichen Schwierigkeiten wuchsen, ging man zum zweimaligen Erscheinen über. Eine maschinelle Herstellung des umfangreichen Versandmaterials gab es damals noch nicht, und so mußten die zahlreichen Adressen noch mit der Hand geschrieben und laufend berichtigt werden, und zwar ständig rechtzeitig für die nächste Ausgabe. Drei Vierteljahr nach meinem Eintritt ging die Leitung der Vertriebsabteilung vom Prokuristen Schäfer, der die Fahrpläne aller Postzüge wie kaum ein anderer im Kopf hatte, mit dessen Pensionierung auf Hermann Barz über. In der Essener Zeit wurden unsere Familien eng befreundet. Barz ging dann mit zur »Kölnischen Zeitung« und wurde bei der Gründung der »Kölnischen Rundschau« im Jahre 1946 deren Vertriebsleiter.

Köln selbst hatte unter Konrad Adenauer, der 1917 als 41jähriger zum Oberbürgermeister der rheinischen Metropole gewählt worden war, nach dem Ersten Weltkrieg einen großen Sprung nach vorn getan. Adenauer hatte sofort nach der Sprengung der Forts das äußere Festungsglacis weiterhin jeglicher Bebauung entziehen lassen und damit jenen äußeren Grüngürtel geschaffen, der den englischen Besatzungsbehörden so imponierte, daß er Beispiel für London wurde, wo man seitdem von der Notwendigkeit eines »green belt« sprach. Dem äußeren Grüngürtel folgte dann der innere Grüngürtel. Der Gedanke dazu war Adenauer, wie er einmal in einem Vortrag ausführte, im Düsseldorfer Hofgarten gekommen. Der damalige Bebauungsplan für dieses alte Festungsglacis des 19. Jahrhunderts sah eine Bebauung unter der Bedingung vor, daß jedes Haus von einem großen Garten umgeben sei. Adenauer fragte sich nun, ob es nicht möglich sei, alle Grundstücke noch einmal in einen gemeinsamen Topf zu werfen und dann die für die Gärten vorgesehenen Flächen zu einer zusammenhängenden Grünfläche werden zu lassen und Bebauung nur am Rande dieses inneren Grüngürtels zu gestatten. Es gelang ihm, diese Gedanken in der Stadtverordnetenversammlung durchzusetzen. Das dritte war die Gründung der Kölner Universität als einer städtischen Universität und ihr Neubau am inneren Grüngürtel.

Das vierte waren die Sportanlagen in Müngersdorf, von denen Adenauer allerdings vergeblich hoffte, daß sie der Schauplatz Olympischer Spiele werden würden. Das fünfte war der Bau der Kölner Messehallen, verbunden mit der Internationalen Presseausstellung im Jahre 1928, der sogenannten Pressa. Das sechste war die Modernisierung des Bahnhofsvorplatzes und der Ringe. Dabei bedauerte Adenauer immer wieder, daß man im 19. Jahrhundert nicht die ganze mittelalterliche Stadtmauer erhalten habe und die Ringe und die Eisenbahn weiter hinaus gelegt hätte. Was wäre Köln, rief er mehrfach aus, wenn wir noch die ganze Stadtmauer hätten und damals großzügig geplant hätten. Das letzte war schließlich der Bau der Mülheimer Brücke, und zwar als einer Hängebrücke und nicht als einer Bogenbrücke. Als diese nach dem Kriege neugebaut worden war, sagte Adenauer nach der feierlichen Brückeneinweihung in seiner Tischrede beim Festessen als Ehrenbürger und als Bundeskanzler zum SPD-Oberbürgermeister Robert Görlinger gewandt: »Herr Görlinger, war das nicht eben schön, wie wir zusammen über eine Hängebrücke gingen? Damals wollten Sie partout eine Bogenbrücke. Wissen Sie übrigens, wie ich die Mehrheit im Stadtrat zusammenbekam? Die bekam ich dadurch, daß ich den Kommunisten sagte, in Moskau würden nur Hängebrücken gebaut und sie würden sich eines scharfen Verweises von Moskau aussetzen, wenn sie für eine Bogenbrücke stimmen würden.«

Bei all diesen Bauten machte Adenauer weitestgehend Gebrauch von den Subventionen für die »Werteschaffende Arbeitslosenfürsorge«. Trotzdem wurden die finanziellen Kräfte Kölns auf das äußerste beansprucht. So konnte es nicht ausbleiben, daß sich andere rheinische Oberbürgermeister kritisch äußerten. Johannes Ernst, der damals im Rheinischen Provinziallandtag saß und dort dem Provinzialausschuß angehörte, erzählte mir später, daß Oberbürgermeister Karl Jarres von Duisburg mit ihm darüber gesprochen habe. Er habe Adenauer gefragt, ob er auch an die finanziellen Folgen dächte, worauf Adenauer ihm erwidert habe: »Wissen Sie, Herr Jarres, nach hundert Jahren fragt keiner mehr, was das gekostet hat. Da ist jeder nur froh, daß etwas Bleibendes geschaffen worden ist.«

Auch noch etwas anderes erzählte mir Johannes Ernst von Adenauer. Als Vorsitzender des Provinzialausschusses habe er die Mitglieder dieses Ausschusses zu einem Weinabend eingeladen. Dabei sei zum Schluß herausgekommen, daß die Flasche, die für Adenauer reserviert gewesen war, überhaupt keinen Wein, sondern gefärbtes Mineralwasser enthielt. So blieb Adenauer nüchtern, während die Zungen der anderen gelöst wurden. Diesen Trick hat Adenauer 1955 auf seiner Moskaureise bei Chruschtschow wiederentdeckt, wo er dann plötzlich die für Chruschtschow reservierte Flasche ergriff und sich daraus einschenkte, womit dann offenbar wurde, daß bei jenem Bankett Chruschtschow denselben Trick anwandte, der Adenauer von früher geläufig war.

Allerdings konnte es in den Krisenjahren 1931/32 nicht ausbleiben, daß Köln in eine schwere Finanzkrise geriet. Damals entsandte die preußische Regierung zwei Beamte als Finanzkommissare nach Köln und das einem Oberbürgermeister gegenüber, der als Vorsitzender des Preußischen Staatsrates im gleichen Rang wie der Ministerpräsident und der Landtagspräsident stand. Das Kollegium dieser drei war nach der Verfassung befugt, den Preußischen Landtag aufzulösen. In diesen Zeiten lebten sich Adenauer und der damalige Reichskanzler Brüning immer mehr auseinander. Mir aber blieb unvergessen die Stunde, in der mich Stocky im ersten Jahr meiner Zugehörigkeit zur Redaktion der »Kölnischen Volkszeitung« ins Rathaus mitnahm und mich Adenauer vorstellte. Keiner von uns beiden konnte damals ahnen, daß wir uns 15 Jahre später beim Aufbau der CDU und dann im Düsseldorfer Landtag wiedertreffen würden.

Neu für mich war die Fülle der Zeitungen, die gelesen werden konnten und gelesen werden mußten, sei es um allseitig orientiert zu bleiben und um die Konkurrenz zu beobachten, sei es, um zu erfahren, wo mit einem Leitartikel oder einer Glosse einzuhaken war. Von den ausländischen Zeitungen bat ich mir »Times«, »Temps« und »Neue Zürcher Zeitung« aus. Da die Zeitungen von Zimmer zu Zimmer wanderten, mußte es schnell gehen mit dem Lesen. Manchmal blieb nichts anderes übrig als einfach abzuzeichnen, um dem Kollegen die Zeitung nicht vorzuenthalten. Zu den Zeitungen kamen die Zeitschriften und kamen die Bücher.

Die Zeit um 1929/30 war voller geistiger Bewegungen. Konservative suchten ein neues Verhältnis zum Sozialismus. Da war Arthur Moeller van den Brucks »Drittes Reich«, Wilhelm Stapels »Christlicher Staatsmann« und das Buch des Rembrandt-Deutschen Julius Langbehn, da waren die Schriften von Edgar Jung, die »Zeitschrift für Geopolitik«, die Veröffentlichungen des »Tat-Kreises« und die Manifeste des Jungdeutschen Ordens. Da war auch das Blatt des Grafen Ernst von Reventlow mit seiner Kampfansage an die christlichen Kirchen. Vor allem war da aber auch das Blatt »Der Deutsche« des Deutschen Gewerkschaftsbundes, der die Christlichen Gewerkschaften und den Deutschnationalen Handlungsgehilfen-Verband umfaßte. Es war zeitweise von Dr. Emil Dovifat und Dr. Heinrich Brüning redigiert worden. Mich in die Fülle der geistigen Bewegungen hineinzuarbeiten, schien mir deshalb so notwendig, um den geistigen Hintergrund zu erfassen, vor dem sich Nationalsozialisten und Kommunisten um die Machtergreifung stritten und sich blutige Auseinandersetzungen boten. Dem Vordringen der Radikalen von rechts und links entgegenzutreten, schien mir die Hauptaufgabe jeder vom Zentrum getragenen Politik.

Weshalb ein gläubiger Christ kein radikaler Politiker werden könne, habe ich damals mehrfach in meinen Vorträgen dargelegt. Der Wurzelgrund des Seins sei dem Christen durch den Glauben ausgefüllt. Deshalb sei in diesem Wurzelgrund kein Platz für politische Ideologien, wie sie sich dort radikal, also wurzelhaft ansiedelten, wo dieser Glaube fehle. Für den Christen seien deshalb politische Fragen stets relativ, nie absolut. Allerdings hatte der Übergang von der konstitutionellen Verfassung zur demokratisch-parlamentarischen Verfassung für das Zentrum eine wichtige Entscheidung mit sich gebracht. Nunmehr genügte nicht mehr die Vertretung der Anliegen des Katholizismus, sondern nunmehr mußte man ein politisches Programm entwickeln und echte politische Entscheidungen fällen. Deshalb suchte ich in meinen vielen Reden, die ich in den sich einander ablösenden Wahlkämpfen jener Jahre für die Rheinische Zentrumspartei von Andernach bis Wesel und von Herzogenrath bis zu den Quellen der Sieg gehalten habe, immer politisch zu begründen, weshalb ich dazu aufforderte, dem Zentrum die Stimme zu geben. Einmal war ich wie vor den Kopf geschlagen, als zu Beginn der Diskussion der Ortspfarrer sich mit den Worten erhob: »Hier sind wir alle katholisch, und deshalb wählen wir alle Zentrum.« So einfach lagen die Dinge wirklich nicht mehr. So einfach konnte man eine Mauer gegen den Nationalsozialismus nicht mehr aufbauen.

In den Kampfjahren sprach auf der Redaktion ein Kölner vor, der 1918 demselben Regimentsmeldetrupp angehört hatte, zu dem damals der Gefreite Hitler gehörte. Er schilderte uns den damaligen Hitler als einen Einspänner, der viel für sich allein war, aber immer wieder Reden darüber hielt, daß Sozialismus und Nationalismus miteinander verbunden werden müßten. Darüber, daß Kameraden den Rosenkranz beteten, habe er gespottet. Sonst habe er aber tapfer und ohne Aufsehen seine Meldegänge auch bei heftigem Feuer durchgeführt. Das Eiserne Kreuz habe er nicht für eine besondere persönliche Tat erhalten, sondern damals habe der Meldetrupp des Regiments insgesamt eine Reihe von Eisernen Kreuzen bekommen, weil bei diesen Kämpfen trotz des schweren Feuers, das auf den Verbindungswegen lag, die Überbringung von Meldungen gut funktioniert habe.

Andererseits erhielt die Redaktion auch vom österreichischen Innenministerium Unterlagen über die Abstammung Hitlers. Soweit ich mich erinnere, ging daraus hervor, daß, wenn nicht Hitlers Vater, der ein vorehelicher Sohn gewesen war, unter dem Namen Hitler, teilweise aber auch Hiedler geschrieben, als ehelich anerkannt worden wäre, er Schicklgruber hätte heißen müssen und dann später auch sein Sohn Adolf nicht Hitler, sondern Schicklgruber geheißen hätte. In manchen Kreisen wurde viel darüber diskutiert, ob ein »Heil Schicklgruber« möglich gewesen wäre. Aber auf der Redaktion beschlossen wir, von diesen Unterlagen keinen Gebrauch zu machen, da sie ja nicht Hitler, sondern seinen Vater betrafen. Andererseits kursierte damals in Köln ein vielbelachter Tünnes-und-Schäl-Witz, demzufolge die beiden nach einer abendlichen Zecherei auf der Straße vor einer Drogerie eingeschlafen waren und am Morgen Schäl den Tünnes mit dem Rufe weckte: Tünnes, wir haben das Dritte Reich verschlafen, wir leben schon im Vierten Reich, hier im Schaufenster steht es. Es heißt nicht mehr »Heil Hitler«, sondern »Heil-Kräuter«.

Je mehr die Zeit fortschritt, desto aufgewühlter wurden die Versammlungen. Als ich kurz nach den Winzer-Unruhen, die von den Nationalsozialisten für ihre Propaganda ausgenutzt wurden, in Bernkastel sprechen sollte, unterbrachen diese die Überlandleitung und schnitten einer ganzen Reihe von Ortschaften den elektrischen Strom ab, um den Saal ins Dunkel zu legen, in dem ich sprach. Doch die Versammlung war nicht zu sprengen. Beim Schein einer Kerze sprach ich weiter und fertigte ich die Zwischenrufe ab, die aus dem Dunkel des Saales ertönten. Am letzten Sonntag vor den Reichstagswahlen vom 5. März 1933 hatte ich noch drei gut besuchte Versammlungen in und um Kronenburg in der Eifel. Ihnen folgte in den letzten Tagen noch eine Versammlung in Erkelenz. Diese war als Zentrumsversammlung angemeldet worden, jedoch befanden sich im Saal auch Nationalsozialisten, darunter der Kreisleiter. Obgleich noch ein zweiter Redner angekündigt war, und zwar ein Religionslehrer, der sich mit Alfred Rosenberg auseinandersetzen sollte, ließ der Kreisleiter nach meiner Rede durch den örtlichen Polizisten die Versammlung mit der Begründung auflösen, daß auch Nichtzentrumsmitglieder anwesend seien, es also keine geschlossene Versammlung der Zentrumspartei mehr sei.

Einige Parteifreunde begleiteten mich noch zum Bahnhof. Wir nahmen Abschied voneinander in der düsteren Vorahnung der Dinge, die jetzt unter der Kanzlerschaft Hitlers über das deutsche Volk hereinbrechen würden. Der Zufall wollte es, daß ich 1946 auf der ersten Kundgebung der CDU in Erkelenz ebenfalls einer der Redner war und so an die letzte Zentrumsversammlung Anfang März 1933 anknüpfen konnte. Unter den Teilnehmern waren einige, die sich noch dieser Dinge erinnerten.

Doch mit dieser Erinnerung an meine Erkelenzer Rede, die für über zwölf Jahre meine letzte politische Rede gewesen war, bin ich der Zeit, von der ich sprechen wollte, weit vorausgeeilt. Als ich 1929 in die Redaktion der »Kölnischen Volkszeitung« eintrat, ging es nicht allein um die Tätigkeit innerhalb der Rheinischen Zentrumspartei, sondern wurde es auch meine Aufgabe, Beziehungen zwischen der Redaktion und den katholischen Verbänden zu unterhalten. Da waren zunächst die katholischen Arbeitervereine, die sich aus dem Volksverein entwickelt hatten und von Mönchengladbach ins Kettelerhaus nach Köln gezogen waren, wo Prälat Otto Müller, Josef Joos, Bernhard Letterhaus und Nikolaus Groß residierten. In kurzer Zeit wurde ich mit ihnen befreundet, und nie vergesse ich eine Tagung in Essen, wo Letterhaus radikalen Forderungen mit den Worten entgegentrat: »Die Summe aller Wünsche ist leider stets größer als die Summe aller Möglichkeiten.«

Neben der Katholischen Arbeiterbewegung (KAB) mit ihren standespolitischen, kulturellen und religiösen Zielen standen die Christlichen Gewerkschaften mit ihren gewerkschaftlichen Zielsetzungen. In ihrer Kölner Landesgeschäftsstelle lernte ich Jakob Kaiser und Johannes Albers kennen. Allerdings war die Telefonnummer im Telefonverzeichnis nur mit Schwierigkeiten zu finden. Man konnte die Christlichen Gewerkschaften nicht unter C finden, sondern unter L (Landesgeschäftsstelle der Christlichen Gewerkschaften).

Als es während meiner Kölner Zeit um die Neuordnung des Volksvereins ging, wurde ich als Vertreter der Jugend in den Vorstand gewählt und so lernte ich den Generaldirektor des Volksvereins, Johann Josef van der Velden, kennen, den späteren Bischof von Aachen. Des öfteren suchte ich in Düsseldorf die von Wilhelm Marx gegründete Katholische Schulorganisation auf, in deren Zentrale ich mit dem späteren Prälaten Wilhelm Böhler und seinem Schwager Bernhard Bergmann, dem späteren Staatssekretär im Kultusministerium von Nordrhein-Westfalen, bekannt wurde. Der Weg vom Bahnhof zur Zentrale der Katholischen Schulorganisation führte mich stets am Ständehaus vorbei. Ich konnte damals nicht ahnen, daß ich später viele Jahre meines Lebens in diesem nun zum Landtag gewordenen Gebäude arbeiten würde und daß diese Arbeit in engster Verbindung mit Wilhelm Böhler und Bernhard Bergmann stehen würde. Auch Essen hatte ich des öfteren aufzusuchen, denn dort befand sich die Zentrale der Katholischen Kaufmännischen Vereine in der Nähe des Glückauf-Hauses.

Besonders eng wurden meine Beziehungen zum Katholischen Akademikerverband und seinen geistlichen Leitern Prälat Franz Münch und Franz Xaver Landmesser. Ein Anliegen dieses Verbandes war der Brückenschlag zwischen Kirche und Kultur, die sich im 19. Jahrhundert auseinandergelebt hatten und um deren neues Zusammenwirken sich erstmals Carl Muth mit der Gründung seiner Zeitschrift »Hochland« bemüht hatte. Hier wurde auch sichtbar, daß es ein katholisches Bewußtsein gab, das über Parteigrenzen hinausging, wobei allerdings auch zu erkennen war, daß es katholische Intellektuelle gab, die das wahre Wesen des Nationalsozialismus nicht durchschauten, sondern glaubten, sich mit Hitler arrangieren und ihn von seinen radikalen Parteigenossen trennen zu können.

In lebhafter Erinnerung steht mir die Tagung des Jahres 1932 in Maria Laach. Beim abendlichen Spaziergang am Ufer des Sees hörte ich, wie der vor mir gehende Fritz Thyssen mit der lauten Stimme eines Schwerhörigen zu seinem Begleiter sagte: »Hitler wird Ordnung in die Arbeiterschaft bringen, und deshalb unterstütze ich ihn.« Noch hellhöriger wurde ich, als anderentags beim Mittagessen Franz von Papen mir über den Tisch hinüber zurief: »Hofmann, was haben Sie denn da vor einigen Tagen einen Artikel gegen einige westfälische Adelige geschrieben? Das war doch Ihr Zeichen, das vor dem Artikel stand?« Als ich ihn fragte, ob er denn nicht in den Gedanken, gegen die ich mich gewandt hatte, eine Gefahr für die Demokratie sehe, meinte er: »Da schießen Sie mit Kanonen auf Spatzen.« Bei der Abreise sah ich dann noch, wie Papen mit Hermann Freiherr von Lüninck, einem Führer der deutschnationalen Katholiken, im Gespräch zurückgeblieben war. Das alles stand dann höchst plastisch vor meinen Augen, als kurze Zeit darauf Brüning als Kanzler entlassen und von Papen beauftragt worden war, ein neues Kabinett zu bilden.

Als ich meine Arbeit bei der »Kölnischen Volkszeitung« begann, wurde ich von Wilhelm Hamacher, dem damaligen Reichsratsmitglied für die Rheinprovinz und Generalsekretär der Rheinischen Zentrumspartei, gebeten, nebenamtlich auch die Redaktion einer von ihm herausgegebenen Zeitschrift »Das Abendland« zu übernehmen. Die Zeitschrift ist dann aber bald trotz aller meiner Bemühungen um wesentliche und interessante Beiträge eingegangen. Eines Beitrags erinnere ich mich noch. Er handelte von den entmilitarisierten linksrheinischen Gebieten und wies darauf hin, daß diese Gebiete wirtschaftlich zurückzufallen drohten, weil sie außerhalb des militärischen Schutzes durch die Reichswehr lagen und sich deshalb Industriebetriebe dort nicht ansiedeln wollten. Dieser Umstand war später der Grund dafür, daß der 1936 von Hitler befohlene Einmarsch der Reichswehr in die entmilitarisierte Zone weithin von der Bevölkerung begrüßt wurde. Nur wenige erkannten, daß Frankreich und England mit dem Geschehenlassen dieses Einmarsches Hitler die Möglichkeit gaben, sein Großdeutsches Reich Stück um Stück aufzubauen. An jenem kritischen Tage sagte mir Josef Joos, wenn Frankreich doch Widerstand leisten würde, dann ginge mit Bächen von Blut das, was einmal Ströme von Blut erfordern werde.

Als Redakteur des »Abendlandes« fand ich auch Beziehungen zu österreichischen Zeitschriften, insbesondere zu der von Josef Eberle herausgegebenen »Schöneren Zukunft«, vor allem auch zu Eugen Kogon, der mich in jener Zeit einmal in Köln besuchte und der nach dem Kriege Mitbegründer der »Frankfurter Hefte« wurde, und zu Johannes Messner, dessen Bemühungen um die Klärung der Naturrechtsfragen mein besonderes Interesse fanden. Verbindungen zu Österreich pflegte auch der von Wilhelm Hamacher begründete Görresring, der unter der akademischen Jugend für den Zentrumsgedanken werben sollte. Aus dem Görresring sind viele Politiker hervorgegangen, die sich in der Nachkriegszeit einen Namen gemacht haben, so der spätere Schöpfer der Verfassung von Rheinland-Pfalz, Adolf Süsterhenn, ferner der spätere Fraktionsvorsitzende der CDU in der Rheinischen Landschaftsversammlung, Josef Rösch, sowie der spätere Staatssekretär im Bundesfinanzministerium, Karl Hettlage, um nur einige Namen zu nennen.

Unvergessen bleiben mir auch die L-C- (Laien-Cleriker) Abende, für die Frau Minna Bachem-Sieger, die Mitbegründerin des Katholischen Deutschen Frauenbundes, ihr Haus zur Verfügung stellte, sowie eine dreitägige Veranstaltung einer Kölner KV-Korporation im Internat des Godesberger Jesuitengymnasiums. Hier sollte ich diese jungen katholischen Studenten in die Politik und in das politische Programm des Zentrums einführen. Unter diesen Studenten befand sich auch Franz Meyers, der spätere Ministerpräsident von Nordrhein-Westfalen. Ihm bin ich in jener Zeit ein zweites Mal begegnet, als ich mit meiner Frau von unserem Hausarzt Dr. Georg Mertens zum Kaffee eingeladen worden war. Zu diesem Kaffee war auch Franz Meyers eingeladen, und auf dem Heimweg fragte mich meine Frau, ob ich nicht bemerkt hätte, daß sich da etwas zwischen diesem jungen Manne und der jüngsten Schwester unseres Hausarztes anbahne. In der Tat, unser Hausarzt war später der Schwager des Ministerpräsidenten.

In der Mitte dieser Kölner Jahre suchte mich der Verleger der »Augsburger Postzeitung« auf und stellte mir die Frage, ob ich nicht die freigewordene Stelle des Chefredakteurs dieser alten und angesehenen katholischen Zeitung Bayerns übernehmen wolle. Allerdings könne er mir noch keine bindende Zusage geben, da noch mit dem Kollegen Alphons Nobel verhandelt würde. Jedoch solle zwischen uns beiden die Entscheidung fallen. Zum Schluß des eingehenden Gesprächs sagte ich meine Bereitschaft zu, war aber dann doch sehr froh, nach kurzer Zeit zu hören, daß Nobel als Chefredakteur der »Augsburger Postzeitung« genommen worden sei. Hätte ich damals schon gewußt, welche Daumenschrauben 1933 der »Augsburger Postzeitung« angesetzt wurden, hätte ich es nicht auf die Entscheidung des Verlags ankommen lassen, sondern von vornherein erklärt, daß ich kein Interesse daran habe, nach Augsburg zu gehen.

Anlaß zu Auslandsreisen boten die Tagungen der Internationale Christlich-Demokratischer Parteien in Paris und Antwerpen. Zu diesen Tagungen fuhr ich zusammen mit Josef Joos, Helene Weber, Christine Teusch und Konsul Stocky. Sehr erschrocken war ich allerdings, als Helene Weber bei einer Besichtigung der französischen Kammer auf die Rednertribüne ging und leise sagte: »Elsaß-Lothringen wird doch wieder deutsch.« Als Exilpartei waren auf diesen Tagungen die italienischen Populari vertreten. Wir ahnten damals noch nicht, daß es kurze Zeit darauf dem Zentrum ebenso ergehen werde. 1930 hatte ich mit meiner Frau an der 10-Jahres-Feier der Volksabstimmung in Kärnten teilgenommen. Unvergessen bleibt mir die nächtliche Feier am Wörthersee, über den sich, von Ruderbooten gebildet, eine Lichterkette zog, die die damalige Demarkationslinie zwischen den beiden Abstimmungsregionen bezeichnete, während von allen Höhen der Karawanken Freudenfeuer aufleuchteten. Auch damals mußte Joos plötzlich nach Berlin zurückkehren, worauf ein Österreicher den Unterschied zwischen dem politischen Denken in Österreich und im Reich mit den Worten charakterisierte: »Wir in Österreich sagen, die Lage ist hoffnungslos, aber nicht ernst, und Ihr in Deutschland sagt, die Lage ist ernst, aber nicht hoffnungslos.«

Schon für die »Osnabrücker Volkszeitung« hatte ich über Katholikentage berichtet, darunter auch über den Katholikentag in Hannover 1926. Dort hatte sich während der von Nuntius Eugenio Pacelli zelebrierten Messe auf dem Schützenplatz mein Vater als Küster dauernd bemüht, die vom Wind ausgeblasenen Kerzen wieder anzuzünden, bis ihm Pacelli einen Wink gab, er solle das lassen und ohne brennende Kerzen die Messe weiterlas. Auch hatte er die auf den Empfangsbüros Beschäftigten vom Besuch der Sonntagsmesse entbunden. Nimmt man hinzu, daß er schon damals das Flugzeug benutzte und daß er nach dem Dortmunder Katholikentag in ein Bergwerk eingefahren war, so versteht man, daß Pacelli in Deutschland als moderner Priester angesehen wurde. In Köln freute es mich, daß ich diese Arbeit nun für die »Kölnische Volkszeitung« fortsetzen durfte. Vier dieser Katholikentage sind mir in besonders lebhafter Erinnerung geblieben. Der erste war der Katholikentag 1929 in Freiburg, auf dem Nuntius Pacelli seine Abschiedsrede an die deutschen Katholiken hielt, bevor er zum Kardinalstaatssekretär ernannt wurde.

Dann vor allem im Jahre 1930 der Katholikentag in Münster. Hier gab es im Arbeitskreis 1, der regelmäßig unter der Leitung von Josef Joos stand, eine lebhafte Auseinandersetzung zwischen Zentrumspolitikern und deutschnationalen

Katholiken. Da erhob sich aus der hintersten Reihe im Auditorium Maximum der Universität ein Pfarrer von großer Statur und klagte das Zentrum an, eine gottlose Partei zu sein, die sich der Häresie schuldig gemacht habe, als sie dem Satz der Weimarer Verfassung »Die Staatsgewalt geht vom Volke aus« zugestimmt habe, während doch jede Staatsgewalt von Gott ausgehe. In allen Reihen steckte man die Köpfe zusammen, wer denn dieser Redner sei. Schließlich ging es von Mund zu Mund, das sei ein münsterischer Pfarrer, sogar ein Graf; und es war in der Tat Clemens August Graf von Galen, der spätere Bischof und Kardinal von Münster, der Löwe von Münster im Kampf gegen nationalsozialistische Maßnahmen.

Als erster trat ihm der flämische Dominikanerpater Perqui mit dem Hinweis entgegen, daß der angegriffene Satz seit eh und je in der belgischen Verfassung stehe und noch niemals die katholische Kirche in Belgien gegen ihn Einspruch erhoben habe. Inzwischen hatte Joos den Dompropst Prof. Dr. Josef Mausbach holen lassen, der als Mitglied der Weimarer Nationalversammlung und als Moraltheologe in längeren Ausführungen darlegte, wie es zum Weimarer Kompromiß gekommen sei und wie auch er nicht gezögert habe, dem angegriffenen Satz der Weimarer Verfassung zuzustimmen. Dieser Satz enthalte nämlich keine theologische Aussage über die letzten Quellen der Staatsgewalt, sondern lege nur fest, wer sie unter den Bedingungen dieser Verfassung ausübe[12].

Zum Nürnberger Katholikentag fuhr ich im Jahre 1931 zusammen mit Frau Barbara Joos. Als ich sie fragte, warum sie denn einen Zylinderkoffer mit sich trüge, antwortete sie lachend: »Das ist der Zylinder des Herrn Katholikentagspräsidenten.« In der Tat war Josef Joos der Präsident dieses Katholikentages, wohl zum erstenmal war damit ein Mann, der aus der Arbeiterbewegung stammte, Katholikentagspräsident[13]. Der Essener Katholikentag im Jahre 1932 war der letzte für das Reichsgebiet, denn die Abhaltung des Katholikentages 1933 in Wien stieß, was die Reichsdeutschen betraf, bereits auf den Widerstand der Nationalsozialisten. Erst 1948 konnte dann für das Bundesgebiet die Reihe der Katholikentage mit der Tagung in Mainz fortgesetzt werden. Von der Essener Tagung blieb mir vor allem ein Gespräch mit dem Ruhr-Kaplan Karl Klinkhammer in Erinnerung.

In Münster hatte mir Dr. Hoeber ein amüsantes Erlebnis mit dem alten Fürsten Karl Löwenstein, dem seinerzeitigen Präsidenten des Zentralkomitees der deutschen Katholiken, erzählt. Bevor die Bewerbung einer Stadt als Tagungsort vom Zentralkomitee angenommen wurde, überprüfte der Fürst mit einigen Herren die Hotelverhältnisse. Bei einer solchen Gelegenheit sah Dr. Hoeber, wie sich der Fürst im Hotel mit »Löwenstein, Holzhändler aus dem Spessart«, eintrug. Auf die erstaunte Frage von Dr. Hoeber, weshalb er solches tue, habe

---

[12] *Vgl.* 69. Generalversammlung der Katholiken Deutschlands zu Münster in Westfalen vom 4.–8. September 1930, hrsg. vom Lokalkomitee. Münster o. J., S. 297 f.
[13] *Präsident des Dortmunder Katholikentags von 1927 war* Adam Stegerwald *gewesen.*

der Fürst ihm gesagt: »Wenn ich schreibe Fürst Löwenstein, muß ich für dasselbe Zimmer nur den doppelten Preis bezahlen.«

In die Kölner Jahre fiel auch die Veröffentlichung der Enzyklika Pius' XI. »Quadragesimo Anno« vom 15. Mai 1931. Sie wurde in weiten Teilen der katholischen Bevölkerung begeistert aufgenommen, überall beschäftigte man sich mit ihr. Zum Jahresende hatte ich über sie einen dreitägigen Kursus für die katholische weibliche Jugend Aachens zu halten, der in der Sozialen Frauenschule stattfand. Aber je mehr ich mich mit dem Vorschlag, die Klassengesellschaft durch eine berufsständische Ordnung zu überwinden, beschäftigte, desto problematischer wurde mir diese Frage. Wenn auch die Berufsstände, von denen die Enzyklika sprach, etwas anderes waren als die alte ständische Ordnung und der ständische Gedanke, mit denen ich mich in meiner Dissertation auseinandergesetzt hatte, so kamen mir doch Zweifel, ob dieser Vorschlag der Enzyklika angesichts der Entwicklung zur industriellen Gesellschaft zu verwirklichen war.

Als der Jesuit Oswald von Nell-Breuning darüber der »Kölnischen Volkszeitung« einen Artikel hereinreichte, und dabei die Worte gebrauchte »Roma locuta, causa finita«, rief ich ihn an, ob das wirklich so stehen bleiben könne, da eine Enzyklika doch keine dogmatische Entscheidung des unfehlbaren Lehramtes sei. Nach einigem Hin und Her sagte Nell-Breuning schließlich, vielleicht ist es doch besser, den Satz zu streichen. Über diese Auseinandersetzung über Berufsstände traten leider zwei Hauptanliegen der Enzyklika in den Hintergrund, obgleich sie in den Vordergrund hätten treten müssen. Das eine waren die Ausführungen über die Subsidiarität, von der aller Staatsaufbau getragen sein müsse, und das andere waren die Hinweise auf eine echte Entproletarisierung der Proletarier durch Vermögensbildung in Arbeiterhand.

Als am 30. März 1930 Dr. Heinrich Brüning Reichskanzler geworden war, meinte der Verlag, daß eine engere Beziehung der Redaktion zum Reichskanzler geschaffen werden müsse, nachdem Brüning als Fraktionsvorsitzender einige Male auf einer Redaktionskonferenz gesprochen hatte. Ich wurde damals beauftragt, namens der Redaktion der »Kölnischen Volkszeitung« diese Beziehungen zum Reichskanzler zu pflegen. So mußte ich nun mehrfach nach Berlin zur Aussprache mit Dr. Brüning fahren, oder wenn er in Köln sprach, für die Berichterstattung über seine Rede sorgen. Brüning sprach meistens frei, arbeitete dann aber die Übertragung des Stenogramms sehr gründlich durch, wobei er einzelne Sätze strich und andere auch umformulierte.

In seinem ersten Kabinett war Dr. Josef Wirth Innenminister. Ihm oblag es, den Kampf gegen die Radikalen von rechts und links zu führen, d. h. gegen die Nationalsozialisten und gegen die Kommunisten. Hinter den letzteren stand allerdings die Sowjetunion, mit der nicht nur die Reichswehr Verbindungen pflegte, um an der Weiterentwicklung von Waffen zu arbeiten, was ihr in Deutschland durch den Versailler Vertrag untersagt war, sondern mit der auch trotz dauernder Einwendungen von Frankreich die deutsche Wirtschaft in Handelsbeziehungen stand. Die Frage, wie der Kommunismus zu bekämpfen sei und wie das Verhältnis zur Sowjetunion zu gestalten sei, ließ Dr. Wirth von verschiedenen Arbeitskreisen untersuchen, von denen Josef Joos einen im Rheinland bildete, der am 17./18. Februar 1931 im Hause der Christlichen Gewerkschaften in Königswinter tagte.

Nach meinen Notizen von der damaligen Tagung gehörten dem Arbeitskreis an als Theologen Friedrich Muckermann, Josef Froberger und Ludwig Berg, von der Katholischen Arbeiterbewegung und von den Christlichen Gewerkschaften Bernhard Letterhaus und Franz Röhr sowie ich als Redakteur der KV. Die Fragen, die behandelt wurden, waren im wesentlichen folgende: 1. Was geht in der Sowjetunion im dritten Jahre des ersten Fünfjahresplanes Stalins vor sich, und ist es überhaupt möglich, die kommunistische Herrschaft in Rußland zu erschüttern? 2. Wie wirken die Vorgänge und Entwicklungen in Rußland zurück auf das geistig erschütterte deutsche Volk und welches sind die Kanäle? 3. Was kann von katholischer Seite dagegen geschehen?

Nach einigen Diskussionen darüber, ob es eine schweigende Mehrheit gäbe, die sich gegen die kommunistische Herrschaft wende, war man sich einig darüber, daß der Fünfjahresplan durchaus gelingen könne, daß in Rußland, wie Letterhaus es aussprach, eine Schicht heranwachse, die willensmäßig auf die bolschewistische Idee eingestellt sei und durch heroischen Einsatz in der Gegenwart Grundlagen für eine bessere Zukunft legen zu können glaube, und daß schließlich, wie Röhr es darlegte, auch ein Abbruch aller wirtschaftlichen Beziehungen der Welt zur Sowjetunion mit dem Ziele, den Fünfjahresplan zum Scheitern zu bringen, kein wirklicher Vorstoß gegen das bolschewistische System sei. Dabei meinte Röhr, es sei eher anzunehmen, daß, je mehr sich ein Staatskapitalismus in Rußland entwickle, der Bolschewismus den Ast absägen werde, auf dem er sitze.

So wurde die zweite der genannten Fragen der Hauptinhalt des Gedankenaustausches. Hier untersuchte Joos die Frage, wo sich in Deutschland die bolschewistischen Ideen einnisteten. Solche Stellen fand er in der weitverbreiteten Allerweltskritik, ferner bei einem Intellektualismus, der die Hierarchie der Werte nivelliere und Soziologie an Konditoreitischen betreibe, sowie in dem Gejammer in bürgerlichen Schichten, wie aber auch insbesondere in der Aussichtslosigkeit, vor der die akademische Jugend stehe. Zum dritten Fragenkreis erklärte Joos, daß mit einer bloßen Antihaltung nichts erreicht werde. Leider fühle sich jedoch der Durchschnittskatholik zu wenig als Gestalter der Welt und überdies ergäbe sich die Frage, ob unsere christliche Existenz noch lebendig sei. Beim Durchlesen dieser Notizen von 1931 frage ich mich, ob wir heute klarere Antworten geben könnten.

Umfassend wurden gegen Ende des Jahres 1931 Marxismus, Kommunismus und Bolschewismus in einer zweihundertseitigen Studie behandelt, zu der drei Monatshefte des Mitteilungsblattes der Deutschen Zentrumspartei »Das Zentrum« zusammengezogen waren. Auch diese grundlegende Studie, die von Karl Marx und Friedrich Engels ausging und bis zu den derzeitigen Verhältnissen in der Sowjetunion führte, begnügte sich nicht allein mit der Widerlegung und der Abwehr des Marxismus, sondern suchte auch positive Gedanken zur Überwindung des Marxismus und zum Aufbau einer christlichen und katholischen Prinzipien entsprechenden Gesellschaftsordnung vorzubringen. Sie wurde damit auch zu einer Kritik am Hochkapitalismus. Als Verfasser dürften an ihr hauptsächlich August Heinrich Berning und Fritz Kühr mitgearbeitet haben. Im Rückblick bleibt allerdings zu fragen, ob es richtig war, bei der Darstellung der Verhältnisse in Rußland soviel von der »neuen Moral« zu sprechen. Heute muß man nämlich feststellen, daß diese »neue Moral« ihre Triumphe im demokratischen Westen feiert, während in der Sowjetunion Puritanismus vorherrscht.

Diese Erinnerung an die Auseinandersetzungen mit dem Kommunismus war notwendig, weil in der Mehrzahl heutiger Rückblicke nur vom Kampf und von der Auseinandersetzung mit dem Nationalsozialismus gesprochen wird. Damals war es aber in der Tat nicht nur der Nationalsozialismus, sondern auch der Kommunismus, der Deutschland bedrohte. Nicht jeder war damals imstande, das Gemeinsame zwischen beiden, nämlich den ihnen innewohnenden Totalitarismus zu sehen, sondern viele bezogen in jenen wirren Jahren ihren Standpunkt danach, ob sie nun die eine oder die andere Richtung für gefährlicher hielten.

Doch nun zurück zu Brüning. Von meinen Berliner Besuchen ist mir vor allem jener vom 13. Mai 1931 in Erinnerung geblieben, bei dem ich längere Zeit im Vorzimmer darauf warten mußte, bis Brüning frei war und mich empfangen konnte. Bei ihm war nämlich der italienische Finanzminister Giuseppe Graf Volpi gewesen. Als Brüning anschließend mit mir im Garten der Reichskanzlei spazierenging, erzählte er mir von dieser Aussprache mit dem Finanzminister Mussolinis, der im Laufe des Gesprächs gesagt habe, man müsse in kritischen Zeiten den Mut haben, das Volk auf das Prokrustes-Bett des Staates zu zwingen, wenn man die Krise überstehen und das Volk retten wolle. Brüning aber meinte, ohne eine Beteiligung des Parlamentes gehe es in kritischen Zeiten nicht, auch wenn sich die Rolle des Parlamentes darin erschöpfe, Anträge auf Aufhebung einer Notverordnung mit Mehrheit abzulehnen. In diesem Gespräch gab mir Brüning einen Einblick in die Schwierigkeiten, vor denen er mit der Sanierung der Großstädte stehe.

Als ich mit dem Nacht-D-Zug zurückfuhr, um am anderen Tage, dem Christi-Himmelfahrts-Tag, in Aachen vor der katholischen Jugend der Pfarrei St. Adalbert zu sprechen, ging mir das Gespräch mit Brüning so heftig durch den Kopf, daß ich während der Fahrt statt der Luftklappe die Notbremse zog. Der Kommentar des Schaffners, dem ich sofort entgegenging, war nur der: »Wieder einmal der französische Wagen.«

Nie hat sich Brüning in den Gesprächen, die ich mit ihm hatte, ganz offenbart. Aber da ich in Münster studiert hatte, wußte ich, wie verschlossen Westfalen sein können. Allerdings konnte auch Adenauer, obgleich er Kölner war, verschlossen sein. Doch wenn Adenauer vor einer verzwickten Lage stand, eliminierte er alle Unbekannten bis auf eine wesentliche aus der Rechnung und traf dann seine Entscheidung. Brüning hingegen beließ stets alle Unbekannten in der Rechnung und versuchte dann eine Gleichung mit drei, vier oder auch fünf Unbekannten zu lösen. Das brachte ihm den Ruf ein, immer über vier oder fünf Ecken herum zu denken.

Einmal sah ich den Reichskanzler sehr betroffen über eine Mitteilung, die ich ihm brachte. Das war während einer Tagung des Reichsparteiausschusses der Zentrumspartei in Berlin. Wir Kölner hatten des Abends im »Rheingold« eine Gruppe getroffen, die untereinander politische Gespräche führte, die plötzlich von einer Frauenstimme mit den Worten übertönt wurde: »Ich könnte jeden Zentrumsmann eigenhändig erschießen.« »Dann fangen Sie bitte bei mir an«, rief ich zum Nebentisch hinüber, »wir sind hier alle Zentrumsmänner.« So kamen wir ins Gespräch und fanden heraus, daß es sich um Nationalsozialisten handelte, die dem »Tat-Kreis« entstammten. Auch der Leiter des Wirtschaftsdienstes der NSDAP, ein preußischer Adeliger, war darunter[14]. Als wir auf Brüning zu sprechen kamen, hieß es, er sei, wenn er auch ein Zentrumsmann sei, ein nationaler Mann, weil er in Rom dem Kardinalstaatssekretär Pacelli widersprochen habe.

[14] Herbert von Mudra.

Das Gespräch ging weit über Mitternacht hinaus. Es endete mit der Verabredung, daß ich im Laufe des Vormittags den Leiter des Wirtschaftsdienstes der NSDAP in seinem Büro aufsuchen würde. Als ich dort hinkam, wurde mir mitgeteilt, daß der Herr sich krank gemeldet habe. Er mußte also einen Riesenkater gehabt haben, während ich, der ich bereits nach dem Frühstück telefonisch mit Brüning einen Termin verabredet hatte, pünktlich in der Reichskanzlei sein konnte. Brüning war sehr bestürzt über das, was ich ihm mitteilte, und fragte mehrfach sich selbst, wer wohl von denen, die er über seine römischen Besprechungen vom August 1931 unterrichtet hatte, geplaudert haben könnte, so daß nun die Nazis darüber unterrichtet waren. Auf jeden Fall schien ihm der Vorfall so bedeutungsvoll, daß er ihn in seinen »Memoiren« erwähnt[15], wobei er allerdings von rheinischen Parteifreunden in der Mehrzahl spricht, während ich es allein war, der ihm die Kunde überbrachte.

Fragt man, was es denn gewesen sei, das solche Massen an Brüning glauben ließ, so gibt es darauf nur eine Antwort: In einer Zeit, da noch einmal alles ins Schwimmen zu geraten schien, war er der einzige, der konkrete Maßnahmen ergriff, um der Dinge Herr zu werden[16].

Mit erheblicher Sorge erfüllte uns in Köln das Schweigen Brünings angesichts eines offenen Briefes Hitlers an ihn, der am 15. Oktober 1931 im »Völkischen Beobachter« mehr als eine Seite einnahm. Ruffini und ich trafen uns des Abends in der Wohnung von Stocky in der Volksgartenstraße. Einhellig waren wir der Meinung, daß Brüning keine Zeit mehr verlieren dürfe, um zu antworten. Schließlich gelang es Stocky, eine Dame vom Berliner Fernsprechamt so zu bereden, daß sie uns die Geheimnummer des Reichskanzlers gab, da er über die Nummer der Reichskanzlei nicht mehr zu erreichen gewesen war. Ruffini sprach mit ihm, sagte ihm aber nur, daß er anderentags mit dem ersten Morgen-D-Zug nach Berlin kommen und ihn sofort aufsuchen würde. Ruffini berichtete uns dann später über seine Berliner Reise. Brüning habe ganz erstaunt gefragt, weshalb Ruffini komme und habe dann, als dieser auf Hitlers offenen Brief hinwies, gestanden, daß er noch keine Zeit gefunden habe, diesen im »Völkischen Beobachter« erschienenen Brief Hitlers zu lesen. Er hat dann doch geantwortet, aber leider zu spät. Wenn man von Schwächen Brünings spricht, dann war diese eine in der Tat bei ihm vorhanden: er baute allzusehr auf Vernunft und Einsicht und mißtraute jeglicher Emotion, so daß ihm das Gefühl dafür abging, daß jeder Angriff unverzüglich und sofort beantwortet werden mußte.

[15] Memoiren 1918–1934. Stuttgart 1970, S. 361.
[16] *Im Notizkalender* HOFMANNS *für 1931 findet sich auf der Seite der 30. Woche folgende (stenographisch festgehaltene und von* HOFMANN *später übertragene) Aufzeichnung:* Wir haben uns in den letzten Jahren mehr zugemutet, als wir leisten konnten. Wir haben vergessen, daß wir den Krieg verloren haben. Brüning sucht das dem deutschen Volk ins Gedächtnis zurückzurufen. Wir müssen unser Land selbst in Ordnung bringen und das seelische Gleichgewicht wieder herstellen. Aber das Ausland muß etwas dazu tun. Dieselbe Freiheit, Unabhängigkeit für Deutschland. Frei von Kontrollen.

Dabei konnte Brüning kämpfen. Das zeigte sich vor allem nach seinem Sturz. Die Nachricht vom Sturze Brünings (30. Mai 1932) erreichte mich, als ich in Bad Pyrmont an einer Tagung der Zentrumsjugend teilnahm. Bei dieser Zusammenkunft hatte sich Augusta Schröder, die ich später in Aachen als Direktorin der Sozialen Frauenschule des Katholischen Frauenbundes wiedertreffen sollte, sehr über eine Äußerung von mir entsetzt. Ich hatte nämlich gesagt, es müßte eigentlich möglich sein, den Kopf von Brüning mit einem Munde wie von Goebbels zu verbinden. Damit wollte ich sagen, daß Brüning, wenn er sich halten wolle, nicht nur schweigend in der Reichskanzlei arbeiten dürfe, sondern darüber hinaus als Redner und Propagandist seiner Politik vor das Volk treten müsse, weil es sonst von der Nazipropaganda überflutet werde. Am ersten Tag war auch Joos anwesend gewesen, mit dem ich noch ein längeres Gespräch hatte, ehe er sehr beunruhigt den Zug nach Berlin nahm. Kurz vor unserer Abreise kam die Meldung vom Sturze Brünings. In düsterer Stimmung fuhr ich nach Köln zurück.

Als dann die Nachricht kam, daß Papen von Hindenburg zum Nachfolger Brünings ernannt worden war, rief mich Joos aus Berlin an. Er fragte mich. ob ich den Leitartikel schriebe, und als ich ihm sagte, ich sei bereits dabei, fuhr er fort, in den Artikel müsse hinein, daß Papen der Ephialtes der Zentrumspartei sei. (Ephialtes war jener Grieche, der 480 v. Chr. im Perserkrieg die griechische Stellung an den Thermopylen verraten hatte). Nach alledem, was ich kurz zuvor in Maria Laach beobachtet hatte, nahm ich dieses Wort in meinen Artikel hinein. Es schlug wie ein Blitz ein. Die gesamte Auslandspresse zitierte das Wort. Dem Verlag der »Kölnischen Volkszeitung« brachte es allerdings sofortige Abbestellungen aus den Freundeskreisen Papens ein.

Aber dieses Wort hatte, wie ich später erfuhr, noch seine besondere Geschichte. Es war nämlich gar nicht, wie ich annahm, von Joos erfunden worden, sondern als erster hatte es Prälat Kaas in der Fraktionsvorstandssitzung gebraucht[17]. Nun aber, als es in der »Kölnischen Volkszeitung« stand, war Kaas ängstlich besorgt, ich könnte wissen, daß er es als erster gebraucht habe und ich könnte das Papen gegenüber mitteilen. Er aber müsse doch nun auch mit dem Reichskanzler von Papen zusammenarbeiten. Er offenbarte sich deshalb dem Generalsekretär der Rheinischen Zentrumspartei, Josef Ruffini, der ihn, allerdings ohne etwas von dem Anruf von Joos zu wissen, beruhigte und ihm sagte, das Wort hätte ich sicherlich selbst erfunden, ohne zu wissen, daß er, Kaas, es schon gebraucht habe. Daß das Wort von Kaas stammte, hatte Joos mir verschwiegen,

---

[17] *In der Sitzung des Vorstands der Zentrumsfraktion am 1. Juni 1932 hatte* Joos *mitgeteilt, Kaas (der* krank *liege) habe Papen gewarnt, die* Rolle des Ephialtes zu übernehmen. *Vgl.* Protokolle der Reichstagsfraktion und des Fraktionsvorstands der Deutschen Zentrumspartei 1926–1933, bearb. von Rudolf Morsey. Mainz 1969, S. 572. Bei *W.* Spael, *Das* katholische Deutschland, *S. 293, heißt es, Hofmann sei* verwegen *genug* gewesen, das Wort vom *Ephialtes* weiterzugeben; dafür habe die KV ein dreitägiges Erscheinungsverbot erhalten.

so daß ich immer geglaubt hatte, Joos habe das Wort erfunden, bis ich erst 1945 volle Aufklärung von Ruffini erhielt.

Vier Tage nach Übernahme der Kanzlerschaft ließ Papen durch Hindenburg den Reichstag auflösen und Neuwahlen zum 31. Juli 1932 ausschreiben. In diesem Wahlkampf des Sommers 1932 übernahm Brüning eine Versammlungskampagne, die bis an die Grenzen seiner körperlichen Leistungsfähigkeit ging. Über seine Reden im Rheinland hatte ich zu berichten, und zwar einmal in Kurzform für das Wolffsche Telegraphenbüro und dann in Langform für die »Kölnische Volkszeitung«. Die rheinische Versammlungstournee Brünings begann am 3. Juli, einem Sonntag. An diesem Tag sprach Brüning des Vormittags in Siegburg, des Mittags in Bonn, und da die Beethovenhalle überfüllt war und seine Rede auch in den Saal der Bürgergesellschaft übertragen wurde, fuhr er auch noch dorthin, um sich mit einigen Worten an die zu wenden, die hier versammelt waren. Nachmittags folgte eine große Rede in der überfüllten Rheinlandhalle in Köln und abends noch eine Rede in Koblenz.

Am Montag folgte die Kundgebung auf der Neußer Rennbahn, anschließend eine noch größere Kundgebung im Krefelder Stadion und gegen Abend eine Kundgebung in der Kaiser-Friedrich-Halle in Mönchengladbach. Hier mußte Brüning nach etwa 15 Minuten seine Rede abbrechen. Die beiden Tage waren zuviel für ihn gewesen. In sich zusammengesunken saß er im Auto, das uns mit ihm nach Grevenbroich brachte, wo sowieso schon eine Erfrischungspause auf der Rückfahrt nach Köln vorbereitet gewesen war. In Köln wohnte er bei Bankdirektor Antonius Paul Brüning, mit dem er indessen in keiner Weise verwandt war. Auch hatte der Bankdirektor das Auto gestellt, mit dem wir an diesem Tage im Hundert-Kilometer-Tempo, einer für die damalige Zeit sehr hohen Geschwindigkeit, über die Straßen am Niederrhein rasten. Es war aber Brüning anzumerken, daß er höchst ungern bei seinem Namensvetter wohnte. Doch erst die Zukunft mit dem Bankrott des Görreshauses enthüllte den eigentlichen Grund der Abneigung Brünings gegenüber der von der Rheinischen Zentrumspartei getroffenen Regelung seiner Unterbringung.

Doch schon am Tage darauf, am Dienstag, sprach Brüning wiederum im Duisburger Groß-Stadion und anschließend des Abends in Wuppertal. Nach Duisburg fuhren wir mit dem »Rheingold« von Köln ab. Als der Schaffner des »Rheingold«-Zuges, in dem ein Konferenzraum ohne Angabe von Brünings Namen bestellt war, Brüning sah, begrüßte er ihn mit den Worten »Guten Tag, Herr Reichskanzler«. Brüning war darüber sehr betroffen. Er wollte nämlich nicht erkannt werden. Wir konnten ihm nur sagen, er müsse es doch als selbstverständlich hinnehmen, daß ein Mitropa-Schaffner eines solchen Zuges den früheren Reichskanzler kenne. Übrigens hatten Ruffini und ich uns am Sonntagnachmittag während der D-Zug-Fahrt von Köln nach Koblenz im Gang vor die Abteiltüre gestellt, um das Abteil, in dem Brüning saß, vor den Blicken der Mitreisenden abzuschirmen.

Vom Rheinland begab sich Brüning nach Schlesien, um dort den Wahlkampf fortzusetzen. Auf Zureden von Joos hatte ich für diesen Wahlkampf eine Broschüre mit Reden und Auszügen aus Reden Brünings während seiner Kanzlerzeit unter dem Titel »Zwei Jahre am Steuer des Reiches« herausgegeben[18]. Diese Broschüre fand reißenden Absatz. Während des Krieges ging mein letztes Exemplar verloren. Als ich aber 1946 in der »Aachener Volkszeitung« ein Inserat erscheinen ließ, in dem die Bitte ausgesprochen war, es möge doch jemand, der ein solches Exemplar noch besitze, dieses mir übereignen, erhielt ich sofort ein solches Exemplar zugesandt, ich glaube, aus Wegberg.

Im Vorwort zu dieser Schrift habe ich am 10. Juli 1932 zusammengefaßt, wie ich Brünings Werk beurteilte. Das Vorwort lautete:

»Zwei Jahre stand Brüning am Steuer des Reiches. Es waren außerordentliche Zeiten, die schwierigsten seit den Freiheitskriegen vor über 100 Jahren. Der Wirbelsturm der Weltwirtschaftskrise hatte Deutschland erfaßt. Deutscher Staat, deutsches Volk, deutsche Wirtschaft standen in Gefahr, zu zerbrechen.

Diese zwei Jahre waren wie ein Ritt über den Bodensee. Sie waren ein Wettlauf mit dem Tode, ein unheimlicher Kampf mit dem Drachen der Krise. Aber ungebrochen stand Brüning am Steuer des Reiches, mannhaft, klug und umsichtig, unter Aufopferung seiner letzten physischen und geistigen Kraft hielt er es in seinen Händen und steuerte das Reich sicher durch die Wirbel, die Sandbänke und Felsenriffe.

Daß Deutschland diese zwei Krisenjahre überstanden hat, verdankt es der Politik Brünings, die um so schwieriger war, als sie von weiten Teilen des Volkes nicht verstanden wurde und von denen in übelster Weise bekämpft wurde, die die Notwendigkeiten dieser Politik wohl erkannten, aber zu feige waren, es ihren Anhängern zu sagen, oder sogar verantwortungslos genug, sie zu belügen.

Es mag vermessen sein, durch diese Politik, die Deutschland rettete, einen Querschnitt anhand von Reden zu ziehen. Denn Brüning mußte in diesen Zeiten wortkarg sein, um nicht durch übertriebenes Reden still reifende Entwicklungen zu stören. Er hat gehandelt, wo andere redeten. Diesem seinem Handeln verdanken wir, daß Deutschland unter den Schlägen der Krise nicht zusammengebrochen ist, daß vielmehr Deutschland innen- und außenpolitisch auf jenen Zeitpunkt vorbereitet wurde, an dem über die Neuordnung unhaltbar gewordener internationaler Schuldenverhältnisse eindeutig gesprochen und das deutsche »Nein« gesagt werden konnte.

Und doch sind Brünings Reden der Schlüssel zum Verständnis seiner Politik, die Deutschland wieder Weltgeltung verschafft hat. Aus ihnen spricht der Staatsmann, der nach einheitlichem Plane vorging, in großen Zeiträumen dachte und die Dinge in jener weltpolitischen Betrachtungsweise sah, die wir in Deutschland so bitter notwendig haben. Eine eiserne Zielklarheit, sachlicher Ernst und ver-

[18] Köln 1932, *63 Seiten.*

haltene Leidenschaft, eine fast traumwandlerische Sicherheit durchzieht diese
Reden von der ersten bis zur letzten. Erst jetzt verstehen wir manches, was wir
damals nicht verstanden. Diese Reden sind in der Tat der Schlüssel zu dem
Werke und der Persönlichkeit Brünings.
100 Meter vor dem Ziele hat man ihm das Steuer aus der Hand geschlagen[19].
Aber ungebrochen bleibt Brüning unser Führer. Für sein Werk, für dessen Er-
haltung und Fortsetzung kämpfen wir. Brünings Reden sollen uns das Wesen
seines Werkes, seinen Kampf und seine Zielsetzung aufschließen. Das Wichtigste
und Bedeutsamste dieser Reden ist in dieser Schrift zusammengefaßt. Wir lesen
sie noch einmal im Zusammenhange und verstehen sie. Das Werk, das in ihnen
sich widerspiegelt, darf nicht vertan werden. Nicht immer wird einem Volke
ein solcher Staatsmann geschenkt.« Einen ersten zuverlässigen Bericht über
die Hergänge bei der Entlassung Brünings erhielten Horndasch und ich durch
Jakob Kaiser, der von Berlin nach Köln gekommen war und uns im Beisein von
Johannes Albers erzählte, was er aus Brünings Munde darüber erfahren hatte.
Allgemein wurde damals angenommen, daß es der Herrenclub gewesen sei, der
die Entlassung Brünings und die Beauftragung Papens bei Hindenburg durchgesetzt habe. Jedoch erzählte mir Brüning in den sechziger Jahren im Verlauf
eines meiner Besuche bei ihm in Norwich (USA), daß dem so nicht gewesen sei.
Brüning selbst war, wie er mir damals sagte, Gründungsmitglied des Juni-Clubs
gewesen, der sich später in Herrenclub umbenannt habe. Dort habe man gelacht,
als man erfuhr, daß Papen, der auch Mitglied dieses Clubs geworden war, mit
der Bildung einer neuen Regierung beauftragt worden sei.
Über den ersten Zusammenstoß der »Kölnischen Volkszeitung« und Franz von
Papen habe ich bereits berichtet. Nachzutragen bleibt, daß die »Kölnische Volkszeitung« während der Lausanner Konferenz im Juli 1932, auf der Papen erntete, was Brüning vorbereitet hatte, wegen eines Berichtes aus Lausanne für drei
Tage verboten wurde. Der Berichterstatter der KV, der damalige Pariser Vertreter Franz Albert Kramer, hatte in diesem Bericht erwähnt, ein Reichstagsabgeordneter habe in Lausanne Papen als den unmöglichsten aller Reichskanz-

---

[19] *Als der Bearbeiter im Juni 1971 Josef Hofmann darauf aufmerksam machte, daß in dieser
Auswahlausgabe von Brüning-Reden aus dessen Reichstagsrede vom 11. Mai 1932 der berühmt
gewordene Schlußsatz mit dem Hinweis auf die* letzten hundert Meter vor dem Ziele *fehle
und nach dem Grund dafür fragte, antwortete* Dr. Josef Hofmann *am 16. Juni 1971:* Ihre
Mitteilung [...] hat mich schockiert. Ich habe sofort in meinem Exemplar nachgesehen und
gefunden, daß überhaupt aus dieser Reichstagsrede nur ein Abschnitt »Keine Reparationen
mehr« aufgenommen wurde, und zwar auch ohne alle Zwischenrufe. [...] Wenn ich mich noch
einmal in die damalige Zeit versetze, dann kann meine Erklärung nur diese sein, die These,
daß Brüning hundert Meter vor dem Ziel das Steuer des Reiches aus der Hand geschlagen sei,
beherrschte den Wahlkampf derartig, daß es überhaupt nicht darauf ankam herauszustellen,
daß Brüning als Erster dieses Wort gebraucht habe, sondern daß es darauf ankam nachzuweisen, daß diese Behauptung richtig war. Das sollte durch meine Auswahl aus Brünings Reden
erhärtet werden und deshalb auch der Ausschnitt aus seiner letzten Reichstagsrede unter der
Überschrift »keine Reparationen mehr«. Von den hundert Metern vor dem Ziele sprach damals
jeder Brüning-Freund.

ler bezeichnet. Als ich dann am anderen Tage telefonisch zurückfragte, welcher Reichstagsabgeordnete das gewesen sei, erfuhr ich, daß es der Gründer des Jungdeutschen Ordens und jetziges Mitglied der Deutschen Staatspartei, Artur Mahraun, gewesen sei. Übrigens soll bei den Papen-Wahlen am 31. Juli 1932 die Hälfte der Redaktion der »Kölnischen Zeitung« Zentrum gewählt haben, weil diesen Kollegen nur noch das Zentrum eine Möglichkeit bot, der Nazigefahr zu widerstehen. In meinem Jahresrückblick, der am 1. Januar 1933 erschien, schrieb ich: »Papens Grundirrtum war, daß er sich für einen Realpolitiker hielt und in Wirklichkeit ein Romantiker war.«

Während das Volk durch ein Kette von Wahlen in einen Dauerzustand politischen Fiebers versetzt war und die Not der Dauerarbeitslosen immer schwerer auf Deutschland lastete, folgte auf Papen General von Schleicher. Obgleich auch er in der »Kölnischen Volkszeitung« im Zusammenhang mit der Entlassung Brünings heftig angegriffen worden war, was zu einem Briefe Schleichers an die Redaktion geführt hatte, in dem er abstritt, bei diesem Vorgang die Hand im Spiel gehabt zu haben, glaubten die Christlichen Gewerkschaften noch an eine letzte Möglichkeit, an einer Ernennung Hitlers zum Reichskanzler vorbeizukommen, wenn sich die Arbeiterschaft mit Schleicher verbünde. In einer Kundgebung der Christlichen Gewerkschaften in Köln sprach Jakob Kaiser in diesem Sinne. Doch auch dieser letzte Versuch, eine Barriere gegen Hitler aufzubauen, mißlang.

Schon zuvor hatte Joos mich zu einer Besprechung im Ruhrgebiet mit dem Leiter der Eisernen Front mitgenommen, die vom Reichsbanner Schwarz-Rot-Gold als Gegenwehr gegen die SA aufgebaut wurde. Joos und ich gewannen allerdings den Eindruck, daß es im Ernstfalle mit der Kampfkraft der Eisernen Front nicht weit her sein würde. Man hatte noch nicht einmal ein Abzeichen. Während der Rückfahrt nach Köln bemühte ich mich mit Joos darum, ein solches Abzeichen zu entwickeln, das, wie Joos immer wieder betonte, dynamisch sein müsse und eigentlich einem Blitz ähnlich sein müsse. Es gelang uns, ein solches Abzeichen zu skizzieren. Unser Vorschlag wurde von der Eisernen Front akzeptiert. Es ähnelte dem SS-Abzeichen. Doch ist die Eiserne Front am 30. Januar 1933 nicht auf dem Kampfplatz erschienen.

Am Tage danach hatte Horndasch unter der Überschrift »Fackelzüge« einen bissigen Leitartikel geschrieben. Er gab ihn aber zunächst allen Kollegen, auch den Kollegen vom »Kölner Lokalanzeiger«, zum Lesen. Doch so sehr er bestürmt wurde, diesen Leitartikel erscheinen zu lassen, zog er ihn zurück. »Es ist zu spät«, sagte er nur. Dann mußte aber noch einmal ein Wahlkampf geführt werden, der letzte, der noch in etwa an demokratische Regeln erinnerte. Oberbürgermeister Adenauer hatte den Mut, sich dem nationalsozialistischen Ansinnen zu widersetzen, anläßlich einer Rede des Reichskanzlers Hitler am 19. Februar die Rheinbrücke mit Hakenkreuzfahnen zu beflaggen. Während des Wahlkampfes war im Rheinland Dr. Josef Wirth angesetzt. Er hatte sein Standquartier in einem Kölner Hotel. Wir auf der Redaktion wurden gebeten, ihm abwechselnd von Tag zu Tag beim Mittagessen Gesellschaft zu leisten. In ein längeres Gespräch kam ich mit ihm auf der Fahrt zum Niederrhein. Wirth wollte des Abends zunächst in Kleve und anschließend in Goch sprechen. Mir war die Aufgabe zugefallen, solange in Goch zu sprechen, bis Wirth von Kleve her eingetroffen sei. So hatte ich am 2. März 1933 zum letzten Mal die Gelegenheit, die feurige Beredsamkeit dieses alemannischen Vollblutpolitikers zu bewundern. Bei unserer Abfahrt vom Kölner Hauptbahnhof war auch Christine Teusch erschienen. Sie bat Wirth mit dringenden Worten, nicht zum Wahltag nach Berlin zurückzukehren, sondern in den Schwarzwald zu fahren, da man um sein Leben fürchten müsse. Während der Bahnfahrt unterhielt ich mich mit Wirth über die Tragik, daß er jetzt vor dem Scheitern seines Lebenswerkes stehe und den Untergang der Weimarer Republik erleben müsse. Wirth zählte dabei die Namen der sozialdemokratischen Politiker auf, mit denen es hätte gelingen müssen, die parlamentarische Demokratie zu sichern. Doch die radikalen Marxisten hätten das unmöglich gemacht.

In die Zeit des Wahlkampfes fiel der Reichstagsbrand und anschließend daran die eigentliche Machtergreifung der Nationalsozialisten durch eine am 28. Februar 1933 von Hindenburg unterzeichnete Notverordnung, die der Regierung Hitler alle Macht verlieh. Der 30. Januar war also eigentlich nur ein Vorspiel gewesen. Keiner von meinen Freunden und auch ich selbst nicht wollten damals glauben, daß es Marinus van der Lubbe allein gewesen sein sollte, der den Reichstagsbrand entfacht hatte. Wir, die wir um den unterirdischen Gang vom Hause des Reichstagspräsidenten zum Reichstagsgebäude wußten – während der Novemberrevolution 1918 hatte sich Reichstagspräsident Konstantin Fehrenbach durch diesen Gang gerettet –, waren überzeugt, das Görings Gehilfen diesen Gang benutzt hatten, um den Plenarsaal in Flammen zu setzen.

Aber auch wenn sich heute diese Annahme nicht mehr halten läßt, bleibt immerhin die Frage, wer nun van der Lubbe gedungen hatte. Daß die Kommunisten ein Interesse daran gehabt haben sollten, bleibt mir auch heute noch unvorstellbar, wenn auch der letzte Streik in Berlin, ein Streik der Arbeiter der Nahverkehrsmittel, am 3. November 1932 gemeinsam von den Kommunisten und Nationalsozialisten getragen worden war. Meine Freunde und ich waren immer mehr überzeugt, daß der Fackelzug vom 30. Januar und der Reichstagsbrand nur die Fanale eines noch viel größeren Brandes waren, den Hitler über Europa und die Welt bringen würde.

Der Gipfelpunkt des Wahlkampfes war für das Kölner Zentrum die Kundgebung vom 28. Februar in der überfüllten Rheinlandhalle mit der Rede des Parteivorsitzenden Prälaten Kaas, während zur gleichen Zeit in den Essener Grugahallen Dr. Brüning sprach. Banner der Jugend zogen in die Halle der 15 000 ein, gefolgt von den Mitgliedern der »Christlichen Volksfront« mit ihren erhobenen Schwurfingern und mit ihrem Rufe »Frei Volk, frei«. Kaas legte das Hauptgewicht seiner Ausführungen auf die Feststellung, daß sein Ruf vom Oktober vergangenen Jahres zur großen Sammlung aller Gutwilligen von denen, die jetzt das Kabinett Hitler bildeten, abgelehnt worden sei und daß seine Besprechungen mit dem Reichskanzler Hitler nicht einmal zu einer wenigstens pauschal befriedigenden Antwort hinsichtlich des Verfassungsschutzes, der sozialen Gestaltung des Staatswesens und einer vernünftigen Wirtschaftsführung und Finanzpolitik geführt hätten[20].

Stürmischer Beifall brandete auf, als Kaas sagte: »Wenn wir auf ein Schiff steigen sollen, da müssen wir das Recht haben, zu sehen, ob der Kapitän dieses Schiffes wirklich das Patent für die große Fahrt hat, und wir müssen auch wissen, wo der Hafen liegt, in dem er landen will.« Wenn die Nationalsozialisten aus parteipolitischer Enge diesen oder jenen in ihrer Arbeits- und Mehrheitsfront nicht haben wollten, dann kämen sie mit unentrinnbarer Logik in eine Diktaturregierung hinein, bei der sich dann der innere Zwang zum verfassungswidrigen Denken ergeben werde. Auf der Linie dieser Warnung vor einem Verfassungsbruch lag auch seine Stellungnahme zum Reichstagsbrand, der das deutsche Volk erschüttert hatte. Mit diesem Brande ergäben sich komplizierte Tatbestände, die nicht vor dem Schnellrichter erledigt werden könnten. Vor allem dürfe hier nicht aus irgendwelchen Gesichtspunkten vorgegangen werden, die mit der unbedingten Objektivität staatspolitisch nicht ganz vereinbar seien. Ich habe damals in meinem Bericht diese Kundgebung eine »gewaltige Manifestation für Recht und Freiheit« genannt, ohne zu ahnen, daß der Gedanke von Kaas, möglichst dabei zu sein, um Hitler und die Nationalsozialisten von Verfassungsbrüchen abzuhalten, in seinem Denken noch einmal eine Rolle bei seinem Eintreten für das Ermächtigungsgesetz spielen würde.

Aber auch nach dem Wahlkampf sollte ich noch einmal öffentlich reden, und zwar auf einer überparteilichen Veranstaltung. Der Volksbund Kriegsgräberfürsorge in Borken suchte nämlich für die Gedenkfeier am Sonntag Reminiscere einen Redner, der in dieser westfälischen Kreisstadt völlig unbekannt sei, da man sich einerseits keinen nationalsozialistischen Redner aufzwingen lassen wollte, andererseits aber keinen örtlich bekannten Redner anmelden konnte. Der Vorsitzende kam deshalb nach Köln und sprach in der Redaktion der »Kölnischen Volkszeitung« vor. Ich erklärte mich dazu bereit, vor allem auch deshalb, weil in Borken einer meiner Mitstudenten als Rechtsanwalt wohnte.

Sorgfältig arbeitete ich meine Rede aus, in der ich als einer der Gefährten der Gefallenen sprechen wollte. Im ersten Entwurf glaubte ich soweit gehen zu können, auch von dem jüdischen Reichstagsabgeordneten der SPD zu sprechen, der als Kriegsfreiwilliger gefallen sei[21]. Doch riet man mir, diesen Satz zu streichen, da es sonst zu einer Störung seitens der SA kommen könne. Ich beugte mich

---

[20] *Dazu vgl.* Rudolf Morsey, Die Deutsche Zentrumspartei, *in:* Das Ende der Parteien 1933, hrsg. von Erich Matthias und Rudolf Morsey. Düsseldorf 1960, S. *326 f., 351 f.*
[21] Ludwig Frank *(1874–1914).*

diesem Rat, und so verlief die Kundgebung, zu der nicht nur alle Ortsvereine mit ihren Fahnen gekommen waren, sondern zu der auch die SA mit ihrer Hakenkreuzfahne aufmarschiert war, ohne Zwischenfall und eindrucksvoller als je eine der früheren Gedenkfeiern in Borken. In der Redaktionskonferenz bestand dann Kollege Thissen darauf, daß meine Rede im Wortlaut in der »Kölnischen Volkszeitung« abgedruckt würde, denn nun könne man ja auch in Borken erfahren, wer es denn gewesen sei, der dort gesprochen hätte.

6. VON KÖLN NACH ESSEN:
UMZUG MIT DER »KÖLNISCHEN VOLKSZEITUNG«

Mittlerweile hatte aber der Boden, auf dem »Kölnische Volkszeitung« und »Lokalanzeiger« wirtschaftlich standen, zu beben begonnen. Schon Monate vorher hatte sich die Verschlechterung der wirtschaftlichen Lage des Verlages mit Verhandlungen über eine Herabsetzung der Gehälter und mit einer Zusammenlegung der täglichen Ausgaben abgezeichnet. Allerdings hat Brüning in seinen »Memoiren« recht, wenn er dort sagt, daß die Redaktion über die Einzelheiten, die hinter den Kulissen vor sich gingen, nicht unterrichtet gewesen sei[22]. Wir wußten nur, daß es wirtschaftliche Schwierigkeiten gab und daß versucht wurde, aus ihnen herauszukommen. So war eines Tages Max Horndasch zu Wilhelm Werhahn in Neuß gerufen worden, weil dieser mit ihm über Sanierungsmöglichkeiten der Görreshaus AG sprechen wollte. Das Gespräch konnte indessen, wie Horndasch uns berichtete, zu keinem Ergebnis führen, weil Werhahn beim Redaktionsetat sowohl auf der personellen wie auf der sächlichen Seite seinen Blaustift derart rigoros ansetzte, daß eine redaktionelle Arbeit nicht mehr möglich gewesen wäre. Doch hatte dieser Nachmittag im Hause Werhahn in Neuß auf Horndasch einen großen Eindruck gemacht. Blümchenkaffee habe es gegeben, erzählte er, und deutlich habe man spüren können, wie die Werhahns ihr Vermögen zusammengetragen hätten. Hier sei Groschen auf Groschen gelegt worden und nichts dem Betrieb entzogen worden.

Bald darauf wurde Horndasch auch zu Albert Hackelsberger in Süddeutschland, dem Inhaber der Weckgläserfabrik, gebeten. Aber auch hier habe es, wie Horndasch berichtete, keine Lösung gegeben[23]. Dabei lagen, wie wir wußten, die Ursachen der Schwierigkeiten gar nicht so sehr bei den Zeitungen, sondern vielmehr bei der Druckerei, die mit modernsten Maschinen, darunter auch Tiefdruckrotationen, ausgestattet worden war, ohne daß hinreichende Aufträge vorhanden gewesen wären, die eine optimale Nutzung dieser Maschinen erlaubt hätten. Der Konkurs der Görreshaus AG zeichnete sich ab. Bis zur Niederschrift dieser Erinnerungen hatte ich immer noch geglaubt, es habe sich um die Görreshaus GmbH gehandelt. Erst als ich nun, insbesondere auch angeregt durch die Bemerkungen Brünings in seinen Memoiren, daranging, hinter den wirklichen Hergang des Konkurses zu

---

[22] *S. 447.*

[23] *Am 10. August 1971 schrieb* JOSEF HOFMANN *dem Bearbeiter, er könne sich* allerdings nicht erinnern, jemals mit Brüning über die Sanierung der Kölnischen Volkszeitung gesprochen zu haben. *Dazu ergänzte er am 19. August 1971:* An Besprechungen über die Sanierung der KV war ich nie beteiligt. Von all diesen Dingen erfuhren wir auf der Redaktion sehr wenig. Auch mein verstorbener Kollege Max Horndasch hat nur sehr wenig über seine Verhandlungen in Neuss mit Werhahn und in Süd-Baden mit Hackelsberger erzählt. Schriftliche Aufzeichnungen hat er leider nicht hinterlassen.

kommen, erfuhr ich, daß die GmbH, auf die alle unsere Verträge lauteten, mit dem 30. Juni 1930 in eine AG umgewandelt worden war.

Bereits in den letzten Tagen vor Ostern 1933 konnten keine Gehaltszahlungen mehr vorgenommen werden. Nur den Bemühungen holländischer Freunde, wie Hein Hoeben und Johannes Schils, dankten wir es, daß das fällige Monatsgehalt doch noch ausgezahlt werden konnte. Sie hatten in den Niederlanden Klöster aufgesucht und um eine Spende für die Redakteure der »Kölnischen Volkszeitung« gebeten. Hoeben erzählte uns später, wie er am Karfreitagnachmittag an einer Klosterpforte angeklopft hatte. Da sei ihm bedeutet worden, daß die Schwester Oberin nicht zu sprechen sei, da sie zur Stunde des Todes des Herrn nicht im Gebet gestört werden dürfe. Da habe er gesagt, aber es stirbt in diesem Augenblick in Deutschland ein anderer, eine große katholische Tageszeitung, und deshalb möchte er die Schwester Oberin unbedingt sofort sprechen. Sie sei dann auch gekommen.

Andererseits mußte Hoeben gewarnt werden, in diesen Tagen nicht nach Deutschland einzureisen, da wir sonst mit seiner Festnahme rechnen mußten. Die Warnung überbrachte ihm Generalkonsul Maus. Als er von Hoeben abfuhr, zog er aus Versehen den Mantel von Hoebens Vetter an und nahm auch auf diese Weise dessen Hausschlüssel mit. Als das im Hause Hoeben entdeckt worden war, telefonierte man mit dem niederländischen Polizeiposten auf der Rückfahrtsstrecke, damit wenigstens die Schlüssel zurückgebracht werden konnten. So wurde das Auto von Maus in einer Ortsdurchfahrt von einem Polizisten angehalten, der aber nur halb unterrichtet gewesen war und deshalb behauptete, er müsse Maus zur Polizeiwache führen, weil er »jas« gestohlen habe. Maus verstand als Kölner immer »Gas« und konnte sich nicht erklären, wieso er Gas oder Benzin gestohlen haben sollte. Die Sache klärte sich auf der Polizeiwache auf. Es handelte sich nicht um den Diebstahl, sondern um die Verwechslung eines Mantels (Mantel = holl. jas). Er möge in der Tasche nachsehen, ob sich nicht darin ein Schlüsselbund befinde. Überrascht stellte Maus fest, daß er in der Tat den falschen Mantel anhatte. Wenn sich dabei nun alles auch in Heiterkeit auflöste, so zeigte ein solcher Vorfall doch, wie man in jener Zeit zunächst immer mit einem politischen Hintergrund rechnen mußte.

An einem dieser Tage traf ich, als ich Horndasch in seinem Zimmer aufsuchte, dort einen mir unbekannten Herrn. Horndasch machte uns bekannt. Es war der Hauptschriftleiter der »Rheinischen Zeitung«, Wilhelm Sollmann, der 1923 Reichsinnenminister gewesen war. Er spürte, wie die Nazis hinter ihm her waren und hielt sich deshalb im Arbeitszimmer von Max Horndasch verborgen. Als er des Abends das Görreshaus verlassen hatte, wurde er doch noch ergriffen und schwer mißhandelt, indem man ihm einen Liter Rizinusöl einflößte. Später gelang es ihm, in die Vereinigten Staaten zu emigrieren. Ich werde auf ihn in meinen Erinnerungen noch zurückkommen.

Den Reichstagswahlen vom 5. März 1933 waren die Kommunalwahlen vom

12. März gefolgt. Zwei Tage vorher war in Köln die nationalsozialistische Revolution mit einer abendlichen Kundgebung auf dem Neumarkt nachgeholt worden, bei der außer dem Gauleiter Josef Grohé auch der Kaisersohn August Wilhelm, Auwi genannt, gesprochen hatte. Hinter Gardinen verborgen schauten wir von den Fenstern des Görreshauses dieser makabren Kundgebung zu, der sich ein Marsch der nationalsozialistischen Verbände durch Köln anschloß. Nicht wenig erschrocken waren wir, als wir sahen, daß sich unter den Fahnen, die in diesem Zuge mitgetragen wurden, auch eine Kolpingfahne befand. Einige jüngere Mitglieder der Leitung der Gesellenvereine glaubten, sie könnten das Kolpingwerk dadurch retten, daß sie sich in die völkische Bewegung, wie sie es nannten, einreihten. Man hatte bereits einen großen Gesellentag in München geplant, der allerdings anders enden sollte, als es sich die Initiatoren dieser dreitägigen Kundgebung vorgestellt hatten.

Am gleichen Abend wurde Adenauers Wohnung von der SA besetzt, einige Tage darauf auch das Görreshaus. Ich hatte an diesem Vormittag zu Hause an einem Artikel über Windthorst gearbeitet, der nie erschien. Als ich gegen Mittag zum Görreshaus kam, waren alle Eingänge von der SA besetzt. Einer der Pförtner konnte mir mitteilen, daß Horndasch und Carduck zum Polizeipräsidium abgeführt seien, aber hinterlassen hatten, wir möchten auf sie in der Wohnung von Ila Bornewasser warten. Am Nachmittag erschien dort auch Horndasch, nachdem er mit Carduck wieder freigelassen worden war. Und bald darauf hörten wir, daß das Görreshaus von der SA wieder geräumt worden sei. Aus den Berichten des Hauspersonals erfuhren wir, daß einzelne SA-Leute dauernd nach einer Bademöglichkeit gefragt hätten. In Adenauers Wohnung hätten sie in seiner Badewanne gebadet. Ein Bad in Adenauers Badewanne war also für sie ein Inbegriff der Machtübernahme.

Dann aber kam die Konkurseröffnung. Dem Konkursverwalter gelang es, zur Deckung der bevorrechtigten Forderungen eine nochmalige Zahlung von der Deutschen Bank zu erhalten, weil Bankdirektor Brüning sich an der Verringerung der Konkursmasse dadurch schuldig gemacht hatte, daß er der Görreshaus AG noch einen Kredit zu einer Zeit gegeben hatte, als der Konkurs bereits hätte angemeldet werden müssen. Es kamen Tage, in denen im Impressum der KV als Verleger »Der Konkursverwalter« zeichnete, da Horndasch ihm erklärt hatte, daß, wenn die Zeitung länger als zwei Tage nicht erscheine, er für das Verlagsrecht nur RM 1,– pro memoria ansetzen könne. Ende April kaufte Hackelsberger für RM 5000,– aus der Konkursmasse das Verlagsrecht der »Kölnischen Volkszeitung« und verkaufte es am gleichen Tage für RM 20 000,– an den Essener Verlag Fredebeul und Koenen, den Verlag der »Essener Volkszeitung«[24]. Die Kaufverhandlungen führten im Kölner Hotel »Exzelsior« Hugo Koenen und der

---

[24] *Nach* PAUL KOENEN, 85 Jahre Fredebeul & Koenen KG Industriedruck AG Essen 1866–1951. Essen 1951, *S. 58 spielte Hackelsberger bei diesen* langwierigen, schwierigen Verhandlungen *über die KV* nicht immer eine klare und durchsichtige Rolle.

Verlagsprokurist Marx. Horndasch und zeitweise auch der Vertriebsleiter Barz
wurden hinzugezogen. Das Nichterscheinen der KV für zwei Tage fiel nicht auf,
weil der eine Tag des Überganges der 1. Mai war. Carduck mußte die gegossenen
Zeitungsköpfe in seine Aktentasche packen und damit sofort nach Essen fahren,
um die nächste Ausgabe für den 2. Mai vorzubereiten. Von der Vertriebsabteilung
wurden außer Barz lediglich Dr. Hermanns und Goldbach übernommen, von der
Anzeigenabteilung die Herren Köhler und Schwakenberg. Außerdem wurden
drei Packer mit nach Essen genommen.

Ich selbst war nicht mitübernommen worden, da man mich politisch für eine zu
große Belastung hielt. Horndasch gab mir aber das Versprechen, mich möglichst
bald nachzuziehen und bat mich deshalb, solange Geduld zu haben. So blieb ich
in Köln zurück und fragte mich, wie lange ich wohl warten müsse, bis der Essener
Verlag auch mich übernehmen würde. Bis zum Ablauf der Kündigungsfrist erhielt ich noch mein Gehalt vom Konkursverwalter. Aber was dann? Wo hätte ich
noch eine Stellung als Journalist finden können? Auch ein paar andere Kollegen
waren nicht übernommen worden. Prälat Albert Lenné, der Direktor des Caritas-
werkes der Erzdiözese, rief uns am 5. Mai zu sich, um mit uns über irgendwelche
Möglichkeiten weiterer Existenz zu sprechen. Aber auch aus diesem Gespräch
ergab sich kein Lichtblick. Der einzige Trost in jenen Wochen war der, daß das
gleiche Schicksal viele Freunde aus der Parteiorganisation des Zentrums und aus
den Gewerkschaften getroffen hatte, die nun alle vor der Frage standen, wie sie
eine neue Existenz aufbauen sollten. Da man sich schwer vom gewohnten Arbeits-
platz im Görreshaus trennen konnte, suchte man ihn noch einige Tage lang auf
und erlebte dabei das Sterben eines Betriebes, der nun unter den Hammer kam
und dessen Inventar nach und nach versteigert wurde.

In diesen Tagen erreichte mich die Bitte der Leitung der Gesellenvereine, die
Redaktion der Tagungszeitung zu übernehmen, die während der Münchener
Gesellentage (8.–11. Juni) erscheinen sollte. Die Redaktion wurde in München
eingerichtet, der Druck erfolgte in Augsburg. So wurde ich Zeuge der Vorgänge
um diesen Gesellentag, auf den die Leitung des Kolpingwerkes so große Hoffnungen gesetzt hatte, die jedoch am letzten Tage von der SA hinweggefegt
wurden. Auch Vizekanzler von Papen konnte die Tagung vor diesem bösen
Ende nicht bewahren. Dabei hatte man bis zum letzten Augenblick gehofft, daß
Hitler die SA in ihre Schranken weisen würde. Aber Hitler war nicht zu erreichen. Es hieß, daß er im Laufe des Nachmittags nach München zurückkehren
würde. So wurden Beobachtungsposten aufgestellt, die melden sollten, wann er
zurückgekehrt sei, damit man sofort mit ihm Fühlung nehmen könne.

Mir fiel der Beobachtungsposten vor dem Braunen Haus am Königsplatz zu.
Einige Stunden stand ich da, aber von einer Wagenkolonne des zurückkehrenden
Führers und Reichskanzlers war nichts zu sehen. Es dauerte lange, bis auch der
Letzte begriffen hatte, daß Hitler überhaupt gar nicht daran dachte, der SA
entgegenzutreten, sondern die SA und ihre Gewalttätigkeiten gebrauchte, um

seine Revolution vorwärts zu treiben. Erst über 30 Jahre später stellte ich auf einer gemeinsamen Fahrt zu einer Tagung der Fraktionsvorsitzenden der CDU in München fest, daß mein mitfahrender Kollege Josef Hennemann, stellvertretender Vorsitzender unserer Düsseldorfer Landtagsfraktion, beim Münchener Gesellentag der Vertriebsleiter der Tagungszeitung gewesen war und wir beide, ohne uns damals zu kennen, schon zusammengearbeitet hatten.

Endlich kam der Ruf von Horndasch, ich möchte sofort in die Redaktion zurückkehren, er habe das beim Verlag durchgesetzt, indem er darauf hingewiesen hätte, daß neben Carduck noch ein weiterer Bearbeiter des allgemeinen Teiles der Zeitung notwendig sei. Allerdings müsse ich mit einem ganz geringen Gehalt rechnen, d. h. mit RM 500,–. Und das bei vier Kindern. Das war die Zeit, wo ich mir täglich nur drei Eckstein-Zigaretten für zehn Pfennig leisten konnte. Nach einigen Monaten und dann im Laufe der Jahre stieg das Gehalt aber doch wieder an.

Trotz aller Anstrengungen sank die Auflage infolge des politischen Druckes auf die Leser mehr und mehr. Sie stabilisierte sich schließlich bei 14 000, davon 3000 in Köln. Diese Kölner Auflage wurde nachts mit einem alten Pkw nach Köln gebracht und dort auf die Boten verteilt. Gleichzeitig sank aber auch das Anzeigengeschäft trotz aller Versuche des Herrn Köhler, es wieder durch Sonderseiten zu beleben. Wir waren jedoch froh, die »Kölnische Volkszeitung« in der Bilanz mit Plus-Minus-Null halten zu können.

Eine Wohnung fanden wir in Essen auf der Margarethenhöhe. Kaplan Maximilian Loosen von unserer Kölner Pfarrkirche St. Michael war dort Kaplan gewesen und schrieb sofort an den dortigen Pfarrer Dohmen. Dieser ging mit mir zur Verwaltung der Krupp-Stiftung, die noch nicht gleichgeschaltet war. Aufgrund dessen, daß wir vier Kinder hatten, erhielten wir eine freigewordene Wohnung im Hause Im Stillen Winkel 3. Weh tat es mir aber doch, als ich später erfuhr, daß der bisherige Wohnungsinhaber ausziehen mußte, weil er als Nazigegner seine Stellung verloren hatte. Nun zog ich als ebensolcher Nazigegner dort ein. Die Miete war gering. Für die Kinder waren diese acht Jahre, die wir auf der Margarethenhöhe im »Stillen Winkel« gewohnt haben, eine glückliche Zeit. Hinter dem Hause war ein Garten, und der Wald war keine hundert Meter entfernt. Als Paul Mikat 1962 Kultusminister geworden war, fragte er mich, ob ich in Essen jemals auf der Margarethenhöhe gewohnt hätte. Er sei nämlich als Burggymnasiast in Holsterhausen immer in eine Straßenbahn gestiegen, in der schon von der Margarethenhöhe her einige Burggymnasiasten gewesen seien, darunter auch ein Bernhard Hofmann. Ich konnte ihm nur sagen, dann sei er immer mit meinem Sohn gefahren.

Bald lernten wir verschiedene unserer Nachbarn kennen. Im Hause Nr. 1, dem Künstlerhause, hämmerte die Goldschmiedin Elisabeth Treskow, die nach 1945 zur Werkkunstschule nach Köln kam. In diesem Hause wohnte auch der Kreiskulturwart Sluytermann von Langeweide, dessen Frau eine gläubige Katholikin war, alle ihre Kinder trotz des Parteiamtes ihres Mannes religiös erzog und bald eine gute Freundin meiner Frau wurde. Einige Häuser weiter wohnte der Kollege Jakob Funke von der »Rheinisch-Westfälischen Zeitung«, der sich dem Nationalsozialismus gegenüber sichtbar reserviert verhielt und 1946 einer der Mitherausgeber der »Westdeutschen Allgemeinen Zeitung« (WAZ) wurde. Eng befreundet wurden wir mit dem uns schräg gegenüber wohnenden Realschullehrer Schroer wie auch mit Lehrer Füth, der am anderen Ende der Siedlung sein Haus hatte. Dieser erzählte mir oft von einem Berufsschullehrer Bruno Conradsen, der ebenfalls auf der Margarethenhöhe wohnte und den ich 1948 als Ministerialrat im Düsseldorfer Kultusministerium wiederfand. In unserer Nachbarschaft wohnte auch Frau Weinand, die Landtagsabgeordnete des Zentrums gewesen war. Es waren schon interessante Menschen, die sich auf der Margarethenhöhe zusammengefunden hatten. Viele davon eines Sinnes und doch vorsichtig genug, das nicht nach draußen allzu sichtbar werden zu lassen, da man auch hier von Parteigenossen umgeben war. Schließlich kam auch ich nicht umhin, an nationalen Feiertagen eine Hakenkreuzfahne zu zeigen. Dazu hatte ich mir die kleinsten Fähnchen gekauft, die es überhaupt gab. Dem Zellenwart erklärte ich, eine größere Fahne würde die Symmetrie der Hausfassade stören, wie das auf der rechten Seite des Hauses zu sehen sei, wo unser Flurnachbar als Pg eine große Fahne heraushing.

In der Pfarrgemeinschaft habe ich noch einmal einen Vortrag kirchengeschichtlicher Art gehalten. Das war nun endgültig mein letzter Vortrag für zwölf Jahre, in denen ich verstummte, mir aber Lesefrüchte notierte, um für spätere Zeiten einen Gedankenvorrat zu haben. Winfried mußte Mitglied des Jungvolks werden, drückte sich aber soviel er konnte vor dem Dienst. Einmal, als er krank war, marschierte das Fähnlein vor unserer Wohnung auf, um Winfried zu holen. An diesem Tage konnte ich nur sagen, sie möchten zur Isolierstation des Elisabeth-Krankenhauses marschieren und sehen, ob sie Winfried dort abholen könnten, er sei nämlich an Diphtherie erkrankt. Stumm marschierte das Fähnlein von dannen.

Aufregende Stunden machten wir durch, als uns mitgeteilt wurde, daß Norbert für eine nationalsozialistische Erziehungsanstalt (Napola) ausersehen sei. Des Abends mußten meine Frau und ich zum Ortsgruppenleiter. Uns wurde vorgehalten, welche Ehre das für uns sei und welche großartigen Aussichten sich für einen Absolventen der Napola später eröffneten. Mit Nachdruck wiesen wir darauf hin, daß Norbert dem nicht gewachsen sein würde. Er habe wegen seiner Lunge schon eine Kur auf dem Feldberg machen müssen, und seine Lunge sei immer noch nicht frei von Schatten. Unter solchen Umständen könnten wir den Jungen nicht hergeben. Schließlich sagte der Ortsgruppenleiter: »Also gut, melden wir dem Kreisleiter, daß die Ortsgruppe Margarethenhöhe keinen Anwärter hat.« Übrigens war zu den gleichen Tagen auch die Familie des Vertriebsleiters der »Kölnischen Volkszeitung«, Barz, in die gleichen Sorgen wegen

ihres Sohnes gestürzt worden. Aber auch ihnen gelang es, ihren Sohn freizu-
bekommen.

In Köln war die Lokalredaktion der »Kölnischen Volkszeitung« mit Josef
Breuer und Lisbeth Thoeren. Die Geschäftsstelle wurde zunächst am Wallraf-
platz eingerichtet, später in die Komödienstraße verlegt. Druck und Versand
der »Kölnischen Volkszeitung« erfolgten in Essen im Verlagsgebäude der »Essener Volkszeitung« in der Kibbelstraße. Dort waren Mansardenzimmer für
unsere Redaktion freigemacht worden. Damit waren wir unter uns, und mit
der Zeit kam es, daß ich meinen Dienst stets einige Minuten vor 13 Uhr begann. Dann waren die Kollegen, die des Morgens begonnen hatten, schon zum
Mittagessen. Wenn ich gekommen war, ging Horndasch als Letzter. Sein Zimmer lag am Ende des Ganges und war am weitesten von der Treppe entfernt.
Dort stand auch der Rundfunkapparat, an dem ich dann die Londoner Haupt-
sendung für die englischen Hörer einstellen konnte, immer gegenwärtig, bei
jedem Knarren auf der Treppe den Apparat auf einen deutschen Sender umzu-
stellen.

Ich bevorzugte diese englische Sendung, weil die deutschen Sendungen aus London Propaganda enthalten konnten. Allerdings war das weit weniger der Fall
als man hätte erwarten können. Nach dem Kriege sprach ich darüber in Aachen
mit unserem Kontrolloffizier Greenard. Er sagte mir, es habe damals in England eine Diskussion darüber gegeben, ob in den Sendungen für Deutschland
der Propaganda oder den Tatsachen der Vorzug zu geben sei. Man habe sich
dann gesagt, daß die Mitteilung von Tatsachen, auch von für England unan-
genehmen Tatsachen, eine bessere Propaganda als Phrasen sei. In der Tat hörte
ich einmal eine deutsche Sendung der BBC, die mit den nüchternen Worten begann: »Tobruk ist gefallen.« Erst einige Stunden später teilte damals der Wehrmachtsbericht mit, daß Tobruk erobert worden sei.

Wenn Horndasch vom Mittagessen zurückkam, konnte ich ihm mitteilen, was
ich gehört hatte. Doch wenn dann Gasper von unserer Berliner Redaktion anrief und uns die Neuigkeiten und Anweisungen aus der Pressekonferenz mitteilte, durfte man sich am Telefon nicht merken lassen, daß man Verschiedenes
schon wußte. So taten wir immer ganz erstaunt, etwas Neues zu vernehmen,
von dem es allerdings in den meisten Fällen hieß, daß darüber nichts gebracht
werden dürfe. Dieser telefonischen Vormeldung folgte am nächsten Morgen der
Brief unserer Berliner Vertretung mit den sogenannten vertraulichen Mitteilungen und mit den vom Propagandaministerium ausgegebenen Sprachregelungen, wie über ein bestimmtes Vorkommnis zu berichten sei oder ob es überhaupt
totzuschweigen sei, oder ob es, wie es nicht selten hieß, »auf Eis zu legen« sei,
d. h. daß man abwarten müsse, wie sich diese Sache weiter entwickle.

Diese vertrauliche Mitteilungen mußten unter Verschluß aufbewahrt werden,
und zwar nie länger als einen Monat. Dann mußten sie verbrannt werden, wobei eine Aktennotiz über die Verbrennung angefertigt werden mußte. Da die

»Kölnische Volkszeitung« vorwiegend aus außenpolitischen Gründen gerade noch geduldet war und wir daher unter besonderer Kontrolle standen, konnten wir es nicht wagen, die Mappe mit den vertraulichen Meldungen für spätere Zeiten aufzuheben, so gern wir das getan hätten. Nur wenigen zuverlässigen prominenten Kritikern gaben wir hin und wieder Einblick in diese Mappe, worauf dann meistens jedes Wort weiterer Kritik verstummte, nachdem man gesehen hatte, an welcher Leine damals die Presse geführt wurde.

Im Sommer 1933 standen innenpolitische Fragen der Machtbefestigung des nationalsozialistischen Regimes im Vordergrund, zunächst das erzwungene Ende der Parteien. So sehr auch das Zentrum versucht hatte, sich unter dem Vorsitz von Dr. Brüning am Leben zu erhalten, war auch für diese Partei schließlich das Ende gekommen. Uns ehrte es, daß in die Erklärung über die Auflösung am 5. Juli 1933[25] Sätze aus einem Artikel von Horndasch übernommen wurden. Zu der Tagung des Katholischen Akademikerverbandes in Maria Laach, auf der Papen nach der Konkordatsunterzeichnung (20. Juli) erschien, konnte ich wegen meines vorjährigen Artikels gegen Papen nicht mehr fahren. Mit großem Interesse lasen wir aber den Artikel von Waldemar Gurian im »Hochland« über das Konkordat Napoleons, in dem alles, so wie es später geschah, vorausgesagt wurde[26]. Dann begannen die sogenannten Devisen- und Sittlichkeitsprozesse gegen Klöster und Geistliche. Als das Freiburger Generalvikariat dazu eine Erklärung abgegeben hatte, kam eine Gegenerklärung des Propagandaministeriums, die von allen Zeitungen veröffentlicht werden mußte. Unter diese Meldung setzten wir den Satz: »Wir behalten uns vor, auf die Angelegenheit zurückzukommen.« Daß unsere Leser diesen Satz verstanden hatten, zeigte die Postkarte eines Pfarrers, die ungefähr lautete: »Gratulor, Ihr werdet zwar niemals auf die Sache zurückkommen, weil Ihr das nicht dürft, aber daß Ihr diesen Satz hinzugefügt habt, sagte mir alles.«

In einer der ersten Karnevalszeiten kam die Anordnung, es müsse ein Artikel des Inhalts erscheinen, daß Fastnacht ein falscher Name sei und nichts mit fasten zu tun habe, sondern richtig Fasnacht heißen müsse, also Nacht des Fruchtbarkeitszaubers. In der allgemeinen Ratlosigkeit, was zu tun sei, sah ich in verschiedenen Lexika nach und rief schließlich, den Artikel schreibe ich. Er begann ungefähr folgendermaßen: »Wie das im Verlag Herder erschienene Lexikon für Theologie und Kirche besagt, ist Fastnacht ein falscher Ausdruck. Richtig muß es heißen Fasnacht, da diese Bezeichnung ursprünglich nicht auf die folgende Fastenzeit bezogen war, sondern von dem alten deutschen Wort faseln = fruchtbar reden oder Faselschwein = fruchtbare Sau herrühre usw.« Man soll damals auf dem

[25] *Abgedruckt bei* R. Morsey, Die Deutsche Zentrumspartei, S. 439 f.
[26] *Der Artikel* Das Konkordat Napoleons (Hochland 31/1, 1933/34, S. 242 ff.) *stammt von* Walter Belau. Dazu vgl. Konrad Ackermann, Der Widerstand der Monatsschrift Hochland gegen den Nationalsozialismus. München 1965, S. 149, Anm. 33: Belau ist Pseudonym. Der eigentliche Name des Verfassers konnte nicht mehr ermittelt werden.

Gaupropagandaamt getobt haben, da der Befehl zwar ausgeführt worden war, aber der Schuß, der gegen die Kirche gerichtet sein sollte, in genau die umgekehrte Richtung gegangen war. Übrigens habe ich gegen Ende der sechziger Jahre erfahren, daß die Gestapoberichte über die »Kölnische Volkszeitung« erhalten geblieben sind und aus ihnen noch vieles mehr zu entnehmen sei, als es mir im Gedächtnis haften geblieben ist.

Im Fortschreiten der Zeit bildete eine besondere Schwierigkeit die Besprechung von Schriften, die von einem »katholischen Zugang zum Nationalsozialismus« (Joseph Lortz) oder von »Begegnungen zwischen katholischem Christentum und nationalsozialistischer Weltanschauung« (Michael Schmaus) handelten. Beide Schriften suchten 1933 die Frage, ob sich katholische Anschauung von Welt und Mensch und nationalsozialistisches Denken und Wollen einander die Hände reichen können, positiv zu beantworten und hoben in grundsätzlichen Ausführungen eine Reihe von angeblich grundlegenden Verwandtschaften hervor, wobei Lortz vor allem auf die Notwendigkeit verwies, das Katholische und das Nationale in den einzelnen Volksgenossen so zu einer Einheit werden zu lassen, daß das Nationalbewußtsein der katholischen Deutschen in politischen Dingen den konfessionellen Riß wenigstens praktisch überbrücke.

Rein auf das Nationale bezogen, wäre diese Forderung an und für sich voll zu unterschreiben gewesen, aber hier handelte es sich um einen Ausgleich mit dem Nationalsozialismus und dem in ihm enthaltenen Totalitarismus. Im Widerstand dagegen haben sich später in der Verfolgungszeit Evangelische und Katholiken in der Tat die Hände gereicht, und aus dieser Wiederbegegnung der Konfessionen im politischen Widerstand gegen die nationalsozialistische Diktatur wurde dann der Gedanke der CDU geboren. Aber in den genannten Schriften handelte es sich nicht um Widerstand, sondern um einen versuchten Ausgleich. Damals in einer Besprechung zu schreiben, man laufe Illusionen nach, war nicht mehr möglich.

So blieb mir, als ich am 21. Januar 1934 unter dem Decknamen »Volkmar« meine Besprechung veröffentlichte, nichts anderes übrig, als einige Akzente einzubauen, vor allem die Betonung, daß Gewähr dafür geboten werden müsse, »daß der Bogen der Brücke, die geschlagen werden muß, tragbar und dauerhaft ist«, ferner der Hinweis darauf, daß katholisches Christentum und deutsches Germanentum im Mittelalter eine tiefe Verbindung eingegangen seien sowie schließlich die Feststellung, daß beide Schriften zugleich einen scharfen Trennungsstrich gegenüber achristlichen Bewegungen zögen und Schmaus sage: »Nationale Religionen bedeuten nichts anderes als verkappte Wiedereinführung des Polytheismus.« Auf die große Auseinandersetzung mit Rosenbergs »Mythus des 20. Jahrhunderts«, die als Beilage zum Kirchlichen Amtsblatt der Erzdiözese Köln erschien, durfte in der Zeitung nicht eingegangen werden.

Eine böse Sache passierte uns an Hitlers Geburtstag, am 20. April 1934. Hindenburg hatte ihm ein Glückwunschschreiben geschickt, das mit dem Wunsche endete, es möchten ihm noch viele Jahre beschieden sein. In diesem Schlußsatz, der mit einem Ausführungszeichen schloß, hatte der Korrektor einen Setzfehler entdeckt. Die Zeile mußte neu gesetzt werden, und dabei passierte es dem Setzer, daß er statt des Ausrufungszeichens ein Fragezeichen tippte. Da es höchste Zeit war, die Seite, auf der sich die Meldung befand, zu schließen, fand keine Revision der Korrektur mehr statt, und so stand in der Zeitung ein Fragezeichen hinter dem Wunsche Hindenburgs. Die Zeitung wurde sofort für drei Tage verboten und der Setzer in Untersuchungshaft genommen. Er kam erst nach längerer Zeit wieder frei, nachdem sich die Gestapo überzeugt hatte, daß es ein Versehen und keine Absicht gewesen sei.

Ein düsterer Tag war der 30. Juni 1934. Ein oder zwei Tage zuvor war die Trauung des Gauleiters Josef Terboven in der Essener Münsterkirche. Hitler war als Trauzeuge nach Essen gekommen, hatte aber die Kirche nicht betreten, sondern Arbeitsdienstlager besucht. Zum Hochzeitsmahl war er wieder zurück. Doch dann war er plötzlich mit unbekanntem Ziel abgefahren, während weitere Arbeitsdienstlager vergebens auf den von ihm angesagten Besuch warteten. Hitler war direkt nach Bayern gefahren, wo Ernst Röhm umgebracht wurde. Am Nachmittag des 30. Juni meldete sich aus Berlin Kollege Orth. Ich nahm das Telefonat über die Pressekonferenz entgegen. Dabei fragte ich nach dem Schicksal verschiedener Leute, und mehrfach antwortete mir Orth auf eine solche Frage mit dem kurzen Wort »tot«. Nur Gottfried Reinhold Treviranus war es gelungen, zu entkommen, weil die SS-Leute, die ihn erschießen sollten und nach ihm fragten, zu seinem Vater geführt wurden, während er durch einen Sprung über die Gartenmauer fortkommen konnte. Brüning war schon mehrere Tage vorher durch die britische Botschaft gewarnt worden und hatte sich kurz zuvor in die Niederlande absetzen können[27]. Der 30. Juni 1934 war für uns ein Tag tiefster Trauer. Auch wußten wir nun, daß mit dem Ende der nationalsozialistischen Herrschaft aus irgendwelchen Gründen – viele glaubten damals an wirtschaftliche Schwierigkeiten – nicht mehr zu rechnen sei. An dem Abend, an dem Hitler dann seine verlogene Rede darüber hielt, daß er die Moral der Jugend hätte retten müssen, und sich zum obersten Gerichtsherrn erklärte, waren wir zusammen, um mit einem Abendessen den Abschied von Wilhelm Spael zu feiern, der zum Verlag Kösel und Pustet ging. Kaum hatte Kollege Thissen seine Abschiedsrede mit den Worten geschlossen »So köselt er sich davon und pustet uns was«, erklang Hitlers Stimme im Lautsprecher. Nun konnte keine Stimmung mehr aufkommen, jeder ging still für sich nach Haus, ahnend was alles noch über uns kommen sollte.

Nach Spaels Fortgang übernahm ich den Kulturteil, ohne aus dem politischen Teil und dem Nachrichtenteil ganz auszuscheiden. Eifrig überlegte ich mir, was man überhaupt in der Sonntagsbeilage »Im Schritt der Zeit« noch bringen könnte. Es

---

[27] *Brüning ist 1934 nicht von der britischen Botschaft gewarnt worden, sondern hat Deutschland am 21. Mai 1934 verlassen, nachdem er von einem Kriminalrat bei der Gestapo gewarnt worden war. Vgl.* RUDOLF MORSEY, *Zur Entstehung, Authentizität und Kritik von Brünings* »Memoiren 1918–1934«. *Opladen 1975, S. 10.*

mußte für die Leser etwas Besonderes sein und es mußte den Nationalsozialisten gegenüber neutral sein. Als ich einen Vortrag über das Gilgamesch-Epos hörte, kam mir der rettende Gedanke: Eine Artikelserie über die großen Epen der Völker. Es gelang mir, dafür Verfasser mit Namen zu finden. Dann kam ein Mitarbeiter, ein Studienrat, zu mir mit dem Vorschlag, das Jahr darauf eine Artikelserie über bedeutende Romane der Literaturgeschichte zu bringen, die sowohl Bildungsromane wie Entwicklungsromane darstellen solle. Im dritten Jahr ließ ich eine Serie über die großen Baumeister der Geschichte folgen, an der Kunsthistoriker ersten Ranges und auch Professor Ludwig Curtius mitarbeiteten. Auch Schriftsteller von Rang wie Otto Heuschele und Carl Oskar Jatho und andere wurden Mitarbeiter der »Kölnischen Volkszeitung«, die längst keinen Unterschied mehr zwischen Katholiken und Evangelischen machte. Es waren die Stillen im Lande, die sich um die KV sammelten.

Als Spael zur Redaktion zurückkehrte, teilten wir uns in die Arbeit. Unter Spael erschienen dann als Fortsetzungsromane der »Maulkorb« von Alexander Spoerl und »Der Großtyrann und das Gericht« von Werner Bergengruen, deren Titel unseren Lesern einiges sagten, obgleich der »Maulkorb« im Erstabdruck im »Angriff«, der SS-Zeitung, erschienen war. Als Spael dann die Leitung der im Verlag Fredebeul und Koenen erscheinenden »Christlichen Familie« übernahm, fiel mir wieder die alleinige Leitung des Kultur- und Feuilletonteils zu. So konnte ich Pfingsten 1941 noch der großartigen Neuinszenierung von »Faust« 2. Teil im Kölner Schauspielhaus beiwohnen – Ostern war die Neuinszenierung des ersten Teiles gewesen –, ehe meine Tätigkeit an der »Kölnischen Volkszeitung« mit dem Untergang dieser Zeitung endete und bald darauf auch das Kölner Schauspielhaus zerstört wurde.

Die Tagungen des Katholischen Akademikerverbandes 1935 und 1936 in Würzburg und in Hamburg habe ich wieder besucht. Als Redner sind mir in der Erinnerung geblieben der Berliner Studentenpfarrer Johannes Pinsk und der Münsterische Philosophieprofessor Peter Wust. Dieser war 1930 gegen den Wunsch der Fakultät vom preußischen Kultusminister zum Ordinarius ernannt worden, obgleich er sich nicht habilitiert hatte, sondern Studienrat in Köln gewesen war. Ein solcher Oktroi des preußischen Kultusministers kam sehr selten vor. In Würzburg sprach Peter Wust über die verschiedenen Arten von Gewißheit. Mit der Nebenbemerkung »heute ist ja alles möglich« erntete er rauschenden Beifall. Die Tagung in Würzburg war mit einer Studienfahrt zu den Barockbauten von Fulda und in Franken verbunden, die Tagung in Hamburg mit einer Studienfahrt zur norddeutschen Backsteingotik.

Beide Studienfahrten, über die ich in der »Kölnischen Volkszeitung« in Fortsetzungsreihen berichtete, wurden geleitet vom damaligen Krefelder Museumsdirektor und nachmaligen Direktor der Kölner Werkkunstschulen, Professor August Hoff. In wunderbarer Weise verstand er es, sich zum Dolmetsch der Bauten zu machen und aus ihnen die Geisteshaltung früherer Jahrhunderte lebendig werden zu lassen. Als Hannoveraner hatte ich mich nie damit abfinden können, daß in den Jahren zuvor immer nur die Linie Köln – Frankfurt – München – Wien betont worden war. Ich begrüßte es deshalb lebhaft, daß man sich nun auch auf die Linie Köln – Bremen – Hamburg – Ratzeburg – Schleswig – Rostock besann, die über die Konfessionsgrenze hinaus zu einem gemeinsamen christlichen Erbe von Katholiken und Evangelischen führte. In diesen Jahren wurde auf den Tagungen des Katholischen Akademikerverbandes, insbesondere in den Vorträgen von Pinsk, bereits manches angesprochen, das in seiner Weiterentwicklung zum Zweiten Vatikanischen Konzil und seinem »aggiornamento« führte.

Doch muß ich noch einmal zu den Jahren 1933 und 1934 zurückkehren. Im Laufe des Jahres 1933 mehrten sich aus katholischen Kreisen die Aufforderungen an uns, die Zeitung einzustellen, um später um so glanzvoller wiederzuerstehen. Schließlich entschloß sich Kollege Horndasch, zusammen mit Pater Friedrich Muckermann S.J. nach Rom zu fahren, um zu erkunden, wie man dort darüber denke. Die Reise fand vom 1.–8. Februar 1934 statt[28]. Während seines Romaufenthaltes hatte Max Horndasch eine halbstündige Unterredung mit dem Kardinalstaatssekretär Pacelli über die Frage, ob man den Zeitungen, die in Deutschland als katholische Zeitungen galten, diesen Charakter sichern könne. Diese Unterredung, bei der der Kardinal keinen Begleiter bei sich hatte, wurde einleitend durch die Bemerkung Pacellis aufgelockert, er habe aus Deutschland den Witz gehört, es gäbe dort nur noch Statthalter und Maulhalter, wobei er die Journalisten zu den Maulhaltern zählte. Da uns Horndasch nach seiner Rückkehr nur in groben Zügen über dieses Gespräch unterrichtete, zeichnete er das Gespräch auf meine Bitten hin im Dezember 1959 aus dem Gedächtnis heraus für Bischof Helmut Wittler in Osnabrück auf[29]. In dieser Aufzeichnung heißt es nach den einleitenden Bemerkungen:

»Pacelli war pessimistisch und gab nur den Rat, vorsichtig zu sein, war aber merkwürdigerweise der Auffassung, daß das Nazisystem von kurzer Dauer sein werde. Gerade weil die Sache nicht sehr lange dauern werde, müsse man lavieren, um sich am Leben zu erhalten. Die katholischen Zeitungen, die Wert darauf legten, ihre katholische Grundhaltung beizubehalten, würden früher oder später mit der Begründung verboten werden, daß der Nazistaat keine konfessionellen Tageszeitungen dulden könne. Die Verlage und die Redaktionen müßten sich darauf einrichten. Für die Kirchenzeitungen sei die Lage nur scheinbar besser. Vorerst sehe es aus, als ob man sie dulde unter der Voraussetzung, daß sie sich jeglicher Äußerung über Politik in jeglicher Form enthielten. Man werde ihnen aber später Zumutungen gerade auf dem politischen Gebiet stellen, die sie eigent-

---

[28] *Diese Reise ist nicht erwähnt in den Lebenserinnerungen von* FRIEDRICH MUCKERMANN, Im Kampf zwischen zwei Epochen, bearbeitet und eingeleitet *von* NIKOLAUS JUNK. Mainz 1973.
[29] *Diese Aufzeichnung befindet sich im Nachlaß Hofmann.* RWN 210/494.

lich meiden müßten. Die gesamte Literatur werde vom Staate her beeinflußt werden.

Der Heilige Stuhl könne gar nichts tun. An Vereinbarungen im Konkordat werden sich die Gewaltherren nicht stören. Äußerlich werde man die Freiheit der Kirche anerkennen, aber es gäbe örtliche Tyrannen, von denen man übrigens gar nicht wisse, ob sie nicht doch im Auftrag der Großen handelten und ob sie nicht auch dann gedeckt würden, wenn sie Fehler gemacht hätten. Alles bleibe der Geschicklichkeit der Redakteure überlassen. Er (Pacelli) vertraue auf die deutschen Katholiken, sehe aber, daß sie schweren Prüfungen ausgesetzt seien. Die Konzessionen, die bisher schon von den katholischen Presseorganen gemacht worden seien, seien peinlich, in vielen Fällen aber nur von wenigen begriffen worden. Die breiten Massen verständen sie nicht, und darin liege die Gefahr, daß die Bevölkerung irre werde. Rom werde bemüht sein, auf gewissen Wegen den Massen das Verständnis zu erleichtern. Die Mittel, dieses zu tun, seien begrenzt, und man wisse, daß die Überwachung des Vatikans durch deutsche Spitzel schon einen sehr bedrohlichen Umfang angenommen habe.

Pacelli entließ uns mit der Versicherung, daß er unser bisheriges Verhalten begreife. Er könne aber nicht den Augenblick voraussehen, zu dem es sich empfehle, alle katholischen Presseorgane von sich aus zu schließen (also Selbstmord zu begehen). Er wiederholte, daß die Kirche nichts tun könne. Sie müsse sich auf noch viel wildere Stürme vorbereiten. Die deutsche Presse hätte übrigens erfahren, wie man sich einer Besatzung gegenüber verhalten müsse. Sei dieses Nazisystem nicht auch eine Art Besatzung? In diesem Satze liegt m. E. die Aufforderung, sich zu tarnen.«

Immerhin konnten wir Ende September/Anfang Oktober 1934 noch ausführlich über den 32. Internationalen Eucharistischen Kongreß in Buenos Aires berichten, an dem als Delegat des Papstes Kardinalstaatssekretär Pacelli teilnahm. Wir hatten uns einen Sonderdienst der Associated Press bestellt, der allerdings immer vom »Euchachrist« sprach und deshalb sorgfältig redigiert werden mußte. In zwei Sonderbeilagen brachten wir die Hauptreden, insbesondere die des Kardinals Pacelli, im Wortlaut. Die im »Osservatore Romano« veröffentlichten Texte wurden, soweit sie italienisch waren, von Carduck und, soweit sie lateinisch waren, von mir übersetzt. Bilder für die zweite Sonderbeilage kamen mit einem dicken Luftpostbrief mit dem Zeppelin, der damals zwischen Deutschland und Südamerika Fahrten machte. Was mir zugesandt wurde, war die Bilderbeilage der argentinischen Zeitung »La Nacion«, die in Kupfertiefdruck hergestellt war, so daß es uns möglich war, davon Rasterklischees herzustellen und so unseren Lesern auch einen optischen Eindruck jener gewaltigen Kundgebung zu vermitteln.

7. SCHWERE JAHRE BIS ZUM VERBOT
DER »KÖLNISCHEN VOLKSZEITUNG« 1941

Nach der Aachener Heiligtumsfahrt im Jahre 1937[30] war das Aktenbündel über die Widersetzlichkeiten der »Kölnischen Volkszeitung« so angeschwollen, daß eine Klage vor der Pressekammer des Düsseldorfer Bezirksgerichts fällig wurde. Ankläger war, wenn ich mich recht erinnere, der Gauleiter Friedrich Karl Florian von Düsseldorf. Beisitzer am Gericht waren Kollegen mehr oder weniger nationalsozialistischer Haltung. Es gelang uns, als Verteidiger Prof. Dr. Friedrich Grimm zu gewinnen, den die Nationalsozialisten nicht einfach beiseiteschieben konnten[31]. Allerdings übertrug er die aktuelle Verteidigung in der Gerichtsverhandlung einem ihm bekannten Düsseldorfer Anwalt. Angeklagt waren Spael, ich und ein Kollege, der gerade für eine Ausgabe, die einen inkriminierten Artikel enthielt, als verantwortlich im Impressum gestanden hatte. Wir hatten es nämlich längst aufgegeben, im Impressum alle Redakteure zu nennen. Wir fühlten uns als eine auf Gedeih und Verderben miteinander verbundene Gemeinschaft und gaben daher in jeder Nummer nur einen für den gesamten Inhalt verantwortlichen Redakteur an und das wechselnd von Tag zu Tag in der Reihenfolge des Alphabets. Außer uns drei Angeklagten war noch Horndasch als Zeuge geladen, Breuer saß im Gerichtssaal als Berichterstatter[32].

So war an jenem Tage im Verhandlungsraum des Düsseldorfer Landgerichtes die gesamte Redaktion versammelt bis auf Josef Jahn und Josef Noé vom Handelsteil, und bis auf Carduck, der nun allein die ganze Zeitung redigieren mußte. Weder das Gericht noch der Ankläger ahnten, daß sie fast die ganze Redaktion vor sich hatten. Auch sie hielten uns für größer als wir waren. Mir war ein Übermaß an Berichterstattung über die Aachener Heiligtumsfahrt vorgeworfen[33]. Die Anweisung hatte gelautet, daß nur die Aachener Zeitungen und die Aachen benachbarten Zeitungen kurz berichten durften, alle übrigen Zeitungen im gesamten Reich aber nichts bringen durften. Ich konnte darauf hinweisen, daß,

---

[30] *Vom 10.–25. Juli 1937. Am 18. Juli 1937 veröffentlichte die KV (Nr. 195) einen Artikel* Die Geschichte der Aachener Heiligtumsfahrt *vom Aachener Archivdirektor* HEINRICH SCHIFFERS *(s. Anm. 34). Über Vorbereitung und Verlauf dieser Heiligtumsfahrt sowie die NS-Reaktionen und das Echo im kirchlichen Raum vgl.* PAUL EMUNDS, Der stumme Protest. Aachen 1963.

[31] *Bekannter Strafverteidiger aus der Zeit des Ruhrkampfs, seit November 1933 NSDAP-Abgeordneter des Reichstags.* GRIMM *hatte 1933/34 auch Konrad Adenauer in dessen Disziplinarverfahren vertreten und war im Sommer 1933 im Görreshaus-Prozeß als Verteidiger aufgetreten.*

[32] *Vgl.* W. SPAEL, Das katholische Deutschland, *S. 328 f.*

[33] *Für diese Darstellung stützt sich der Autor auf eine undatierte Aufzeichnung als Unterlage für eine (ebenfalls vorhandene) Antwort* HOFMANNS *vom 28. Februar 1938 an den* Landesverband Niederrhein im Reichsverband der deutschen Presse, *der mit Schreiben vom 24. Februar 1938 ein Ehrengerichtsverfahren gegen Hofmann eröffnet hatte. Ihm wurde vorgeworfen, verant-*

wenn eine Stadt Aachen benachbart sei, dieses Köln sei, da der gemeinsame Gau doch Köln-Aachen hieße. Deshalb hätte ich das Recht gehabt, kurze Berichte zu bringen. Aber da noch in der Sonntagsbeilage ein langer Artikel des Aachener Diözesanarchivars Heinrich Schiffers über die Aachener Heiligtumsfahrt in der Geschichte des deutschen Volkstums veröffentlicht worden war[34], mußte ich mich auch wegen dieses Artikels verteidigen. Ich erklärte, daß das in keiner Weise ein Bericht über den Verlauf der Heiligtumsfahrt gewesen sei, sondern nur das Volksbrauchtum vergangener Jahrhunderte dargestellt habe und daß die Presse doch gerade die Aufgabe habe, deutsches Volksbrauchtum zu pflegen[35]. So kam ich mit einer Verwarnung davon.

Das Schicksal wollte es allerdings, daß mich 1945, als ich Chefredakteur der »Aachener Nachrichten« geworden war, Verleger Heinrich Hollands wegen eines Artikels von Schiffers über die damalige kleine Heiligtumsfahrt kündigen und entlassen wollte. Er kam allerdings damit bei den Engländern, die die Aachener Heiligtümer aus dem Siegener Stollen nach Aachen zurückgebracht hatten, nicht durch.

Eine der ersten Maßnahmen der Nationalsozialisten gegenüber der Presse war die Anordnung, daß handelsrechtliche Gesellschaften, also eine AG oder eine GmbH, nicht mehr eine Zeitung verlegen dürften. Jede Zeitung mußte nun einen persönlich haftenden Verleger haben. So ging, bald nachdem wir nach Essen übergesiedelt waren, der Verlag der »Kölnischen Volkszeitung« von Fredebeul und Koenen auf Hans von Chamier über, den Schwiegersohn der Frau Eickenscheidt, die Mitgesellschafterin von Fredebeul und Koenen war. Von Chamier hatte sich als Landrat von Monschau, von Grevenbroich und von Düsseldorf einen Namen als Verwaltungsfachmann gemacht und war Vizepräsident der Regierung von Erfurt geworden. Um seine Stellung in der preußischen Verwaltung zu erhalten, war er am 1. April 1933 PG geworden und wurde deshalb als Verleger der KV von den Nazis akzeptiert. Mehr als ein nominelles Mitglied der Partei ist er aber niemals gewesen. Vielmehr bahnte sich schnell ein volles Vertrauensverhältnis zwischen der Redaktion und dem Verlag an. Auf vielen geheimen Sitzungen,

wortlich zu sein für die Veröffentlichung von vier Artikeln in der KV – angefangen vom 8. Juli 1937 über die Aachener Heiligtumsfahrt (s. Anm. 30) bis hin zum 8. Oktober 1937 mit zwei Meldungen über den Tod eines Pfarrers aus Essen und des rumänischen Kanonikus Valentin Hartmann –, die gegen die vom Reichsministerium für Volksaufklärung und Propaganda seinerzeit gegebenen Richtlinien *verstoßen hätten; danach dürfe die Berichterstattung über kirchliche Fragen in der Tagespresse* nicht oder nur unter größter Zurückhaltung *erfolgen. Nachlaß Hofmann, RWN 210/498.*

[34] *S. Anm. 30. Der Artikel war von der Redaktion mit der Wiedergabe eines Gemäldes aus dem Anfang des 17. Jahrhunderts* Heiligtumszeigung *illustriert worden. Den Rest dieser Zeitungsseite füllte ein Bericht über eine Festsitzung der Reichskammer der bildenden Künste in München mit der Wiedergabe einer Rede von* GOEBBELS.

[35] *Der Schlußsatz in* HOFMANNS *Schreiben vom 28. Februar 1938 (s. Anm. 33) lautete:* Der ganze Inhalt des Artikels erschien uns so, daß seine Veröffentlichung nicht nur aus volkskundlichen Gesichtspunkten, sondern auch in Hinsicht auf die Auslandsverbreitung der KV geradezu geboten erschien.

sowohl in der Stadtwohnung des Verlegers wie auch auf Gut Eickenscheidt wurde im einzelnen überlegt, wie die Zeitung den geistigen Kampf gegen den Nationalsozialismus fortführen könne. Dabei standen wir, ob Verleger oder Schriftleiter, praktisch genommen dauernd mit einem Fuß im Konzentrationslager[36].

Als die Schriftleiterliste eingeführt wurde und nur noch derjenige, der in diese Schriftleiterliste eingetragen war, weiterhin in der deutschen Presse tätig sein konnte, gelang es Horndasch bei seinem Nachfolger im Amte des Vorsitzenden des Rheinisch-Westfälischen Journalistenverbandes, dem Grafen Eberhard von Schwerin von der Essener »National-Zeitung«, durchzusetzen, daß auch ich in die Schriftleiterliste aufgenommen wurde, und zwar, wie es in meinem Presseausweis hieß, als »Kulturschriftleiter«, beschränkt auf »Kölnische Volkszeitung«[37].

Ebenso gelang es Horndasch auch für Noé, der mit einer Halbjüdin verheiratet war, die Zulassung als Handelsredakteur zu erreichen. Nach dem Kriege wurde Noé, der aus der Reihe der Redaktionsstenografen hervorgegangen war, Chefredakteur der »Rheinischen Post«, bis er auf Bitten seines Schwiegervaters, der zur Hitlerzeit emigriert war, in die Vereinigten Staaten übersiedelte. Als Leiter des Wirtschafts- und Handelsteiles kam aber dann noch Josef Jahn zu uns, der in Berlin seine Stellung als Chefredakteur des »Politisch-Gewerkschaftlichen Zeitungsdienstes« verloren hatte.

In diesen Essener Jahren lernten wir, wie man sich den Anschein einer großen Zeitung auch bei zusammengeschrumpfter Redaktion geben konnte. Außer Freiherrn Raitz von Frentz in Rom hatten wir keine Auslandsvertreter mehr. Aber da man noch einige Jahre lang ausländische Blätter beziehen konnte, werteten wir die französischen und die englischen Zeitungen zu Berichten aus, die wir als Eigenberichte aus Paris oder London frisierten, indem wir uns sagten, daß wir ja nur mit einer Verzögerung von wenigen Tagen dasselbe wie ein Berichterstatter in Paris oder London täten, nämlich die dortige Presse auszuwerten. Eine weitere Quelle erschlossen wir uns im Rundfunk. Das Abhören ausländischer Sender wurde ja erst später verboten. So brachten wir über die Beisetzung des österreichischen Bundeskanzlers Engelbert Dollfuß, der am 25. Juli 1934 von Nationalsozialisten ermordet worden war, einen ausführlichen Bericht, indem wir die Übertragung der Beisetzungsfeierlichkeiten im belgischen Rundfunk, der die Wiener Direktsendung übernommen hatte, abhörten und mitstenografierten. Auch den Bericht über die Krönung Georgs VI. (1936) hörten wir im englischen Rundfunk ab und mischten diese Übertragung mit dem Bericht des deutschen Nachrichtenbüros und dem Text der Zeremonien, den die »Times« schon am Tage zuvor veröffentlicht hatte.

---

[36] *Im Nachlaß Hofmann findet sich neben Korrespondenz zwischen von Chamier und Hofmann auch ein „Persilschein"* HOFMANNS *von 1953 für seinen früheren Verleger.* RWN 210/547. *Ferner* W. SPAEL, *Das katholische Deutschland, S. 326.*

[37] *Unter dem 23. Dezember 1933 wurde J. Hofmann als Schriftleiter* auf Widerruf *in die Berufsliste des* Verbands der Rheinisch-Westfälischen Presse *eingetragen.* RWN 210/640.

Das Deutsche Nachrichtenbüro (DNB) war aus der Verschmelzung vom Wolff-schen Telegraphenbüro (WTB) und Hugenbergs Telegraphen-Union (TU) ent-standen und befand sich ganz in Nazihänden. Als es damals in einer Fastnachts-ausgabe der »Münchener Neuesten Nachrichten«, die für einige Jahre das köst-lichste war, was es in der deutschen Presse gab, hieß: »Sie irren sich, wenn Sie meinen, DNB hieße darf nichts bringen, es heißt vielmehr ›druckfertiger Normal-bericht‹«, kam es durch eine persönliche Entscheidung von Goebbels zum sofor-tigen Verbot weiterer solcher Fastnachtsausgaben. Die Tatsache, daß hier jeweils in der Karnevalszeit alles Nationalsozialistische durch den Kakao gezogen wurde, und zwar vom Eintopfgericht bis zum Gauleiter von Franken höchstpersönlich, war nun doch dem nationalsozialistischen Regime zu gefährlich geworden.

Nicht selten wurde ich nach 1933 ausgelacht, wenn ich sagte, das Naziregime treibe auf einen Krieg hin, denn wie anders sollte das »Germanische Reich deut-scher Nation«, von dem gesprochen wurde, errichtet werden. Nur von einzel-nen Ingenieuren bei Krupp hörte man anderes. Da konnte man hören, daß es einem graue, wenn man erfahre, welche Aufträge waffentechnischer Art gegeben seien. Die Sorgen wuchsen, als es zur Sudetenkrise kam. In diesen Tagen ging man möglichst jedem aus dem Weg, um nicht in ein Gespräch verwickelt zu werden. So wollte ich spätabends, als ich vor dem Hauptbahnhof auf meine Elektrische wartete, einem Angetrunkenen aus dem Wege gehen, der mich mit der Frage überfiel: »Was hältst du von der politischen Lage?« Ich verstände nichts von Politik, sagte ich, Politik sei für mich böhmische Dörfer. »Da hast du recht«, fiel er mir ins Wort, »um die böhmischen Dörfer geht es, die uns überfallen wollen.« Mit dieser beißenden Kritik an Hitlers Vorhaben trollte er sich dann kichernd weiter.

Von den damaligen Plänen der Generalität, Hitler zu entmachten, war mir nichts bekannt geworden. Von den Vorbereitungen für den Einmarsch in Österreich sollte ein Leitartikel gegen Schuschnigg geschrieben werden, der am 12. Februar 1938 auf dem Obersalzberg gewesen war, aber dann, statt Österreich Hitler auszu-liefern, Volkswahlen angekündigt hatte. Dabei war diese Anordnung zum ersten-mal mit einer Vorzensur verbunden worden. Der Leitartikel müsse vor dem Erscheinen dem Gaupresseamt vorgelegt werden. Mir fiel die entsetzliche Aufgabe zu, diesen Artikel zu schreiben. Nie wieder habe ich einen Artikel so innerlich ergrimmt und so mit mir um jeden Satz und jedes Wort ringend geschrieben. Als der Fahnenabzug zum Gaupresseamt gebracht worden war, wurde ich von dort mit groben Worten angerufen, dieser Artikel dürfe unter keinen Umständen erscheinen, die Dinge hätten sich ja schon viel weiter entwickelt. Ich konnte nur sagen, daß mir das unbekannt gewesen sei. So wurde ich davon bewahrt, daß ein Artikel, der im wesentlichen gegen meine Überzeugung geschrieben worden war, in der »Kölnischen Volkszeitung« erschien.

Nach dem Einmarsch in Österreich, am 13. März 1938, waren wir sehr erschrok-ken, als das Schreiben des Wiener Erzbischofs Theodor Kardinal Innitzer an

Hitler veröffentlicht werden mußte, und zwar einschließlich des mitgelieferten Klischees seiner handschriftlich zugefügten Worte »Heil Hitler«[38]. Wir fragten uns, ob denn die österreichischen Bischöfe nicht hinreichend Zeit gehabt hätten, das wahre Gesicht des Nationalsozialismus zu ergründen und weshalb sie nun wieder mit einer Fehleinschätzung begännen.

Um diese Zeit nahm ich zusammen mit Hans von Chamier teil an Gesprächen zwischen Evangelischen und Katholiken, die meiner Erinnerung nach im Hause des evangelischen Pfarrers Badt stattfanden, der wie viele evangelische Pfarrer in Essen zur Bekennenden Kirche gehörte, der auch der damalige Essener Rechtsanwalt Gustav Heinemann anhing. Übrigens hat es bis 1938 gedauert, daß man von nationalsozialistischer Seite – um uns stritten sich nämlich die Gaupresseämter Köln und Essen – dahinterkam, daß es im nationalsozialistischen Reich eine nicht unbedeutende Zeitung gab, von deren Redakteuren niemand PG war. Schließlich blieb Horndasch, dem Chefredakteur, wenn die Zeitung nicht verboten werden sollte, nichts anderes mehr übrig, als gegen seine Überzeugung in die Partei einzutreten.

Unter denen, die verbotenerweise die deutschen Sendungen aus London abhörten, gab es ein nicht geringes Erstaunen, als dort jede Woche bereits am Vorabend des Erscheinens der neuen Ausgabe der von Goebbels im Mai 1940 gegründeten Wochenzeitung »Das Reich« eine Auseinandersetzung mit dem Leitartikel stattfand, den Goebbels am anderen Tage im »Reich« veröffentlichen würde. Wie kann das möglich sein, fragte man sich, woher kann man in London wissen, welchen Leitartikel Goebbels am nächsten Tage im »Reich« veröffentlichen werde? Die Lösung dieses Rätsels war jedoch sehr einfach. Bereits einen Tag vor seinem Erscheinen wurde der Goebbelssche Leitartikel im Klartext durch den Auslandsdienst des DNB nach Südamerika gefunkt, damit dortige Zeitungen den Artikel gleichzeitig veröffentlichen könnten. Dieser DNB-Auslandsdienst wurde selbstverständlich auch in London aufgenommen, wie umgekehrt in Berlin alle Reuter-Meldungen, die in die Welt hinausgefunkt wurden, aufgezeichnet wurden.

Als Hitler im Frühjahr 1939 entgegen allem, was er bislang versprochen hatte, zur Besetzung Prags und der ganzen restlichen Tschechoslowakei schritt, wußten wir, daß noch vor Ende dieses Jahres Europa in Flammen stehen würde. Auf einer Pressefahrt durch den Gau Koblenz-Trier sah ich, mit welch fliegender Hast der Westwall aus dem Boden gestampft wurde und wie bei Schleiden sogar schon Drahtverhaue gezogen wurden. Den Schluß dieser Fahrt bildete die Besichtigung der Ordensburg Vogelsang. Nicht ahnen konnte ich dabei, daß bereits im September mein Studienfreund Pastor Unverhau aus Wolfenbüttel hier mit einem Divisionsstab als Divisionspfarrer einziehen würde. Unverhau erzählte

---

[38] *Es handelte sich um die Unterschrift* INNITZERS *unter ein Begleitschreiben, mit dem er am 18. März 1938 eine Erklärung der österreichischen Bischöfe an Gauleiter Josef Bürckel übersandte. Das Schreiben ist im Faksimile abgedruckt bei* VICTOR REIMANN, Innitzer, Kardinal zwischen Hitler und Rom. Wien 1967, S. 340.

mir später, wie er und sein evangelischer Kollege gemeint hatten, es sei wohl besser, wenn sie an dem Empfang des Divisionsstabes durch Robert Ley nicht teilnähmen und wie dann aber doch der Divisionskommandeur verlangt habe, daß sie mitkämen, weil hier nach Beginn des Krieges in Vogelsang die Partei nichts mehr zu sagen habe. Ley solle sehen, daß die Wehrmacht auch katholische und evangelische Pfarrer habe.

Vorangegangen war der Besichtigung von Vogelsang in Trier eine Tagung des Vereins für Rheinische Denkmal- und Heimatpflege. Das ehemalige mittelalterliche Kloster neben der Porta Nigra war als »gute Stube« der Stadt in ausgezeichneter Weise renoviert worden. Im Schloß war man dabei, dieses im Inneren zur Aufnahme des Landesmuseums auszubauen. Doch sah ich in diesen Tagen vor meinem geistigen Auge in Trier alles bereits in Trümmern liegen. Schaurig waren die Abende mit den Massen von Westwallarbeitern, die, angeheitert vom ungewohnten Wein, lärmend durch die Straßen zogen.

Als dann der Urlaub kam, den ich mit meiner Familie wieder im Sauerland in einer Waldhütte bei Serkenrode verbrachte, blieb ich in telefonischer Verbindung mit der Redaktion. So erfuhr ich, daß die Ausgabe vom 24. August die erste Seite freihalten solle für eine Schilderung des Westwalles und daß dann eine Verdunkelungsübung von drei Tagen stattfände. Kurz darauf hörte ich, daß die Anordnung dahin geändert sei, die Schilderung des Westwalles auf Seite drei zu nehmen, weil die erste Seite für eine andere wichtige Meldung freigehalten werden müsse. So entschloß ich mich, am Abend des 23. August nach Essen zurückzufahren, indem ich meiner Familie sagte, wenn der Krieg ausbreche, sie so lange in Serkenrode bleiben solle, bis sich der Eisenbahnverkehr wieder normalisiert habe.

Diese abendliche Fahrt nach Essen führte bereits ins Dunkel, da mit diesem Abend die Verdunkelungsübung begonnen hatte. Als ich eine Stunde vor Mitternacht in Essen ankam, ging ich im Bahnhof sofort zum Zeitungskiosk, wo die Morgenausgabe der »Rheinisch-Westfälischen Zeitung« bereits zu haben sein mußte. Es stand auch schon eine Menschenschlange an, um Zeitungen zu kaufen, und der Herr vor mir rief laut, als er die Überschrift gelesen hatte: »Nun hat die Weltgeschichte ein anderes Gesicht bekommen.« Als ich mein Exemplar erstanden hatte und die Meldung über den Abschluß des Nichtangriffspaktes mit der Sowjetunion las, konnte ich über diesen Zeitgenossen, der geglaubt hatte, nun sei der Friede gesichert, nur den Kopf schütteln. Denn nun war es für mich klar, daß in wenigen Tagen der Krieg ausbrechen würde, nachdem sich Hitler eine Rückendeckung seitens der Sowjetunion besorgt hatte. Auch auf der Redaktion war man am anderen Tage der gleichen Meinung.

Während abends in der Dunkelheit Stellungsbefehle ausgetragen wurden – die Mobilmachung 1939 vollzog sich ganz anders als die Mobilmachung 1914 – verfolgten wir aufmerksam Rundfunkmeldungen aus aller Welt über die Bemühungen, doch noch den Frieden zu erhalten, während man in Berlin alles darauf anlegte, mit den Polen nicht ins Gespräch zu kommen, sondern den Einmarsch vorzubereiten. In aller Eile versuchten die Polen ihre Grenzbefestigungen zu verstärken. Als es in den ausländischen Sendern hieß, nun fahre man in Polen an der Grenze überall Beton, konnten wir nur ausrufen, leider zu spät! So kam der 1. September mit dem deutschen Angriff auf Polen, der von Hitler als Gegenangriff dargestellt wurde, und so kam der 3. September mit der Kriegserklärung Englands und Frankreichs an Deutschland. Unerwartet war dann auch meine Familie zurückgekommen. Es hatte zwar einige Schwierigkeiten wegen der Anschlüsse gegeben, aber der Eisenbahnverkehr funktionierte doch noch so, daß es gelang, Essen zu erreichen.

Der 3. September war ein Sonntag. Am Mittag dieses Tages gab es in Essen Fliegeralarm. Es waren aber keine feindlichen Flugzeuge auszumachen. Offenbar diente der Alarm nur dazu, die Bevölkerung zu veranlassen, Luftschutzräume herzurichten, und so verbarrikadierte auch unsere Hausgemeinschaft zwei Kellerfenster mit Sandsäcken. Eines Nachts wurde ich dann aber doch durch Flugzeuggeräusch geweckt, das mit seinem singenden Ton mich sofort an die britischen Flieger vom Ersten Weltkrieg erinnerte. Und noch ehe die Sirenen angefangen hatten zu heulen, waren wir schon im Keller. Dieser erste, allerdings noch ziemlich harmlose Luftangriff auf Essen hatte also die deutsche Abwehr überrumpelt und Göring Lügen gestraft, der sich dafür stark gemacht hatte, daß kein feindliches Flugzeug das Ruhrgebiet erreichen würde.

Da es sich damals noch um sehr kleine Bomben handelte, wollte kaum jemand daran glauben, daß Essen einmal in Schutt und Trümmern liegen würde. Einmal hatten britische Flugzeuge in einer mondhellen Nacht die Glasdächer der Grugahallen und der Gewächshäuser der Gruga mit der Kruppschen Fabrik verwechselt. Dem folgte sofort die Anweisung, nachzuweisen, daß die Kruppschen Fabriken überhaupt nicht getroffen seien, aber unter keinen Umständen mitzuteilen, daß die Bomben in die Gruga gefallen seien. Der eigentliche Luftkrieg begann erst nach Aufnahme der Kampfhandlungen im Westen und verstärkte sich dann von Jahr zu Jahr. Für den Versand der »Kölnischen Volkszeitung« waren das nun böse Zeiten. Es mußte nach Köln in der totalen Verdunkelung gefahren werden und es mußte immer wieder mit Luftangriffen gerechnet werden.

Unheimlich war eine vertrauliche Mitteilung nach Abschluß des Polenfeldzuges. Sie lief darauf hinaus, daß die Intelligenz des polnischen Volkes ausgelöscht werden sollte, indem man ihre Vererbung verhinderte, und außerdem sollten die Polen aus dem Warthegau vertrieben werden und dieser mit Deutschen besiedelt werden. Dabei war diese Ankündigung nur eine Vorstufe für das, was während des Rußlandfeldzuges geschah. Schon im Herbst 1941 suchte mich ein ehemaliger Mitarbeiter der »Kölnischen Volkszeitung« auf, um mir zu berichten, daß er im Gebiet von Kiew mit eigenen Augen gesehen habe, wie dort zusammengetriebene Juden einen Graben hatten ausheben und sich dann am Rande dieses Grabens hatten aufstellen müssen. Sie seien dann von der SS reihenweise erschossen worden. Immer gigantischer wurde diese Tötungsmaschine durch besondere SS-Einsatzeinheiten, die in Polen, in der Ukraine, im Warschauer Ghetto und in Auschwitz mordeten. Wenn auch die Wehrmacht mit diesen Untaten, die hinter ihrem Rücken geschahen, nichts zu tun hatte, so hatte doch der eine oder andere Offizier davon erfahren. So erinnere ich mich an einen Offizier, der auf Urlaub kam und mir sagte, nachdem was er gesehen hätte, dürfe dieser Krieg unter keinen Umständen verlorengehen, sonst würde eine furchtbare Vergeltung über das deutsche Volk kommen.

Doch mit diesen Erinnerungen bin ich wieder einmal dem Gang der Ereignisse vorausgeeilt. Zum Ausgang des Winters 1940 suchte uns mein Schwager, der als Major der Reserve dem Stab einer Division angehörte, während seines Urlaubs auf. Diese Division hatte seit Kriegsbeginn an der luxemburgischen Grenze gelegen und war nun, wider alles Erwarten, zur Ostseeküste verlagert worden. Er erzählte, wie man mehrfach in Stabsübungen den Vormarsch durch die Ardennen in Richtung auf Rethel geübt habe, um damit die Maginot-Linie zu umgehen. Auf den Karten sei die Vormarschstrecke eines jeden Tages eingetragen worden. Aber zweimal sei der Angriff in letzter Minute abgesagt worden. Nun wunderte er sich, weshalb seine Division von der Westfront abgezogen sei. Er glaubte damals, es handle sich um die Vorbereitung des Krieges gegen Rußland, denn er fragte mich, ob ich verstanden hätte, was Hitler kürzlich gemeint habe, als er in einer Rede sagte, es sei alles einkalkuliert worden. Als ich ihm antwortete, damit sei doch sicherlich der Krieg gegen Frankreich und England gemeint, erwiderte mein Schwager, nein, damit war auch der Krieg gegen Rußland gemeint. Die Russen seien nämlich dabei, ihr Unteroffizierskorps neu aufzubauen, und da sie damit Ende 1941 fertig sein würden, müsse der Krieg gegen Rußland bald, spätestens aber im Frühjahr 1941 beginnen.

Trotzdem hatte sich aber mein Schwager mit der Annahme geirrt, daß die Verlegung seiner Division etwas mit Kriegsvorbereitungen gegen Rußland zu tun habe. Überraschend erfolgte nämlich der Stoß nach Norden zur Besetzung von Dänemark und Norwegen. Als mein Schwager von dort zum erstenmal wieder auf Urlaub war, erzählte er, daß er erst nach seinem Urlaub im ausgehenden Winter 1940 erfahren habe, daß die Division für einen Transport über See eingesetzt werden sollte. Es seien nämlich mehrere Marineoffiziere gekommen und hätten den Stabsoffizieren Rechenaufgaben gegeben über die Schwere der Kampfausrüstung eines einzelnen Mannes und darüber, welches Gewicht das dann für eine ganze Division ausmache. Als die Offiziere ihren Kommandeur erstaunt fragten, was das bedeuten solle, habe dieser nur erwidert: »Wißt Ihr denn nicht, daß unser Ia Militärattaché in Oslo gewesen war?« In der Tat ging die Überfahrt von der Ostseeküste nach Oslo. Wie mein Schwager weiter erzählte, sei er auf dieser Fahrt in größter Unruhe gewesen, weil er festgestellt hatte, daß auf dem Schiff, auf dem er das Kommando über die Truppen hatte, die Schwimmwesten für die Soldaten fehlten. Es sei aber gut gegangen, obgleich die Norweger es mit ihrer Neutralität ernst genommen hätten.

Nachdem Dänemark und Norwegen besetzt worden waren, wurden im Fortschreiten des Frühlings 1940 der Niederrhein und das westliche Ruhrgebiet immer stärker mit Truppen belegt. Auf der Margarethenhöhe in Essen wurde eine Sanitätskompanie einquartiert, und zwar in Sälen und Privatwohnungen. Hin und wieder rückte diese Kompanie zu Übungen aus. So meinten auch viele Sanitätssoldaten, als sie am Nachmittag des 9. Mai 1940 in Alarm gesetzt wurden und des Abends mit Sack und Pack ausrückten, es handle sich nur wieder um eine Übung. Mir schien es aber ernst zu sein. In dieser Überzeugung, daß sich das deutsche Heer zum Angriff im Westen in Bewegung gesetzt habe, wurde ich bestärkt, als nach Mitternacht starke deutsche Flugverbände in rollenden Einsätzen westwärts flogen. In der Tat hatte der Angriff auf die Niederlande, auf Belgien und auf Frankreich begonnen. Nun begannen auch wieder die nächtlichen Bombenangriffe der Engländer. Nie werde ich einen Heimweg vergessen, als ich in den frühen Nachtstunden auf der menschenleeren dunklen Straße durch die Krupp-Fabrik eilte und dauernd fürchtete, jeden Augenblick könnten die Sirenen losgehen. Auch nach Besprechungen in Chamiers Wohnung oder in Eickenscheidt konnte es passieren, daß man auf dem Rückweg vom Alarm überrascht wurde. Hinzu kam schließlich die Befürchtung, daß wider alle Erwartungen der Feldzug im Westen zum Siege führen könnte.

In diesen Tagen begann sich auch das Gewitter über Hein Hoeben zu entladen. Er, der uns zu Ostern 1933 so hilfreich zur Seite gestanden hatte, war seitdem die ganzen Jahre über allwöchentlich nach Essen gekommen, unter anderem auch, um die Verbindung zwischen Pater Friedrich Muckermann und uns aufrechtzuerhalten[39]. Hoeben konnte diese Reisen unternehmen, weil er für die niederrheinischen Theater, insbesondere für die Duisburger Oper, Besucherfahrten aus holländischen Grenzgebieten organisierte. Bei der Gestapo verstärkte sich aber immer mehr der Verdacht, daß er dabei Material für die »Katholische Weltpost« sammelte. Sobald sein Wohnort von deutschen Truppen überrollt war, begann die Gestapo mit Haussuchungen bei ihm. Vor Beginn des Westfeldzuges war Carduck als Sonderberichter eingezogen und der Propagandaabteilung Belgien/Nordfrankreich mit ihrem Kommandeur Dr. Felix Gerhardus zugeteilt worden. Diese Abteilung, in der sich auffallend viele Kollegen früherer katholischer Zeitungen befanden – Gerhardus selbst war Mitarbeiter von Dr. Reinhold Heinen in der Kommunalpolitischen Vereinigung des Zentrums gewesen – sollte das Pressewesen in Belgien und Nordfrankreich organisieren und überwachen.

Als Carduck in der Nähe von Hoebens Wohnort war und nicht wußte, daß Hoeben zur niederländischen Armee eingezogen war, rief er in seiner Wohnung

[39] *Vgl.* F. Muckermann, Im Kampf zwischen zwei Epochen, *S. 510.*

an, ob er ihn nicht besuchen könne. Eine Carduck vollkommen fremde Stimme meldete sich am Telefon, die ihm sagte, wenn er kommen wolle, dann solle er sofort kommen. Die Überraschung war auf beiden Seiten groß. Die Gestapo, die Hoebens Haus besetzt hatte, war überrascht, einen deutschen Offizier vor sich zu sehen, und Carduck war überrascht, statt Hoeben die Gestapo vor sich zu finden. Carduck konnte eine Ausrede finden und die Gestapo war froh, daß sich die Wehrmacht nicht weiter in ihre Angelegenheiten mischte. Als Hoeben nach Auflösung der niederländischen Armee, wo er einer Radfahrkompanie angehört hatte, heimgekehrt war, wurde er verhaftet und zusammen mit anderen Niederländern, darunter auch dem Verleger der katholischen Zeitung von Antwerpen, in das Gestapogefängnis am Alexanderplatz in Berlin gebracht. Dort ist er gestorben.

In den Wochen des Wartens, ob dem Kriege gegen Frankreich die Invasion Englands folgen würde, hatten wir eines Tages nach Redaktionsschluß, der gegen 20 Uhr lag, noch eine Wirtschaft in der Nähe des Hauptbahnhofs zu einem Dämmerschoppen aufgesucht. Da gab es plötzlich eine Sondermeldung, daß der Stellvertreter des Führers, Rudolf Heß, unter noch nicht geklärten Umständen nach England geflogen sei (10. Mai 1941). Ich ging sofort zum Telefon, um Kollegen Schäfer von der »Essener Volkszeitung« anzurufen, er möge doch dafür sorgen, daß diese Meldung noch in die Hauptauflage der »Kölnischen Volkszeitung« käme, mit deren Andruck bis 22 Uhr gewartet wurde. Kollege Schäfer glaubte, da sei einer am Telefon, der ihm und der »Kölnischen Volkszeitung« eine Falle stellen wolle. Mehrfach sagte ich, Kollege Schäfer, erkennen Sie denn nicht meine Stimme? Er wollte einfach meinen Worten nicht glauben. Als aber dann bald darauf die DNB-Meldung kam, hat er doch alles getan, die Meldung in die Hauptauflage der »Kölnischen Volkszeitung« zu bringen.

In England hatte inzwischen Churchill die Regierung übernommen. Fieberhaft verfolgten wir die Luftschlacht über England in den Meldungen des Londoner Senders. Zu Hause holte ich zu abendlicher Stunde aus den Schulbüchern meiner Söhne des Caesar hervor und las noch einmal die Schilderung über seine Landung in England, die an der Steilküste von Dover mißlang und erst dann gelang, als er weiter nordöstlich den Versuch an der dortigen Flachküste wiederholte. Aber die Landung der Wehrmacht in England fand nicht statt. Jetzt mußte Hitler den Krieg weiterführen, ohne den riesigen Flugzeugträger, den die britische Insel bildete, ausgeschaltet zu haben.

Ende Februar 1941 fuhr ich zur Grillparzer-Woche nach Wien, das damals als der Reichsluftschutzkeller galt. Es lag außerhalb der Reichweite britischer Flugzeuge, eine volle Verdunkelung war deshalb hier nicht notwendig. Nie habe ich eine solche Zahl von Generälen und Ritterkreuzträgern gesehen wie bei diesen Festvorstellungen der Werke Grillparzers. Ich konnte daraus nur schließen, daß der Aufmarsch gegen Rußland und vielleicht auch gegen den Balkan bereits im vollen Gange war. Die Tage in Wien benutzte ich auch zu Besuchen bei

Mitarbeitern der »Kölnischen Volkszeitung«. Überall wurde ich sehr freundlich aufgenommen. Immer wieder wurde mir gegenüber der Überraschung Ausdruck gegeben, daß es im Rheinland noch eine Zeitung mit einem solchen kulturellen Teil nichtnationalsozialistischen Inhalts gebe, wie sie nicht einmal mehr im ehemaligen Österreich zu finden sei. Ich konnte feststellen, daß auch diejenigen, die zunächst den Anschluß begrüßt hatten, inzwischen enttäuscht waren. Alle Vorräte, die es noch gab, waren nämlich inzwischen von Reichsdeutschen aufgekauft worden.

Auf der Rückreise hatte ich zwei interessante Begegnungen im Zuge. Bei der Abfahrt saß mir ein Herr gegenüber, der, als sich der Zug in Bewegung setzte, meinte, die Fahrt würde wohl nicht lange dauern. Und richtig, nach einer Stunde lagen wir fest. Als der Zugschaffner vorbeikam, fragte ihn mein Gegenüber, ob die Lokomotive versagt habe. In ziemlich barschem Ton fragte der Schaffner zurück, was ihn das überhaupt angehe. Darauf sagte mein Gegenüber, er sei Lokomotivführer aus Nürnberg und kehre von einem Krankenhausaufenthalt in Wien zurück. Schon bei der Anfahrt des Zuges in Wien habe er gemerkt, daß bei der Lokomotive etwas nicht in Ordnung sei. Nun wurde der Schaffner dem Kollegen gegenüber freundlich. Er habe recht, wir müßten solange liegenbleiben, bis eine Ersatzlok eingetroffen sei. Allmählich kamen wir zwei immer mehr ins Gespräch, langsam wurden die Masken gelüftet, und so konnte ich nun die ganze Empörung eines anständigen Menschen über das Gehabe und das mondäne Leben des Nürnberger Gauleiters Julius Streicher vernehmen.

In Nürnberg stiegen mehrere junge Offiziere zu. Aus ihren Gesprächen vernahm ich die Sorge darüber, wann endlich sie wohl ihre Universitätsstudien beginnen oder fortsetzen könnten. Da konnte ich einhaken und darauf verweisen, daß auch bei mir im Ersten Weltkrieg zwischen Abitur und Universitätsstudium fast vier Jahre gelegen hätten. Diesmal, meinten aber die Offiziere, würde es viel länger dauern. Der Krieg weite sich ja ständig aus und sie seien überzeugt, daß auch Amerika noch eingreifen würde. Eine solche realistische und illusionslose Beurteilung der Lage noch vor Beginn des Rußlandkrieges und vor dem Sprung über das Mittelmeer nach Nordafrika aus Offizierskreisen zu vernehmen, war für mich ein nicht alltägliches Erlebnis.

Mittlerweile hatte sich über der »Kölnischen Volkszeitung« ein schweres Gewitter zusammengezogen. An ein häufiges Eingreifen der Kreisleitung und des Gaupresseamtes waren wir gewohnt. Auch war unser Vertriebsleiter Hermann Barz am 3. Juni 1940 in Gelsenkirchen verhaftet und für 36 Stunden festgehalten worden, als er dorthin wegen eines säumigen Boten gefahren war, der seine Bezugsgelder nicht abgeliefert hatte. Er wurde unter der Beschuldigung verhaftet, er habe Schulkinder nach Flakstellungen ausgefragt. Das stellte sich schnell als ein Irrtum heraus. Aber als man feststellte, daß man den Vertriebsleiter der »Kölnischen Volkszeitung« vor sich hatte, warf man ihm beim Verhör am anderen Tage vor, die Angestellten der »Kölnischen Volkszeitung« seien »schwarze

Hunde« und man wisse, woher die geheimen Verbindungen zu »ausländischen schwarzen Hunden« kämen. Damit war sicherlich Hein Hoeben gemeint. Aber da man Barz nichts nachweisen konnte, ließ man ihn nach 36 Stunden wieder laufen.

Doch nun im Frühjahr 1941 schlug das Reichssicherheitshauptamt mit der Gestapo zu. Horndasch wurde von der Essener Gestapo verhaftet und dauernd verhört, von Chamier wurde unter Hausarrest gestellt und drei Tage lang durch die Gestapo und einen SS-Obergruppenführer des Reichssicherheitshauptamtes vernommen. Zugleich wurden im Sekretariat der Redaktion alle Ablagen durchgewühlt. Gegenstand dieser Haussuchung und Beschlagnahme auf der Redaktion wie in der Wohnung des Verlegers waren die Korrespondenz und abgelegte Schriftstücke. Gegenstand der dreitägigen Vernehmungen von Chamiers in seiner Wohnung und von Horndasch im Essener Polizeipräsidium waren Pater Friedrich Muckermann SJ und Muckermanns »Deutscher Weg«, Hein Hoeben und der bei ihm arbeitende Kaplan Lirup, das internationale Komitee der katholischen Presse und die Auslandsfahrten von Chamiers nach Rom, wobei seine Audienz bei Pius XI. und bei Kardinalstaatssekretär Pacelli eine Rolle spielten sowie nach Breda und Paris im Zusammenhang mit dem internationalen Komitee der katholischen Presse, seine Besuche bei den Kardinälen Theodor Innitzer in Wien und Adolf Bertram in Breslau sowie überhaupt seine Verbindungen zum deutschen Episkopat.

Man wollte dabei Chamier hochverräterischer Handlungen überführen, vor allem wollte man aber feststellen, daß die »Kölnische Volkszeitung« Subventionen des Vatikans und des deutschen Episkopats erhalten habe, da man sich nicht vorstellen konnte, daß die »Kölnische Volkszeitung« sich selbst trage. In der Tat trug sich aber die »Kölnische Volkszeitung« selbst, wenn sie auch damals etwas über 1000 sogenannte Patronatsexemplare hatte, d. h. Exemplare, die von verschiedenen Kreisen, darunter nicht nur Fabrikanten, sondern auch katholischen Lehrerinnen, bezahlt und in der Hauptsache an junge Studierende geliefert wurden. Firmen, die Patenschaften übernommen hatten, waren vor allem Vaillant und die Thyssen Gas- und Wasserwerke. Dort war Dr. Storm einer unserer treuesten Freunde. Allerdings waren an dieser Aktion auch Bischöfe wie insbesondere Bischof Franz Rudolf Bornewasser von Trier beteiligt.

Zu gleicher Zeit wurde Horndasch im Polizeipräsidium vernommen. Über den Inhalt der Vernehmungen schwieg er uns gegenüber, wie auch von Chamier damals der Redaktion nicht sagte, worüber er vernommen worden sei. Horndasch erzählte nur, wie gut es gewesen sei, daß er mehrfach für einige Wochen darauf trainiert habe, ohne Rauchen auszukommen, so daß ihm der Entzug des Rauchens bei dieser Festnahme nichts ausmachte. Die Aussagen beider wurden ständig miteinander verglichen. Dabei ergab sich, daß sie beide in ihren Aussagen völlig übereinstimmten. So wurde Horndasch wieder freigelassen. Allerdings mußte er mit abgeschnittenen Hosenknöpfen nach Hause gehen. Hans von Chamier erhielt aufgrund eines dickleibigen Sündenregisters eine letzte Verwarnung, wobei Rolf Rienhardt von der Reichspressekammer ihm mit drohendem Finger sagte: »Ihre Schriftleitung versteht es in der raffiniertesten Weise, sich an den Grenzen des Erlaubten vorbeizudrücken.« Allerdings folgte für von Chamier noch ein berufsgerichtliches Verfahren, in dessen Verlauf bei seiner Vernehmung vom Ankläger nochmals versucht wurde, ihn des Empfangs von Subventionen zur Aufrechterhaltung der »Kölnischen Volkszeitung« zu überführen.

In diesen Tagen verschaffte mir Hermann Katzenberger, der letzte Verlagsleiter der »Germania«, der nunmehr Herausgeber eines halbamtlichen Pressedienstes für ausländische katholische Zeitungen war, eine Verbindung zu der neuen Wirtschaftsorganisation der Kohle, die unter Albert Speer gegründet wurde. Dort war noch die Stelle eines Pressechefs zu besetzen. Als man aber bei meiner Vorsprache im Essener Glückauf-Hause hörte, daß ich kein Pg sei, war das Gespräch bald beendet. Auch von der »Frankfurter Zeitung« kam, als ich mich dort brieflich aufgrund früherer Gespräche meldete, eine Absage. Mein Schicksal war nun unweigerlich mit dem Schicksal der »Kölnischen Volkszeitung« verbunden.

Beim Verlag der »Kölnischen Volkszeitung« und der »Essener Volkszeitung« traf nun die Nachricht ein, daß beide Zeitungen mit Ende Mai ihr Erscheinen einstellen müßten, da ihnen aus kriegswirtschaftlichen Gründen kein Papier mehr geliefert werden könne. Der gleiche Schlag traf eine Vielzahl ehemaliger Zentrumszeitungen. Horndasch versuchte zwar noch einmal, in Berlin zu verhandeln. Auf der Fahrt begleitete ich ihn von Köln bis Hamm, um von dort nach Essen zurückzufahren. Horndasch kam ergebnislos aus Berlin zurück. Die Zeitungen sollten von der sogenannten Phönix-Gesellschaft aufgekauft werden. Doch erklärten wir Herrn von Chamier, daß die »Kölnische Volkszeitung« unter keinen Umständen an die Phönix-Gesellschaft verkauft werden dürfte. Für die »Kölnische Volkszeitung« komme nur eine Überführung der Abonnenten, selbstverständlich gegen einen auszuhandelnden Betrag, an die »Kölnische Zeitung« in Frage. Nun war es entschieden: Die »Kölnische Volkszeitung« mußte ihren Betrieb einstellen und Abschied von ihren Lesern nehmen. Die Redaktion mußte verstummen und sich auflösen.

Die letzte Ausgabe der »Kölnischen Volkszeitung« trug das Datum des 31. Mai 1941. Sie hatte auf der ersten Seite ein Bild »Pfingsten am Rhein« und trug die Schlagzeile »Feindlicher Widerstand auf Kreta zusammengebrochen«. In dieser Ausgabe befand sich folgende Mitteilung: »Die Kriegswirtschaft erfordert stärkste Konzentration aller Kräfte. Diese Zusammenfassung macht es notwendig, daß unser Blatt mit dem heutigen Tage sein Erscheinen einstellt, um Menschen und Material für andere kriegswichtige Zwecke freizumachen. Wir bitten unsere Leser, die ›Kölnische Zeitung‹ zu beziehen, die ihnen im Juni noch zum KV-Preis zugestellt wird.«

Das Abschiedswort an die Leser, von Max Horndasch geschrieben, stand als

»Dank und Gruß« an der Spitze der Streiflichter. Nachdem Horndasch unter-
strichen hatte, daß das Verlagsrecht der »Kölnischen Volkszeitung« nicht er-
loschen sei und deshalb die Möglichkeit bestehe, die Zeitung nach dem Fortfall
der kriegswirtschaftlichen Maßnahmen wieder aufleben zu lassen, fuhr er fort:
»Was nun auch immer geschehen mag, an uns ist es, allen zu danken, die der
KV Interesse und Liebe entgegengebracht haben, und indem wir dies tun, erinnern wir uns der Tatsache, daß unter den Lesern sich nicht wenige befinden,
in deren Familien die KV seit ihrem Gründungstag, also seit dem 1. April 1860 bis
zum 31. Mai 1941, gelesen wurde ... Wir haben festzustellen, daß, wenn wir
uns für einen kurzen Augenblick den Gefühlen hingeben, die mit dem Abschied-
nehmen verbunden bleiben, die Erinnerung an die Treue unserer Leser und
Mitarbeiter uns im tiefsten erfüllt. Dieses Bild der Treue nehmen wir mit auf
den Weg. Zum Abschied reichen wir den Lesern die Hand. Unseren aus der
Tiefe drängenden Dank legen wir an die Herzen aller, die hinfort mit uns noch
die Tage der Erinnerung wandeln wollen.«
Der zweite Teil der Streiflichter »Letzte Maientage« stammte von Horndaschs
Tochter Katharina. Auch die letzten Buchbesprechungen, die noch vorlagen,
hatten wir mit der Rubrik »Literarische Blätter der Kölnischen Volkszeitung«
in die Abschiedsnummer hineingenommen. Im Handelsteil hatte Dr. Josef Jahn
noch einen Artikel über »Privatwirtschaft« geschrieben, der zwischen den Zeilen
deutlich vor einer Staatswirtschaft warnte und in dem Satz kulminierte: »Einen
Sinn hat das Handelsblatt nur, wenn es eine Privatwirtschaft gibt.« In der Sonntagsbeilage »Im Schritt der Zeit« konnte noch der Schluß des Artikels von Dr.
habil. Werner Hager über »Das europäische Barock« erscheinen und Richard
von Schaukal noch einmal Grillparzer als einen »Dichter der Seelenhoheit und
der Herzenstiefe« preisen. Im Heimatteil, der seit Jahren unter der Rubrik »Die
Westmark« erschienen war, nahm Josef Breuer Abschied von den Lesern, denen,
wie er schrieb, Jahrzehnte hindurch die »Kölnische Volkszeitung« ein »die Ge-
nerationen überdauerndes, stilles Familienmitglied geworden (war), das mit derselben Liebe begrüßt, umhegt und verehrt wurde, wie die direkten Mitglieder
des häuslichen Herdes«. Dabei wies er darauf hin, welche bevorzugte Stellung
die »Kölnische Volkszeitung« stets der Pflege des Heimatgedankens im Herzen
eines Landesteiles mit ehrwürdiger, alter, hoher Kultur gegeben habe. Schon
einen oder zwei Tage zuvor hatte unter den »Kölner Spaziergängen« Lisbeth
Thoeren ein Abschiedswort veröffentlicht. Sie sprach darin von einem alten
Hause, das abgerissen werden müsse, weil es nicht mehr in die neue Fluchtlinie
passe, und wie schwer das für jene sein müsse, die in diesem Hause so viele
glückliche Stunden verbracht hätten. Dieser ihr Vergleich blieb uns allen noch
lange in Erinnerung.

8. REDAKTEUR DER »KÖLNISCHEN ZEITUNG«
1941–1945

Wie oft hatten wir, nachdem wir 1933 den Bankrott des Görreshauses überlebt hatten, diese Stunde des Endes in den letzten acht Jahren auf uns zukommen sehen. Wie oft hatten wir unter uns davon gesprochen, daß wir auf einer treibenden Eisscholle arbeiteten, die jeden Tag auseinanderbersten könne, und daß wir Redakteure dann vor der Existenznot ständen. In grimmigem Galgenhumor hatten wir uns dabei unsere Zukunft ausgemalt, wenn der eine Schnürsenkel verkaufe und der andere den Lift eines Warenhauses bediene. Und doch hatten wir in dieser Essener Zeit noch jedes Jahr am Vorabend vor Silvester nach getaner Arbeit in Müllers Bierstuben, die unmittelbar neben dem Verlagsgebäude von Fredebeul und Koenen lagen, ein Glas darauf trinken können, daß es wiederum zwölf Monate gut gegangen war. Und wenn dann Herr Müller, der selbst einmal Journalist gewesen war, einen Kelch Pils mit Sekt spendierte, dann waren aller Kummer und alle Sorgen für einen Augenblick vergessen.

Im Vorahnen dessen, was nun traurige Wirklichkeit wurde, hatten wir bereits die letzte Jubiläumsausgabe, die zum 80jährigen Bestehen der Zeitung am 1. Januar 1939 erschien, nicht auf die Geschichte der Zeitung abgestellt, sondern uns in ihr auf die Wiedergabe dessen beschränkt, wie es 80 Jahre zuvor in Köln, in Deutschland und in der übrigen Welt politisch, geistig und wirtschaftlich-technisch aussah. Da es keine Bildarchive über diese Zeit gab – die Fotografie stand ja damals erst in ihrer Entwicklung – werteten wir die ausgezeichneten Zeichnungen aus, mit denen damals die Leipziger Illustrierte das Weltgeschehen im Bilde festgehalten hatte. Kollege Thissen hatte diese Arbeit übernommen.

Jetzt war endgültig das Ende gekommen und eine bedeutende und verpflichtende Tradition abgeschnitten. Seit die »Kölnische Volkszeitung« vom Verlag Bachem am 1. April 1860, zunächst allerdings als »Kölnische Blätter«, gegründet worden war, war sie eine Selbstdarstellung des westdeutschen Katholizismus gewesen. Ihr Hauptverbreitungsgebiet war das Rheinland gewesen, wo sie in den größeren Orten durch Agenturen und Botenstellen vertrieben wurde[40]. Aber die Tatsache, daß sie um 1930 darüber hinaus in etwa 2000 Postorte des In- und Auslandes ging, zeigte, daß ihr Motto »Mein Feld ist die Welt« nicht übertrieben war. Ihre Abonnenten waren in der Tat in ganz Deutschland, ja

---

[40] *Im Nachlaß Hofmann (RWN 210/498) befindet sich folgende nicht unterzeichnete und nicht datierte, aus dem Jahre 1938 stammende, maschinenschriftliche Aufzeichnung* Verbreitung der Kölnischen Volkszeitung: Rheinland und Westfalen: 60 %/o (davon in Essen 250 Bezieher oder 2½ %/o); Süddeutschland: 15 %/o; Norddeutschland und Berlin: 12 %/o; Mittel- und Ostdeutschland: 4 %/o; Ausland (42 Länder in Europa und Übersee): 9 %/o; *[zusammen =]* 100 %/o. *Über die Verbreitung im Ausland vgl. die folgende Anmerkung.*

in der ganzen Welt zu finden[41]. Allerdings war ihre Abonnentenzahl selbst zur besten Zeit nie über 25 000 hinausgekommen. Sie betrug zuletzt noch etwa 14 000, von denen dann etwa 5000 bis 6000 ständige Abonnenten der »Kölnischen Zeitung« wurden.

Der Verlag Neven DuMont war 1941 der einzige Zeitungsverlag in Deutschland, der sich seine wirtschaftliche Unabhängigkeit bewahrt hatte und auch bis Kriegsende durchhalten konnte. Der Vertrag von Chamiers mit dem Verlag Neven DuMont sah vor, daß dieser für anderthalb Jahre für jeden übernommenen Abonnenten RM 1.– pro Monat an den Verlag Chamier bezahlte und dann eine Schlußzahlung von RM 5.– je Abonnent. Anfangs glaubte der Verlag Neven DuMont, ein sehr teures Geschäft gemacht zu haben. Als sich aber zeigte, daß er auf diese Weise 5 000 bis 6 000 Abonnenten bis zum Schluß des Krieges hinzugewonnen hatte, mußte er feststellen, daß es doch ein gutes Geschäft für ihn gewesen war. Um den Lesern den Übergang von der einen Zeitung auf die andere zu erleichtern – in den siebziger Jahren hatten sich ja beide Zeitungen heftig bekämpft –, sollte ein Mitglied der Redaktion der »Kölnischen Volkszeitung« in die Redaktion der »Kölnischen Zeitung« eintreten. Auch wurde unser Vertriebsleiter Hermann Barz übernommen.

Auf die Redaktion der »Kölnischen Volkszeitung« hatte aber auch der Chefredakteur der nationalsozialistischen Essener »National-Zeitung«, Graf Schwerin, ein Auge geworfen. Er glaubte, es würde ihm nach dem siegreichen Ende des Krieges möglich sein, diese von Göring geförderte Zeitung zum geistig führenden Blatt des nationalsozialistischen Deutschlands zu entwickeln, während der »Völkische Beobachter« dann das parteioffizielle Blatt bleiben würde. Mit der Übernahme der Redaktion der »Kölnischen Volkszeitung« glaubte er, einen ersten Schritt im Sinne dieser seiner Ziele tun zu können. Er hielt diese Redaktion indessen für viel größer, als sie in Wirklichkeit war. Wir hatten es nämlich verstanden, mit nur ein paar Leuten uns den Anschein eines immer noch großen Blattes zu geben. Inzwischen war aber auch der fremdsprachenkundige Hans Carduck zur Propagandaabteilung in Belgien-Nordfrankreich eingezogen worden. So war Carduck Kontrolloffizier belgischer Zeitungen geworden, die in französischer Sprache in Brüssel erschienen und die er, wie er es ausdrückte, »zur Reifeprüfung« zu führen hatte. Wilhelm Spael hatte im Verlag Fredebeul und Koenen inzwischen bereits die Leitung der Wochenzeitschrift »Christliche Fa-

---

[41] *Neben der in Anm. 40 zitierten Übersicht befindet sich im Nachlaß Hofmann (ebd.) folgende weitere Aufstellung (von 1938)* Leser der Kölnischen Volkszeitung im Ausland: Belgien 31; Bulgarien 4; Dänemark und Island 6; England 7; Elsaß-Lothringen und Frankreich 211; Griechenland 1; Holland 27; Jugoslawien 10; Litauen 2; Luxemburg 8; Norwegen 1; Polen 6; Portugal 1; Rumänien 42; Schweden 4; Schweiz 8; Spanien 1; Tschechoslowakei 19; Ungarn 4; Ägypten, Kamerun, Südwestafrika, Ostafrika 65; USA 19; Kanada 15; Süd- und Mittelamerika 212 (Argentinien, Brasilien, Chile, Kuba, Guatemala, Mexiko, Haiti, Honduras); Asien 306 (Türkei, Indien, China, Japan, Manchukuo, Südseeinseln); Australien 7; *[zusammen =]* 1087.

milie« übernommen. So bestand die Redaktion in Essen eigentlich nur noch aus Max Horndasch, Otto Thissen, Josef Jahn, der inzwischen schon einen Vertrag mit der »Frankfurter Zeitung« hatte, und mir, zu denen in Köln Josef Breuer und Lisbeth Thoeren kamen.

Als ersten ließ mich Graf Schwerin kommen. Ich kannte ihn vom Rheinisch-Westfälischen Journalistenverband her, dessen Vorsitzender er seit 1933 war, als er Max Horndasch absetzen mußte. Auf dringende Bitten von Max Horndasch hatte er mich, obgleich von gewisser Seite Einspruch dagegen erhoben worden war, doch auf die Schriftleiterliste gesetzt. Als ich an jenem Abend zu ihm in sein Redaktionszimmer kam, sprach er zunächst von seinen Absichten und bot mir dann eine Stelle in der Redaktion der »National-Zeitung« an. Das ließe sich auch machen, wenn ich kein Pg sei. Dann aber gab es Schwierigkeiten wegen meiner Gehaltsforderungen. Er war erstaunt darüber, daß die Gehälter an der »Kölnischen Volkszeitung« höher waren als er angenommen hatte. Gewiß hatten wir 1933 im Verlag Fredebeul und Koenen zunächst mit sehr kleinen Gehältern angefangen. Da aber die Redaktion klein blieb, konnten diese Gehälter im Laufe der Jahre doch erhöht werden[42]. Hans von Chamier wollte ja an der »Kölnischen Volkszeitung« nichts verdienen. Für ihn kam es nur darauf an, daß die Jahresbilanz mit Plus-Minus-Null abschloß. Einen notwendigen Verdienst mußte die »Essener Volkszeitung« einbringen.

Außerdem hatte sich unter uns nichtnationalsozialistischen Schriftleitern herumgesprochen, daß man eventuell um eine Stellung an einer Parteizeitung herumkommen könne, wenn man ein möglichst hohes Gehalt fordere. Nach diesem Prinzip hatte auch August Dresbach gehandelt, der 1929 von der »Kölnischen Zeitung« zur »Frankfurter Zeitung« gegangen war und schließlich vom »Völkischen Beobachter« übernommen werden sollte. Ihm wurde indessen seine hohe Gehaltsforderung bewilligt. Als er aber dann seiner Verpflichtung nachkommen sollte, wöchentlich zwei Artikel zu schreiben, ließ er sich, nachdem seine ersten Artikel als ungeeignet befunden worden waren, mahnen und mahnen, ohne daß weitere Artikel von ihm eintrafen, bis er schließlich entlassen wurde, was von vornherein sein Ziel gewesen war. Ich brauchte diesen Umweg nicht zu gehen.

Als ich meine Gehaltsforderung nannte, mußte mir Graf Schwerin erklären, daß er über ein solches Gehalt nicht von sich aus verfügen könne, dazu brauche er die Zustimmung Berlins. Er würde mich benachrichtigen, wenn sie erteilt sei.

Zum Abschied fragte er, was Kollege Horndasch mache. Ich solle ihn von ihm grüßen, er möge doch mal etwas von sich hören lassen.

Horndasch wartete währenddessen in einer nahegelegenen Wirtschaft. »Hat er etwas von mir gesagt?«, fragte er sofort, als ich zu ihm kam. Und ehe ich noch mit meinem Bericht über den Hergang der Unterhaltung mit dem Grafen Schwe-

---

[42] *Das Gehalt von J. Hofmann als Redakteur betrug 1931 12 101,– RM pro Jahr, war dann 1933 auf 6 000,– RM reduziert und von 1934–1939 wieder kontinuierlich auf 8 400,– RM erhöht worden. RWN 210/640.*

rin beginnen konnte, mußte ich ihm zunächst sagen, daß dieser ihn grüßen lasse und er doch etwas von sich hören lassen möge. »Dann ist also alles in Ordnung«, fiel mir Horndasch ins Wort: »Sie gehen zur ›Kölnischen Zeitung‹, und ich gehe zur ›National-Zeitung‹.« Ich sagte ihm darauf, daß er doch in Schlebusch bei Köln wohne und nun acht Jahre lang von Mülheim oder Leverkusen jeden Tag nach Essen und zurück gefahren sei. Er hätte es wirklich verdient, nun nicht mehr solche Fahrten auf sich nehmen zu brauchen. Ich wohnte doch in Essen und käme deshalb viel eher für eine Stelle in Essen in Frage.

»Nein, Hofmann«, sagte er, »es geht hier nicht ums Fahren. Das werden Sie nun machen müssen, bis Sie eine Wohnung in Köln gefunden haben. Es geht nämlich um ganz etwas anderes. Sehen Sie, wenn der Schwindel vorüber sein wird, werde ich über 65 Jahre alt sein, und dann komme ich für den Neuaufbau nicht mehr in Frage. Aber Sie, der Sie noch nicht einmal 50 Jahre alt sind, werden dann bereitstehen müssen. Deshalb müssen Sie von allem völlig unbelastet bleiben. Sie sind kein PG, Sie gehören weder der SS noch der SA an, Sie dürfen nun nicht zum Schluß noch damit belastet werden, daß Sie die letzten Jahre an einer Partei-zeitung tätig sind. Sie müssen zur ›Kölnischen Zeitung‹. Neven wollte mich haben, aber das bringe ich mit Neven schon in Ordnung, daß er Sie statt meiner nimmt. Ich gehe morgen zum Grafen. Einer von uns muß ja zu ihm gehen. Wenn kein einziger geht, könnte das schlimm für uns alle werden, weil das dann nach Aufruhr aussähe.« Ich konnte ihm in diesem Augenblick nur die Hand für seine Kameradschaft drücken.

In katholischen Kreisen gab es freilich eine beträchtliche Empörung darüber, daß der letzte Chefredakteur der »Kölnischen Volkszeitung« zu einer Parteizeitung ging, wo er Schichtführer in der Nachrichtenredaktion wurde. Horndasch und ich mußten diese Empörung schweigend über uns ergehen lassen, da wir von den Gründen unserer Abmachung mit niemanden sprechen konnten, ohne uns der Gefahr auszusetzen, daß wir beide als Defätisten im Konzentrationslager ver-schwänden. Mit der Zeit habe ich allerdings einem volle Aufklärung gegeben. Das war der Schwager Adenauers, der frühere Kölner Beigeordnete Willi Suth. Streng vertraulich erzählte ich ihm den Hergang der Dinge mit der Bitte, davon auch seinen Schwager Adenauer vertraulich ins Bild zu setzen. Er muß das in der Tat getan haben, wie ich nach 1945 das aus der Freundschaft, die mir Adenauer entgegenbrachte, fühlte. Nach dem Tode von Max Horndasch am 21. Oktober 1968 habe ich diesen Hergang der Dinge brieflich seiner Tochter geschildert, damit die Wahrheit über unser Verhalten beim Untergang der »Kölnischen Volkszeitung« schriftlich festgehalten sei[43]. Max Horndasch war später noch einige Jahre mein Stellvertreter als Chefredakteur der »Aachener Volkszeitung«. So mußte ich mir nun eine Monatskarte kaufen, um täglich auf der Bahn zwischen

---

[43] *Bereits im März 1949 hatte J.* HOFMANN *Ministerialrat Prof. Josef Antz im Düsseldorfer Kul-tusministerium über den Fall Horndasch schriftlich informiert. RWN 210/547.*

Essen und Köln hin- und herzupendeln. Der Vertrag mit Dr. Kurt Neven machte keine Schwierigkeiten. Mir wurde gesagt, daß ich in der Nachrichtenabteilung eingesetzt würde – in dieser Abteilung hatte ich ja auch bei der »Kölnischen Volkszeitung« begonnen –, aber auch alle Artikel gegenlesen solle, die für die ehemaligen Abonnenten der »Kölnischen Volkszeitung« wegen ihres Inhalts in weltanschaulichen oder geistigen Fragen Anstoß erregen könnten. Ich solle dann Bedenken anmelden, wenn ich fürchtete, die alten Leser der KV könnten durch bestimmte Formulierungen verprellt werden. Da der Chefredakteur der »Kölnischen Volkszeitung« und des »Stadt-Anzeigers« Dr. Johannes Schäfer höherer Richter beim Oberkommando Ost (Mitte) geworden war, führte in seiner Vertretung Kollege Fritz Blumrath die Chefredaktion. Er machte mich mit meinen neuen Kollegen bekannt, von denen ich einige wenige noch aus der Zeit vor 1933 kannte[44].

In der Nachrichtenabteilung, dem sogenannten Umbruch, arbeiteten wir in zwei Schichten. Die »Kölnische Zeitung« erschien zweimal täglich, hatte aber eine Reichsausgabe, in der beide Ausgaben zusammengefaßt wurden. Außerdem ging es noch um den Nachrichtenteil des »Stadt-Anzeigers«. In der Nachrichtenabteilung hatten wir alles Material, das durch die allgemeinen Nachrichtendienste hereinkam, in Fühlungnahme mit den Ressorts zu bearbeiten, wo die Meldungen der eigenen Berichterstatter bearbeitet wurden. Aber auch alles, was von den Ressorts in Satz gegeben wurde, ging durch unsere Hände, damit Doppelmeldungen verhindert wurden.

Einem Kollegen war es allerdings beim Umbruch der Reichsausgabe einmal passiert, daß ein großer Artikel sowohl auf Seite zwei wie auf Seite drei stand. Die Leser mögen sich gefragt haben, wie solches möglich war. Möglich war es deshalb, weil der Artikel zunächst auf Seite drei der Reichsausgabe kommen mußte, aber dann für die nächste Ausgabe der zweimal erscheinenden »Kölnischen Zeitung« auf Seite zwei genommen werden mußte. Ihn dann wieder beim weiteren Umbruch der Reichsausgabe von Seite zwei fortzunehmen, war dem Kollegen entgangen. Die Bezeichnung Umbruch ist ein alter Fachausdruck. Er soll besagen, daß die Spalten, wie sie von den Setzmaschinen kamen, beim Einbauen in das Gefüge einer Textseite abgebrochen oder umgebrochen werden müssen. Da wir uns in der Nachrichtenabteilung am Telefon mit den Worten meldeten »Hier Umbruch«, kam es eines Tages vor, daß ein Brief auf der Redaktion eintraf, der an »Herrn Dr. Umbruch« adressiert war.

Zu den Aufgaben der Nachrichtenabteilung gehörte auch die Füllung der Nachrichtenseiten der mittäglichen Straßenausgabe des »Stadt-Anzeigers«. Die Auf-

[44] *Dazu vgl.* HANDBUCH DER DEUTSCHEN TAGESPRESSE. 7. Aufl. Leipzig 1944, S. *77 f.;* KURT WEINHOLD *und* ALFRED NEVEN DUMONT: Die Geschichte eines Zeitungshauses (Verlag M. DuMont Schauberg) 1920–1945. Eine Chronik 1945–1970. Köln 1969; GEORG POTSCHKA, Kölnische Zeitung (1802–1945), *in:* HEINZ-DIETRICH FISCHER (Hrsg.), Deutsche Zeitungen des 17. bis 20. Jahrhunderts. Pullach 1972, S. *145 ff.*

gabe, hier eine Aufmachung zu finden, die etwas Neues brachte gegenüber dem Düsseldorfer »Mittag«, der vormittags im Kölner Straßenverkauf erschien, konnte einen manchmal bis zur Verzweiflung bringen. Die Verkäufer der Straßenausgabe des »Stadt-Anzeigers« mußten ja etwas ausrufen können, was noch nicht im »Mittag« gestanden hatte. Aber woher nun jeden Tag einen solchen Aufmacher nehmen, wenn alle Abend- und Nachtmeldungen bereits vom »Mittag« abgegrast waren? Hin und wieder konnte es vorkommen, daß eine Meldung vom »Mittag« übersehen oder beiseite gelegt war. Dann konnte sie zur Schlagzeile aufgeplustert werden. Oft gab es auch in der Tat eine neue Meldung, die bis 11.30 Uhr hereingekommen war. In einem solchen Fall war man gerettet. Gerettet war man auch, wenn eine besondere Eigenmeldung der »Kölnischen Zeitung« vorlag. Häufig wurde die Berliner Redaktion zu Hilfe gerufen. Aber für die dortigen Kollegen war es ebenfalls nicht leicht, eine neue Meldung zu liefern, da der Redaktionsschluß der Straßenausgabe des »Stadt-Anzeigers« vor dem Beginn der täglichen Pressekonferenz im Propagandaministerium lag. Letzter Ausweg war dann die Aufmachung mit einem PK-(Propaganda-Kompanie-) Bericht, der so als das Neueste vom Neuen erschien.

Auf der Redaktion der »Kölnischen Volkszeitung« hatte es unter uns kein »Heil Hitler« gegeben. Aber, so mußte ich mich jetzt fragen, wie war das nun in der Redaktion der »Kölnischen Zeitung« und insbesondere im Verkehr zwischen Redaktion und Setzerei? Ich war noch mit keinem Kollegen so vertraut, daß ich darüber sprechen konnte und sagte deshalb auf der Setzerei, um mich nicht von vornherein als Nazigegner zu dekouvrieren »Heil Hitler«, bis ich vorsichtig belehrt wurde, daß das im Verlag Neven auch in der Setzerei nicht üblich sei. Erst einige Wochen später erfuhr ich, daß ich von den Kollegen sehr genau beobachtet und deshalb auch in mancherlei Gespräche gezogen worden war, bis man heraus hatte, ob ich nun Nazi oder Antinazi sei.

Aber Kollege Rolf le Beau, der als Verwandter der Verlegerfamilie die Nachrichtenabteilung leitete und mehrmals mit mir unter vier Augen gesprochen hatte, übernahm schließlich für mich die Garantie. So erfuhr ich dann, daß es auf der Redaktion einen inneren Kreis gab, der sich sein vernünftiges Denken gegenüber der nationalsozialistischen Propaganda bewahrt hatte. Dieser Kreis kam, um sich sachlich zu informieren, jeden Tag nach der eigentlichen Redaktionskonferenz unter Leitung von Dr. Heinz Pettenberg unter sich zusammen. Orientierungsmöglichkeiten gab es für die Redaktion der »Kölnischen Zeitung« im Jahre 1941 noch in einer Fülle, die kein Außenstehender für möglich gehalten hätte. So bekamen wir täglich die »Neue Zürcher Zeitung« und die »Times«. Außerdem erhielten wir einen Sonderdienst mit allen Meldungen der ausländischen Sender. Wir erhielten das alles, um der »feindlichen Lügenpropaganda« entgegentreten zu können. Ich wüßte aber von keiner Gelegenheit, daß wir dieser unserer vom Propagandaministerium zugedachten Aufgabe echt nachgekommen wären. Vielmehr benutzten wir dieses Material zu unserer eigenen Unterrichtung. Außerdem hörte, allerdings verbotenerweise, der Leiter des Redaktionssekretariats, Franz Goeddert, die Morgenmeldungen des Londoner Rundfunks zu Hause ab.

Außer dieser Fülle von nichtnationalsozialistischem Informationsmaterial war mir auch neu die tägliche Redaktionskonferenz, an der jeden Morgen um zehn Uhr die gesamte Redaktion teilnahm. Ihr ging eine Vorkonferenz der Ressortleiter voraus, auf der Leitartikel und Glossen für die »Kölnische Zeitung« und für den »Stadt-Anzeiger« im Thema festgelegt und auf die Redaktionsmitglieder verteilt wurden. Bei der »Kölnischen Volkszeitung« hatten wir nur eine Konferenz im kleinen Kreis mit den drei Verlegern Stocky, Maus und Mönnig. Dagegen war es dort ungeschriebenes Gesetz, daß jeder Artikel, der geschrieben worden war, von einem Kollegen gegengelesen werden mußte. In der Eigenarbeit der Redaktion sollte ja nicht eine persönliche Meinung zum Ausdruck kommen, sondern die Meinung der Zeitung als solcher. Kein Leitartikel, keine Glosse erschien unter dem Namen des Verfassers. Sie waren vielmehr nur durch ein besonderes Zeichen gekennzeichnet.

In der »Kölnischen Zeitung« war es Sitte, als solches Zeichen die Anfangsbuchstaben des Verfassers zu nehmen. Hier allerdings mußte jedes Manuskript über den Tisch des Hauptschriftleiters gehen. Der Meinungsaustausch mit dem Verlag vollzog sich in der Breiten Straße ebenfalls nur durch den Hauptschriftleiter. Auf der Redaktionskonferenz war der Verlag nicht vertreten. Anstehende Fragen wurden kurz besprochen. Wer von einer Reise heimgekehrt war, mußte über seine Erfahrungen berichten. Nach kurzer Zeit wurde auch ich aufgefordert, mich an den Glossen für den »Stadt-Anzeiger« zu beteiligen, bis mich eines Mittags Kollege Blumrath anrief, ob ich damit einverstanden sei, daß meine Glosse auch in der »Kölnischen Zeitung« erscheine, weil sie ihm besser gefallen habe als die Arbeit des anderen Kollegen. Damit war ich zu den schreibenden Kollegen der »Kölnischen Zeitung« aufgerückt.

Eine Fülle wichtiger Informationen bezog die »Kölnische Zeitung« von ihren eigenen Berichterstattern im Ausland. Die Hauptstädte jener Länder, die feindliches Ausland geworden waren, hatten aufgegeben werden müssen. Aber in Rom, Lissabon, Stockholm, Tokio und Peking hatten wir noch eigene Berichterstatter, ganz zu schweigen von der Redaktion in Berlin, die für sich allein größer war als es die Zentralredaktion der »Kölnischen Volkszeitung« gewesen war, aus der ich kam. Im Laufe der Zeit verstummte plötzlich unsere Vertretung in Tokio. Nachfragen in Berlin ergaben, daß uns keine volle Aufklärung gegeben werden könne. Die Sache muß mit dem Spionagefall Richard Sorge zusammengehangen haben. Unser Berichterstatter in Peking konnte seine Telegramme der chinesischen Zensur wegen nur in englischer Sprache senden. Sie wurden von Dr. Hans Rörig, der vor dem Kriege Londoner Vertreter der »Kölnischen Zeitung« gewesen war, übersetzt. Nicht selten waren es bis zu zehn Seiten Telegrammformulare. Als Rörig dann in Urlaub ging und die Frage anstand, wer nun diese Arbeit übernehmen wolle, erklärte ich mich dazu bereit.

Wenn ich geahnt hätte, welche Fallen für einen Nichtorientierten in einem solchen Telegramm mit den internationalen Codewörtern für Satzzeichen steckten, hätte ich nicht so schnell ja gesagt. So stolperte ich dann auch schnell über das Wort Colon. Da dies Wort am Ende einer Aufzählung von Städtenamen stand, wälzte ich Atlanten, um herauszubekommen, wo Colon läge. Ich konnte aber einen solchen Ort nirgends finden und überging es deshalb. Dann kam die Schwierigkeit mit den Wörtern Bracket und Unbracket. Im Lexikon fand ich, daß Bracket Armleuchter heißen konnte. Das aber ergab überhaupt keinen Sinn. Und mit dem »Nichtarmleuchter« konnte ich noch weniger anfangen. Hier mußte ich einen ganzen Satz auslassen. Als Rörig dann zurückkam, erfuhr ich, daß Colon Strichpunkt (Semicolon) heiße und daß Bracket-Unbracket Klammer auf und Klammer zu bedeute. Als ich später nach der Versetzung Rörigs nach Bern ständig diese Telegramme zu übersetzen hatte, fertigte ich ein Verzeichnis dieser Fachausdrücke an, damit mein eventueller Vertreter nicht vor solchen Schwierigkeiten stände, wie ich sie zu Anfang erfahren hatte.

Die ausländischen Zeitungen wurden unserer Berliner Redaktion ausgeliefert. Sie kamen übrigens mit Luftpost über Lissabon auf dem Zeitungspostamt in Köln an und wurden von dort nach Berlin zur endgültigen Auslieferung an diejenigen gesandt, denen vom Reichspropagandaministerium die Erlaubnis zum Lesen dieser Zeitung gegeben war. Nachdem sie von der Berliner Redaktion gelesen waren, wurden sie von dieser im Brief verschlossen der Zentralredaktion in Köln zugesandt. Sie waren also immer einige Tage alt. Als im Fortschreiten des Krieges die deutsche Lage schwieriger wurde, blieb eines Tages die »Neue Zürcher Zeitung« aus. Blumrath fuhr deshalb nach Berlin und suchte zunächst Staatssekretär Dr. Ernst Freiherr von Weizsäcker vom Auswärtigen Amt auf. Doch konnte auch dieser uns nicht helfen. Auch ihm sei am gleichen Tage das Exemplar der »Neuen Zürcher Zeitung« entzogen worden, das ihm in seine Privatwohnung geliefert worden war. Er habe dagegen mit dem Bemerken protestiert, daß dadurch die Amtsgeschäfte nur erschwert würden. Bisher habe er diese Zeitung schon beim Frühstück lesen können und sei deshalb bereits unterrichtet gewesen, wenn er ins Amt fuhr. Jetzt könne er sie sich erst, wenn er im Amte sei, vorlegen lassen.

Auch beim Propagandaministerium hatte Blumrath kein Glück. Hier hieß es, da die »Neue Zürcher Zeitung« in deutscher Sprache erscheine, bestehe die Gefahr, daß auch Nichtredakteure, wie z. B. die Redaktionsboten, sie läsen, wenn sie einmal unverschlossen von Zimmer zu Zimmer ginge. Es müsse uns deshalb genügen, daß wir die »Times« bekämen, die immerhin englische Sprachkenntnisse erfordere. Allerdings kam dann auch der Augenblick, daß uns die »Times« ebenfalls entzogen wurde und wir nun überhaupt keine ausländischen Zeitungen mehr erhielten.

Von der Bevölkerung wurde damals an den Kiosken in Köln in zunehmendem Maße die »Brüsseler Zeitung« gekauft. Sie hatte größere Rechte als die »Kölnische Zeitung« und konnte manche Meldung bringen, die uns zu bringen untersagt war. Mehrfache Beschwerden darüber hatten keinen Erfolg. Wir verlangten gleiches Recht wie die »Brüsseler Zeitung« mit dem Hinweis, es setze in der Kölner Bevölkerung die Glaubwürdigkeit der »Kölnischen Zeitung« herab, wenn man beim Vergleich der »Brüsseler Zeitung« mit der »Kölnischen Zeitung« feststelle, daß gewisse von ihr gebrachte Meldungen in der »Kölnischen Zeitung« nicht zu finden seien. Uns wurde daraufhin erklärt, die »Brüsseler Zeitung« müsse bestimmte Meldungen bringen, damit sie in Belgien nicht unglaubwürdig werde, wo man trotz des strikten Verbotes allerorten englische Rundfunksendungen abhöre. Die wenigen Exemplare, die in Köln verkauft würden, müßten deshalb ertragen werden.

Um neue Informationsquellen zu erschließen, wurde Kollege Rörig als eine Art vorgeschobener Horchposten nach Bern entsandt. Aber so einfach, wie wir uns das mit einer Vertretung in Bern vorgestellt hatten, lief die Angelegenheit doch nicht. Rörig las in Bern Zeitungen aus aller Welt und hörte auch die englischen Sendungen der BBC ab. Als er nun zu einem Besuch nach Köln zurückkehrte, lag auch schon die Aufforderung der Gestapo an ihn vor, er möchte sofort einmal vorbeikommen. Dort wurde ihm eröffnet, es sei der Gestapo bekannt geworden, daß er in Bern ausländische Sender abhöre und das sei ihm als deutschem Staatsbürger verboten. Rörig fragte zurück, was er, der mit Zustimmung des Propagandaministeriums nach Bern gegangen sei, dort überhaupt solle, wenn er nicht einmal ausländische Sender abhören dürfe. Die Auseinandersetzung endete schließlich damit, daß er für seine Person die schriftliche Erlaubnis erhielt, in der Schweiz ausländische Sender zu hören[45]. Dieser Vorfall zeigte uns, wie sehr jeder, der im Ausland arbeitete, auch dort von der Gestapo überwacht wurde.

Viel harmloser war eine andere Erfahrung, die Rörig in den ersten Nächten seines Aufenthaltes in Bern gemacht hatte. Da sei er im Halbschlaf durch ein Geräusch geweckt worden, das ihn an Fliegeralarm erinnerte. Aber als er dann aus dem Bett gesprungen sei, habe er festgestellt, daß das Geräusch nur vom Hotellift herrührte, der in der Nähe seines Zimmers war. Ähnlich war es auch mir einmal im zweiten Kriegsjahr im Sauerland ergangen, als ich durch das Brüllen einer Kuh geweckt wurde und im Halbschlaf aus dem Bett sprang in der Annahme, es sei Fliegeralarm.

Der »Blaue Dienst« mit den Meldungen ausländischer Sender sollte, wie gesagt, der Gegenpropaganda dienen, war aber auch in gewissen Fällen in einer Art Eigenzensur für die Zeitung zu verwenden. Das heißt, wir mußten dann in eigener Verantwortung entscheiden, wieviel wir davon benutzen konnten und wie wir das Benutzte als »Gegenpropaganda« verpackten. Als wir meinten, bei der Churchill-Rede könne man doch zunächst den Inhalt wiedergeben und dann, durch ein Sternchen abgetrennt, in die Auseinandersetzung mit der Rede eintreten, wurde uns bedeutet, daß das nicht gehe. Vielmehr müßte die

---

[45] *Dazu vgl.* Hans Rörig, Riese und Zwerge werfen Schatten. Erinnerungen aus dreißigjähriger Tätigkeit für die »Kölnische Zeitung«, *in:* Der Journalist 13, 1963, *S. 390 ff.*

Auseinandersetzung völlig mit der Wiedergabe einzelner Sätze verkoppelt werden. Am liebsten wäre es also Goebbels gewesen, wenn eine Zeitung eine Rede Churchills folgendermaßen wiedergegeben hätte: »Der sattsam bekannte Whiskysäufer, den das englische Volk bald absetzen wird, hielt wieder einmal eine seiner Hetzreden, in der er, allen Tatsachen zuwider, sich nicht entblödete, zu behaupten, daß . . .« So konnte allerdings eine »Kölnische Zeitung« nicht verfahren. Wir waren es unseren Lesern schuldig, soviel wie möglich vom wirklichen Inhalt der Rede zu bringen.

Das zu tun und gleichzeitig in eine Auseinandersetzung mit der Rede zu treten, war für den Kollegen, der den Wortlaut der Rede, wie er im »Blauen Dienst« vorlag, zu bearbeiten hatte, eine Aufgabe, die fast der Quadratur des Kreises glich, wobei der betreffende Kollege noch stets das Fallbeil seiner Streichung von der Schriftleiterliste und des Verbotes der Zeitung im Nacken hatte. Doch hatten sich unsere Leser schnell an die von uns gehandhabte Behandlung gewöhnt. Sie legten das an, was im Untergrund das Dechiffriergitter genannt wurde, d. h. sie überlasen die Sätze mit den Auseinandersetzungen und lasen nur die Sätze, die den Inhalt einer solchen Rede wiedergaben.

Ich habe einmal meiner Frau unter Anwendung des Dechiffriergitters eine solche Churchill-Rede vorgelesen. Sie meinte, ich phantasierte, denn das, was ich vorlese, könne doch unmöglich in der Zeitung stehen. Es stand aber doch in der Zeitung, allerdings immer wieder durch andere Sätze, die ich beim Vorlesen ausgelassen hatte, unterbrochen. Nach einem solchen Tage griffen wir auf der Redaktion am nächsten Morgen als erstes nach der »Frankfurter Zeitung«, um zu sehen, wer nun von uns beiden den Vogel abgeschossen habe, d. h. in der unumgänglichen Verpackung das meiste aus einer solchen Rede zitiert habe. Das war damals ein Wettbewerb bester deutscher Journalistentradition, die sich trotz aller Drohungen im Dritten Reich zu behaupten wußte.

Obgleich ich im Jahre 1941 wegen meines Übertritts von dem einen zum anderen Verlag keinen Anspruch auf Urlaub hatte, bat ich im Herbst den Verlag der »Kölnischen Zeitung«, mir doch einige Tage Urlaub zu gestatten und mir anschließend eine Reise nach Berlin zu bewilligen, um auch die dortigen Kollegen, mit denen man immer wieder am Telefon zu sprechen hatte, persönlich kennenzulernen. Den Kurzurlaub verbrachte ich um die Wende vom Oktober zum November im Sauerland. Dort wurde ich von dem frühen Winter überrascht. Man konnte sich vorstellen, wie es im Innern Rußlands aussehen müsse, wo sich der deutsche Vormarsch nun festfahren würde, obgleich in Köln seit Wochen schon ein Mann herumlief, der von sich sagte, daß er den Auftrag habe, nach dem Durchbruch zum Kaspischen Meer dort Teeplantagen zu leiten.

Um Pfingsten herum hatte es in Köln noch angeblich gut orientierte Leute gegeben, die der Meinung waren, es gebe überhaupt keinen Krieg mit Rußland, sondern die Truppenverschiebungen nach dem Osten seien daraus zu erklären, daß wir infolge eines Geheimabkommens mit den Russen durch Südrußland nach Persien marschieren würden, um von dort den Krieg gegen England fortzusetzen. Angesichts dessen, was ich im Winter in Wien gesehen und gehört hatte und aufgrund dessen, was ich von meinem Schwager vor dem Blitzunternehmen nach Dänemark und Norwegen im April erfahren hatte, konnte ich über solche Erzählungen, die offensichtlich von der Partei ausgestreut wurden, nur lächeln. Auf meinen täglichen Fahrten von Essen nach Köln hatte ich gesehen, daß dauernd Wehrmachtszüge vom Westen nach dem Osten rollten und daß schließlich leere Lazarettzüge den Schluß dieser Truppenverschiebungen bildeten. Als ich das sah, wußte ich, daß nun jeden Tag der Angriff auf Rußland erfolgen würde.

Am 22. Juni 1941 erfolgte Hitlers Angriff gegen Rußland, zehn Tage später im Jahresablauf, als 1812 Napoleon die Memel überschritten hatte. Ich war an jenem Wochenende in Essen und mußte am Sonntagnachmittag in Köln zum Dienst auf der Redaktion zurück sein. Als der Beginn des russischen Feldzuges verkündet wurde, traf ich mich am Sonntagvormittag noch mit meinem Kollegen Jahn, der seinen Dienst in Frankfurt noch nicht aufgenommen hatte, in der Gruga. Wir stimmten darin überein, daß dies den Untergang Hitlers einläute. Allerdings schienen die großen Anfangserfolge der Wehrmacht, die ganz Deutschland in einen Siegestaumel versetzten, unseren Ansichten zu widersprechen. Als Hitler dann in der Schnelligkeit des Vormarsches sogar Napoleon zeitlich überrundete, kam die strikte Anordnung, keinerlei Vergleiche mit dem seinerzeitigen Vormarsch Napoleons anzustellen. Das solle bis zum Siege aufgehoben werden.

Doch dann kam die Wende. Zum erstenmal wollte es Hitler nicht gelingen, seinen Gegner durch einen Blitzkrieg zu bezwingen. Der Angriff auf Moskau konnte erst im November befohlen werden, während Napoleon bereits am 15. September in Moskau eingezogen war. Als sich die deutsche Wehrmacht auf die kürzeste Entfernung an Moskau herangearbeitet hatte, las ich in Tolstois »Krieg und Frieden« die Schilderung der damaligen Schlacht vor Moskau. Aber nun brach plötzlich schärfster Frost herein. Am 6. Dezember kam der deutsche Vormarsch infolge dieser Winterkälte und unter Shukows Gegenstoß kurz vor Moskau zum endgültigen Stehen.

Just in diesen Tagen sollten nun nach einer Rede des Reichspressechefs in der gesamten deutschen Presse Artikel erscheinen, daß dieser Krieg bereits gewonnen sei. Der tiefere Grund für diese angeordnete Pressekampagne war die Befürchtung der Nationalsozialisten, daß Japan infolge des Stoppens des deutschen Vormarsches vor Moskau mit seinem verabredeten Kriegseintritt zögern könnte. Die Anordnung, einen solchen Artikel zu veröffentlichen, rief nicht geringe Aufregung in der Redaktion hervor. Wir waren der Ansicht, daß dieser Krieg noch längst nicht gewonnen sei. Ja, daß es überhaupt zweifelhaft geworden war, ob er überhaupt noch gewonnen werden könne. Wie sollten wir da schreiben, er sei längst gewonnen?

Die Beratung bei Blumrath endete mit seiner Entscheidung, ich werde in dem Artikel den Reichspressechef zitieren und den Satz, daß dieser Krieg längst gewonnen sei, als seine Äußerung in Anführungszeichen setzen. Mit solchen Feinheiten mußte damals eine Redaktion arbeiten, die eingeklemmt war in dem Dreieck ihres Willens nach Objektivität, ihres Wunsches, die Zeitung am Leben zu erhalten und den strengen Anweisungen des Propagandaministeriums. Nur einen Tag später, am 7. Dezember, folgte der Überfall Japans auf Pearl Harbour, dem am 11. Dezember die Kriegserklärungen Deutschlands und Italiens an die Vereinigten Staaten folgten. Nun war der europäische Krieg zum Zweiten Weltkrieg geworden. Nun drohten auch neue Schwierigkeiten mit der nationalsozialistischen Propaganda.

Ein Jahr später, im November 1942, standen wir wieder vor solchen Schwierigkeiten. Mit dem Wunsche, man möge diese Artikel abdrucken, wurde vom Propagandaministerium eine Artikelserie an die Zeitungen versandt, des Inhalts, daß die Amerikaner nicht imstande sein würden, Truppen großen Umfanges nach Europa zu senden und hier die von Rußland zu seiner Entlastung geforderte zweite Front zu eröffnen. Es wiederholte sich in deutschen Kreisen derselbe Fehler wie im Ersten Weltkrieg. Dabei war auch die Bevölkerung weitgehend überzeugt, daß die Amerikaner angesichts des U-Boot-Krieges und des Atlantikwalles keine zweite Front im Westen aufbauen könnten. Bereits im Sommer hatte ich darüber beim Mittagessen in der schon schwer angeschlagenen Bürgergesellschaft ein Streitgespräch mit dem Domorganisten. Ich gab ihm recht, daß eine Landung in den kommenden Monaten nicht an der Atlantikküste erfolgen könne. Sie werde aber erfolgen, und zwar da, wo er es gar nicht vermute, nämlich in Marokko. Das schien meinem Gegenüber so unglaublich, daß er nur den Kopf schüttelte.

Da wir auf der Redaktion den Fehler des Ersten Weltkrieges, die amerikanischen Möglichkeiten zu unterschätzen, nicht mitmachen wollten, ließen wir die auch uns zugesandte Artikelserie zunächst auf sich beruhen. Dann aber wurde vom Gaupropagandaamt angefragt, weshalb wir die Artikel immer noch nicht gebracht hätten. Blumrath erwiderte, die »Kölnische Zeitung« sei es nicht gewohnt, Artikel zu veröffentlichen, die zugleich auch in allen anderen Zeitungen erschienen. Ihr Prinzip sei die Eigenarbeit. Die Antwort darauf war, daß wir dann gefälligst die zugesandten Artikel als Material zu einem Eigenartikel benutzen sollten. Nun mußte sich in der Tat ein Kollege daran begeben, einen eigenen Artikel zu schreiben und dabei wieder einmal die Quadratur des Kreises zu lösen zu versuchen, nämlich einerseits die Anordnung auszuführen und andererseits soweit wie möglich durchblicken zu lassen, daß man nicht von dieser Meinung überzeugt sei. Nur wenige Tage später kam der Paukenschlag: Amerikaner und Engländer waren in Marokko und Algerien gelandet.

Der Meldung von dieser Landung war ein bezeichnendes Zwischenspiel in der Unterrichtung der Redaktion vorausgegangen. So wurden wir davon unterrichtet, daß sich ein mächtiger Geleitzug alliierter Schiffe in Gibraltar versammelt habe und jetzt auslaufe. Es werde als sicher angenommen, daß dieser Geleitzug dazu bestimmt sei, Nachschub nach dem hart bedrängten Malta zu bringen, das kurz vor der Kapitulation stehe. Dieser Geleitzug würde aber im westlichen Mittelmeer von unseren Fliegerverbänden abgefangen werden. Die Redaktion möchte sich deshalb auf eine Sondermeldung über die Zerschlagung dieses Geleitzuges im Laufe des Nachmittags vorbereiten. An jenem Nachmittag und an jenem Abend verging Stunde um Stunde, ohne daß es eine Sondermeldung gab. Statt dessen kam am nächsten Tage die Meldung, daß es in Marokko und Algier zu Landungen der Alliierten gekommen sei. Vorausgegangen war Montgomerys Durchbruch bei El-Alamein, der das Afrika-Korps etappenweise nach Westen zurückdrängte. Gleichzeitig zeichnete sich an der Ostfront die Katastrophe von Stalingrad ab.

Mittlerweile hatte ich im Laufe des Jahres 1942 eine selbständige Arbeit in der Redaktion gefunden. Befreundete Kollegen hatten mir gesagt, wer aus der Nachrichtenabteilung herauswolle, müsse ein Arbeitsgebiet ausfindig machen, für das sich kein anderer Kollege interessiere. Indem ich nun meine Augen offenhielt, bemerkte ich, daß sich niemand so recht der Kriegsvorgänge im Stillen Ozean und in Südostasien annahm. In diese Lücke stieß ich nun vor. Zunächst machte ich mich mit den geographischen Verhältnissen bekannt, indem ich mehrfach das Geographische Institut der Universität aufsuchte. So wurde ich allmählich Sachverständiger für den japanischen Kriegsschauplatz in Südostasien und für den sogenannten Millimeterkrieg im Stillen Ozean. Pettenberg forderte mich auf, einige Artikel über »Ostasien vor 80 Jahren« für die von ihm redigierte Beilage zu schreiben unter Auswertung der Briefe des preußischen Sondergesandten Graf zu Eulenburg, der mit einem preußischen Flottendetachement Japan, China und Thailand in den sechziger Jahren des vergangenen Jahrhunderts besucht hatte[46]. Die Schilderung dieses historischen Ereignisses, von dem kaum noch jemand etwas wußte, war eine meiner angenehmsten Arbeiten in meiner journalistischen Laufbahn.

Mittlerweile hatten wir in der Nachrichtenabteilung auch eine Kollegin erhalten. Es war Thea Vienken, die mir bald zu verstehen gab, daß ihr Vater ein eifriger Leser der »Kölnischen Volkszeitung« gewesen sei und ich ihn unter Umständen von der Zentrumspartei her kennen müsse. Später gab sie mir auch ein Gedicht, das sie gefunden hatte und das ich sicherlich verwenden könne, wenn die »Kölnische Volkszeitung« wieder erscheine. Nach dem Kriege traf ich sie in der Düsseldorfer Staatskanzlei wieder, wo sie im Grenzlandreferat tätig war und später die Ordensangelegenheiten bearbeitete. Mit dem Übergang der Leser der »Kölnischen Volkszeitung« auf die »Kölnische Zeitung« fand auch Lisbeth Thoeren eine Stelle als Pauschalmitarbeiterin für »Stadt-Anzeiger« und »Köl-

[46] *Vgl.* Friedrich Albrecht Graf zu Eulenburg. Ostasien 1860–62 in Briefen, hrsg. von Philipp Graf zu Eulenburg-Hertefeld. Berlin 1900.

nische Zeitung«. Zuvor hatte mein früherer Osnabrücker Verleger Dr. Fromm brieflich bei mir angefragt, ob ich ihm nicht jemanden empfehlen könne, der auf die Neuerscheinungen in seinem Buchverlag achte, während er sich einer Kur unterziehe. Ich konnte ihm Fräulein Thoeren empfehlen, die im Sommer 1941 drei Monate in Osnabrück tätig war. Für diese Zeit stellte sie mir ihre Wohnung an der Andreaskirche zur Verfügung, so daß ich für diese Zeit nicht mehr täglich zwischen Essen und Köln hin- und herzufahren brauchte.

Für den Herbst hatte ich eine Wohnung für meine Familie im Hansaring 88 im dritten Stock gefunden, so daß nun wieder der Umzug von Essen nach Köln stattfinden konnte. Es war eine große geräumige Wohnung. In ihr haben wir bis Ende Oktober 1944 die vielen Luftangriffe überstanden, bei denen die Wohnung mehrfach schwer beschädigt wurde. Zweimal haben wir das Haus vor einem Brand gerettet, indem es uns gelang, Brandbomben zu löschen und beginnendes Feuer zu ersticken. Dagegen wurde das gleichgebaute Nebenhaus ein Opfer der Flammen. Schließlich kam die Zeit, da Winfried als Flakhelfer eingezogen wurde. Mehrere Tage vor einer Urlaubsreise nach Schlesien gab es noch einen furchtbaren Luftangriff, den Winfried bei uns im Keller mitmachte. Er konnte nur sagen, im Keller sei es ja viel furchtbarer als draußen beim Funkmeßgerät in der Batteriestellung. Noch in der Nacht entschlossen wir uns, daß ich meine Frau sofort nach Münster zu ihrer Mutter brächte, von wo sie mit dieser nach Leubusch in Schlesien weiterreisen solle. Winfried und ich würden dann nach Schlesien nachkommen.

Zunächst brachte ich also meine Frau nach Münster. Da wir wußten, daß nach dem Angriff der Nacht im Hauptbahnhof aller Verkehr ruhte, machten wir uns im Morgengrauen auf den Weg, um einen Vorortbahnhof zu erreichen. Bis nach Mülheim konnte uns Winfried begleiten. Beim Oberlandesgericht konnten wir einen Lastwagen anhalten, der nach Schlebusch fuhr, und dort fanden wir in der Tat einen Zug, der rechtsrheinisch an Köln vorbeigeleitet war. Abends erreichten wir Münster. Meine erste Sorge war die, ein Telegramm an die Redaktion aufzugeben, daß ich meine Frau nach Münster gebracht hätte und anderentags zurückkäme. Für die Kollegen war dieses Telegramm eine Erlösung. Denn im Laufe des Vormittags hatte Pettenberg unser Haus aufgesucht und inmitten der Zerstörung am Hansaring niemanden angetroffen. Norbert und Heidi waren damals in Hildesheim untergebracht. So hatte sich schon das Gerücht verbreitet, wir müßten irgendwie ums Leben gekommen sein.

Auch in der Breiten Straße war schließlich kein Arbeiten mehr. Mehrfach schon war die Redaktion in den Bautrakten des Verlagsgebäudes umgezogen, da immer wieder ein anderer Trakt hergerichtet und in Ordnung gebracht werden mußte. Aber nun war alles unbrauchbar geworden. Redaktion, Setzerei und Zeitungsdruck mußten nach Bonn ausweichen. In der Dechenstraße wurde ein Haus für die Redaktion angemietet. Die Zeitungsherstellung übernahm die Buch- und Zeitungsdruckerei Köllen, Rosental 7. Das bedeutete für unsere Umbruchredakteure immer eine Fahrt durch die halbe Stadt. Hier in Bonn war es auch, daß mich eines Tages Blumrath kommen ließ, um mir auseinanderzusetzen, daß unserem Sportredakteur Rudolf Elze, der die Kommentare zum Wehrmachtsbericht schreibe, die Vokabeln ausgegangen seien. Er bat mich, da ich ja schon den Krieg im Fernen Osten behandle, nunmehr auch die Kommentierung der Ereignisse auf den europäischen und afrikanischen Kriegsschauplätzen zu übernehmen. Er wisse, daß ich die Dinge nüchtern und sachlich betrachte. Unser Gespräch endete damit, daß ich diese schwierige Aufgabe übernahm, bei der mir klar war, daß ich dabei stets mit einem Bein im Konzentrationslager stand. Aber das war ja bei mir sowieso schon der Fall.

9. GEDANKEN ÜBER DIE GESTALTUNG DER NACHKRIEGSZEIT

Durch Winfrieds Flakhelferkameraden Werner Esser lernte ich dessen Vater, den Rechtsanwalt Esser, kennen, der später bei einem Luftangriff auf so tragische Weise mit seinen beiden Töchtern ums Leben kam. In seinem Hause wurde ich bekannt mit dem Provinzial der Dominikaner, Pater Laurentius Siemer. Dieser war aktives Mitglied einer Widerstandsbewegung, deren Zentrale in Berlin war und zu der in Berlin auch Rechtsanwalt Josef Wirmer gehörte. Nur der Treue seiner Oldenburger Landsleute, zu denen Pater Siemer nach dem 20. Juli 1944 geflüchtet war, verdankt dieser sein Leben[47]. Als uns später einmal im Düsseldorfer Landtag der für Hitler aufgenommene Film vom Volksgerichtshof mit der Verhandlung gegen die Generäle und gegen Wirmer vorgeführt wurde, saß Pater Siemer neben mir und flüsterte mir zu, daß dies auch der Prozeß gegen ihn hätte sein sollen.

Er erzählte mir dann, wie er zunächst im Kloster Vechta Zuflucht gesucht hatte. Dem Pförtner hatte er eingeschärft, wenn jemand käme, um nach ihm zu fragen, ihn sofort in seiner Klosterzelle anzurufen. So kam es auch eines Nachts. Männer in Zivilkleidern fragten nach Herrn Siemer. Der Pförtner sagte, da müsse er sich zunächst beim Prior erkundigen, ob hier überhaupt ein Herr Siemer wohne. Der Telefonanruf ging aber nicht an den Prior, sondern zu Pater Laurentius selbst, der nur antworten konnte, halten Sie die Leute draußen. Dadurch gelang es ihm, zum Hinterausgang des Klosters zu kommen und von dort, als er hörte, wie man durch die Vordertür eindrang, ins Freie zu flüchten. Dort habe er noch gehört, wie mehrfach hinter ihm hergerufen wurde; so wußte er nun bestimmt, daß es die Gestapo war. Früh morgens habe er an einem einsamen Gehöft, in dessen Stall schon Licht war, angeklopft. Zunächst habe sich der Bauer geweigert, die Tür zu öffnen, als er hörte, daß Pater Laurentius anklopfe. Das wollte er nicht glauben. Als der Bauer dann doch auf weiteres Bitten geöffnet habe, sei er sehr erstaunt gewesen, in der Tat den Pater Laurentius vor sich zu sehen. So konnte er sich auf dem Heuboden verkriechen. Da dieses Versteck aber nicht sicher genug war, mußte noch ein anderes gefunden werden. Es wurde auch gefunden. Von einem verabredeten Treffpunkt im Walde, wohin er in Zivilkleidern, begleitet von der Tochter des Bauern auf dem Fahrrad fuhr, und wo das Erkennungszeichen der Ruf eines Kauzes war, wurde er von vertrauenswürdigen Jugendlichen sicher zu diesem bleibenden Versteck geleitet.

Damals, im Jahre 1943, ging es zunächst um die zukünftige Lösung von Fragen zwischen Staat und Kirche. Wie auch der Kreisauer Kreis hielt es der Provinzial

---

[47] Dazu vgl. P. Laurentius Siemer O. P., Aufzeichnungen und Briefe. Frankfurt a. M. 2. Aufl. 1958, S. 132 ff.

der Dominikaner für angebracht, nach dem Ende der nationalsozialistischen Herrschaft zu einer christlichen Gemeinschaftsschule zu kommen, da der Glaubensschwund infolge des Nationalsozialismus so groß sei, daß er nur gemeinsam von beiden Kirchen überwunden werden könne. Als wir uns das letzte Mal vor unserem Wiedersehen im Sommer 1945 in Walberberg trafen, sagte er, ich muß jetzt eine Rundreise zu den Bischöfen machen, um sie für meine Gedanken zu gewinnen.

Während der Wochen, in denen die »Kölnische Zeitung« in Bonn redigiert und gedruckt werden mußte und ich täglich mit der Rheinufer-Bahn zwischen Köln und Bonn hin und her pendelte, traf ich in dieser Bahn nach langer Zeit erstmals wieder Johannes Albers. Wir kamen miteinander ins Gespräch, und vorsichtig suchte er zu erkunden, ob ich noch der Alte sei. Er konnte beruhigt sein, und er war es auch, als ich ihm erzählte, daß ich Gedanken und Zitate sammle, die man gebrauchen könne, wenn Hitlers Herrschaft vorbei sei. Er bat mich, ihm doch das Heft, in dem ich solche Lesefrüchte notierte, zu leihen. So schieden wir mit der Verabredung eines weiteren Treffens.

Wir trafen uns dann noch des öfteren. Dabei weihte er mich in den von Gewerkschaftlern getragenen Widerstandskreis ein, der ehemals freie und christliche Gewerkschaftler in sich vereinte und der Meinung sei, daß es später nicht wieder einen Gewerkschaftszwist geben dürfe, sondern das Ziel der Zukunft eine Einheitsgewerkschaft sein müsse. Dabei fielen Namen wie Jakob Kaiser und Wilhelm Leuschner. Auch erfuhr ich, daß sich Gewerkschaftler hin und wieder im rheinischen Raum träfen. Der Name Wilhelm Elfes blieb in meiner Erinnerung, während Karl Arnold mir erst nach dem Kriege ein Begriff wurde. Im Fortschreiten der Gespräche erklärte ich mich bereit, nach dem Tage X die Redaktion einer Zeitung in Köln zu übernehmen, die von der Arbeiterschaft getragen würde. Parallele Gespräche gab es mit Nikolaus Groß und, wenn er von Berlin herübergekommen war, auch mit Hauptmann Bernhard Letterhaus.

Zu Winterausgang 1944 kam Johannes Albers zu mir mit der Frage, ob ich nicht bei Bischof van der Velden von Aachen einen Termin für ihn und mich erbitten könne. Er kam zufällig an einem Tage, an dem die Redaktion vom Gaupresseamt den Auftrag erhalten hatte, über eine Bombe auf den Aachener Dom und somit über die Barbarei der englischen Flieger zu schreiben. Ich konnte daher auf der Redaktion ganz offen einen Brief an Bischof van der Velden diktieren (mit Durchschlag für die Chefredaktion und für den Verlag) mit der Bitte, mir anzugeben, wann ich ihn in den nächsten Tagen aufsuchen könne, um die „Greuel an heiliger Stätte" in Augenschein zu nehmen. Ich fügte hinzu, daß ich auch einen Freund mitbringen würde. Wenn die Gestapo diesen Brief gelesen haben sollte, dann konnte sie nur feststellen, wie prompt die »Kölnische Zeitung« arbeitete. Postwendend bekam ich aus Aachen Antwort, am Donnerstagvormittag ins Haus des Bischofs, Casinostraße, zu kommen. So fuhren Albers und ich am angegebenen Tag nach Aachen. Da wir noch Zeit hatten, bevor wir in der Casinostraße vorsprachen, nahmen wir den Weg vom Bahnhof zunächst ins Stadtinnere zum Elisenbrunnen und zum Dom, wo wir aber von außen außer zerbrochenen Chorfenstern keine Schäden feststellen konnten.

Der Bischof empfing uns mit den Worten: »Ihr kommt doch nicht wegen des Bömbchens.« Doch sei es gut gewesen, daß ich keine vertrauliche Anrede gewählt hätte, sondern mich der hochoffiziellen Adresse bedient hätte. Albers suchte in dem Gespräch zu erkunden, wieweit der ehemalige Direktor des Volksvereins auf den Gedanken eingehen werde, nach dem Tage X auf die Bildung einer deutschen Labourpartei hinzuwirken. Bischof van der Velden hatte allerdings einige Bedenken gegen einen solchen Plan. Er warf die Frage auf, ob die Sozialdemokraten wirklich so weit seien, vom alten Marxismus Abstand zu nehmen und auch christliches Gedankengut zu bejahen. Die Frage blieb also bei dieser ersten Zusammenkunft offen.

Erst später erfuhr ich, daß Albers noch das eine oder andere Mal bei Bischof van der Velden gewesen war und daß dieser sich bereit erklärt hatte, nach dem Tage X zur Aachener Bevölkerung auf dem Katschhof zu sprechen. Albers wie auch allen anderen führenden Männern der Widerstandsbewegung ging es im wesentlichen darum, Persönlichkeiten zu gewinnen, die nach dem Tage X Gewähr dafür boten, daß der Staatsstreich nicht im Nihilismus endete oder daß die Kommunisten die Macht an sich rissen.

Heute ist bekannt, daß der Kreisauer Kreis mit Nachdruck solche Ratschläge gegeben hatte. Wenn auch Albers keine direkten Beziehungen zum Kreisauer Kreis hatte, so gab es doch solche Beziehungen zwischen dem Kölner Kettelerhaus und dem Kreisauer Kreis. Dessen Name blieb mir allerdings verborgen. Aber Gedanken, die im Kreisauer Kreis erarbeitet worden waren, kamen über Letterhaus und Groß auch nach Köln. Als ich eines Tages Nikolaus Groß sagte, mir sei der Text der Enzyklika »Quadragesimo anno« abhanden gekommen, meinte er, der lasse sich besorgen. Nach einigen Wochen erhielt ich von ihm die Herder-Ausgabe mit lateinischem und deutschem Text, die über die Verbindungen mit dem Kreisauer Kreis besorgt worden sein mußte.

Nach dem Kriege konnte ich im Sommer 1945 mit dieser Ausgabe Bischof van der Velden aushelfen, der für die Fuldaer Bischofskonferenz den Text des ersten Hirtenbriefes der deutschen Bischöfe nach dem Kriege auszuarbeiten hatte und mir seinen Entwurf zur Durchsicht gab. Als ich ihn fragte, ob es denn nicht angebracht sei, das eine oder andere Zitat aus der Enzyklika in den gemeinsamen Hirtenbrief der Bischöfe hineinzunehmen, gestand er mir, daß er kein Exemplar zu Händen habe. Er bat mich deshalb, ihm Vorschläge zu machen, die ich ihm anderentags, zusammen mit meiner Herder-Ausgabe der Enzyklika, überreichte. Als ich dann einige Sonntage später hörte, wie das Hirtenschreiben in der Kirche verlesen wurde, konnte ich feststellen, daß die von mir vorgeschlagenen Formulierungen übernommen worden waren.

Doch das eilt den Ereignissen anderthalb Jahre voraus. Kehren wir noch einmal

zu dem Besuch in Aachen im ausgehenden Winter 1944 zurück. Damals konnte
ich nicht ahnen, daß ich später, nach dem Kriege und nach der Wiederherstellung
dieses Bischofshauses, noch oft, manchmal sogar jeden Samstagabend, Gast bei
Bischof van der Velden sein sollte. Aber etwas anderes ahnte ich auf der Rückfahrt. Bei Langerwehe bat ich Albers, doch einmal aus dem linken Fenster nach
Norden in die Ebene zu blicken, und sagte dann, hier werde noch in diesem
Jahr eine Panzerschlacht stattfinden. Albers fragte, ob ich spinne. Ich konnte
ihm nur erwidern: »Da sind wir beide nun überzeugt davon, daß der Krieg
verloren ist und jetzt können Sie sich nicht vorstellen, daß die Amerikaner in
diesem Sommer an der französischen Küste landen werden und, von dort her-
kommend, hier das Tor zum Rhein und über den Rhein aufsprengen werden.«[48]
Davon, daß ich nach dem Tage X die Redaktion einer neuen Zeitung in Köln
übernehmen würde, hatte ich meiner Frau Andeutungen gemacht. Nun erschrak
sie jedesmal, wenn es an unserer Wohnungstür schellte. Einmal mußte sie sogar
längere Zeit warten, ehe das Gespräch an der Wohnungstür beendet war. Gekommen war nämlich der Zellenwart, um den Beitrag für die NSV (Nationalsozialistische Volkswohlfahrt) abzuholen. Doch ging es ihm darum, auch ein
Gespräch mit einem Redakteur anzufangen, von dem er glaubte, daß er mehr
wisse als er selbst. In diesem Gespräch ließ er die Befürchtung einfließen, daß
der Krieg unter Umständen auch verlorengehen könne. Da ich nicht wußte, ob
das ehrlich gemeint war, oder ob ich ausgehorcht werden sollte, sprach ich ihm
gut zu, es werde, wie ich die Sache als Schriftleiter überblicken könne, schon alles
gutgehen. Ohne Maske ging es eben in dieser Zeit nicht!
Doch noch an ein anderes Gespräch aus jenen Tagen erinnere ich mich. Es war
ein guter Freund von mir, der mich besorgt fragte, ob denn überhaupt nichts
geschehe, ehe es zu spät sei. Es sei ja direkt zum Verzweifeln. Hier war ich un-
vorsichtig und sagte ihm, er könne ganz beruhigt sein, es werde etwas geschehen. Sehr erschrocken war ich dann, als ich hörte, er habe im Bekanntenkreis
davon gesprochen, daß, wie er wisse, etwas geschehen würde. Ich konnte ihn
nur dringend bitten, nun aber nichts mehr verlauten zu lassen, wenn wir nicht
alle verhaftet werden sollten.
Gegen Ende Mai verbrachte ich eine halbe Nacht mit Nikolaus Groß und Bernhard Letterhaus. Dieser war von Berlin gekommen, um seine Familie aus der
Wohnung im Kettelerhaus in den Westerwald umzuquartieren. In diesem Gespräch warf ich die Frage auf, ob auch genügend daran gedacht sei, daß keine
zweite Dolchstoßlegende aufkommen dürfe, wie es der Fall sein könnte, wenn
ein Anschlag fehlschlüge. Letterhaus meinte aber, es müsse in der nächsten Zeit
gehandelt werden, da die Generäle, die so oft geschwankt hätten, jetzt entschlos-

---

[48] *Am 31. Dezember 1962 übermittelte* Josef Hofmann *auf Wunsch von Leo Schwering – im
Zuge von dessen Materialsammlung für sein Buch* Frühgeschichte der CDU *(1963) – eine von
Schwering erbetene Aufzeichnung über diesen Besuch Hofmanns beim Bischof von Aachen sowie
über Unterredungen mit Letterhaus und Hamacher aus den Jahren 1944 und 1945.* Histori-
sches Archiv der Stadt Köln, *Bestand 1193/187, 342.*

sen seien. Dieses Zusammensein war das letzte Mal, daß ich mit Letterhaus sprach. Nach dem 20. Juli 1944 wurde er als einer der ersten verhaftet, da die Gestapo in der Bendlerstraße das Verzeichnis der in Aussicht genommenen Oberpräsidenten gefunden hatte und in diesem Verzeichnis der Name Bernhard Letterhaus als Oberpräsident der Rheinprovinz stand. In Plötzensee wurde Bernhard Letterhaus gehängt.

Zwischen diesem letzten Zusammensein mit Letterhaus und dem 20. Juli lag der 6. Juni 1944, der Tag der alliierten Invasion an der Küste der Normandie. Dazwischen lagen aber auch zwei mehrstündige Besprechungen[49] zwischen Albers und dem früheren Generalsekretär der Rheinischen Zentrumspartei, Wilhelm Hamacher[50].

Die Nacht zum 6. Juni war in Köln eine unruhige Nacht. Ohne daß Bomben fielen, wechselten ständig Vorwarnung, Hauptwarnung und Vorentwarnung miteinander ab, bis es schließlich im Warnfunk hieß, daß noch immer starke Verbände in die Küstengebiete einflögen, daß aber kaum damit zu rechnen sei, daß sie in das Hinterland vorstießen. So wurde schließlich Entwarnung gegeben. Als wir uns spät in der Nacht zum Schlafen niederlegten, sagte ich zu meiner Frau, ich hätte das Empfinden, daß die Invasion im Gange sei. Darauf deutete die unklare und verworrene Luftlage, aber ich wußte auch, daß, wenn man auf einer Karte die französischen Ortschaften und Bahnanlagen markierte, die in den letzten Wochen bombardiert worden waren, man einen Halbkreis erhielt, dessen Mittelpunkt die Normandieküste war. Außerdem waren nun die Alliierten auch in Rom eingezogen, so daß man damit rechnen mußte, daß auch von England aus ein Angriff erfolgen würde.

Damals hatte von einem inneren Kreis der Redaktion der »Kölnischen Zeitung« der Leiter des Redaktionssekretariates, Goeddert, den Auftrag, morgens die 9-Uhr-Sendung aus London abzuhören. Das war zwar verboten, aber Goeddert tat es. Am 6. Juni kam er gegen halb zehn in mein Zimmer mit der Nachricht, daß die Invasion begonnen habe. Zum Schluß der Londoner Sendung sei durchgegeben worden, daß nach einer Meldung vom DNB-Auslandsdienst die Invasion begonnen habe und daß diese deutsche Nachricht in London weder bestätigt noch dementiert werde. Als ich nach dem Kriege die BBC besichtigte, erzählte ich davon. Unser Führer gab mir zur Antwort, das sei für ihn höchst interessant, daß sich jemand an diese Sendung erinnere. Er selbst sei damals der Sprecher gewesen, und er habe gewußt, daß die Invasion begonnen habe. Er habe jeden Augenblick auf eine amtliche britische Meldung gewartet und schließlich, als er nur noch eine Minute zur Verfügung hatte, auf eigene Verantwortung die Meldung in der von mir erwähnten Form durchgegeben.

[49] *S. die vorige Anm. Über die Gespräche mit Albers, Hamacher, Letterhaus und P. Siemer hat* J. Hofmann *später berichtet:* Ende einer Legende. Geheime politische Vorgänge im Bergischen Land 1944/45, *in:* Auf der Suche nach dem Kurs. Zur Erinnerung an die Gründung der CDU im Rheinland vor 25 Jahren, hrsg. von Leo Schwering. Köln (1970), S. 12 ff.

[50] *An dieser Stelle im Manuskript die handschriftliche Eintragung:* noch einfügen.

Damals, im Juni 1944, hatte ich seit fast einem Jahr innerhalb der Redaktion der »Kölnischen Zeitung« die Aufgabe, die täglichen Kommentare zum Wehrmachtsbericht zu schreiben, auch hin und wieder einen Leitartikel zur Entwicklung der Lage an den Fronten. Diese meine Kommentare hatten, wie ich spürte, einige Beachtung unter den Lesern gefunden. Doch davon später.

Am Morgen des 6. Juni 1944 waren einige andere Kollegen in mein Zimmer gekommen, um zu fragen, ob es etwas Neues gäbe. Als sie den Bericht von Goeddert hörten, kamen wir miteinander in eine lebhafte Unterhaltung, die uns ganz vergessen ließ, nach der Uhr zu schauen. Da schellte mein Telefonapparat und der amtierende Hauptschriftleiter Blumrath fragte, wo ich denn stecke. Es sei bereits 9.45 Uhr vorbei, die Zeit, zu der täglich in seinem Zimmer die sogenannte Vorkonferenz der Ressortleiter begann, um festzulegen, welche Artikel zu schreiben seien. Keiner der übrigen Herren habe sich am Telefon gemeldet, was denn nun los sei. Ich konnte ihm nur sagen, die anderen Herren seien bei mir, und wir würden sofort zu ihm hinüberkommen. Ob denn nun die Vorkonferenz jetzt bei mir stattfinde, fragte er ziemlich indigniert bei unserem Eintreten. Ich erwiderte ihm, das sei durchaus nicht der Fall, aber angesichts der Tatsache, daß die Invasion begonnen habe, hätten wir die Uhr übersehen. Wir klärten ihn dann über die Londoner Meldung auf, beschlossen aber, davon in der anschließenden Redaktionskonferenz nichts zu sagen, da es sich um ein unerlaubtes Abhören gehandelt hatte.

So wurden in der Redaktionskonferenz Artikel verteilt, als ob es sich um einen normalen Tag handelte. Allerdings schloß Blumrath die Konferenz mit den Worten, sollte noch etwas Unerwartetes passieren, dann müsse natürlich umgeplant werden. Da ich wußte, daß umgeplant werden mußte, aber im Zweifel war, ob ein Klischee mit einer Karte der Normandie vorhanden war, ging ich zum Umbruchraum, wo sich der Schrank mit den Klischeevorräten befand. Wegen der Luftangriffe befanden sich damals Setzerei und Umbruch im Keller des Verlagsgebäudes. Während ich dort die Klischees durchging – ich fand nur ein einziges Klischee großen Maßstabes mit der gesamten französischen Nordküste – kam ein Setzer zu mir und meinte, ich suche doch sicherlich ein Klischee mit der Normandieküste. Als ich ihm erwiderte, ich sähe nur einmal nach, was an Klischees überhaupt vorhanden sei, lächelte er vielsagend. Daraus erkannte ich, daß schon einzelne Setzer Bescheid wußten.

Kurz nach elf Uhr wurde Blumrath vom Gaupresseamt angerufen, daß die Invasion begonnen habe, daß der Wehrmachtsbericht das mitteilen würde und daß die Redaktionen sich darauf einstellen sollten. Nun konnte ich noch einmal in den Keller gehen, diesmal aber öffentlich mitteilen, daß es für die Reichsausgabe, die ihren Umbruch um 14 Uhr begann, eine ganz neue Aufmachung geben werde, da die Invasion begonnen habe. Damit legte ich auch das Klischee mit der Karte der nordfranzösischen Küste bereit.

Über zwei Monate später, am 15. August, kam im Laufe des Vormittags Kollege Oskar Schmidt von der Handelsredaktion zu mir. Er sei bei den Herren von der Firma Otto Wolff gewesen, und diese hätten ihm gesagt, die Invasion in der Normandie, die damals schon zur Vernichtung der Masse der deutschen Panzer im Kessel von Falaise geführt hatte, sei noch gar nicht die eigentliche Invasion. Diese werde noch bei Calais erfolgen. Ich erwiderte ihm, er solle den Herren von Otto Wolff einen schönen Gruß bestellen, aber sie irrten sich gewaltig. Allerdings könne es meiner Schätzung nach jeden Augenblick noch eine andere Invasion geben, nur würde diese nicht bei Calais, sondern an der Riviera stattfinden. Just in diesem Augenblick kam einer der Stenografen vom Aufnahmeraum herein und holte mich mit den Worten, am Fernschreiber laufe eine wichtige Meldung an, zum Fernschreibraum.

Die Meldung, die anlief, besagte, daß des Morgens alliierte Streitkräfte beiderseits Cannes gelandet seien und daß der Wehrmachtsbericht Näheres enthalten werde. Als ich das meinem Kollegen sagte, eilte er zu Dr. Kurt Neven. Dieser suchte mich kurze Zeit darauf auf und fragte mich, ob ich nicht doch einen Draht zu Eisenhower habe. Ich konnte ihm nur lächelnd erwidern, daß das keineswegs der Fall sei. Aber bei meinen Überlegungen über den Kriegsfortgang stellte ich mir auch immer die Frage, welche Entscheidungen die alliierte Seite treffen würde. Nichts habe doch nähergelegen als der Plan, die deutschen Truppen in Frankreich in eine Zange zu nehmen, die sowohl vom Norden wie vom Süden zugriffe. Auch über den Vormarsch der Alliierten von der Normandie zur deutschen Westgrenze hätte ich mir schon Gedanken gemacht. So hätte ich in einem Buch für die deutsche Luftwaffe eine Karte gefunden mit den historischen Anmarschwegen Frankreichs gegen Deutschland. Ich sei überzeugt, daß auch diesmal die Alliierten diesen historischen Anmarschwegen folgen würden und demzufolge rechnete ich damit, daß die Amerikaner die Seine südlich von Paris überschreiten würden mit einer Stoßrichtung auf Aachen und weiteren Stoßrichtungen auf das Saargebiet und Trier.

Zwischen den beiden Invasionen im Juni und im August lag mein Urlaub, der mich mit meiner Frau und Norbert in die schlesische Heimat meiner Frau, wo sich auch die Mutter meiner Frau aus Münster befand, führen sollte. Als meine Urlaubsmeldung dem Verlag vorlag, kam Dr. Kurt Neven zu mir und sagte, diese meine Absicht nach Schlesien zu fahren erlaube es dem Verlag, etwas für mich zu tun, was sonst kaum möglich gewesen sei. Meine Arbeit werde sehr geschätzt, aber eine Gehaltserhöhung[51] sei wegen des Lohnstopps nicht möglich. Nun aber solle ich meine Urlaubsreise als Geschäftsreise liquidieren, und zwar mit der Begründung, sie diene dem Besuch der Kölner Evakuierten in Schlesien.

Der D-Zug, der meine Frau, Norbert und mich nach Schlesien brachte, fuhr nördlich des Harzes über Sachsen an Berlin vorbei. Heidi befand sich damals in der Obhut meiner Schwester im Niedersächsischen, Bernhard verbrachte die

---

[51] *Das Gehalt J. Hofmanns bei seinem Eintritt in die Redaktion der* KÖLNISCHEN ZEITUNG *1941 betrug 9 600,– RM pro Jahr (s. Anm. 42).*

Ferien im Schwarzwald bei Pfarrer Eberle, dem Sohne eines Schulkameraden meines Vaters. Ich hatte ihm gesagt, er müsse spätestens zurückkommen, wenn die Alliierten in Paris seien. Zunächst besuchten wir die Mutter meiner Frau in Leubusch bei Brieg, wo uns der 20. Juli überraschte. Dann fuhren wir aber doch noch nach Altpatschkau. Von dort machte ich einen Abstecher nach Neiße, um diese Stadt noch einmal zu sehen, während die Russen bereits in Galizien standen. In Neiße hatte Carl Driever, mit dem ich in den letzten Monaten häufig ins Gespräch gekommen war, einen Freund, einen westfälischen Rechtsanwalt, Terrahe aus Vreden, der dort als Staatsanwalt dienstverpflichtet war. Driever sagte mir, ich könne ihm durchaus trauen, und avisierte mich bei ihm.

So suchte ich Terrahe in Neiße auf. Er bedeckte sofort sein Telefon mit einem Kissen und bat mich an einen Tisch in der entferntesten Ecke seines Dienstzimmers. Im Laufe des Gespräches sagte er, er wundere sich über die zutreffenden Kommentare in der »Kölnischen Zeitung« zu den Wehrmachtsberichten. So etwas finde man in keiner anderen Zeitung, auch nicht in den Berliner Zeitungen[52]. Ich erwiderte ihm, da sei er am richtigen Mann, denn ich schriebe diese Kommentare. Ich setzte ihm dann auseinander, wie sie zustande kämen. Bei Widersprüchen zwischen deutschen Meldungen und alliierten Meldungen, die von mir verbotenerweise in englischen Sendungen aus London abgehört würden, überginge ich die Sache. Die einzelnen Sätze des Wehrmachtsberichtes notierte ich mir nach Kampfplätzen geordnet, auf getrennten Papieren, und so könne ich immer sagen, wann dieser Frontabschnitt das letzte Mal erwähnt gewesen sei. Orte, die im Wehrmachtsbericht genannt würden, suchte ich immer auf der Karte auf und könne deshalb schreiben, wie sie zueinander lägen, was meistens bedeute, daß die Ostfront wieder viele Kilometer weiter westlich zurückgenommen sei.

Aus seiner Tätigkeit berichtete mir Staatsanwalt Terrahe, daß er wegen der hohen Strafen, die er für straffällige polnische Zwangsarbeiter fordere, berüchtigt sei. In Wirklichkeit schone er damit aber nur diese Polen. Würden sie nämlich nur zu einigen Wochen Gefängnis verurteilt, dann würden sie bei der Entlassung am Gefängnistor von der SS in Empfang genommen und in ein Konzentrationslager gebracht. Solange sie im Gefängnis säßen, hätte aber die SS keine Macht über sie. So schütze er durch die von ihm beantragten hohen Gefängnisstrafen die Polen vor dem Konzentrationslager, und überdies seien ja doch vor Ablauf eines Jahres oder schon viel früher die Russen da.

In Altpatschkau beteiligte ich mich an nächtlichen Wachgängen rund um das

---

[52] *Dazu vgl. die Lebenserinnerungen des damaligen Redakteurs der* KÖLNISCHEN ZEITUNG, OTTO BRÜES, – *und immer sang die Lerche. Duisburg 1967, S. 264: J. Hofmann sei als Kenner von Taktik und Strategie manchem Generalstäbler überlegen gewesen; er sagte fast auf den Tag genau voraus, was an den Fronten geschehen werde, nicht zuletzt auch das Wie. In einem Artikel zum 60. Geburtstag Hofmanns am 1. Mai 1957 schrieb* MAX HORNDASCH *in der* AACHENER VOLKSZEITUNG: *Hofmanns Kommentare während der Kriegszeit über die militärische und militärpolitische Lage seien gekennzeichnet gewesen durch einen gleichsam divinatorischen Scharfsinn und durch die Fähigkeit, dem Leser zwischen den Zeilen die graue Wirklichkeit sichtbar zu machen.*

Dorf, um es vor marodierenden Zwangsarbeitern zu schützen, die bereits da und dort Überfälle verübten. Lange Zeit stand ich eines Nachmittags an der Straße nach Ottmachau, der sogenannten »langen Liebe« und stellte mir vor, wie in wenigen Wochen auf dieser Straße russische Panzer anrollen würden. Unseren Verwandten sagte ich, daß nach Möglichkeit einer beim Hofe bleiben müsse, um zu versuchen, zu retten was möglich sei. Auf der nächtlichen Rückfahrt war der Zug überbesetzt. In Breslau war der Bahnhof voller Menschen, die eine Gelegenheit suchten, nach Westen fahren zu können.

Vor der Abfahrt von Köln hatte ich mich bei Johannes Albers erkundigt, ob ich denn überhaupt fahren könne. In der ersten Augustwoche würde ich wieder zurück sein. Er meinte, wenn ich in der ersten Augustwoche zurück sein werde, könne ich noch ruhig fahren. Um so überraschter war ich dann am 20. Juli, als ich in Leubusch bei Brieg im Rundfunk von dem Attentatsversuch auf Hitler hörte. Zuerst wollte ich nicht daran glauben, daß die Meldung echt sei. Ich meinte, es müsse eine Finte der Nationalsozialisten sein, die vielleicht etwas von solchen Absichten erfahren hätten und diese durch die Vortäuschung eines Attentats zerschlagen wollten. Sehr schnell wurde mir aber klar, daß es doch das Attentat gewesen war und daß es nun fehlgeschlagen sei. Erst später erfuhr ich davon, daß man das Attentat zeitlich hätte vorverlegen müssen, da es schon Verhaftungen gegeben habe. In der Tat waren Julius Leber und Adolf Reichwein im Juli nach Gesprächen mit Kommunisten, unter denen sich ein Spitzel befunden hatte, verhaftet worden, so daß sich nun auch diejenigen, die sich bislang mit einem Attentat nicht befreunden konnten, das Attentat als letztmöglichen Ausweg ansahen. Voller Sorge kehrte ich nach Köln zurück. Das erste, das ich erfuhr, war die Verhaftung von Letterhaus unmittelbar nach dem 2. Juli. Auch Albers war nicht mehr anzutreffen. Auf der Ortskrankenkasse, wo er beschäftigt war, hatte er ein ärztliches Attest hinterlassen, er müsse sofort einen Erholungsurlaub in »waldreicher Umgebung« antreten. Eines Tages war er jedoch zurück. Er rief mich an, um einen Treffpunkt zu vereinbaren. Wir trafen uns im Menschengewühl der Ringstraße, während ein Vertrauter von Albers uns von hinten abschirmte. Dann kam eines Tages Kurt Neven von einer Reise von Berlin zurück. Er ließ mich kommen und sagte, man habe ihn gebeten, mir mitzuteilen, daß bei dem Geistlichen, der unser Redaktionsmitglied Dr. Franz Mariaux getraut habe, Haussuchung gewesen sei. Ich würde das schon verstehen. Ich verstand in der Tat sofort, bat Dr. Kurt Neven, weiter keine Fragen zu stellen und eilte ins Kettelerhaus zu Nikolaus Groß mit der Nachricht, daß in Berlin bei Hermann-Josef Schmitt Haussuchung gewesen sei. Er erschrak und meinte, dann werde es wohl Zeit, Papiere zu verbrennen, weil nun auch jeden Tag im Kettelerhaus Haussuchung sein könne. Dann war noch die Frage, wer Albers benachrichtigen solle. Das wollte Nikolaus Groß übernehmen. Als wir voneinander schieden, war es ein Abschied fürs Leben. Wenige Tage darauf wurde er verhaftet und schließlich in Plötzensee umgebracht.

Albers rief mich noch einmal an, ich möchte ihn doch an der gewohnten Stelle treffen. Aber nun gab es zwei solcher Stellen auf dem Ring. Ich muß an der falschen Stelle gewesen sein, jedenfalls traf ich ihn nicht mehr. Erst im Sommer 1945 traf ich ihn in Walberberg wieder, wo er mir einen Abend lang von seinen Schicksalen erzählte. Zur Hinrichtung war er von Moabit nach Plötzensee am Vorabend des Tages gebracht worden, an dem die Russen Plötzensee stürmten. Schon in der Nacht waren Granaten in das Gefängnis eingeschlagen. Im Morgengrauen setzten die Russen zum Sturm an. Dabei lief sein Bonner Gewerkschaftskollege Heinrich Körner in die falsche Richtung, und zwar direkt auf die SS zu, in deren Feuer er verblutete. Albers gehörte zu denen, die von den Russen freigesetzt wurden. Er machte sich sofort auf zum Dominikanerkloster in Moabit.

Alle Gefangenen hatten unter sich verabredet, daß, wer immer frei käme, zunächst zu den Dominikanern in Moabit gehen solle. Auf dem Wege dorthin wurde er aber von russischen Soldaten eingefangen und abends wieder, diesmal als russischer Gefangener, in Plötzensee eingeliefert. Da habe er aber aufbegehrt. Des Morgens sei er von den Russen aus diesem Gefängnis befreit worden und am Abend werde er als russischer Gefangener dort wieder eingeliefert! Man gab ihm zum zweitenmal die Freiheit. Doch nun stand Albers vor der Frage, wie er überhaupt nach dem Westen kommen könne. Er mußte sich zunächst durch das von den Russen besetzte Gebiet durchschleichen und dann noch einen Übergang über die Elbe finden. Es gelang ihm in der Tat, westliches Gebiet zu erreichen. Unterwegs hatte ihm ein Arzt geholfen, der ihm große Verbände anlegte, so daß er als »Verwundeter« weitergehen konnte.

Erst Jahre später erzählte er mir auch von den Folterungen, denen er bei seinen Vernehmungen ausgesetzt gewesen war. Zweimal sei er bis aufs Blut gepeitscht worden und dann seien jedesmal ein Blatt Papier und ein Bleistift hingelegt worden mit der Aufforderung, nun die Namen derer aufzuschreiben, mit denen er in Verbindung gestanden habe. Aber zweimal habe er nur die Namen derer aufgeschrieben, von denen er wußte, daß sie bereits hingerichtet waren. So danke auch ich mein Leben diesem seinem Mute.

Währenddessen drangen die Amerikaner durch Belgien vor und trieben als geschlagene Armee die deutschen Truppen vor sich her. Was sich an deutschen Besatzungsstreitkräften in Nordfrankreich und Belgien befunden hatte, strömte in wilder Flucht über Aachen nach Köln und ins Rechtsrheinische. So standen Kraftfahrzeuge mit Soldaten auch auf dem Hansaring vor unserer Wohnung. Anwohner brachten ihnen des Morgens Kaffee. Aber dann war es Generalfeldmarschall Gerd von Rundstedt gelungen, die Truppen wieder zusammenzubringen. Die Rheinbrücken wurden für alle Soldaten gesperrt, und auch unsere Soldaten auf dem Hansaring hatten einen Marschbefehl erhalten und waren ihm gefolgt. Die Amerikaner fanden deshalb keinen leeren Westwall vor, wie es uns ein Kollege, der PK-Mann war, prophezeit hatte, sondern sie stießen am 11. November an der Reichsgrenze wieder auf deutsche Linien.

Als aber in Köln bekannt wurde, daß die Amerikaner bei Roetgen den Westwall durchbrochen hätten, rechnete man damit, daß sie nun keinen Halt mehr einlegen und direkt auf Köln marschieren würden. Da wurde des Abends auf der Redaktion bei Pettenberg angerufen, ob nicht sofort einer der Herren der »Kölnischen Zeitung«, der englisch sprechen könne, zum Chef der Stadtverwaltung, dem damaligen Bürgermeister Eberhard Bönner, am Stadtwaldgürtel kommen könne. Er wolle, wie er mit Pettenburg verabredet hatte, die Stadt, die inzwischen linksrheinisch von allen Truppen geräumt sei, den Amerikanern übergeben.

Aber keiner der Kollegen, die perfekt Englisch sprachen, war noch da. So ging ich, der ich mir einige Brocken Englisch zutraute, zu Bürgermeister Bönner. Er sagte mir, daß die Amerikaner haltgemacht hätten. Es sei aber immer noch mit der Möglichkeit zu rechnen, daß sie im Schutz der Dunkelheit vorrücken würden. Wenn ich einen Bekannten hätte, der in der Nähe wohne, dann solle ich bei diesem die Nacht verbringen. Das war der Fall, denn ganz in der Nähe wohnte Bankarchivar Dr. Bernhard Hilgermann, mit dem ich eng befreundet war. So ging ich zunächst nach Haus, um meiner Frau Bescheid zu sagen und dann wieder hinaus zum Stadtwald zu Hilgermann, bei dem wir schon manchen Nachmittag verbracht hatten. Auch an jenem Nachmittag, an dem die Luftlandung in den Niederlanden stattfand, waren wir bei Hilgermanns. Dabei war unser Winfried zum erstenmal in die Kampflinie gekommen. Er erzählte uns später, sie seien in Wesel, wo er bei den Panzerschützen als Offiziersbewerber ausgebildet wurde, plötzlich alarmiert worden, es seien einige Gegner mit Fallschirmen abgesprungen, diese müßten gefangengenommen werden. Auf dem Anmarsch durch den Reichswald sei aber durchgekommen, es handele sich doch um größere Verbände, so daß sie kriegsmäßig vorgehen müßten, und am Morgen, als dann englische Panzer vor ihnen aufgetaucht seien, hätten sie erkannt, daß sie plötzlich vorderste Front waren.

In jener Nacht aber, die ich bei Hilgermanns verbracht hatte, kamen keine Amerikaner, sondern nun begann eine systematische Bombardierung Kölns. Später erfuhr ich übrigens, daß zwischen Pettenberg und Bönner noch mehr besprochen worden war als nur die Übergabe der Stadt. Sie hatten darüber hinaus zusammen mit dem Lokalredakteur Josef Fischer den Betrieb einer Druckerei vorgesehen und sich bereits für den Fall einer Auseinandersetzung mit der SS Revolver beschafft.

Allerdings gab es zunächst noch einige ruhige Tage. So konnten wir Winfried, als er im Reichswald abgelöst worden war, noch einmal in der Lembecker Heide besuchen, in die die Weseler Ausbildungsabteilung verlegt worden war. Einen angenehmen Nachmittag verbrachte ich auch bei meinem Kollegen Oskar Schmidt, der am Stadtrand hinter Hohenlind wohnte. Unter den Gästen befand sich auch Josef Brisch. Im Laufe des Gesprächs, in das hin und wieder der Geschützdonner von der Front drang, wunderte ich mich, daß Brisch, der am Landeswirtschaftsamt in Düsseldorf beschäftigt war, und ich weithin dieselbe Sprache sprachen, wenn wir auch in der Frage der humanistischen Bildung nicht ganz einer Meinung waren. Beim Fortgang sagte er mir, daß wir ja den gleichen Weg hätten und deshalb die gleiche Straßenbahn benutzen könnten. Erstaunt fragte ich, ob er denn wisse, wo ich wohne. Er antwortete, ich sei ihm gut bekannt. Mir müsse es genügen, wenn er sage, daß er im Kettelerhaus wohne.

Im Düsseldorfer Landeswirtschaftsamt war auch Karl Driever tätig, der in der Handelsredaktion der »Kölnischen Volkszeitung« bis 1933 gearbeitet hatte. Da er dann zur »Kölnischen Zeitung« gegangen war, hatte ich ihn während der Essener Zeit aus dem Auge verloren. Doch irgendwie kamen wir wieder zusammen, als nun ich an der »Kölnischen Zeitung« und er am Landeswirtschaftsamt tätig waren. Driever wohnte damals in Essen, und häufig bin ich zu Gesprächen mit ihm von Köln nach Essen gefahren, wo ich die Nacht bei ihm verbrachte. Da er aus einem westfälischen Dorf stammte, waren stets genügend Lebensmittel da. In den Gesprächen ging es um die Frage, was in der Nach-Hitler-Zeit zu geschehen habe. Wir sprachen über wirtschaftliche und soziale Fragen. In vielen Punkten waren wir uns einig. Nicht einig waren wir uns in der Frage, ob es, wie Driever meinte, notwendig würde, den Berufsnachwuchs staatlich zu lenken, um eine Arbeitslosigkeit wie nach dem ersten Kriege zu vermeiden.

Dringend forderte mich Driever mehrfach auf, Adenauer zu besuchen, um mit ihm zu sprechen. Er war nämlich überzeugt, daß Adenauer in der Nachkriegszeit einer der entscheidenden Männer sein werde. Ich konnte aber Driever nicht sagen, daß ich bereits in Verbindung mit Johannes Albers stehe. Andererseits wurde mir aber auch nicht klar, mit wem Driever sonst noch in Verbindung stand. In einem der letzten Gespräche, vielleicht war es sogar das letzte, sagte ich, wir müßten nun noch überlegen, was zu tun sei, wenn die Russen in Berlin ständen. Driever war ganz erschrocken und meinte, das könne doch nicht möglich sein. Ich erwiderte ihm, nun rechnen wir beide mit der vollen Niederlage Hitlers und wollen uns weigern, diese Folge der Niederlage in unsere Überlegungen einzubeziehen. »Ich habe«, fuhr ich fort, »auf der Karte nachgemessen, wieviel Kilometer die Russen durchschnittlich in einem Monat vorwärtskommen. Damit konnte ich mit dem Zirkel auf der Karte abstecken, wieviel Monate noch vergehen werden, bis sie in Berlin sind. Nach meinen Berechnungen werden sie März 1945 Berlin erreicht haben.« Damals hatte ich nicht mit dem Aufenthalt gerechnet, den sie später an der Oder einlegten. Aber der Unterschied machte nur einige Wochen aus.

10. EVAKUIERUNG DER REDAKTION
AUS DER KÖLNER TRÜMMERWÜSTE

Gegen Ende Oktober 1944 häuften sich die Luftangriffe. Am Vormittag griffen amerikanische Verbände und in der ersten Nachthälfte britische Verbände an. Wenn vormittags die Redaktionsarbeit durch einen Luftangriff unterbrochen wurde, suchte ich den Bunker neben dem Gestapogebäude am Appellhofplatz zu erreichen, den ich für sicherer hielt als die Keller im Verlagsgebäude. Des Abends gingen wir regelmäßig zum Tiefbunker unter dem Gebäude der Arbeitsfront neben der Hauptpost, um für die erste Hälfte der Nacht gesichert zu sein. Dort trafen wir auch regelmäßig den Kölner Stadtdechanten Prälat Dr. Robert Grosche[53]. Eines Abends hatte ich Norbert gebeten, eben noch schnell die paar hundert Meter zum Bahnhof zu laufen und dort einen Brief einzuwerfen. Unsere Besorgnis wurde immer größer, als er nicht wieder zu uns in den Bunker zurückkehrte. Schließlich sprachen wir gegen Mitternacht bei der Bahnpolizei im Hauptbahnhof vor und hörten zu unserem Schrecken, daß im Laufe des Abends im Bahnhof und um den Bahnhof herum eine Razzia gegen Hitlerjungen gewesen sei. Ein Stein fiel uns vom Herzen, als er gegen Morgen in die Wohnung zurückkehrte. Es war eine Fahndung nach Hitlerjungen gewesen, die zum Schanzen zwischen der Rur und Aachen eingezogen waren und sich dort verkrümelt hatten. Norbert konnte glücklicherweise nachweisen, daß er nicht eingezogen gewesen war. So ließ man ihn wieder laufen.

Schließlich war es soweit, daß in unserer Wohnung kaum noch ein Fenster heil war. Da hieß es plötzlich, das Haus Hansaring 88 müsse geräumt werden, da vor der Haustür ein Blindgänger läge. Wir zogen daraufhin zu Hilgermann. Aber nach einem weiteren Tage, den wir die meiste Zeit im Stadtwaldbunker verbrachten, kamen wir überein, in der Nacht Köln zu verlassen und die Familien ins Bergische zu bringen. Treffpunkt sollte abends der Tiefbunker unter der Arbeitsfront sein. Von dort zogen wir im Dunkel der Nacht, auch einen Kinderwagen mit Hilgermanns Jüngster schiebend, nach Kalk, um den ersten Morgenzug ins Bergische zu erreichen. So kamen wir in Rösrath bei Josef Arens an, der dort eine Ausweichwohnung gefunden hatte. Ich fuhr von dort nach Ründeroth weiter, um bei Gissinger nachzufragen, wo es eine Bleibe für meine Frau und zwei meiner Söhne, nämlich für Bernhard und Norbert, gäbe. Unsere Jüngste, Adelheid, war von meiner Schwester in einem Schwesternheim in Salzgitter untergebracht, wo auch Frau und Tochter von Ernst Schwering Zuflucht gefunden hatten. Ein Notquartier für die meinen fand sich zunächst auf der Höhe zwischen Ründeroth und Engelskirchen bei der Familie unseres amtierenden Hauptschriftleiters Blumrath.

[53] *Vgl.* ROBERT GROSCHE, Kölner Tagebuch 1944–1946, hrsg. von MARIA STEINHOFF. Köln 1969. *Dort ist unter dem 28. September 1944 ein Gespräch mit J. Hofmann erwähnt (S. 38).*

Später wurde ein Zimmer in Schnellenbach gefunden. Ich selbst aber mußte nach Köln zurückkehren.

In der Schriftleitung der »Kölnischen Zeitung« war inzwischen eine bedeutsame Änderung eingetreten. Mit der Räumung Belgiens war die »Brüsseler Zeitung« eingegangen. Deren Chefredakteur und dessen Stellvertreter, die Kollegen Dr. Heinrich Tötter und Rudolf Schmelzer, wurden von der Gauleitung der »Kölnischen Zeitung« aufgedrängt, da an eine Rückkehr des Chefredakteurs Dr. Schäfer, der höherer Richter beim Oberkommando Ost (Mitte) war, kaum mehr zu denken war. Nun mußte ich alles, was ich schrieb, den neuen Leitern der Redaktion vorlegen, und nicht selten fand ich, daß meinem Kommentar zum Wehrmachtsbericht ein aufmunternder Absatz vorangestellt war. Der sogenannte innere Kreis der Redaktion, der früher nach jeder Redaktionskonferenz unter der Leitung des Kollegen Pettenberg zusammengetreten war, mußte nun sehr vorsichtig werden.

Angesichts der dauernden Luftangriffe auf Köln hatte der Verlag nach einer Möglichkeit gesucht, die »Kölnische Zeitung« und insbesondere deren Reichsausgabe, die wegen der vielen Wehrmachtsabonnements die bei weitem auflagenstärkste Ausgabe der »Kölnischen Zeitung« war, ungestörter herausbringen zu können. Eine solche Möglichkeit wurde in Siegen gefunden. Als ich meine Familie im Bergischen untergebracht hatte, wurden Redaktion, Druck und Versand der »Kölnischen Zeitung« nach Siegen verlegt, und so kam auch ich zur Redaktion in Siegen. Diese arbeitete am Stadtrand in einer angemieteten Wirtschaft nahe bei einer Druckerei. Jenseits eines kleinen Tales befand sich unter dem ansteigenden Berg ein tiefer Stollen, der als Bunker ausgebaut war. Wir Kölner liefen bei jedem Alarm in diesen Stollen, während sich nur wenige Siegener darum kümmerten. Sie glaubten, ihre Stadt würde nicht angegriffen.

Bei meinem ersten Aufenthalt im Stollen erkundete ich diesen des näheren und kam schließlich tief im Berg an eine verschlossene Eisentür. Eine Frau, die davor saß, sagte mir, daß man diese Tür nicht öffnen könne. Dahinter lägen die Schätze des Kölner Wallraf-Richartz-Museums und der Aachener Domschatz. Am Tage darauf teilte unser für das Lokale verantwortlicher Kollege Julius Mella mit, er habe mit dem Oberbürgermeister von Siegen gesprochen und könne deshalb der Redaktion streng vertraulich mitteilen, daß im Siegener Stollen die Schätze der Kölner Museen und der Aachener Domschatz lägen. Ich konnte mir nicht verkneifen, dazu zu bemerken, daß ich das schon erfahren hätte, weil offenbar jeder Siegener das wüßte.

Mit Kollegen Friedrich Blume (Ressort Ausland) und Kollegen Fritz Hauenstein (Ressort Wirtschaft) wohnte ich in Niederschelden. Bei einem vertraulichen Abendgespräch kam heraus, daß nicht nur ich Verbindungen zu Widerstandskreisen gehabt hatte, sondern daß das gleiche auch bei Hauenstein der Fall gewesen war. Er war sogar jeden Monat zu Carl Goerdeler gefahren, um wirtschaftliche Fragen mit ihm zu besprechen. Da hatten wir nun die ganze Zeit in der gleichen Schriftleitung nebeneinander gearbeitet und keine Ahnung davon gehabt, daß wir beide in Widerstandskreisen gestanden hatten. Hätte es diese gegenseitige Abschirmung nicht gegeben, dann wäre sicherlich die Zahl der Opfer des 20. Juli noch viel größer gewesen.

Hier in Siegen war es auch, daß wir am 16. November 1944 in einem Ferngespräch mit den Kollegen in der Kölner Redaktion erfuhren, es sei in Köln Fliegeralarm, aber der Angriff richte sich offenbar auf Düren. In der Tat gingen in dieser Stunde Düren, Jülich und Heinsberg unter. Die erste Schilderung über die Schreckensstunden von Düren erhielt ich an einem Samstag, an dem ich die Wochenendfahrt zu meiner Familie in Olpe oder in Waldbröhl unterbrach, um auf den Anschluß nach Ründeroth zu warten. Ich benutzte an diesem Samstag einen solchen Aufenthalt, um einen Friseur aufzusuchen. Während ich wartete, dranzukommen, begann ein anderer Kunde mit der Erzählung grauenvoller Einzelheiten vom Untergang Dürens.

Und noch eine andere Nachricht erfuhr ich bei einem dieser Aufenthalte. Diesmal war es, wie ich mich sehr genau erinnere, in Waldbröl. In dem Restaurant, in dem ich ein karges Mittagessen einnahm, war ein Offizier direkt von der Front erschienen, der nun mit lauter Stimme verkündete, daß die große Wende des Krieges eingetreten sei. An diesem Morgen (16. Dezember 1944) habe die deutsche Ardennenoffensive begonnen, die die Amerikaner ins Meer zurückwerfen werde. Auch Kollege Tötter war in den nächsten Tagen von einer solchen Hoffnung erfüllt. Er schrieb allen Kollegen der früheren »Brüsseler Zeitung«, sie möchten sich, sobald er das Stichwort gäbe, in Brüssel versammeln, um die Zeitung erneut herauszugeben.

Den Rückweg von Ründeroth nach Siegen legte ich meistens in einem Lastauto der Wehrmacht zurück, das für das Ründerother Depot am Montagmorgen Lebensmittel vom Hauptdepot in Siegen zu holen hatte. Schon um drei Uhr morgens mußte ich aufstehen, um um vier Uhr beim Wehrmachtsdepot in der Ründerother Geschäftsbücherfabrik zu sein, von wo es dann über Olpe nach Siegen im Lastkraftwagen ging. Allerdings erhielt ich vor der Abfahrt meistens noch ein gutes Frühstück.

In dieser Siegener Zeit gab es noch einen weiteren Wechsel in der Schriftleitung. Der Leiter des Feuilletonteils, Dr. Gerhard Hering, war freiwillig aus Krankheitsgründen ausgeschieden. Es drohte ihm nämlich seine Zwangsabsetzung, weil er in seinen Theaterkritiken des öfteren nicht gerade gnädig mit der Frau des Intendanten umgegangen war. Ebenso war auch sein gleichgeordneter Kollege Dr. Ernst Johann ausgeschieden. Beide hatten zuvor noch gegen ihre Überzeugung Zwangsartikel schreiben müssen. An ihrer Stelle kam unter Freistellung von der Wehrmacht als Feuilletonredakteur Otto Brües. Mit ihm, der zunächst noch Uniform trug, kam ich des öfteren ins Gespräch. Er glaubte anfangs noch immer an die große Wende im Krieg und vor allem an die geheime Wunderwaffe. Behutsam konnte ich ihn überzeugen, daß das doch eine Wunschvorstellung sei, die nicht mehr in Erfüllung gehe. Als Brües vor der Frage stand, ob er noch einmal seine Familie in Bayern aufsuchen solle, riet ich ihm, unter allen Umständen zu fahren und möglichst nicht mehr zurückzukommen. Er hat diesen Rat befolgt[54].

Damals fuhr jede Woche ein Kurier des Verlages nach Berlin, wo die »Kölnische Illustrierte« gedruckt wurde, um die Adremaplatten zum dortigen Versand zu bringen. Da ich Berlin noch einmal sehen und auf der Rückreise auch meine Tochter in Salzgitter besuchen wollte, bat ich darum, einmal diese Kurierfahrt machen zu können. Sie wurde mir vom Verlag genehmigt. Mit einem halben Laib Brot im Handgepäck machte ich mich auf die Fahrt. Sie führte zunächst im Personenzug über Laasphe nach Marburg. Hier hoffte ich, einen der Frankfurter D-Züge finden zu können. Zu meiner Überraschung erfuhr ich, daß durch Marburg keine D-Züge kämen, da die Strecke durch Tiefflieger unterbrochen sei. Man riet mir, mit dem nächsten Personenzug nach Treysa zu fahren und dort Anschluß nach Bebra zu suchen. Dort werde es D-Züge geben. Als ich endlich Bebra erreicht hatte, hieß es, es sei völlig ungewiß, wann ein D-Zug durchkomme, und zudem sei jeder D-Zug völlig überfüllt. Ich solle am besten mit einem Personenzug nach Erfurt weiterfahren, um dort einen D-Zug zu erwischen. Auch dort gab es keinen fahrplanmäßigen D-Zug, und so nahm ich wieder einen Personenzug nach Leipzig. Während des Halts in Weimar, es kann auch Gotha gewesen sein, hörte ich aus dem Lautsprecher, daß in wenigen Minuten auf dem Bahnsteig nebenan ein Wehrmachtszug mit Zivilabteil nach Berlin einlaufen werde.

Es gelang mir, diesen Zug zu erreichen. Das Zivilabteil war sogar fast leer. So hatte ich endlich, nachdem ich schon mehr als einen vollen Tag in Personenzügen einem D-Zug ständig nachgefahren war, einen Zug, der mich nach Berlin brachte, wenn es auch nicht immer die direkte Strecke war, sondern auch einmal Umwege über Nebenstrecken genommen werden mußten. Im Abteil gab es noch ein Gespräch darüber, wann der Krieg zu Ende gehen werde. Ich sagte im Frühjahr, mein Gegenüber meinte, Kriege gingen nur im Herbst zu Ende. Darauf konnte ich ihm erwidern, daß ich dieser Frage anhand von Geschichtstabellen nachgegangen sei und entdeckt hätte, daß die Hälfte aller Kriege im Frühjahr und die andere Hälfte im Herbst zu Ende gegangen seien. Diesmal aber glaubte ich an das Frühjahr. Nach einer Fahrt von insgesamt 36 Stunden kam ich endlich in Berlin an und konnte im Zeitungsviertel bei Scherl mein Paket mit den Adremaplatten abgeben.

Während meines kurzen Aufenthalts in Berlin besuchte ich auch Theodor Hüpgens, der Intendant des Breslauer Senders bis 1933 gewesen war und nach dem Kriege Chefredakteur von »Mann in der Zeit« wurde. Er wohnte in einer halbzerstörten Wohnung. Von anderen Bekannten, die ich aufsuchte, erfuhr ich zu meinem Glück, daß die Nacht-D-Züge vom Potsdamer Bahnhof nicht zur fahr-

---

[54] *Darüber berichtet* O. Brües *in den in Anm. 52 zitierten Lebenserinnerungen.*

planmäßigen Zeit, sondern bereits einige Stunden früher wegen der Gefahr von Luftangriffen abführen. Außerhalb Berlins würden sie dann halten und sich in den Fahrplan einfädeln. So beraten, kam ich glücklich wieder aus Berlin heraus. Allerdings gab es in der Umgebung von Kassel noch einmal große Verspätungen, so daß ich nicht nachmittags, sondern erst spät in der Nacht in Salzgitter ankam. Als ich am Schwesternheim klingelte, wurde die Tür nicht mehr geöffnet. Ich mußte zum Bahnhof zurück, der damals noch eine Bretterbude war, und mich, um etwas auszuruhen, auf eine Holzbank legen. Im Morgendämmern klingelte ich zum zweitenmal am Schwesternheim. Diesmal wurde geöffnet, und die Freude war groß, als ich meine Tochter in die Arme schließen und mit ihr den Tag bis zur Abfahrt am Abend verbringen konnte.

Am Samstag, dem 18. Dezember 1944, wollte ich von Siegen wieder nach Ründeroth fahren. Ich überlegte mir, was ich mitnehmen solle, einige Bücher oder eine Steppdecke. Ich entschied mich für die Steppdecke. Am Bahnhof angekommen sah ich, daß es noch 20 Minuten bis zur Abfahrt des Zuges waren. Mir war irgendwie unheimlich zumute, als wenn jeden Augenblick ein Luftangriff kommen könne. Ich ging deshalb nicht in den Bahnhof, sondern stellte mich an den Eingang des Tiefbunkers vor dem Bahnhof, um erforderlichenfalls sofort hinuntergehen zu können. Erst im letzten Augenblick lief ich zum Bahnhof und zum Zug hinüber. In Betzdorf mußte ich umsteigen, und da ertönten auch schon die Sirenen. Hier gab es keinen anderen Platz als die Unterführung unter den Bahnsteigen. Große Geschwader hörte man über uns dahinbrummen. Aber es fielen in Betzdorf keine Bomben. Es war die Vernichtung von Siegen, wie ich dann des Abends in Ründeroth hörte, nachdem ich noch einmal wegen eines Tieffliegerangriffs aus dem Zug hatte herausspringen müssen. Im letzten Augenblick war ich diesem Bombardement Siegens entgangen, bei dem auch unsere Siegener Redaktion und damit meine Bücher in Schutt und Asche aufgingen.

Am darauffolgenden Montagmorgen suchte ich mit dem Zug nach Siegen zu kommen. Die Fahrt endete einige Stationen vor Siegen. Aber vor dem Bahnhof fand ich einen Lastkraftwagen, der Hitlerjugend zu Aufräumungsarbeiten nach Siegen brachte. Ich wurde mitgenommen. Angesichts der Trümmer und der noch schwelenden Brände war Siegen nicht wiederzuerkennen. Aber allmählich fand sich die Redaktion zusammen. Einigen war es am Samstagmittag noch gelungen, den Stollen zu erreichen. Andere hatten im Freien auf der Erde gelegen, da sie auf dem Wege zum Stollen von den Bomben überrascht wurden. Nun wurde uns verkündet, daß die Arbeit wieder in Köln fortgesetzt werde, daß aber diejenigen, die in Siegen gearbeitet hätten, Urlaub bis zum 2. Januar hätten. So konnte ich Weihnachten und Neujahr mit meiner Familie in Schnellenbach verbringen. Am Heiligen Abend wurden wir Zeuge eines Luftangriffs in der Ferne auf Köln.

Am 2. Januar 1945 war ich wieder in Köln. Unsere Wohnung war so arg mitgenommen, daß ich als Strohwitwer dort nicht mehr hausen konnte. Auch anderen Kollegen war das gleiche Schicksal widerfahren. So konnten wir auf

Kriegsschädenkonto Zimmer im Hotel »Excelsior« beziehen. Die Arbeit nahm ihren Fortgang. Jetzt kam auch Tötter mehr mit mir ins Gespräch. Eines Tages gab er mir Schweizer Zeitungen über das Ende der Rundstedt-Offensive, die er von der Gauleitung erhalten hatte. Es sei doch vieles anders gewesen, als es deutscherseits dargestellt gewesen sei, meinte er. Die Wochenenden über fuhr ich meistens von Deutz mit dem Zug nach Ründeroth. Einmal mußten wir in Overath aussteigen und zehn Kilometer zu Fuß gehen, da die Strecke bombardiert war. Dabei hatte ich unsere Wringmaschine zu schleppen. In diesen Wochen fuhren auch Bernhard und Norbert jeden Morgen mit dem ersten Zuge von Ründeroth nach Köln, um sich im Keller unserer Wohnung mit dem Rundfunkapparat und vor allem mit Büchern zu bepacken und dann bereits kurz nach vier Uhr wieder von Köln nach Ründeroth zurückzufahren.

In Köln wurde es immer dunkler. Schließlich legten auch die Kellner im »Excelsior« ihren Frack ab und bedienten im Straßenanzug. Bei Stromausfällen gab es Kerzen. Dann saßen wir im engsten Kreis zusammen und ließen uns beim Kerzenschein DNB-Berichte über Paris vor, wo es in den Restaurants statt elektrischem Licht nur noch Kerzen gäbe und wo es, da nicht geheizt werden könnte, kalt sei. Wir fragten uns, weshalb man solche Berichte nicht aus Köln datiere.

Schmelzer schrieb in diesen Tagen eine Artikelserie »Brennende Städte des Westens«, die nicht nur in der »Kölnischen Zeitung« erschien, sondern auch als PK-Bericht bis nach Ostdeutschland ging. Wegen dieser Artikel kam es zu einer Auseinandersetzung mit dem Reichspropagandaministerium[55].

Mittlerweile war auch die Redaktion der Setzerei und dem Umbruch in die Keller des Verlagsgebäudes gefolgt. Abends kamen PK-Berichter von der Front, um auf dem Fernschreiber ihre Berichte nach Berlin durchzugeben. Mit der Zeit wurde auch die Zahl derer immer größer, die in den Kellern übernachteten. Das waren Setzer, die bei ihren Setzmaschinen schliefen, das waren aber auch Mitglieder der Redaktion, die sich ihr Nachtlager auf ihren Schreibtischen bereiteten. Meistens fuhr ich am Samstagvormittag nach Ründeroth, aber wenn mir das wegen der Einteilung der redaktionellen Arbeit nicht gelang, mußte ich den Abendzug nehmen. Auf dem nächtlichen Wege von Ründeroth nach Schnellenbach sah ich einmal, wie eine V 2 von den Höhen des Oberbergischen Landes aufstieg, einen gewaltigen Feuerschweif hinter sich herziehend. Samstags abends fuhr auch Lisbeth Thoeren mit hinaus nach Ründeroth, wo sie das Wochenende bei Gissingers verbrachte. Einmal trafen wir dabei auch Tötter, der wegen der Entwicklung der Kriegslage immer skeptischer wurde und sich nicht über die Gespräche aufregte, die ringsherum im halbdunklen Abteil geführt wurden.

Im Fortschreiten der Zeit war es mir nicht immer möglich, am Montagmorgen mit dem Zug bis zum Kölner Hauptbahnhof zu kommen. Dann mußte ich früher aussteigen und versuchen, zu Fuß eine Endstation der Kölner Straßenbahn

---

[55] *An dieser Stelle folgt im Manuskript der Hinweis:* Einzelheiten aus Korrespondenz heraussuchen.

zu erreichen. So kam ich einmal, auf der verschneiten Autobahn marschierend, nach Köln. Dabei kam mir ein Motorradfahrer entgegen mit der Frage, wie weit es noch bis zur Front sei. Er meinte damit den amerikanischen Brückenkopf von Remagen. Ich konnte ihm nur sagen, er solle auf der verschneiten Autobahn weiterfahren, bis er auf seine Kameraden stoßen würde. In solchen Fällen machte ich Station bei Herbold, im rechtsrheinischen Köln. Herbold war der Direktor des Klingelpütz, was ein Glück für alle Gefangenen war, da er selbst sich dem Nationalsozialismus gegenüber ablehnend verhielt und deshalb besondere Sorge den politischen Häftlingen zuwandte. Bei Herbold war ich auch an jenem Abend, als im Londoner Rundfunk das Ergebnis der Konferenz von Jalta (11. Februar 1945) mitgeteilt wurde.

Hin und wieder ging ich auch nach Müngersdorf, um Maria Kruse zu besuchen. An der Kreuzung der Militärringstraße mit der Aachener Straße stand ein Schutzmann, der alle Kraftwagen anhielt und die Wagenführer bat, wartende Menschen mitzunehmen. Laut verkündete er dann: Nach Köln-Innenstadt Bahnsteig 1; zur Front Bahnsteig 2, nach Bonn–Frankfurt Bahnsteig 3, nach Neuß–Düsseldorf Bahnsteig 4. Über den Rhein gab es nur noch zwei Brücken, nämlich die Hohenzollernbrücke und die Deutzer Brücke. Beide hatten schon große Löcher in der Fahrbahn, durch die man auf die gurgelnden Wasser des Rheins hinunterblicken konnte. Man mußte befürchten, daß auch diese beiden Brücken jeden Augenblick einstürzen könnten.

Am 23. Februar 1945 flammte der Krieg wieder auf. Die Amerikaner setzten zu ihrem großen Sprung ins Innere Deutschlands an. In Düren, Jülich und Linnich erzwangen sie den Übergang über die Rur. In Köln erwartete man, wie ich auch von Tötter hörte, daß der Hauptstoß auf Köln erfolgen würde. Mehrmals setzte ich Tötter auseinander, daß meiner Ansicht nach der Hauptstoß nicht auf Köln gerichtet sei, sondern dieser in Richtung Nordosten auf einen Rheinübergang gemeinsam mit den Engländern nördlich von Düsseldorf ziele. Ich muß mit meinen Darlegungen auf Tötter solchen Eindruck gemacht haben, daß er mir eines Tages sagte, er habe meine Voraussagen dem Gauleiter und Generalfeldmarschall Model vorgetragen. Doch in Wirklichkeit hatten die Amerikaner einen noch viel größeren Kessel geplant, als ich erwartete. Daß dieser Kessel das ganze Ruhrgebiet bis zum Sauerland einschließen würde, hatte ich mir nicht vorgestellt.

Selbstverständlich war ein amerikanisches Korps auch auf Köln angesetzt. Nachdem es die Linie des Neffelbaches bei Nörvenich und schließlich die letzte deutsche Widerstandslinie auf den Höhen des Vorgebirges überwunden hatte, näherten sich seine Spitzen den westlichen Vororten von Köln. Nun stellte auch die Straßenbahn, die immer noch bis Benzelrath gefahren war, ihren Betrieb auf dieser Linie, die ja direkt zur Front führte, ein. Am 28. Februar erfuhr man beim Abendessen, daß soeben die Deutzer Brücke mitten im vollen Verkehr eingestürzt sei. Zusammen mit Franz Berger machte ich mich auf den Weg. Als

wir am Stapelhaus angekommen waren und sahen, daß nur noch die Brückenpfeiler standen, von denen gerade die letzten Rettungsboote ablegten, gab es
plötzlich auf dem einen der Brückenpfeiler eine Explosion. Es war der Einschlag
einer amerikanischen Granate.

Damit hatte nun auch die Artilleriebeschießung Kölns begonnen. Wir blieben
noch eine Weile und sagten uns, wenn die Amerikaner am anderen Morgen
durch Luftaufklärung feststellten, daß die Deutzer Brücke verschwunden sei,
dann würden sie meinen, ihre Granaten hätten sie zum Einsturz gebracht. Dabei
war es in Wirklichkeit die Belastung gewesen, der die durch Bomben schwer
angeschlagene Brücke im Zeitpunkt des abendlichen Auszugs aus Köln nicht
mehr gewachsen war. Niemals wird wohl festgestellt worden sein, wie viele
Menschen in diesen Minuten ertrunken sind, als sie zu Fuß oder im Auto über
die Brücke zu ihren Schlafstätten im Rechtsrheinischen hasteten. Zwei unserer
Kollegen waren ganz nahe an der Brücke bei ihrem Einsturz gewesen. Der eine
hatte gerade die Brücke in Richtung Deutz passiert, der andere war noch auf
dem Heumarkt, als er ein Getöse vernahm, wie wenn ein Bombenteppich nie-
derginge. Instinktiv hatte er sich hingeworfen.

Mit Berger ging ich vorsichtig zum Hotel zurück. Da Granaten vom Westen her
einschlagen konnten, mußten wir nun auf der linken Straßenseite gehen. Die
Nacht war sehr unruhig. Panzer rasselten durch die dunklen Straßen zum westlichen Stadtrand. Die Hohenzollernbrücke, über die sie gekommen waren, stand
ja noch. Doch konnte am 1. März noch verhältnismäßig normal in der Keller-
redaktion gearbeitet werden. Die nächste Nacht wagte auch ich nicht mehr, im
Hotel zu schlafen. Durch Vermittlung meiner Freunde fand ich Einlaß bei der
Commerzbank und verbrachte diese Nacht im tiefsten Keller des Bankgebäudes.
Am Morgen des 2. März spendierte der Hauswart sogar noch ein Wurstfrüh-
stück. Dann ging ich noch einmal zum »Excelsior« und fand zu meiner Überraschung, daß in meinem Badezimmer warmes Wasser lief, das schon tagelang
ausgeblieben war. So nahm ich noch schnell ein Bad und dachte dabei, dies wird
für lange Zeit das letzte Mal sein, daß du in Köln ein Bad nehmen kannst.

Dann ging ich zum Dienst in der Breiten Straße. Ohne daß es eine Warnung
gegeben hätte – die Sirenen waren ja schon seit Tagen wegen der Stromausfälle
verstummt und Flakgeschütze konnte man im Keller nicht hören – erzitterte
plötzlich der Keller unter heftigen Bombeneinschlägen. Immer toller wurden sie.
Schließlich lagen wir selbst im Keller flach auf dem Boden, Schränke stürzten
um, und Staubwolken jagten durch die Räume. Aber die Kellerdecken hielten.

Als der Angriff vorbei war und Stille eingetreten war, bot sich uns beim Heraus-
treten ein schauriger Anblick. Um uns herum nur Ruinen und Schutt, selbst Teile
des Verlagsgebäudes lagen in Trümmern. In der Breiten Straße war weitere
Arbeit nicht mehr möglich. Noch einmal mußten »Kölnische Zeitung« und
»Stadt-Anzeiger« verlegt werden. Vorsorge dafür war in Gummersbach und
in Lüdenscheid getroffen worden. Doch durften keine Männer mehr die »Festung

Köln« verlassen. Alles war zum Volkssturm aufgeboten. Tötter ging deshalb hinaus zum Stadtwaldbunker, in dem die Gauleitung untergebracht worden war. Er kehrte zurück mit Marschbefehlen und Passierscheinen. Ich erhielt Marschbefehl und Passierschein, beide unterschrieben vom stellvertretenden Gauleiter, nach Lüdenscheid, wo beim Verlag Ehmert die Reichsausgabe der »Kölnischen Zeitung« hergestellt werden sollte.

Einen Augenblick überlegte ich mir, ob ich wirklich Köln verlassen oder ob ich nicht besser in Müngersdorf untertauchen sollte. Ich war aber überzeugt, daß es während der ersten Wochen amerikanischer Besatzung keine Verbindungen von Ort zu Ort geben würde und deshalb meine Familie in Schnellenbach wochenlang in Ungewißheit sein könnte, ob ich diesen Luftangriff auf Köln überlebt hätte. So entschloß ich mich, mich noch nicht überrollen zu lassen, sondern Köln zu verlassen. Als ich im Hotel meine paar Sachen holen wollte, mußte ich über Trümmer zu meinem Zimmer vordringen, in dem ich mich am Morgen noch gebadet hatte. Das Zimmer war glücklicherweise unbeschädigt geblieben. Die Sachen waren schnell eingepackt, und so ging es zur erneut schwer mitgenommenen Hohenzollernbrücke, die von SA besetzt war. Nachdem meine Papiere geprüft waren, salutierte der Sturmführer vor mir. Ich dachte nur, wenn ihr wüßtet, wen ihr da herausgelassen habt. Später erfuhr ich, daß etwa 40 Mann in den Kellern der »Kölnischen Zeitung« zurückgeblieben waren.

Von der Brücke noch ein letzter Blick auf den Dom und das linksrheinische Köln, dann weiter zum Bahnhof Kalk. Aber hier gab es keine Züge. Deshalb zu Fuß weiter nach Rath-Heumar. Hier hieß es, daß man einen Zug aus dem Bergischen erwarte, der dann wieder ins Bergische zurückfahren würde. Aber für die vielen Menschen, die sich allmählich ansammelten, wurde das Warten immer länger. Da es nun auch zu schneien anfing und ich müde geworden war, kroch ich in einen Unterstand und konnte dort an den Erdstößen die im linksrheinischen Köln einschlagenden Granaten zählen. Als es dunkel geworden war und immer noch kein Zug gekommen war, entschloß ich mich, zu Fuß durch den Königsforst nach Rösrath zu gehen. Einige Kölner gingen mit mir. Dort, auf der dunklen Waldstraße, blieben wir nicht allein. Aus den Lagern in Königsforst bogen von links und rechts stumme Marschkolonnen auf die Straße ein, russische Kriegsgefangene, die nun ostwärts marschieren mußten. Als alter Kriegsgefangener des Ersten Weltkrieges konnte ich ahnen, welche Funken der Hoffnung in diesen Kriegsgefangenen, die nun erstmals wieder ostwärts marschierten, aufgeleuchtet sein müssen.

In Rösrath waren zur mitternächtlichen Stunde alle Stühle im Wartesaal besetzt. Da entdeckte mich ein Angestellter vom Verlag, dem ich nachmittags, als er auf dem Wege nach Heumar an mir auf einem Lastkraftwagen vorbeifuhr, noch zugewinkt hatte. Er bot mir, der ich total erschöpft war, seinen Stuhl an. Um zwei Uhr morgens hieß es, es laufe ein Zug nach Lindlar ein. In Lindlar fand ich Wehrmachtsfahrzeuge, die nach Engelskirchen fuhren. Sie nahmen mich mit.

Von Engelskirchen mußte ich nun wieder zu Fuß über den Berg nach Schnellenbach gehen. Mit letzten Kräften erreichte ich des Morgens die Unterkunft meiner Frau und meiner Söhne. Unbeschreiblich war die Freude, daß ich lebend
aus Köln herausgekommen war, denn meine Frau und meine Söhne hatten am
Tage zuvor von den Höhen des Bergischen Landes in der Ferne den furchtbaren
Angriff auf Köln beobachtet.

Nach Überwindung eines Schwächeanfalls, der mich für einige Tage ans Bett
fesselte, begab ich mich am 15. März zur Gummersbacher Redaktion der »Kölnischen Zeitung«. Dort traf ich Tötter, der mich sofort nach Lüdenscheid mitnahm, wo beim Verlag Dr. Ehmert die Reichsausgabe der »Kölnischen Zeitung«
redigiert und gedruckt wurde und wo auch der »Panzerfunk« der Windhund-
Division gedruckt wurde. Dort befanden sich auch vom Verlag August Neven
und von der Redaktion Blume. Während sich nach den Rhein-Überquerungen
durch die Engländer und die Amerikaner und nach deren Ausbruch aus dem
Remagener Brückenkopf der Kessel um das Ruhrgebiet schloß, wurden wir immer mehr von den Nachrichtenquellen abgeschnitten. Da es von Wuppertal aus
noch Verbindungen nach dem Osten gab, wurde die gedruckte Auflage nach
dort transportiert. Der Wagen brachte dann die gesammelten DNB-Meldungen
des Tages mit, von denen wir aber am anderen Tag nur noch wenig benutzen
konnten.

Aber auch Tötter hatte nunmehr keine Illusionen mehr wegen der weiteren
Kriegsentwicklung. Er meinte deshalb, daß wir neben dem deutschen Rundfunk,
von dem wir insbesondere den Wehrmachtsbericht nahmen, auch ausländische
Sender abhören könnten. Der Stenograph weigerte sich allerdings das zu tun,
so daß es mir oblag, Nachrichten aus dem Auslande aufzufangen und mitzusteno-
graphieren. In Gesprächen mit Tötter hörte ich, daß es in Parteikreisen Auseinandersetzungen darüber gebe, ob man über Schweden einen Frieden mit den Westmächten erreichen könne, um mit ihnen zusammen den Krieg gegen das bolschewistische Rußland fortzusetzen, oder ob man um den Preis einer Bolschewisierung
ganz Deutschlands ein Arrangement mit Rußlands suchen solle, um den Krieg
gegen die Westmächte fortzusetzen. Ich konnte ihm nur sagen, daß das für mich
phantastische Gedanken in Parteikreisen seien, um auf die eine oder andere Weise
doch noch ihre Herrschaft fortzusetzen.

An den Wochenenden suchte ich immer nach Schnellenbach zu meiner Frau und
meinen Söhnen Bernhard und Norbert zu kommen. Große Aufregung gab es,
als die gesamte Jugend nach Niedersachsen abtransportiert werden sollte. Glücklicherweise hatte Norbert in diesen Tagen Durchfall und wurde vom Arzt nicht
transportfähig geschrieben. Auch die Redaktion der »Kölnischen Zeitung« sollte
sich mit kleinem Stab nach Burghof, nordöstlich von Hannover, begeben. Es gelang
uns aber, diese Verlagerung solange hinauszuziehen, bis der Ring um das Ruhrgebiet bei Hamm geschlossen war.

Am letzten Tage einer Bahnverbindung nach Minden hatte uns auch Blume verlassen, um zu seiner Familie zu kommen, die nach Sachsen ausgewichen war. Wir erfuhren später, daß ihm das geglückt war, daß er dann aber große Schwierigkeiten hatte, mit seiner Familie den Russen zu entkommen und in Fußmärschen wieder die Gegend um Marburg zu erreichen. Am 3. April besuchte ich auf meinem Rückmarsch von Schnellenbach nach Lüdenscheid August Dresbach in Gummersbach, der dort eine Nebenstelle der Industrie- und Handelskammer Köln leitete. Dann kam mein letzter Leitartikel, in dem ich darstellte, wie viele Entscheidungsschlachten der deutschen Geschichte, von der Ungarnschlacht an der Unstrut bis zur Völkerschlacht bei Leipzig, im sächsisch-thüringischen Raum stattgefunden hätten, der bereits von den Amerikanern im Vorstoß aus dem Raum Frankfurt erreicht worden war. Ein aufmerksamer Leser konnte aus meinen Zeilen nur den Schluß ziehen, daß nunmehr der Krieg endgültig gegen Hitler entschieden sei.

Diesen Leitartikel sowie auch einige Glossen von mir fand ich am Wochenende im »Panzerfunk« wieder. Ich hatte mit dem Unteroffizier, der die Auflage des »Panzerfunks« zum Hauptquartier von Generalfeldmarschall Model bei Schnellenbach zu bringen hatte, verabredet, daß er mich mitnahm. Während der Fahrt sagte ich ihm, ich sei ja heute der Hauptmitarbeiter des »Panzerfunks« geworden, worauf er antwortete, es gäbe ja überhaupt nur noch eine Zeitung, die man lesen könne und aus der man erfahren könne, was los sei. Das sei die »Kölnische Zeitung«. Zuvor hatte ich mir bei der Lüdenscheider Nebenstelle der Reichsbank noch einen Hundertmarkschein in Markscheine umwechseln lassen, um nach der Überrollung durch die Amerikaner Kleingeld zu haben.

In Schnellenbach und Ründeroth wurde ich bestürmt, dazubleiben und nicht wieder nach Lüdenscheid zurückzukehren, da die Amerikaner von Siegen aus bereits Waldbröhl erreicht hätten. Da ich aber glaubte, meine Kollegen nicht im Stich lassen zu können, versuchte ich, in der Nacht vom Sonntag zum Montag doch noch nach Lüdenscheid zu kommen. Das gelang mir, als ich einen Geleitzug von Omnibussen fand, die vor den Amerikanern nach Norden in Sicherheit gebracht werden sollten, wo sie allerdings den Amerikanern nur wieder entgegenfuhren. In Lüdenscheid war bereits alles in Auflösung. Vom Gauleiter Westfalen-Süd war der Befehl eingetroffen, den Betrieb der Reichsausgabe der »Kölnischen Zeitung« einzustellen, da sie ja überhaupt nicht mehr ins Reich kommen könne, und das gesamte Personal dem Volkssturm zu überweisen. Tötter war bereits eingezogen. Es gelang mir aber, August Neven zu überreden, das kaufmännische und technische Personal nicht dem Volkssturm in Lüdenscheid zu überweisen, sondern allen Marschausweise zu ihren Familien auszustellen, wo sie sich ja immer noch zum Volkssturm melden könnten. Für mich bat ich um einen Marschbefehl nach Gummersbach zur Kölner Ausgabe, damit ich mit diesem Ausweis Schnellenbach erreichen könne. Des Abends lud mich August Neven noch zu einer Flasche Wein ein.

Dann aber wartete ich vergebens, daß von Schnellenbach das Auto käme, um die gedruckte Auflage des »Festungsfunks«, in den der »Panzerfunk« inzwischen umbenannt worden war, abzuholen. Es kam aber in dieser Nacht vom 10. zum 11. April kein Auto mehr. Als es vier Uhr morgens geworden war, beschloß ich, zu Fuß nach Schnellenbach zu gehen. Bei Kierspe führte mich der Weg durch eine deutsche Batterie, die dabei war, Stellung zu beziehen. In Marienheide kehrte ich für eine Stunde beim Kollegen Rudolf Elze ein, der hier Zuflucht gefunden hatte, während auf den Straßen ausländische Zwangsarbeiter nach Norden marschieren mußten, obgleich auch dort bereits alles zu war. Um 13 Uhr trat ich in das Zimmer meiner Familie mit den Worten »Wettlauf mit den Amerikanern gewonnen«. So war nun auch die »Kölnische Zeitung« untergegangen. Sie war eines langsamen Todes gestorben, ohne ein Wort des Abschieds an ihre Leser richten zu können.

Des Abends verlegte die deutsche Artillerie, die zwischen Waldbröhl und Ründeroth gestanden hatte, ihre Stellungen auf das rechte Ufer der Agger um Schnellenbach. Als des Nachts die Schießerei zunahm, suchten wir um zwei Uhr morgens den Luftschutzstollen auf. Gegen elf Uhr am 12. April wurde es still. Bernhard und Norbert gingen nach Hause, um ein Mittagessen vorzubereiten. Dabei sahen sie, wie plötzlich die beiden deutschen Posten, die auf der Straße nach Ründeroth standen, die Gewehre fortwarfen und wie gleich darauf die ersten Amerikaner kamen. Gegen 14 Uhr wurde ich gebeten, doch zu versuchen, mit den amerikanischen Soldaten zu sprechen. Ich fand einen Offizier, der von einem Jeep aus die weiteren Operationen leitete. Er riet mir, daß die Bevölkerung noch eine Stunde im Stollen bleiben solle, da mit der Möglichkeit deutschen Gegenfeuers gerechnet werden müsse, obwohl, wie er sagte »deutsche Artillerie kaputt«. Von diesem Offizier erfuhr ich auch, daß am Morgen dieses Tages die Nachricht vom Tode Roosevelts durchgekommen sei. Um 15 Uhr verließen wir den Stollen. Der Krieg war für uns vorüber, nachdem zwei Tage zuvor die Engländer bereits durch Hannover gezogen waren. Doch sollte es noch bis zum 19. April dauern, bis der letzte deutsche Widerstand im Ruhrkessel zusammengebrochen war. Später erfuhr man, daß sich in den letzten Stunden Feldmarschall Model erschossen hatte. Er ist auf dem Soldatenfriedhof Vossenack in einem einfachen Reihengrab beigesetzt.

Zu meiner Überraschung mußte ich feststellen, daß Leute, die das Kommen der Amerikaner herbeigesehnt hatten, um endlich von der Naziherrschaft und von dem sinnlos fortgeführten Kriege frei zu werden, nun sehr darüber enttäuscht waren, daß die Amerikaner ihnen nicht um den Hals gefallen waren, sondern sich peinlich an das Gebot der »Non-Fraternization« hielten. Diesen Leuten klarzumachen, daß die Amerikaner unter nicht geringen Verlusten den deutschen Widerstand hatten brechen müssen, war keine leichte Aufgabe. Dabei grübelte man selbst über den seelischen Zwiespalt, in dem sich die deutschen Soldaten befanden, die wissen mußten, daß jeder weitere Widerstand eigentlich sinnlos geworden war, und dennoch weiterkämpften und Brücken sprengten. Bundespräsident Heuss hat später bei der Einweihung des Soldatenfriedhofs Hürtgen versucht, diesen seelischen Zwiespalt im Denken und Handeln der deutschen Soldaten zu deuten.

Zwei Tage nach der Überrollung begann ich einen Garten, der mir zur Verfügung gestellt wurde, zu bestellen. Die Lebensmittelnot war groß und für heutige Verhältnisse fast unvorstellbar. Statt Spinat gab es Brennesseln, und die dünne Suppe mußte mit Sauerampfer angereichert werden. Nach einiger Zeit konnte man in Engelskirchen in einer Spinnerei Garnspulen kaufen. Mit solchen Garnspulen machte meine Frau lange Märsche zu entfernten Dörfern, um das Garn gegen Eßbares einzutauschen. Die beiden Jungens hatten einmal versucht, Kartoffeln mit Lebertran zu braten, den ich von Apotheker Gissinger erhalten hatte, um etwas Vitamine zu mir nehmen zu können. Der Versuch mißlang. Aber es dauerte lange, bis der Gestank aus dem Zimmer vertrieben war.

Aufregende Stunden mußten wir noch einmal am Abend des 21. April durchmachen. Norbert war an diesem Samstagnachmittag nach Ründeroth gegangen. Aber es verging Stunde um Stunde, ohne daß er zurückkam, bis endlich um Mitternacht ein amerikanischer Jeep vor dem Hause hielt und Norbert absetzte. Norbert war an der Aggerbrücke von den Amerikanern nach seinem Paß gefragt worden, und da er keinen Ausweis bei sich hatte, zur Vernehmung bei einer höheren Kommandostelle gefahren worden. Dabei mußte er sich auf die Kühlerhaube des Jeeps setzen, da angeblich Hitlerjungen im Auftrag des Wehrwolfes Drahtseile über die Straßen gespannt hätten. Norbert konnte jedoch den amerikanischen Kommandeur überzeugen, daß er nicht zur Hitlerjugend gehöre. Während er seinerzeit, als er in Köln von der Hitlerjugend aufgegriffen worden war, zu Fuß nach Hause gehen mußte, wurde er jetzt allerdings von den Amerikanern nach Hause gefahren.

Wie es Winfried ergangen war, wußten wir nicht. Zu Anfang des Jahres war er noch einmal in Schnellenbach vorbeigekommen, ehe seine Ausbildungsabteilung nach Thüringen verlegt wurde. Wir nahmen an, daß er in Kriegsgefangenschaft geraten sei. Im Juli fragten mich die Engländer bei den »Aachener Nachrichten«, ob er vielleicht im Gefangenenlager Wickrath sei, dann könnten sie ihn sofort holen. Ich hielt das für unmöglich, da er doch in Thüringen gestanden habe. Und doch war er in Wickrath, von wo er dann zu unserer Überraschung nach Köln zurückkehrte. Er hatte, als seine Abteilung in Thüringen überrollt war, zunächst einen Kameraden zu dessen Heimat im Egerland begleiten wollen, da er für sich keine Möglichkeit sah, sich nach dem Westen durchzuschlagen. So waren die beiden auf den Kammwegen des Thüringer Waldes und durch das Fichtelgebirge bereits über die böhmische Grenze gekommen, als sie einen Tag nach Waffenstillstand auf einer Waldwiese von einem amerikanischen Offizier, der zufällig in einem Jeep vorbeikam, entdeckt und in das Lager Wunsiedel gebracht wurden. Von dort ging der Transport nach Kreuznach. Aber da dieser Zug nicht sofort von den Franzosen übernommen wurde, wurde er nach

Wickrath weitergeleitet. So entging Winfried der französischen Kriegsgefangenschaft. Von Adelheid wußten wir, daß sie sich in Salzgitter befand. Aber es dauerte lange, bis wir wieder etwas von ihr hörten und sie über Hannover zurückkam.

Einige Tage nach der Überrollung machte ich zum ersten Male wieder in einer öffentlichen Versammlung meinen Mund auf. Die Männer von Schnellenbach waren zusammengekommen, um zu überlegen, was nun zu tun sei. Vor allen Dingen ging es darum, die Panzersperren zu beseitigen und die Baumstämme auf die Familien als Brennholz zu verteilen.

Die zwei Monate, die ich in Schnellenbach bis zu meiner Rückkehr nach Köln am 13. Juni verbrachte, waren für mich eine Zeit geistigen Einatmens durch Studium von Büchern, durch Gespräche mit Gleichgesinnten und durch vielerlei Überlegungen, die ich in meinem Tagebuch notierte. Dabei waren diese Wochen, in denen sich mit ehernen Schritten die Tragödie Hitlerdeutschlands vollzog und in denen in der Welt draußen an den Grundlagen für die zweite Hälfte des 20. Jahrhunderts gebastelt wurde, eine völlig zeitungslose Zeit. Nachrichtenmäßig lebte man nur vom Rundfunk, der einem jetzt allerdings nicht mehr allein mit deutschen Stationen, sondern auch mit London und Luxemburg frei zur Verfügung stand. Unsere Wohnungswirtin konnte es nicht verstehen, als ich am Tage nach der Überrollung London mit voller Stärke einstellte. Das sei doch, meinte sie, verboten und führe zu schweren Strafen. Nur mit Mühe konnte ich ihr klarmachen, daß die Naziherrschaft für uns vorbei sei.

Der deutsche Rundfunk brachte wie eine Stimme aus dem Grabe weiterhin Wehrmachtsberichte, bis es am 1. Mai abends um 21.45 Uhr hieß, es folge jetzt »eine sehr wichtige und ernste Mitteilung für das deutsche Volk«. Dann setzte Wagner-Musik der Flammenszene aus der »Walküre« ein und darauf teilte Großadmiral von Dönitz mit, daß Hitler in der Reichskanzlei gestorben sei und ihn zu seinem Nachfolger als Staatsoberhaupt und als Oberbefehlshaber der Wehrmacht bestimmt habe. Er werde den Kampf gegen die Bolschewisten solange fortsetzen, bis die Hunderttausende Deutscher im Ostraum vor der Sklaverei gerettet seien. Gegen die Engländer und Amerikaner müsse er den Kampf solange fortsetzen, als sie ihn in seiner Aufgabe behinderten. In einem Tagesbefehl an die Wehrmacht forderte Dönitz weiteren bedingungslosen Einsatz, Disziplin und Gehorsam. Als Feiglinge und Verräter müßten diejenigen bezeichnet werden, die sich jetzt ihrer Pflicht entzögen und damit deutschen Frauen und Kindern die Sklaverei brächten. In meinem Tagebuch notierte ich dazu: Was sollen noch solche abgestandenen Worte? Doch schon am 4. Mai folgte ein Aufruf Speers an die Bevölkerung der besetzten Gebiete, sofort das Verkehrsnetz wieder in Ordnung zu bringen, die Landarbeiten mit allen Kräften fortzusetzen, die Ernährung sicherzustellen, den Besatzungsmächten würdig und selbstbewußt gegenüberzutreten, nach innen bescheiden zu sein und Selbstkritik zu üben.

Zuvor war aber bereits am 2. Mai aus London mitgeteilt worden, daß Himmler schon am 24. April in Lübeck Verhandlungen mit dem schwedischen Grafen Bernadotte geführt habe. Auch häuften sich die Meldungen über Kapitulationen einzelner Heeresabteilungen. Dann kam endlich am 7. Mai die Nachricht, daß in der Nacht vom 6. zum 7. Mai durch General Jodl in Eisenhowers Hauptquartier in Reims die bedingungslose Kapitulation unterzeichnet worden sei. Dem folgte die Meldung am 8. Mai, daß diese bedingungslose Kapitulation noch einmal in Berlin-Karlshorst vor dem russischen Marschall Schukow und Vertretern der Westalliierten von Generalfeldmarschall Keitel unterzeichnet worden sei. Damit hatte der Krieg sein Ende gefunden. Göring wurde auf Schloß Kitzbühel gefangengenommen. Am 4. Mai war bereits mitgeteilt worden, die Alliierten hätten beschlossen, einen internationalen Gerichtshof zur Aburteilung deutscher Verbrecher zu bilden. Hinzu kamen aus San Francisco die Berichte über Verhandlungen zur Bildung einer Weltfriedensorganisation, der UNO. Aus England kam die Nachricht, daß Neuwahlen ausgeschrieben seien, und die Amerikaner ließen mitteilen, daß sie das Pressewesen in Deutschland in drei Stufen zu entwickeln gedächten, und zwar erstens amerikanische Heereszeitungen in deutscher Sprache, zweitens deutsche Zeitungen mit amerikanischen Journalisten und drittens deutsche Zeitungen mit deutschen Journalisten.

Mit dem Untergang des gesamten Zeitungswesens in Deutschland stand ich zum zweiten Male an einem Wendepunkt meines Lebens. Als ich mich 1929 entschloß, dem Rufe der »Kölnischen Volkszeitung« zu folgen und von Osnabrück nach Köln überzusiedeln, kam ich mir vor wie einer, der unbekannten Wagnissen entgegen sein Schiff aufs hohe Meer hinaussteuert. Nun aber war alles in Dunkel gehüllt und die Zukunft weniger denn je zu durchschauen. Fest stand nur mein Entschluß, mitzuarbeiten an der inneren Überwindung des Nationalsozialismus und an der Verhütung des Umschlags von einer nationalsozialistischen Diktatur in eine kommunistische Diktatur. Das hieß gleichzeitig tatkräftiges Zupacken bei der Beseitigung der Trümmer und bei dem kommenden Wiederaufbau.

Für mich war es keine Frage, daß alles Wirken für die Zukunft an den christlichen Aufbruch anknüpfen müsse, der nach dem Zusammenbruch des »Dritten Reiches« und angesichts der neuen Bedrohung aus dem Osten allerorten zu spüren war und der auch in der Tat bis über die fünfziger Jahre hinaus nachgewirkt hat. Auf die Unmenschlichkeiten des nationalsozialistischen Regimes folgte eine Wiederbesinnung auf die Würde des Menschen, sowohl was sein Recht auf Freiheit und Selbstbestimmung wie auch seinen Anspruch auf soziales Wohlergehen betraf. Darüber hinaus beschäftigte mich die Frage, wie man vermeiden könne, wieder an die Zeit vor 1933 anzuknüpfen, d. h. wie man im Hinblick auf die Aufgaben der Zukunft die in den Widerstandskreisen entwickelten Gedanken weiter verfolgen könne. Daneben stand die Frage, wie es möglich werden würde, eine Zeitung zu schaffen, die diesen Zielen diente.

Dabei war ich wie alle übrigen bisherigen Kollegen auch nach dem Untergang der »Kölnischen Zeitung« und des »Stadt-Anzeigers« noch Angestellter des Verlags DuMont-Schauberg, der im Zeitungsbereich von Dr. Kurt Neven geleitet wurde. Ich erfuhr bald, daß seine Gedanken darauf konzentriert waren, möglichst bald ein Wiedererscheinen der »Kölnischen Zeitung« herbeizuführen. Da er diese Gedanken nicht von Untereschbach aus verfolgen konnte, wo er eine vorläufige Unterkunft zusammen mit Hütter gefunden hatte, der als Nicht-Pg. nun sein engster Mitarbeiter im Verlag geworden war, kehrte er schon sehr früh nach Köln zurück. Übrigens hatte Hütter noch am Tage der Sprengung der Hohenzollernbrücke Akten und Geld aus dem Verlagsgebäude in der Breiten Straße herausgeholt, indem er die Soldaten, die die Sprengung dieser letzten Kölner Rheinbrücke vorbereiteten, ersuchte, damit solange zu warten, bis er mit »Geheimen Kommandosachen«, die den Amerikanern unter keinen Umständen in die Hände fallen dürften, zurück sei.

Inzwischen war allerdings der gesamte Betrieb in der Breiten Straße beschlagnahmt. So richtete Dr. Kurt Neven sein Büro in der Agentur Pohl in der Aachener Straße ein, wo sich ihm auch Pettenberg und Berger anschlossen, denen es gelungen war, sich in Köln überrollen zu lassen. Aber schon zuvor von Untereschbach aus hatten Neven und Hütter versucht, die Kollegen zu sammeln, die rechtsrheinisch tätig gewesen waren.

Zu meiner großen Überraschung suchte mich am 3. Mai 1945 Hütter in Schnellenbach auf, um mich zu fragen, ob ich bereit sei, nach Köln zu kommen, um mit Dr. Kurt Neven über ein Wiedererscheinen der »Kölnischen Zeitung« zu sprechen. Blumrath, der auf dem Berg oberhalb Schnellenbachs wohnte und den ich zunächst aufsuchte, glaubte allerdings nicht recht an eine solche Möglichkeit. Dagegen bestürmte mich Alexander Rörig, der Bruder des Außenpolitikers Hans Rörig, der am 17. Mai von Wildberger Hütte nach Ründenroth kam, doch unter allen Umständen nach Köln zu gehen. Er meinte, ich müsse Chefredakteur der neuen »Kölnischen Zeitung« werden, weil sich sein Bruder kaum dazu entschließen würde. Drei Tage zuvor hatte mich schon von Rebbelroth aus Barz, der ehemalige Vertriebsleiter der »Kölnischen Volkszeitung« und dann Mitarbeiter im Vertrieb der »Kölnischen Zeitung«, aufgesucht, um die Zeitungsfragen mit mir zu besprechen. Er warf die Frage auf, ob es den Siegermächten gegenüber nicht leichter sein würde, statt der »Kölnischen Zeitung« die KV wieder zu beleben, weil diese von den Nazis unterdrückt worden war. Mit Lisbeth Thoeren, die in Ründeroth bei der Apothekerfamilie Gissinger wohnte, traf ich mich fast jeden Tag.

Doch ging es mir vor allem darum, auch Hilgermann zu erreichen, der, wie ich wußte, mit seiner Familie eine Unterkunft in der Nähe von Heiligenhaus gefunden hatte. Als ich dort am 8. Mai vorsprach, mußte ich von seiner Frau hören, daß er bereits von den Amerikanern nach Köln als Geschäftsführer der neuen Industrie- und Handelskammer geholt worden sei[56]. Am Pfingstmontag traf ich ihn endlich an. Auch hier war das Ergebnis des Gespräches, daß ich nun unbedingt nach Köln fahren müsse, da ich nach einigen vergeblichen Versuchen am 19. Mai einen Passierschein zum Besuch von Köln erhalten hatte. Dieser war allerdings auf die Zeit vom 15. bis zum 22. Mai ausgestellt. So suchte ich zusammen mit Hilgermann am Pfingstdienstag, dem 22. Mai, Hütter in Untereschbach auf, von wo wir nach Köln fuhren. Ich sagte mir nämlich, wenn ich am letzten Tage der Gültigkeit eines Passierscheines nach Köln hineinkomme, würde ich schon irgendwie später wieder herauskommen.

Noch am Abend dieses 22. Mai traf ich mit Hütter bei Dr. Kurt Neven ein, der mir anbot, bei ihm zu wohnen und der mir sofort die Gedanken auseinandersetzte, die er in eingehenden Gesprächen mit Peter Josef Schaeven geklärt hatte, der inzwischen Pressechef des Oberbürgermeisters Adenauer geworden war.

---

[56] *Dazu vgl.* BERNHARD HILGERMANN, Der große Wandel. Erinnerungen aus den ersten Nachkriegsjahren. Kölns Wirtschaft unter der amerikanischen und britischen Militärregierung. Köln 1961.

Adenauer hatte, da seine Söhne noch im Felde standen, das ihm von den Amerikanern angetragene Amt des Kölner Oberbürgermeisters erst einen Tag nach der Kapitulation übernommen. Nach meinen Notizen sagte Dr. Kurt Neven an jenem Abend: 1. Es muß möglich sein, die »Kölnische Zeitung« innerlich so umzugestalten und geistig zu erweitern, daß man keine »Kölnische Volkszeitung« mehr braucht. 2. Die »Kölnische Zeitung« kann aber erst erscheinen, wenn volle Verkehrsbeziehungen wieder hergestellt sind. 3. Der »Stadt-Anzeiger« kann erst erscheinen, wenn mindestens gleichzeitig auch ein sozialistisches Blatt erscheint. 4. Für die Zwischenzeit kommt ein Nachrichtenblatt in Frage, das unter neuem Titel möglichst weite Kreise anspricht und zusammenfaßt und im Fortschreiten der Zeit immer mehr politische Farbe gewinnt, d. h. den reinen Nachrichtencharakter abstreift. Von vornherein müsse aber auch ein solches Nachrichtenblatt den Kölner Heimatgeist pflegen.

Die Führung eines solchen Blattes, verbunden mit der Führung des politischen Ressorts bot mir Dr. Neven an. Für das Ressort Kölnisches dachte er an Pettenberg, für das Feuilleton an Herbert Eimert, für Nachrichten und Umbruch an Franz Berger. Dagegen könne man heute hinsichtlich einer Chefredaktion der neuen »Kölnischen Zeitung« noch nichts festlegen. Sicher könne ich aber auf das innenpolitische Ressort rechnen. Ich erklärte meine Bereitschaft, die angebotene Aufgabe bei einem Nachrichtenblatt anzunehmen, da die von Dr. Neven gebrauchte Formulierung wegen der Chefredaktion einer neuen »Kölnischen Zeitung« mich ja nicht als Bewerber um eine solche Stelle ausschlösse. Unser Gespräch dauerte bis in die Nacht hinein und berührte auch unsere Sorge, daß sich die Kommunistische Partei als Vertreterin des deutschen Einheitsstaates ausgeben könne.

Am nächsten Morgen, dem 23. Mai, ging ich mit Neven und Hütter zum Büro in der Aachener Straße. Hier arbeiteten bereits wieder einige Redaktionsstenographen, die Rundfunkmeldungen aufnahmen, und zwar sowohl für Archivzwecke wie aber auch, um sie der Stadtverwaltung und der Industrie- und Handelskammer zu übermitteln. Unter Pettenberg machte man sich Gedanken, wie die Redaktion bis zur Schaffung einer Übergangszeitung der Stadtverwaltung zur Seite stehen könne, um Zukunftsplanungen für Köln auszuarbeiten. In einem ersten Gedankenaustausch mit Pettenberg erfuhr ich, daß er enge Beziehungen zu evangelischen Pfarrern hatte, daß er aber auch schon in Hohenlind mit Domkapitular Franz Müller gesprochen habe.

Nachmittags suchte ich zusammen mit Pettenberg im ehemaligen Allianzhaus, das für die Stadtverwaltung beschlagnahmt war, Schaeven auf. Zuvor hatte ich beim Mittagessen im Vinzenzhaus gehört, daß die Amerikaner gar nicht an eine neue von Deutschen herausgegebene Zeitung dächten, sondern den von ihnen seit dem 2. April herausgegebenen »Kölnischen Kurier« ausbauen wollten. Diese Zeitung gab als Herausgeber an: die amerikanische Armee. Sie wurde in Luxemburg redigiert und dort auch gesetzt und umbrochen. Die Matern wurden dann nach Köln gebracht und im beschlagnahmten Betrieb von DuMont Schauberg wurden die Zeitungen dann gedruckt. Auch Druckaufträge für die Stadtverwaltung wurden in der Breiten Straße ausgeführt. Zum Leiter des beschlagnahmten Betriebs hatten die Amerikaner Bindewald ernannt. Auch den Stadtdechanten Dr. Grosche hatte ich kurz getroffen. Er riet mir, mich nicht einseitig zu binden, sondern mir freie Hand für die Zukunft zu bewahren, da die Zeitungsfrage noch nicht zu übersehen sei und man vor allem noch nicht wisse, was der Verlag Bachem zu tun gedenke.

Als ich nun nach mehreren Jahren zum ersten Male wieder Peter Josef Schaeven gegenüber saß, hatte er bereits einen Titel für die Zeitung, über die er mit Dr. Neven gesprochen hatte. »Kölner Morgenpost« müsse sie heißen, meinte er. In ihr müsse zum Ausdruck kommen, daß Köln und die Lande um den Rhein sich als das Herz des Reiches fühlten. Als ich ihm erwiderte, man dürfe doch nicht übersehen, daß es auch in Ostdeutschland abendländische Kulturtradition gäbe, sagte er, er denke durchaus nicht an ein Wiederauftauchen des Separatismus. Die Amerikaner hätten ihn befragt, welche Aussichten er einem Separatismus gäbe und hinzugefügt, daß seine Antwort nach Washington übermittelt werde. Da habe er geantwortet: »Wenn sie Deutschland vom Rheinland trennen, dann könnten die Deutschen wieder Sehnsucht nach ihrem Herzen bekommen.« Es gehe also nicht um Separatismus, sondern um die Rettung der Kernsubstanz des Reiches vor der bolschewistischen Gefahr.

Von der Stadtverwaltung in die Aachener Straße zurückgekehrt, traf ich Kollegen Berger, der sich zusammen mit Goeddert und einer Reihe anderer Betriebsangehöriger in den Kellern der Breiten Straße hatte überrollen lassen. Anhand eines sorgfältig geführten Tagebuches berichtete er mir von den Übergangstagen. Am 8. März, also sechs Tage, nachdem ich nach dem letzten furchtbaren Luftangriff die Keller verlassen hatte, war dort ein Mr. Knoll vom Psychological Warfare erschienen. Überraschend sei dessen Vertrautheit mit einigen Namen und Daten gewesen. So habe er sich auch erkundigt, wo Hofmann stecke, der der Bearbeiter der militärischen Fragen gewesen sei. Am 18. und 19. März habe dann Mr. Knoll zusammen mit Berger und einigen Arbeitern auf Anregung Pettenbergs das ausgelagerte Archiv der »Kölnischen Zeitung« aus Niedermerz zurückgeholt. Teils habe es noch aufgestapelt in einem beschädigten Saal gelegen, teils sei es aber auch über den angrenzenden Acker verstreut und von Panzern in den Lehm des Bodens eingedrückt gewesen.

Am folgenden Tage gelang es mir, den Stadtkämmerer Suth, den Schwager Adenauers, zu sprechen. Er meinte, daß bei einem Wiederaufbau des Zeitungswesens auf jeden Fall eine Zersplitterung der Mitte vermieden werden müsse, und daß ein eventueller Konkurrenzkampf »Kölnische Zeitung« – »Kölnische Volkszeitung« beiden den Atem nehmen werde. Nach seiner Meinung würde es das beste sein, wenn sich Bachem und DuMont Schauberg zu einem Gemeinschaftsverlag zusammenschlössen. Auch mit Carl Schweyer, dem das Wohnungswesen und der Wiederaufbau unterstand, konnte ich sprechen. In manchen Bombennächten war ich früher schon mit ihm und mit Ernst Schwering im Hochbunker hinter dem Bahnhof zusammen gewesen, wo er von seinem Vater erzählt hatte, der 1923, zur Zeit des Hitlerputsches, bayerischer Innenminister gewesen war. In der bayerischen Landesregierung sei sein Vater der einzige gewesen, der eine wirkliche Verurteilung Hitlers statt der verhängten Festungshaft verlangt habe. Nun konnte Schweyer, fast verzweifelt über die Schwierigkeiten, die vor ihm lagen, mir einen umfassenden Überblick über die ungeheuren Zerstörungen Kölns geben.

Auf dem Wege nach Müngersdorf traf ich noch einmal Leo Schwering, der die Leitung der Kölner Volksbüchereien übernommen hatte. Zusammen mit Pettenberg hatte ich ihn bereits schon einmal am Vortage getroffen. Bei diesem ersten Treffen hatte er nur erzählt, was er vom Schicksal früherer Kölner Zentrumspolitiker wußte. Jetzt, wo wir allein waren, sagte er mir, daß auch der Verlag Bachem sich für die Zeitungsfrage interessiere, und daß er empfohlen habe, die Bachems möchten auch mit mir sprechen. Dann vertraute er mir an, er sei dabei, das Programm einer christlich-demokratischen Bewegung auszuarbeiten, da man über das alte Zentrum hinauskommen müsse. Da ich mich für diese Frage sehr interessiert zeigte, versprach er mir, mich zur weiteren Durchsprache eines solchen Entwurfes hinzuzuziehen, wenn es mir gelänge, in 14 Tagen endgültig nach Köln zurückzukommen. Zum Schluß bat er mich, doch Ruffini aus Lohmar nach Köln zurückzuholen. Meinerseits riet ich ihm, auch mit Dr. Neven und mit Pettenberg zu sprechen, durch den er auch an den evangelischen Pfarrer Karl Osinghaus herankommen könne. Als Wohnung war Leo Schwering die ehemalige Villa des Gauleiters Josef Grohé zugewiesen worden.

Nach einigen Schwierigkeiten gelang es mir, bei der Stadtkommandantur die Verlängerung meines Passierscheins zu erhalten. So konnte ich noch einmal Bernhard Hilgermann treffen und bei ihm den Direktor Josef Horatz von Felten und Guilleaume kennenlernen. Dem letzteren erzählte ich von Schwerings Vorhaben. Dabei sagte er mir, daß er gern an dem wirtschaftlichen Teil eines solchen Programms mitarbeiten würde, da er bereits mit Rechtsanwalt Josef Wirmer in Verbindung gestanden habe, der nach dem 20. Juli 1944 von den Nazis umgebracht worden war. Dreimal traf ich in diesen Tagen auch Stocky, der nun eine Druckerei in Opladen besaß und sich als ehemaliger Verleger der »Kölnischen Volkszeitung« ebenfalls um die Neugründung einer Zeitung in Köln bemühte. Dabei wolle, wie er sagte, auch Friedrich Schreyvogel aus Wien mitarbeiten. Weitere Gespräche hatte ich mit den Kaplänen Paul Leonhard Fetten und Josef Hermann Falke von St. Ursula. In Müngersdorf erzählte mir Maria Kruse, wie es bei der Überrollung am westlichen Stadtrand zugegangen war. Zwischendurch nahm ich auch meine Wohnung am Hansaring und Lisbeth Thoerens Wohnung am Rotenberg in Augenschein. Ich stellte fest, daß beide Wohnungen wiederherzustellen waren.

Während meines Aufenthalts in Köln hatte ich von Pettenberg auch zum ersten Male den Namen Hans Reifferscheidt erfahren, der früher an der »Rheinischen Zeitung« beschäftigt gewesen war. Nach deren Unterdrückung war er von Dr. Kurt Neven als Leiter der Werbekolonnen für den »Stadt-Anzeiger« eingestellt worden. Innerhalb der Sozialdemokratie suchte er jetzt den alten Marxismus zu überwinden und trug sich mit dem Gedanken der Herausgabe einer überparteilichen Zeitung. Für diesen seinen Gedanken suchte er Pettenberg zu gewinnen, der jedoch ablehnte, da er Neven gegenüber nicht untreu werden könne. Andererseits vermochte sich Reifferscheidt aber auch nicht der CDU anzuschließen. Er gehörte später zu den Lizenzträgern der wiederherausgegebenen »Rheinischen Zeitung«, deren Chefredakteur Willi Eichler wurde, während Heinz Kühn Stellvertreter des Chefredakteurs wurde.

Danach setzte Reifferscheidt jedoch die Schaffung einer sogenannten »Westausgabe der Rheinischen Zeitung« als einer überparteilichen und überregionalen Ausgabe der »Rheinischen Zeitung« durch. Deren Leitung übernahm dann Pettenberg, und zwar mit Zustimmung Nevens, nachdem dieser eingesehen hatte, daß er mit der Wiederherausgabe des »Stadt-Anzeigers« bis zum Fortfall aller Lizenzbestimmungen warten müßte. Als das der Fall war, hatte die »Rheinische Zeitung« ihre Westausgabe bereits wieder eingestellt, ebenso wie auch Reinhold Heinen später die Zonenausgabe der »Kölnischen Rundschau« aus wirtschaftlichen Gründen wieder einstellen mußte. Damit stand es Pettenberg frei, beim Wiedererscheinen des »Stadt-Anzeigers« dessen Chefredaktion zu übernehmen. Er schied jedoch auch hier einige Zeit, nachdem der Sohn von Dr. Kurt Neven den Verlag übernommen hatte, wiederum aus, wurde dann als Pressechef der CDU in deren Bundesgeschäftsstelle übernommen und kam anschließend in den Leitungsstab des CDU-Schulungsheimes Eichholz.

Auf dem Rückweg zu meiner Familie in Schnellenbach suchte ich Ruffini in Lohmar auf. Auf dem Bürgermeisteramt fragte ich nach seiner Wohnung. Man verlangte, daß ich mich zunächst ausweise, da sie Ruffini vor Attentaten schützen müßten. Der Ausweis gelang mir dadurch, daß in meinem Schriftleiterpaß die Bemerkung eingetragen war, daß ich als Kulturschriftleiter auf die »Kölnische Volkszeitung« beschränkt sei. Ruffini beklagte sich bitter darüber, daß alle seine Gesuche, nach Köln zurückkehren zu dürfen, abgelehnt worden seien, da die Zeit für politische Betätigungen noch nicht gekommen sei. Im Verlauf eines längeren Gespräches erzählte mir Ruffini die weiteren Schicksale meines Wortes vom »Ephialtes der Zentrumspartei«. Auch erfuhr ich von ihm, daß Goerdeler nach dem 20. Juli 1944 für zwei Tage im Kölner Kettelerhaus Zuflucht gefunden hatte und daß deshalb Prälat Otto Müller und Nikolaus Groß verhaftet worden waren, von denen Prälat Müller im Gefängnis starb und Groß gehängt wurde. Daß Adenauer wieder Oberbürgermeister von Köln geworden sei, bedauerte Ruffini. Brüning, den er 1934 noch einmal in den Niederlanden aufgesucht hatte, habe ihm damals gesagt, man solle nach dem Zusammenbruch mit der ersten

Garnitur zurückhalten, da die Ersten am Werk sich schnell verbrauchen würden. Es dürfe aber nicht sein, daß Adenauer sich vorzeitig verbrauche.

In Schnellenbach ging mir noch einmal alles, was ich in Köln erfahren hatte, durch den Kopf. Das waren einmal die Bemühungen Leo Schwerings, zu einer christlich-demokratischen Bewegung aufzurufen und zum zweiten die vielerlei Bemühungen in Köln, neben dem »Kölnischen Kurier« der Amerikaner auch wieder eine deutsche Zeitung ins Leben zu rufen, wie sie von Dr. Kurt Neven, den Kreisen um den Verlag Bachem und schließlich auch von Stocky verfolgt wurden. Diese Fragen mit möglichst vielen Freunden zu besprechen, war mein Anliegen. Außerdem mußte ich versuchen, einen Rückkehrschein nach Köln zu erhalten, was mir schließlich gelang, als ich die Rückkehr nicht mehr auf die »Kölnische Zeitung«, sondern auf die Firma DuMont Schauberg bezog.

Für den 6. Juni hatte der Kölner Dr. Heinrich Raskin, der die letzten Kriegswochen im Krankenhaus zu Lindlar überstanden hatte, und inzwischen Bürgermeister von Engelskirchen geworden war – er wurde später Oberbürgermeister von Trier – bei Dr. Meinerzhagen in Lindlar eine Zusammenkunft mit Dr. Wilhelm Hamacher organisiert. Erschienen waren außer mir der frühere Verleger Schiefeling aus dem rheinisch-bergischen Kreis, Josef Rösch vom ehemaligen Görresring und der Pfarrer von Lindlar. Wir versuchten, unsere Ansichten über eine »Christlich-soziale Bewegung« zu klären und Hamacher dafür zu gewinnen. Das letztere blieb jedoch ebenso erfolglos wie die im Vorjahr geführten Gespräche von Johannes Albers und Wilhelm Hamacher in Rösrath und in Ründeroth. Einer neuen Partei einen anderen Namen als den des Zentrums zu geben, bezeichnete Hamacher als Feigheit und Verrat. Wenn der Name Zentrum falle, könne er im politischen Leben nicht mehr mitwirken.

Wir alle widersprachen Hamacher auf das lebhafteste und wiesen darauf hin, daß der Gedanke, über die konfessionellen Grenzen des alten Zentrums hinauszugreifen, bereits völlig unabhängig voneinander in Köln, in Duisburg (hier durch Oberbürgermeister Dr. Heinrich Weitz und den früheren Zentrumssekretär Bernhard Kaes), sowie hier im Bergischen entstanden sei. Ich machte Hamacher darauf aufmerksam, daß er selbst den Namen Zentrum aufgegeben habe, als es darum ging, Freunde in der studentischen Jugend zu gewinnen. Damals habe er dieser Bewegung nicht den Namen Hochschulgruppe der Zentrumspartei gegeben, sondern den Namen Görresring. Die Notwendigkeit, von vornherein mit den Evangelischen zusammenzugehen und nicht wie Hamacher wolle, getrennt zu marschieren, unterstrich vor allem Josef Rösch. Sonst könne nämlich der Bolschewismus marschieren.

Nachdem Hamacher, der nach Troisdorf zurückgebracht werden mußte, Abschied genommen hatte, wurden in unserem Kreise noch praktische Fragen des Wiederaufbaus besprochen. An der Dreiheit von Preisstopp, Lohnstopp und Bezugsscheinen, so meinte man, werde man wohl für die erste Zeit festhalten müssen. Doch sollten alle Planungsbehörden die Tendenz entwickeln, sich sobald wie möglich überflüssig zu machen, um der wagenden Unternehmenspersönlichkeit wieder Chancen zu geben. Das brachte uns auf ein Wort von Salazar, daß man die Heilmittel mehr fürchten müsse als das Übel. In diesem Zusammenhang bleibt es interessant festzustellen, daß in Widerstandskreisen gegen Hitler damalige Schriften Salazars von Hand zu Hand gingen. Am Abend gab es noch eine Diskussion über den Namen, den man für die angestrebte neue politische Partei vorschlagen solle. Dr. Meinerzhagen machte als Arzt darauf aufmerksam, daß sich nicht nur der Name, sondern auch die Abkürzungen leicht aussprechen lassen müsse. Das sei zum Beispiel bei »Christlich-Demokratischer Volkspartei« – abgekürzt CDV – nicht der Fall.

Am 9. Juni suchte ich August Dresbach auf, der inzwischen Landrat des oberbergischen Kreises geworden war. Er riet mir, mich bei allen Verhandlungen mit Dr. Neven klug zu verhalten und nicht in Extreme zu fallen. Selbst Blumrath, der doch als erster den antikatholischen Affekt in der »Kölnischen Zeitung« ausgeschaltet habe, befürchte jetzt einen Konvertiten-Übereifer Kurt Nevens. Für eine überkonfessionelle politische Bewegung denke er, Dresbach, vor allem an Josef Joos. Es solle doch alles getan werden, ihn nach Köln zurückzuholen. Er sei der am besten geeignete Mann, eine solche Bewegung zum Durchbruch zu führen.

Aufmerksam hatte ich zugehört, als Dresbach mir von einer »Deutsch-Demokratischen Bewegung« erzählte, die nicht weit vom Landratsamt entfernt in Gummersbach ihre Zentrale habe. Ich ging anschließend sofort dorthin und kam gerade rechtzeitig, einen Lagebericht zu hören, den Helmond Schumacher, der Initiator dieser Bewegung, vor einer größeren Gruppe von Interessierten und Werbern erstattete. Er suchte den Eindruck zu erwecken, daß die DDB die große Partei der Zukunft sei und sich des Wohlwollens der Amerikaner erfreue. Wie ich erfuhr, war sein Bruder Rechtsanwalt in den USA. Man habe auch schon Verbindungen zum Episkopat angeknüpft, wobei Schumacher als Mittelsmann auf den Dechanten von Arnsberg Dr. Legge verwies, der der Bruder des Bischofs von Meißen war. Ich zog aus alledem den Schluß, daß wir in Köln schnell handeln müßten und daß man in Köln über diese Bewegung im bergischen Raum unterrichtet werden müsse, wenn wir nicht von ihr überrollt werden wollten.

Ohne daß wir beide auch nur ahnen konnten, wie sehr diese Nachricht in mein Leben eingreifen würde, berichtete mir in diesen Tagen Alexander Rörig über einen amerikanischen Rundfunkvortrag über Pressefragen, den er abgehört hatte. Danach sollte in Aachen ein früherer Setzer namens Hollands von den Amerikanern beauftragt worden sein, die bisher von der Militärregierung herausgegebenen »Aachener Nachrichten« als deutscher Verleger zu übernehmen. Außerdem werde in Aachen eine Journalistenschule eröffnet, um journalistischen Nachwuchs konsequent demokratischer Gesinnung heranzubilden. Wir beide konnten auch nicht wissen, daß zur gleichen Zeit bereits Amerikaner aus Aachen zusammen mit der Dolmetscherin Änne Vaßen, später Frau Breuer, nach mir in Ründeroth gefahndet hatten, ohne mich zu finden. Sie wollten mich nämlich als Chefredakteur nach Aachen holen. Wenn sie in der Apotheke vorgesprochen hätten, hätten sie meine Adresse erfahren.

Am 10. Juni nahm ich Abschied von meiner Frau und meinen beiden Söhnen, um mich nun mit Zwischenstationen und Besprechungen in Engelskirchen, in Heiligenhaus und in Rösrath nach Köln zu begeben. Am 13. Juni fuhr ich zusammen mit dem mir aus meiner Kölner Zeit verbundenen Josef Arens, der sich mir angeschlossen hatte, und mit Bürgermeister Raskin in dessen Auto nach Köln. Wir fuhren auf derselben Straße ein, auf der ich mit meiner Familie und mit Hilgermanns Familie im Oktober des vergangenen Jahres die Stadt verlassen hatte. Inzwischen war von den Amerikanern neben der eingestürzten Deutzer Brücke wieder eine feste Brücke über den Rhein geschlagen worden, und zwar aus Buchenstämmen, die, wie ich später erfuhr, in Aachen-Schönforst geschlagen worden waren. Wir fuhren nach Ehrenfeld zu Raskins Schwester, die Pfarrhelferin an St. Anna war. Der dortige Kaplan Josef Jacquemain bot mir eine Unterkunft an, bis ich meine Wohnung zu einer Schlafstätte hergerichtet hätte. Das gab mir die Möglichkeit, mich des Abends mit Kreisen jüngerer Kleriker zu unterhalten.

Mir ging es in diesen Tagen um dreierlei: Erstens darum, die beschädigte und durchgeblasene Wohnung soweit wie möglich wieder herzurichten, zweitens darum, Klarheit in der Zeitungsfrage zu gewinnen und drittens darum, als Mitarbeiter von Johannes Albers und als Erbe der Märtyrer des nationalsozialistischen Systems an der Gründung einer christlich-demokratischen oder christlich-sozialen Bewegung mitzuwirken.

Inzwischen wurde auch der Besuch von Köln erleichtert. So kamen bald für den einen oder anderen Tag per Anhalter Bernhard oder Norbert, um mir beim Wiederinstandsetzen der Wohnung zu helfen. Auch Lisbeth Thoeren war inzwischen nach Köln zurückgekehrt und half beim Reinemachen. Das schlimmste war nur, daß jegliches Wasser einige hundert Meter entfernt von einer öffentlichen Zapfstelle geholt werden mußte, die nur stundenweise das Wasser lieferte.

Was die Zeitungsfrage betraf, nahmen nun die Dinge für mich einen völlig unerwarteten Verlauf. Als ich in der Breiten Straße bei Bindewald vorsprach, ob dort meine Koffer schon abgegeben seien, sagte mir dieser, daß die Amerikaner nach mir gefragt hätten, weil sie für Aachen einen Chefredakteur suchten. Näheres darüber könnten mir der amerikanische Hauptmann Field oder der englische Oberleutnant Long vom »Kölnischen Kurier« mitteilen. Da aber nun auch der »Kölnische Kurier« ausgebaut werden solle und in der Breiten Straße von der Redaktion bis zum Vertrieb hergestellt werden solle – es würden bereits Setzmaschinen im Bergischen dafür beschlagnahmt –, habe er mich für die Schriftleitung und Josef Breuer für den Vertrieb vorgeschlagen, der dann auch in der Tat der Vertriebsleiter des »Kölnischen Kuriers« wurde. Chefredakteur wurde Hans Rörig, der frühere Außenpolitiker der »Kölnischen Zeitung«, der nun doch, entgegen der Annahme seines Bruders, nach Köln zurückkehrte. Auch Lisbeth Thoeren konnte dort mitarbeiten.

Als ich nach einigen Tagen Oberleutnant Long traf, sagte dieser mir, daß man in der Tat von Aachen aus mich gesucht habe. Er wolle jetzt noch einmal in Aachen nachfragen. Am Dienstag, dem 19. Juni, erfuhr ich dann, daß Aachen noch immer nach mir suche, da ich von Heinrich Hollands, der in wenigen Tagen die Lizenz Nr. 1 seitens der Amerikaner noch vor der Übergabe Aachens an die Engländer erhalten würde, als Chefredakteur benannt worden sei. Mittags, ich war zufällig in der Wohnung, stand bereits Hollands an meiner Wohnungstür, um mit mir Einzelheiten zu besprechen. Wir einigten uns darauf, daß er mich am Donnerstag, dem 21. Juni, nach Aachen zu Verhandlungen mit dem amerikanischen und dem britischen Presseoffizier holen solle.

Bevor dies geschah, hatte ich noch einmal Blumrath getroffen und eine Aussprache mit Suth und Adenauer gehabt. Adenauer bat mich, doch zu versuchen, in Aachen Näheres über eine Bewegung »Republik Aachen« in Erfahrung zu bringen. Am 16. Juni war ich noch einmal mit Pettenberg zusammen bei Dr. Kurt Neven, der mir eingehend über seine Unterhaltung mit Adenauer berichtete. Dieser habe das Wort »Gegensatz« zwischen Liberalen und Zentrum nicht gelten lassen wollen. Wenn der Kulturkampf nicht gekommen wäre, so habe Adenauer gesagt, dann würden sich neben den Sozialisten zwei Parteien entwickelt haben, eine mit agrarisch-konservativem Einschlag im Osten und eine mit industriellem-liberalem Einschlag im Westen. Daraus folgerte Kurt Neven, daß Adenauer an die Zeit vor dem Kulturkampf anzuknüpfen suche.

Inzwischen hatte ich in Nevens Büro bei Fräulein Erika Vogt, die nun auch zurückgekehrt war und die später in der CDU eifrig mitarbeitete, ein Exposé über die Deutsch-demokratische Bewegung diktiert. Die Durchschläge machten in Köln die Runde. Ein Exemplar, das ich dem Stadtdechanten Dr. Grosche übergab, wollte dieser zum Erzbischof Frings mitnehmen.

Mit dem Stadtdechanten Dr. Grosche hatte ich an einem dieser Abende (18. Juni) ein längeres freundliches und in die Tiefe gehendes Gespräch über die geistigen Fragen dieser Zeit des totalen Zusammenbruches. Dabei sprach Grosche zunächst von den Aufgaben der Seelsorge. Die Kirche müsse das Äußerste tun, den Heimkehrern nach Köln und in die anderen Städte beizustehen, sie aber auch seelisch zu führen, daß sie ihr Leid als Sühne verstanden für das Furchtbare, das geschehen sei, so wie Christen in den Bombennächten ihr Leben angeboten hätten als Sühne für alle Frevel der Zeit. Aufgabe der Predigt sei weder seichte Polemik gegenüber dem Nationalsozialismus noch lärmende Polemik gegenüber dem Bolschewismus, sondern positive Herausstellung christlicher Grundsätze, dabei allerdings auch ein klares Bekenntnis zum sozialen Umbau, wie es die höchst aktuell gewordenen Enzykliken besagten.

Grosche bedauerte, daß der gerade veröffentlichte Hirtenbrief der Bischöfe diese Dinge kaum angesprochen habe. Auch sei dessen Einleitung viel zu matt gewesen. Hier hätte der Widerstand, den Katholiken geleistet hätten, stärker herausgearbeitet werden müssen, vor allem mit dem Hinweis auf den Anti-Mythus von Professor Wilhelm Neuß und den Mut der Familie Bachem, diese Schrift als Broschüre zu drucken. Man hätte sogar sagen können, daß auch unter den Parteigenossen Karteigenossen gewesen seien, die diesen Kampf gegen das moderne Heidentum fortgesetzt hätten. Vor allem aber fehle noch immer ein Wort der Kirche an die Soldaten. Darauf wolle er den Erzbischof bei seinem nächsten Gespräch mit ihm aufmerksam machen.

Dann erzählte mir Grosche, daß ihn vor wenigen Tagen ein französischer Jesuit aufgesucht habe. In Frankreich, so habe dieser berichtet, erschienen bereits wieder geistig hochstehende Wochenzeitungen. Darunter befinde sich eine Zeitschrift, die die Geisteswelt der römischen Katholiken, der griechischen Orthodoxen, der schwedischen Protestanten und deutscher Evangelischer wie Karl Barth zusammenfasse. Dennoch sei die Gefahr sehr groß, daß Frankreich in den Kommunismus abgleite. Dagegen kämpften einzelne mutige Geistliche an, so z. B. ein französischer Geistlicher, der als Metallarbeiter mit seinen zwangsverpflichteten Landsleuten nach Deutschland gegangen sei und in kleinem Kreis als Arbeiter und als Geistlicher missionarisch gewirkt habe. Daran schloß Grosche mir gegenüber die Frage an, wieviel deutsche katholische Geistliche wohl bei den 200 000 deutschen Kriegsgefangenen, die Frankreich zur Verfügung gestellt werden sollten, aushielten. Er fürchte, daß es wohl kaum einen einzigen gäbe.

Vor den Tagen, da für mich wie ein Blitz aus heiterem Himmel die Frage auftauchte, ob ich meine Zukunft auf Aachen setzen sollte, lag der 17. Juni 1945 mit der Zusammenkunft ehemaliger Kölner Zentrumsleute, zu der Leo Schwering eingeladen hatte. Ich hatte ihn bald nach meiner Ankunft in Köln in der städtischen Bücherei in Ehrenfeld aufgesucht. Dabei lud er mich ein, am Sonntag in das Gesellenhaus in der Breiten Straße zu kommen. Es sei an der Zeit, daß von Köln aus ein klärendes Wort hinsichtlich der Parteineubildung ergehe, obgleich die Amerikaner immer noch nicht die Zeit für gekommen hielten, politische Parteien wieder ins Leben zu rufen. Dagegen hatten die Russen in der von ihnen besetzten Zone bereits die Neugründung von Parteien gestattet. So wurde in jenen Tagen in Berlin, ohne daß wir in Köln eine Ahnung davon hatten, schon die »Christlich-Demokratische Union Deutschlands« gegründet. Doch hatte Schwering recht, wenn er immer wieder darauf hinwies, daß die eigentliche Entscheidung in Köln, dem Vorort der früheren Zentrumspartei, gelegen habe. Bei der Niederschrift dieser Erinnerungen teilte mir der ehemalige Bundestagsabgeordnete Bernhard Günther mit, daß sich der sogenannte Gesellenhaus-Kreis schon im Mai mit Schwering und auch in Walberberg getroffen habe, wo Pater Dr. Eberhard Welty und Pater Provinzial Laurentius Siemer im Widerstandskreis um Letterhaus, Groß und Albers gestanden hatten. Inzwischen war es auch Johannes Albers gelungen, sich unter Überwindung vieler und großer Schwierigkeiten von Berlin durch die russisch besetzte Zone und über die Elbe nach Köln durchzuschlagen.
Der 17. Juni war der vierte Sonntag nach Pfingsten. Während der Messe in St. Ursula, wo noch immer die Eingangshalle unter dem massiven Westturm als Gottesdienstraum diente, während die übrige Kirche in Trümmern lag, ergriff mich das Kirchengebet dieses Sonntags wie nie zuvor: »Herr gib, daß der Lauf der Welt unter Deinem Walten eine friedliche Entwicklung nehme.« Als wir dann um 14 Uhr in der Meisterstube des ebenfalls angeschlagenen Gesellenhauses zusammenkamen, waren wir uns bewußt, daß wir eigentlich gegen die Anordnungen der amerikanischen Militärregierung verstießen. Noch kürzlich erst war das Rückkehrgesuch des früheren Fraktionsvorsitzenden des Zentrums im Kölner Stadtrat, des alten Johannes Rings, von den Amerikanern abgelehnt worden, und als dann Schwering zum Stadtkommandanten persönlich ging, meinte dieser, Rings wolle doch nur zurückkommen, um politisch tätig zu werden. Darauf hatte Schwering auf das hohe Alter von Rings hinweisend geantwortet, er wolle doch nur zurückkommen, um in seiner Vaterstadt zu sterben. Schließlich wurde die Rückkehr erlaubt, aber mit der Auflage, daß sich Rings nicht politisch betätigen dürfe.
Als ich mich in der Runde der Anwesenden umblickte, sah ich manches altbe-

kannte Gesicht, aber auch manche Gesichter einer Generation, die vor 1933 noch zur Zentrumsjugend gehört hatten.[57] Sie waren mittlerweile nachgewachsen, ohne daß man Verbindung mit ihnen hätte halten können. Schmerzlich waren die Lükken: Bernhard Letterhaus, Nikolaus Groß, Otto Gerig, Prälat Otto Müller, Präses Heinz Richter und Theodor Babylon waren zu Märtyrern geworden. Albers hatte sich entschuldigt, und von Joos wußte man nur, daß er lebe, aber nicht, wo er sich befinde. Die Zusammenkunft leitete Theodor Scharmitzel. Leo Schwering entwickelte sein Programm, und Scharmitzel legte ein vorläufiges Statut der neuen Partei vor. In die Aussprache kam ein frischer Wind durch Pater Dr. Welty. Einigkeit bestand darüber, daß man den Namen Zentrum aufgeben müsse, wenn man von vornherein mit evangelischen Christen zusammengehen wolle.

Dem jüngeren Klerus, mit dem ich des öfteren an den Abenden der letzten Woche gesprochen hatte, ging es allerdings bei der Ablehnung des alten Zentrums noch um etwas anderes. Er wollte nicht, daß wie früher der Pfarrer in den Gemeinden Parteivorsitzender werde. Doch darauf kam niemand zu sprechen. Eine längere Diskussion gab es über die Schulfrage, d. h. darüber, ob man weiterhin an Bekenntnisschulen festhalten solle oder ob man nicht nunmehr für die christliche Simultanschule eintreten solle, um alle Kinder mit christlichem Gedankengut vertraut zu machen. Man einigte sich schließlich dahin, eine Form zu wählen, die nur das Grundsätzliche herausstelle, die Form der Schule aber offenlasse. Auch bildete sich die Überzeugung heraus, daß das Soziale stärker herausgearbeitet werden müsse, weil man sonst den Kommunisten gegenüber nicht bestehen könne. Dabei meinte Schaeven, die neue Partei müsse eine Partei der Sachlichkeit im linken Sektor sein. Betont wurde auch, daß der Gedanke der Selbstverwaltung stärker in den Vordergrund gerückt werden müsse.

Eine längere Aussprache gab es über die Pg-Frage. Peter Schlack wollte sie von der Entschädigung ausgenommen sehen. Schaeven wollte ihnen das Wahlrecht nehmen. Dagegen meinte Franz Wiegert vom Katholischen Arbeiterverein Mannheim, daß man Gnade statt Recht, Liebe statt Haß walten lassen solle, um sie nicht ins kommunistische Lager zu stoßen. Man erfuhr schließlich, daß Freunde in Düsseldorf, Duisburg und in Essen ebenfalls an der Arbeit seien, wobei es, wie man später erfuhr, in Essen um die Frage ging, ob man den in Widerstandskreisen erörterten Gedanken verfolgen solle, zusammen mit Sozialdemokraten eine deutsche Labour-Partei zu gründen, oder ob man abseits der SPD vorgehen solle, wie es sich als Notwendigkeit herausstellte, nachdem emigrierte Sozialisten zurückgekehrt waren und von einem Aufgehen der SPD in einer größeren politischen Bewegung nichts wissen wollten.

Auf Einladung von Pater Welty wurde dann beschlossen, die Besprechung im

---

[57] *Dazu vgl.* J. HOFMANN, Die Atmosphäre des 17. Juni 1945, *in:* 10 JAHRE CHRISTLICH-DEMOKRATISCHE UNION IN KÖLN. Eine Festschrift. Köln 1955, S. 29 *ff.;* LEO SCHWERING, Frühgeschichte der Christlich-Demokratischen Union. Recklinghausen 1963, S. 53 *ff.*

kleineren Kreis (Albers, Prälat Karl Eichen, Frau Sibylle Hartmann, Hofmann, Schaeven, Peter Schlack, Schwering, Wilhelm Warsch und Karl Zimmermann) das nächste Wochenende über in Walberberg fortzusetzen und dazu auch den evangelischen Pfarrer Hans Encke mit dem einen oder anderen seiner Bekannten einzuladen. Unvergessen blieb mir ein Wort, das Schaeven entweder an diesem Tage oder bei einer der folgenden Zusammenkünfte aussprach: »Bis heute stand die Fahne des Kölner Zentrums eingerollt bei mir zu Hause. Wenn wir sie heute niederholen, dann holen wir sie aus freien Stücken und nicht auf Befehl einer Diktatur nieder.«

Der benannte Kreis traf sich am Samstag, dem 23. Juni, im Kloster Walberberg bei Brühl, das die Kriegswirren heil überstanden hatte. Von evangelischer Seite waren Pfarrer Encke, von dem man wußte, daß er der kommende Superintendent sei, und Rechtsanwalt Fritz Fuchs dazugekommen. In den Tagen zuvor hatte ich zusammen mit Pettenberg auch ein eingehendes Gespräch mit einem Mitarbeiter Enckes, dem evangelischen Pfarrer Ösinghaus von Köln-Braunsfeld. Dieser sagte ein uneingeschränktes Ja zu einer politischen Partei, die beide Konfessionen umfasse und Politik aus christlichen Grundsätzen betreibe[58].

Zu Anfang unserer Beratungen in Walberberg warf Rechtsanwalt Fuchs die Frage auf, ob man tatsächlich in den Namen der Partei das Wort »christlich« aufnehmen dürfe. Wenn das heißen solle, daß jeder Christ diese Partei wählen müsse, würde er das für einen grundsätzlichen Fehler halten. Dagegen sei auch er überzeugt, daß die Partei vom sittlichen Gewissen und vom christlichen Wollen getragen sein müsse. Über diese Frage müsse eine klare und eindeutige Antwort ausgearbeitet werden. Nachdem auch Prälat Eichen klargestellt hatte, daß sich die Kirche als solche nicht auf eine Partei festlegen könne, sondern allen Menschen nachgehen müsse, jedoch der einzelne aus seinem Glauben heraus in der Welt zu wirken habe, ergab sich bald, daß die Mitarbeit der evangelischen Freunde äußerst fruchtbar war.

Hatte uns am 17. Juni als Unterlage zur Diskussion eine Ausarbeitung Schwerings für einen »Ruf zur Sammlung des deutschen Volkes« vorgelegen, die außer einer Präambel 29 Punkte umfaßte, so lag uns am 23. Juni ein überarbeiteter sogenannter zweiter Entwurf vor, der die Präambel des ersten Entwurfes voraussetzte, aber die programmatischen Aussagen in 15 Punkten zusammengefaßt hatte. Zunächst gab es eine allgemeine Aussprache, die von den eben geschilderten grundsätzlichen Fragen ausging und dann auf die einzelnen Programmpunkte zu sprechen kam, wobei ich die Frage aufwarf, ob es richtig sei, den programmatischen Teil mit dem Satz zu beginnen »Das Reich ist eine Republik«. Meiner Ansicht nach gehöre der Punkt, der von der sittlichen Würde des Menschen spreche, an den Anfang, da das der Richtpunkt für alle programmatischen Aussagen sei.

---

[58] *Dazu vgl.* HANS ENCKE, Warum wir 1945 kamen, *in:* 10 JAHRE CHRISTLICH-DEMOKRATISCHE UNION IN KÖLN, *S. 41 ff.*

Nach Abschluß dieser Diskussion wurden Dreiergruppen gebildet, die die einzelnen Punkte unter Berücksichtigung der geführten Diskussion sorgfältig beraten und Formulierungsvorschläge machen sollten. Soweit ich mich erinnere, bestand die Dreiergruppe zur Ausarbeitung einer Präambel aus Zimmermann, Schaeven und Encke, die Dreiergruppe für wirtschaftliche und soziale Fragen aus Pater Welty, Peter Schlack und mir und die Dreiergruppe für die Aussage über die Schulfrage aus Prälat Eichen, Rechtsanwalt Fuchs und einem weiteren Teilnehmer, dessen Name mir entfallen ist.

Sonntagabend wurden die Ergebnisse der Arbeitsgruppen zusammengestellt. Als die Besprechung um 22 Uhr geschlossen werden konnte, war das Ergebnis dieser sogenannten ersten Lesung eine sehr geraffte Präambel und ein Programm aus 13 Punkten. Mit diesem Ergebnis kehrten wir nach Köln zurück, um es in der Woche darauf weiter zu durchdenken und mit den übrigen Freunden und Bekannten zu besprechen, um dann am nächsten Wochenende wieder zur abschließenden zweiten Lesung zusammenzukommen.

Da es zu weit führen würde, den Wortlaut des Entwurfs zu zitieren, seien hier nur einige Punkte herausgegriffen. So sollten die sozialen und wirtschaftspolitischen Programmpunkte nun lauten: »Die Eigentumsverhältnisse werden geregelt nach den kulturellen und materiellen Forderungen des Gemeingutes und nach sozialer Gerechtigkeit; die Aufspaltung der Bevölkerung in Besitzende und Nichtbesitzende wird dadurch überwunden, daß ein gerechter Güterausgleich geschaffen und allen der Erwerb von Eigenbesitz ermöglicht wird; die Ebene des Gemeineigentums wird soweit erweitert, wie es das Gemeingut gebietet; die Wirtschaft wird neugeordnet auf der Grundlage der freien körperschaftlichen Selbstverwaltung; sie wird ausgerichtet nach dem Grundsatz der Bedarfsdeckung, und ihre Herrschaft wird gebrochen; die selbständigen Klein- und Mittelbetriebe werden erhalten, gefördert und tunlichst vermehrt.«

In Verbindung mit den wirtschaftspolitischen Forderungen stand der Programmpunkt über die Bewältigung der Kriegslasten: »Die infolge der Katastrophe des Hitlerregimes dem deutschen Volke aufzuerlegenden steuerlichen Lasten müssen nach sozialen Gesichtspunkten gerecht verteilt werden. Auch sind die Kriegsschäden nur nach Maßgabe der Einkommens- und Vermögenslage des einzelnen zu regulieren. Die für den Krieg und seine Verlängerung Verantwortlichen sind hiervon grundsätzlich auszuschließen. Ihre Vermögen sind zugunsten der Kriegsgeschädigten einzuziehen. Die Kriegsgewinne sind weitgehend wegzusteuern.« Wie man sieht, war das Wort Lastenausgleich noch nicht erfunden.

Hinsichtlich der Erziehung und der Schule wurde folgendes gesagt: »Wir fordern für alle Jugenderziehung das Recht der Eltern auf die Gestaltung der Erziehung der Kinder. Diese grundsätzliche Forderung gewährleistet die Bekenntnisschule für alle vom Staat anerkannten Religionsgesellschaften wie auch die Gemeinschaftsschule mit konfessionellem Religionsunterricht als ordentlichem Lehrfach.«

Bei den Mahlzeiten waren wir zusammengekommen mit einigen Angehörigen
der Regierung der Nordrhein-Provinz, zu der am 20. Juni 1945 die Regierungs-
bezirke Köln, Aachen und Düsseldorf zusammengeschlossen worden waren.
Leiter dieser Provinzialregierung war Oberpräsident Hans Fuchs, der auch vor
1933 Oberpräsident der gesamten Rheinprovinz gewesen war. Sie hatte zunächst in Bonn-Duisdorf ihre Arbeit aufgenommen, wurde aber Anfang Juli
nach Düsseldorf verlegt.

Den Samstagabend (23. Juni) hatten wir zusammen mit Pater Provinzial Laurentius Siemer verbracht. Er erzählte von seinen Schicksalen und wie er dem
Zugriff der Gestapo entkommen war. Dann aber warf er die Frage auf, ob
man die Partei, die wir ins Auge gefaßt hatten, nicht »Christlich-Sozialistische
Partei« nennen sollte. Das wurde bei Fortsetzung der Beratungen am Sonntag
abgelehnt. Doch konnte bei dieser ersten Zusammenkunft in Walberberg noch
keine volle Einigung über den Namen erreicht werden. Dagegen wurde Pater
Siemer anheim gegeben, zum kommenden Wochenende auch einen Kreis von Jugendlichen und Heimkehrrern einzuladen, um auch einmal deren Meinung zu
hören.

Von dem Programmentwurf fertigte mir bereits am Montag Erika Vogt im
Sekretariat Neven einige Abschriften an. Als erstes suchte ich am Dienstagmor-
gen Frau Teusch auf, die Ende der Woche nach Köln zurückgekehrt war. Unter
Tränen erzählte sie mir, wie sie noch in den letzten drei Tagen vor der Ankunft der Amerikaner von der Gestapo umgelegt werden sollte, wie aber der
SS-Mann, der sie im Krankenhaus von Neheim-Hüsten erschießen sollte, an der
Pforte des Hauses mit der Nachricht überrascht wurde, daß soeben seine Toch-
ter schwerverletzt durch einen Granatsplitter eingeliefert worden sei. Ohne sich
noch um seinen Auftrag zu kümmern, sei der SS-Mann dann in das Kranken-
zimmer seiner Tochter gestürzt, die noch am gleichen Tage in den Armen ihres
Vaters gestorben sei. Dann las Frau Teusch den Entwurf durch und schrieb eine
Reihe von Vorschlägen hinein, vor allem auch Verbesserungen stilistischer Art.

Am Mittwoch (27. Juni) traf ich Albers. Er meinte, die wirtschaftspolitischen
Punkte müßten noch einmal gründlich überlegt werden. Außerdem vermißte er
einen Satz über die bäuerliche Siedlung und über eine Reform des Großgrund-
besitzes. Ich bat ihn recht dringend, doch am nächsten Wochenende nach Walberberg zu kommen, auch wenn er seine Gewerkschaftsfreunde zu sich eingeladen habe. Raskin wünschte, daß der Gedanke der freien und verantwortlichen
Unternehmerpersönlichkeit und der Gedanke der Selbstverantwortung der Arbeiter eingebaut würden. Auch mit Suth hatte ich ein Gespräch. Er ging allerdings weniger auf unseren Programmentwurf ein, sondern lehnte das in der
Schweiz veröffentlichte Manifest von Josef Wirth und dem ehemaligen preußischen Ministerpräsidenten Otto Braun als zu sozialistisch ab[59]. Adenauer konnte

---

[59] Das Demokratische Deutschland. Grundsätze und Richtlinien für den deutschen Wiederaufbau im demokratischen, republikanischen, föderalistischen und genossenschaftlichen Sinne,

ich leider nicht erreichen. Ich wußte aber, daß er von Schaeven über alles orientiert wurde. Architekt Theodor Menken, der vor 1933 einmal Vorortspräsident des Kartellverbandes Katholischer Deutscher Studentenvereine gewesen war, gab mir einen Entwurf, den er von sich aus ausgearbeitet hatte.

In dieser Woche wurde das Ergebnis der Bischofskonferenz von Werl bekannt. Danach forderten die Bischöfe katholische Schulen für katholische Kinder und dementsprechend auch katholische Lehrerbildungsanstalten sowie die Beseitigung des staatlichen Schulmonopols, allerdings bei Aufrechterhaltung der staatlichen Schulaufsicht, und Förderung der von den Eltern geforderten Privatschulen durch staatliche Mittel. Im übrigen hatten die Bischöfe beschlossen, daß die alten Standesvereine nicht wieder aufleben sollten. Vielmehr sollte die Katholische Aktion aufbauen auf den vier Lebensständen: männlicher und weiblicher Jugend, Männer und Frauen. In diese Arbeit könnten die berufsständischen Gruppen und ihre Zentralen eingegliedert werden.

So kam Samstag, der 30. Juni, heran, an dem wir uns wieder in Walberberg trafen. Der Lauf der Beratungen vollzog sich indessen anders, als wir es geplant hatten. Pater Provinzial Siemer legte uns überraschend einen neuen Entwurf vor, der zur Bildung einer »Christlich-Sozialistischen Volksgemeinschaft« aufrief. Völlig neu war die Präambel, die die Frage stellte, wie der Nationalsozialismus ausgerottet werden könne und dann fortfuhr: »Wir überwinden den Ausbeutungswillen der kapitalistischen Macht durch den Sozialismus der Tat. Wir bekennen uns zu den sittlichen Grundsätzen des Christentums. Wir schließen uns zusammen zur christlich-sozialistischen Volksgemeinschaft.«

Im Laufe der Beratungen tauchte dann eine überarbeitete Fassung dieser Präambel auf, die den »wahren Sozialismus« von den falschen Zielsetzungen und Forderungen des Marxismus abgrenzte und eine soziale Ordnung forderte, »die dem Geist und der Weise des christlichen Naturrechtes vorbehaltlos entspricht.« Die einzelnen Programmpunkte waren dagegen nur geringfügig abgewandelt und dabei auch stilistisch verbessert. So sollte zum Beispiel nach seinem Vorschlag der Schulartikel lauten: »Den Eltern wird das Recht auf die Erziehung ihrer Kinder zurückgegeben. Die Eltern bestimmen, ob ihr Kind in der Bekenntnisschule oder in der christlichen Gemeinschaftsschule unterrichtet und erzogen werden soll.« Dabei fiel allerdings auf, daß der zweite Satz auf der Rückseite des uns überreichten Papiers, das das Datum vom 28./29. Juni trug, hinzugefügt worden war.

Auch sonst war die prägnantere Fassung anzuerkennen, die einzelne Programmpunkte erfahren hatten. So wurde vorgeschlagen, den Satz über die Überwindung der Aufspaltung der Bevölkerung in Besitzende und Nichtbesitzende folgendermaßen zu fassen: »Durch gerechten Güterausgleich und soziale Lohnge-

hrsg. vom Hauptvorstand der Arbeitsgemeinschaft »Das Demokratische Deutschland«: DR. JOSEF WIRTH, DR. OTTO BRAUN, DR. WILHELM HOEGNER, DR. J.-J. KINDT-KIEFER, H. G. RITZEL. Bern und Leipzig 1945.

staltung soll es den Nichtbesitzenden ermöglicht werden, zu Eigentum zu kommen.« Für die Bewältigung der Kriegslasten wurde die Formulierung angeboten: »Die infolge der Katastrophe des Hitlerregimes dem deutschen Volke aufzuerlegenden steuerlichen Lasten werden nach sozialen Gesichtspunkten gerecht verteilt. Die Kriegsschulden werden nach Maßgabe der Einkommens- und Vermögenslage der einzelnen reguliert. Den für den Krieg und seine Verantwortung Verantwortlichen wird jegliche Entschädigung grundsätzlich versagt; ihre Vermögen sind zugunsten der Geschädigten einzuziehen, die Kriegsgewinne werden weitgehendst weggesteuert.«

Manche solcher Formulierungshilfen sind, wenn auch noch einmal weiterentwickelt, in die endgültige Fassung der Kölner Leitsätze eingegangen. Dennoch brachte uns der überraschende Vorschlag, von einer »Christlich-Sozialistischen Volksgemeinschaft« zu sprechen, in einen Gegensatz zu Pater Siemer und führte sogar zu einem bedauerlichen heftigen Zusammenstoß persönlicher Art zwischen Schwering und ihm, insbesondere auch deshalb, weil sich Schwering statt eines kleinen Kreises Jugendlicher einem so großen Kreis von ihnen gegenübersah, daß wir uns während der allgemeinen Debatte fast wie verloren in der großen Menge vorkamen. Trotzdem beschlossen wir beim Abendessen, am Sonntagvormittag nach dem Hochamt der Diskussion noch einmal die Zügel freizugeben, dann aber in unserem Kreise an die geplante zweite Lesung zu gehen und die Formulierungen noch einmal durchzuarbeiten, auch um zu sehen, wo man an Siemers Vorschläge anknüpfen könne.

Die Auseinandersetzung mit dem Kommunismus hatte bereits am Samstagnachmittag eine wesentliche Rolle gespielt. Uns lag nämlich ein kommunistisches Programm für Deutschland vor, dessen naive Harmlosigkeit alle bisherigen Winkelzüge der KPD in den Schatten stellte. Gegen Abend war endlich Albers gekommen. Bis spät in die Nacht erzählte er mir von seinen Schicksalen und von den Schicksalen derer, die in Plötzensee umgebracht worden waren. Überraschend kam an diesem Abend auch die Rundfunkmeldung durch, daß Dr. Andreas Hermes und Ernst Lemmer von den ehemaligen Hirsch-Dunckerschen Gewerkschaften in der russisch besetzten Zone eine Christlich-Demokratische Union gegründet hätten.

Nach dem Mittagessen am Sonntag, dem 1. Juli, teilten wir uns wieder in Gruppen zur Beratung der einzelnen Programmpunkte auf. Dabei verlangte Albers zu dem sozialpolitischen Punkt den Zusatz, daß Eisenbahn und Post, Kohle- und Energiewirtschaft, Banken und Versicherungswesen in öffentliche Dienste zu überführen seien. Mit der Ausnahme, daß Banken und Versicherungen nur unter staatliche Kontrolle gestellt werden sollten, wurde der Vorschlag angenommen. Dagegen fand ein vor mir unterstützter Vorschlag, sich hinsichtlich der Überbrückung der Kluft zwischen Besitzenden und Nichtbesitzenden eng an die Worte der Enzyklika »Quadragesimo anno« anzuschließen, keine Zustimmung.

Am späten Nachmittag konnten wir die Arbeiten unseres Kreises abschließen.
In Köln wurde allerdings das Ergebnis unserer Beratungen noch einmal überarbeitet und wieder mit einer längeren Präambel versehen. Dann konnten die
Kölner Leitsätze gedruckt werden und in die Lande hinausgehen. Da sie die
Bemerkung trugen »Vorgelegt von den christlichen Demokraten Kölns im Juni
1945« wurde in der Weiterentwicklung der Dinge der 17. Juni als das Gründungsdatum der Christlich-Demokratischen Partei angegeben. Mit gutem Recht
haben evangelische Freunde dagegen protestiert, da sie am 17. Juni noch gar
nicht dabei waren und an diesem Tage nur von ehemaligen Zentrumsleuten beschlossen worden war, nicht wieder das frühere Zentrum zu beleben, sondern
zusammen mit den evangelischen Christen eine über die Konfessionsgrenzen
hinausgreifende christlich-demokratische Bewegung zu entwickeln.
Deshalb wäre als der eigentliche Gründungstag der christlich-demokratischen
Bewegung in Westdeutschland der 1. Juli 1945 zu bezeichnen, weil an diesem
Tage die Kölner Leitsätze in ihren Grundzügen in Zusammenarbeit mit evangelischen Freunden beschlossen wurden. Wenn Schwering später immer wieder
auf den 17. Juni zurückkam, so wollte er damit kundtun, daß die Kölner Leitsätze völlig unabhängig von der Gründung der Christlich-Demokratischen
Union Deutschlands in Berlin erarbeitet waren.
An der Weiterentwicklung der Kölner Leitsätze zum Programm der rheinischen
und der westfälischen CDP, die sich am 2. September in Köln und in Bochum
konstituierte, war ich wegen meiner Übersiedlung nach Aachen am 3. Juli nicht
mehr beteiligt. Als wir uns am Montag, dem 2. Juli, nach einem Requiem für
die Opfer des Nationalsozialismus, von Walberberg verabschiedeten, war dies
auch zugleich der Abschied von meinen Kölner Freunden. Hinsichtlich des Programms der rheinischen CDP erfuhr ich aber noch, daß die dafür beschlossene
Präambel mit den Eingangsworten »Gott ist der Herr der Geschichte und Völker, Christus die Kraft und das Gesetz unseres Lebens« auf die Wuppertaler
Parteifreunde wie Otto Schmidt und Emil Marx zurückging.
Auch in Hessen und Baden-Württemberg wurden ähnliche Programme entwikkelt. Das in Berlin erarbeitete Programm wurde Ende Juli durch den Rundfunk
verbreitet und auch in englischen Zeitungen veröffentlicht. Unter dem 22. August sandte mir Julius Stocky seine Denkschrift über die künftige Gestaltung
des deutschen Parteiwesens mit der Anlage »Gedanken zur Zielsetzung einer
sozialkonservativen Partei« zu. Im Oktober erhielt man das von Adam Stegerwald unterzeichnete Programm der Christlich-Sozialen Union für Würzburg-
Stadt und -Land. Für die britische Zone wurde in der Programmentwicklung
ein gewisser Abschluß erreicht mit dem »Aufruf und Parteiprogramm von Neheim-Hüsten«, das am 1. März 1946 unter Adenauers Leitung von Delegierten
aus der gesamten britischen Zone beschlossen wurde.
Im Rheinland und in Westfalen ging die ganze Zeit über die Auseinandersetzung
mit dem Zentrum weiter, dessen Wiederbegründung Wilhelm Hamacher betrieb,

der auf der Gründungsversammlung der rheinischen CDP vergebens versucht hatte, die Anwesenden zugunsten des Zentrums umzustimmen. Trotzdem wurden die Versuche nicht aufgegeben, dennoch mit ihm zu einer Einigung zu kommen. Ich selbst hatte noch einmal eine Unterredung mit ihm im Hause von Herbold, bei der auch Weihbischof Josef Ferche aus Breslau zugegen war, der inzwischen Weihbischof in Köln geworden war. Aber auch diese Unterredung war vergebens. Am 14. Oktober 1945 wurde in Soest mit einem Programm, das Grundsätze und Zielsetzungen enthielt, unter Wilhelm Hamachers Leitung das Zentrum wiederbegründet. Trotzdem fand am 10. November, als Dr. Hermes von Berlin ins Rheinland gekommen war, unter dessen Leitung ein von tiefem Ernst getragener abermaliger Einigungsversuch im kleinen Kreis in Düsseldorf statt. Diese Zusammenkunft beendete Hamacher mit einer Erklärung, die er im Namen einiger seiner Freunde abgab, daß eine Fortsetzung des Gesprächs im kleinen Kreis zwecklos sei. Am 21. November wandte sich dann noch einmal Heinrich Strunk aus Essen brieflich an Hamacher, um ihn anhand einer mit Mühe erstellten Unterlage über frühere und auch in Zukunft zu erwartende Wahlergebnisse nachzuweisen, daß sein Zentrum von vornherein dazu verurteilt sei, über eine Splitterpartei nicht hinauszukommen. Über die kommende Entwicklung mußten nun die Wahlen der nächsten Jahre entscheiden.

13. CHEFREDAKTEUR DER »AACHENER NACHRICHTEN«

Noch vor der ersten Zusammenkunft in Walberberg wurde ich, wie es verabredet gewesen war, am 21. Juni nach Aachen abgeholt, um mit dem scheidenden amerikanischen Presseoffizier und den schon anwesenden Engländern über ihr Angebot, die Chefredaktion der »Aachener Nachrichten« zu übernehmen, zu sprechen. Am 27. Juli wollte nämlich Armeegeneral Robert A. McClure als erstem Deutschen Heinrich Hollands die amerikanische Lizenz Nr. 1 überreichen. Die Zeitung war von der amerikanischen Armee wenige Wochen nach der Einnahme Aachens ins Leben gerufen worden. Für den Druck war in der Theaterstraße das Verlagsgebäude des ehemaligen »Politischen Tageblatts« beschlagnahmt worden, das ohne schwerere Beschädigungen den Krieg überstanden hatte. Als Betriebsleiter wurde der frühere Setzer und Drucker Heinrich Hollands eingesetzt[60]. Er nannte sich Generalleiter. Redakteure waren deutschsprechende amerikanische Presseoffiziere, zu denen bald als erster deutscher Redakteur Otto Pesch hinzutrat. Am 1. April war als Dolmetscherin die Studentin Änne Vaßen hinzugekommen.

Die erste Nummer, vorerst allerdings in kleinem Format, war mitten im Kriege noch vor dem Übergang über die Rur am 24. Januar 1945 erschienen, während kaum 70 Kilometer weiter ostwärts noch der nationalsozialistische »Westdeutsche Beobachter« von »Judenblatt«, »Jüdischen Schreibsöldlingen« und von »Landesverrat« schreiben konnte. Welches Risiko damals Deutsche trugen, die in Aachen ein freies Deutschland aufzubauen begannen, hatte am Palmsonntag, dem 25. März, die Ermordung des Oberbürgermeisters Franz Oppenhoff in seiner Wohnung auf Befehl und Anstiften Himmlers durch SS-Leute des Wehrwolfs gezeigt. Im Zeitungskopf nannten sich die »Aachener Nachrichten« im Juni 1945 »Erste neudeutsche Zeitung. Amtliches Organ für den Regierungsbezirk Aachen«. Während es dabei noch hieß »Herausgegeben mit Genehmigung der alliierten Militärbehörde«, hieß es nach der Lizenzerteilung: »Veröffentlicht unter Zulassung No. 1 der Nachrichtenkontrolle der Militärregierung«.

Nun aber war in ganz Deutschland die Hitlerdiktatur in einem Inferno untergegangen, das das Deutsche Reich und das deutsche Volk mit in den äußersten Ruin riß. Die Stunde der Freiheit war zugleich die Stunde der Katastrophe und die Stunde der Sieger und ihrer Militärregierungen. Was war deshalb zu erhoffen von einer Zeitung, die einerseits die Leser zu demokratischer Haltung führen

---

[60] *Dazu vgl.* HERMANN SCHAEFER, Ende und Anfang. Zur Geschichte der »Aachener Nachrichten«. Aachen 1947; ELISABETH MATZ, Die Zeitungen der US-Armee für die deutsche Bevölkerung (1944–1946). Münster 1969. (*Darin S. 33 ff.:* Die »Aachener Nachrichten« – ein Experiment); HAROLD HURWITZ, Die Stunde Null der deutschen Presse. Die amerikanische Pressepolitik in Deutschland 1945–1949. Köln 1972. (*Darin S. 54 ff.:* Das Aachener Experiment).

sollte, andererseits aber unter der Zensur der Besatzungsmächte stand? Diese
Frage ging mir während der Fahrt nach Aachen immer wieder durch den Kopf.
Aus den Trümmerbergen Kölns führte die Straße mit mancherlei Umleitungen
durch Landstriche, über die der Krieg hinweggesprungen war. Hier reiften schon
wieder Felder neuer Ernte entgegen.

Am Straßenrande schleppten sich müde Rückwanderer dahin, die nach Monaten
der Evakuierung in ihre Heimatorte zurückstrebten. Dann aber wandelte sich das
Bild. Jülich, das mir in seiner einstigen Schönheit aus der Zeit vor 1933 vor Augen
stand, als ich dort einmal einen Vortrag gehalten hatte, war ein einziger Trüm-
merhaufen. Nur wenige Häuser an der Einfahrtstraße, der Römerstraße, standen
noch. Weite Strecken des Landes waren als Minenfelder eingezäunt, damit sie
keiner betrete, bis die Minen geräumt seien. In den Gefangenenlagern suchte man
nach Pionieroffizieren, die über diese Minenfelder Bescheid wußten. Viel Land
war noch unbestellt, manche Rübenfelder hatten im Herbst nicht abgeerntet
werden können. Roter Mohn und blaue Kornblumen suchten einen Schleier des
Vergessens über die Landschaft zu breiten. Auf den Rändern der Bombenkrater
und Granateinschläge hatten sich Kamillen mit ihren weißen Blüten angesiedelt,
gleichsam als ob die Erde Kamillenumschläge auf ihre Wunden legen wollte.
Die Höhe des Kaninberges gab den Blick auf Aachen frei. Aus der Ferne schien
es ziemlich unzerstört. Aber bei der Einfahrt mußte man feststellen, daß es eher
noch Köln an Zerstörungen übertraf.

Das Gespräch in den Redaktionsräumen der »Aachener Nachrichten« führte im
wesentlichen der britische Presseoffizier C. K. Greenard, ein früherer Redakteur
der Londoner Vertretung der »Yorkshire Post«, einer konservativen Zeitung
Englands, und sein Mitarbeiter Spalding, der in jungen Jahren mit seinem Vater
aus Deutschland emigriert war, inzwischen Privatdozent für Germanistik geworden war und dann den Krieg auf englischer Seite mitgemacht hatte. Da in
wenigen Tagen Aachen von den Engländern übernommen werden sollte, hielt
sich der amerikanische Presseoffizier zurück. Die Meldungen, so wurde mir erklärt, kämen durch Funk gemorst aus London. Dort sei ein eigener Dienst für
Militärregierungszeitungen in Deutschland, News File genannt, geschaffen worden. Ich fragte, ob solche Meldungen Rohstoff zur freien Auswahl seien, oder ob
sie so, wie sie gefunkt würden, gebracht werden müßten. Man müsse unterscheiden zwischen Auflagemeldungen und freien Meldungen, wurde mir erwidert.
Auflagemeldungen müßten so, wie sie durchgegeben würden, ohne jede Änderung
gebracht werden. Freie Meldungen seien Rohstoff für die Redaktion.

Dann schnitt ich die Frage an, ob eine Kommentierung möglich sei. Dazu wurde
mir erklärt, daß nur Angaben zur Sache möglich seien, eigene Meinungen dazu
seien ausgeschlossen. Dann lenkte ich das Gespräch darauf, daß deutsche Leser
nicht nur Nachrichten und ihre Erklärung haben wollten, sondern auch Glossen
lesen möchten, ob man also solche Meldungen auch als Glossen verarbeiten könne.
Dazu meinte man, solche Glossen würden am besten in London geschrieben. Ich

brauchte nur das gewünschte Thema anzugeben, man würde dann den Artikel aus London besorgen. Schließlich kam ich auf die Möglichkeit eines Heimatcharakters des Blattes zu sprechen. Man gab mir recht, daß wichtige Meldungen aus Aachen auch auf der ersten Seite erscheinen könnten und daß im übrigen eine regionale Berichterstattung aufgebaut werden müsse. Auch könne Heimatgeschichtliches und Unpolitisches gebracht werden, wobei die Mitarbeit Außenstehender möglich sei. Insgesamt gesehen solle die Zeitung ein Experiment für die ganze britische Zone sein. Außer der redaktionellen Arbeit werde aber auch meine Mitarbeit an der gerade gegründeten Journalistenschule erwartet, die nunmehr ausgebaut werden solle und die zusammen mit einem College in Marburg den journalistischen Nachwuchs konsequent demokratischer Gesinnung für die britische und für die amerikanische Zone ausbilden solle.

Als ich bemerkte, ich hätte eigentlich beim Start des deutschen Pressewesens in Köln dabei sein wollen, wurde mir erwidert, daß ein Spatz in der Hand besser sei als eine Taube auf dem Dach. Wochenendfahrten zu meiner Familie in Köln, für die ein Unterkommen in Aachen nicht zu finden sei, ständen mir indessen frei. Ich nahm Abschied mit dem Versprechen, meinen Entschluß zwei Tage später, am Samstag, dem 23. Juni, durchzugeben.

Während der Rückfahrt überlegte ich mir, wer mich wohl den Amerikanern in Aachen vorgeschlagen haben könnte. Ich habe es nie erfahren. Es konnte Bischof van der Velden gewesen sein, der später sehr glücklich war, daß ich die Aufgabe übernommen hatte. Es konnten aber auch, nachdem was ich von Berger über Mr. Knoll erfahren hatte, die Amerikaner selbst gewesen sein, die über deutsche Redakteure auffallend gut unterrichtet gewesen waren. Wichtiger war indessen für den Augenblick die Frage, ob ich annehmen solle oder ob ich darauf warten solle, bis Dr. Kurt Neven seine Zeitungspläne realisieren könnte. Als ich am anderen Morgen mit ihm sprach, hielt er es für einen Start in Köln besser, wenn ich zunächst in Aachen annähme und damit ein bei der Militärregierung akkreditierter Schriftleiter geworden sei. Nach mancherlei weiteren Überlegungen mit Kollegen, Freunden und Bekannten gab ich vor der Abfahrt nach Walberberg meine Zusage nach Aachen durch.

Als ich dann aus Walberberg zurückkehrte, war auch meine Frau nach Köln gekommen. Für sie war es natürlich schwer, ja zu sagen, da wir nun längere Zeit getrennt voneinander wohnen müßten und ich nur zum Wochenende nach Köln herüberkommen könne, wobei sie noch nicht einmal endgültig mit der Familie nach Köln zurückgekehrt war. Doch sahen wir keinen anderen Weg für mich, wieder eine Existenz zu gründen. Im Laufe der Woche kam auch Norbert aus Schnellenbach, der die Kunde mitbrachte, daß am 27. Juni die Sender London und Luxemburg ausführlich über die Lizenzerteilung an Heinrich Hollands in Aachen berichtet hatten.

Nach meiner Rückkehr vom zweiten Walberberger Wochenende packte ich am 3. Juli meine Koffer. Diesmal holte mich Hollands selbst ab, der auch einen aus

Aachen stammenden Lehrer mitnahm, der aus Bayern zurückgekehrt war und der früher an einer weltlichen Schule beschäftigt gewesen war. Aus ihren Gesprächen wurde mir bald klar, daß es sich bei beiden um linke Sozialdemokraten handelte, die ihren freigeistigen Antiklerikalismus durchaus nicht verbargen. Damit wurde mir auch klar, wie die Amerikaner glaubten, die Überparteilichkeit einer Zeitung sichern zu können, indem sie Menschen höchst unterschiedlicher Standpunkte in der Leitung einer Zeitung zusammenbanden. In der Tat war in der Folgezeit meine Tätigkeit bei den »Aachener Nachrichten« von einem dauernden Kleinkrieg zwischen Hollands und mir durchzogen.

Zum Kreise um Hollands gehörte auch Maria Pascher, die Leiterin der Journalistenschule, die sich den Kommunisten angeschlossen hatte und später Landtagsabgeordnete der KPD wurde, während ihr Mann als Vizepräsident der Bezirksregierung SPD-Mann war. Man hatte zunächst, als man hörte, ich käme von der KZ (»Kölnischen Zeitung«), geglaubt, ich käme aus dem KZ (Konzentrationslager) und sei ihnen sinnesverwandt. Als dieser Irrtum aufgeklärt war, spürte ich eine deutliche Aversion gegen mich. Unterkunft fand ich in dem für die Journalistenschule beschlagnahmten Hause Martin-Luther-Straße 17. Auch hier war der Hauswart, ein Herr Feiler, ein erklärter Kommunist. Trotzdem hatte ich Mitleid mit ihm, da er zehn Jahre lang im Konzentrationslager gewesen war, und dann, als ihm schließlich die Flucht daraus geglückt war, zwei Jahre lang von seiner Frau in deren Wohnung verborgen gehalten werden mußte, wobei seine Frau ihn von ihren Rationen miternähren mußte. Er war zunächst als Leiter der Abteilung 1 A (Politische Polizei) der Bezirksregierung eingesetzt worden, dann aber aus dieser Stellung wieder entlassen worden. Als später das Internat für den zweiten Kursus bezogen wurde, kam ich dazu, wie er im Aufenthaltsraum die neuen Schüler gegen die »Schwarz-Braunen« aufzuhetzen suchte, womit er die Katholiken meinte.

Meine Verpflegung übertraf in den ersten Tagen die kühnsten Träume. In der Betriebskantine lebte man noch von den hinterlassenen Vorräten der Amerikaner. Dann aber mußte ich für mich selbst sorgen, d. h. ich mußte nun auch stundenlang in Schlangen anstehen. Um so glücklicher war ich, als mir Bischof van der Velden sagte, wenn ich Hunger habe, könne ich zu ihm kommen, und als ich dann nach seiner Rückkehr aus dem Konzentrationslager Domkapitular Nikolaus Jansen traf, der mir einen Mittagstisch im Moselhäuschen besorgte. Später besorgte mir dann Pfarrer Josef Göttschers von der Marienkirche, mit den ich durch den Kölner Generaldirektor Horatz, der inzwischen auch die Leitung des Eschweiler Bergwerksvereins übernommen hatte, bekannt geworden war, einen Mittagstisch bei den Christenserinnen in der Wallstraße. Da er von den Schwestern die Raucherkarten einsammelte, konnte er mir davon abgeben, bis die Schwestern mit der Reparatur des Hauses begannen und nun die Raucherkarten für die Handwerker notwendig hatten.

Meine Tätigkeit als Chefredakteur begann ich damit, daß ich zunächst die Redaktion, die noch aus der Zeit vor der Lizenzierung stammte, um mich versammelte: Otto Pesch, Fräulein Opitz und die beiden Volontärinnen Renate Borchers und Helga Brockhoff. Wir besprachen unsere Zusammenarbeit. Ich wünschte, daß alles, was in die Setzerei gehe, zunächst durch meine Hände gehe. Die von mir geprüften Manuskripte gingen dann zunächst zum militärischen Zensor, der deshalb noch vorhanden war, weil der Krieg in Ostasien noch andauerte. Der bisherige amerikanische Zensor, Leutnant Schröder, empfing mich sehr freundlich und verabschiedete sich zugleich. Er war der Sohn eines amerikanischen lutherischen Missionars deutscher Abstammung, der damals in Indien tätig war. Vor dem Kriege hatte er in Deutschland evangelische Theologie studiert und war, wie er offen zugab, zunächst von den Leistungen des Nationalsozialismus beeindruckt, bis er merkte, daß alles nur der Kriegsvorbereitung diente, worauf er sein Studium in Deutschland abbrach und in die Staaten zurückkehrte. Seine Stellung übernahm nun der englische Hauptmann Gill, der anfangs übervorsichtig war und sogar meinte, auch Reutermeldungen und Nachrichten des News File über die Vorbereitung der Potsdamer Konferenz dürften nicht gebracht werden, bis es Greenard, Spalding und mir gelang, ihn zu überzeugen, daß die Meldungen des News File doch gerade für die von der Militärregierung in Deutschland ins Leben gerufenen Zeitungen ausgewählt seien.

Mit Greenard, dem Presselenkungsoffizier, der den Inhalt der Zeitung und ihre Aufmachung zu überwachen hatte, kam ich von den ersten Tagen an zunehmend ins Gespräch. Er erklärte mir in aller Offenheit, daß er mich um meine Aufgabe nicht beneide. Ich stand in der Tat zwischen allen Fronten, einmal zwischen den deutschen Erwartungen und der britischen Besatzungspolitik, indem ich demokratisches Bewußtsein wecken sollte und doch an die Weisungen der Militärregierung gebunden war. Gleichzeitig stand ich aber auch zwischen den Fronten, die sich in der Bevölkerung aufgetan hatten von den Kommunisten bis zu den Konservativen, wobei jede Gruppe etwas anderes von der Zeitung erwartete. Greenard stimmte mir zu, daß die Zeitung ein Gesicht bekommen müßte, wie es die Deutschen von ihren Zeitungen gewohnt seien. Nach wenigen Tagen gab er mir die Erlaubnis, »Neues aus aller Welt« englischen Zeitungen in freier Auswahl zu entnehmen.

Was den Inhalt betraf, hatte er folgende Instruktionen: Keine innerpolitischen deutschen Auseinandersetzungen und, da über das Schicksal des Reiches noch nichts entschieden sei, keine Betrachtungen vom gesamtdeutschen Standpunkt. Aus weiteren Gesprächen, vor allem auch mit seinem Mitarbeiter Spalding, wurde mir bald klar, daß es tatsächlich Bestrebungen gab, Aachen an Belgien anzuschließen, aber die Engländer nicht daran dachten, das zu tun. Auch Hollands meinte, daß die Bewegung »Freies Rheinland« bald ihr Ende finden würde, weil diese Leute ganze Kisten von Schmuck und Uhren nach Belgien schafften und dort gegen Lebensmittel eintauschten, die dann zur Verteilung an die Anhänger der Bewegung mit belgischen Militärfahrzeugen über die sonst hermetisch abgeschlossene

Grenze in den Aachener Bezirk gebracht würden. Ein paar Tage später (5. Juli) sagte mir Oberbürgermeister Dr. Wilhelm Rombach, daß die Militärregierung die Bewegung »Freies Rheinland« für illegal erklären würde.

Im übrigen verpflichtete mich Greenard, keine Nazibegriffe wie Lebensraum, Blut und Boden und dergleichen zu gebrauchen, sowie keine Kritik an der Militärregierung zu üben. Einige Wochen später gab mir Greenard eine Zusammenstellung von Richtlinien, die er anhand seiner Instruktionen angefertigt hatte. Danach durfte nicht allein den Nazis und den Militaristen die Schuld am Kriege gegeben werden, sondern das ganze deutsche Volk solle auf seine Schuld hingewiesen werden. Bemerkungen, daß die Zoneneinteilung noch nicht endgültig sei, dürften nicht gebracht werden. Die Lebensmittel- und Wirtschaftslage müßte im Zusammenhang mit der Not in anderen Ländern gesehen werden. Dagegen sollte das äußerste getan werden, das deutsche Volk zu ermuntern, sich selbst ins Geschirr zu legen und die Pläne der Militärregierung zu unterstützen. Darüber hinaus hatte Greenard bereits bei meinem ersten Gespräch mit ihm gesagt, ich müsse Rückgrat gegenüber den Schreibversuchen von Hollands zeigen. Seine bisherigen Beiträge zeigten, daß er keinen guten Stil habe. Die Leitung des redaktionellen Teils der Zeitung liege bei mir und nicht bei ihm.

Auf solche Bemerkungen Greenards gestützt, hielt ich es auch für meine Aufgabe, selbst Glossen zu schreiben und sie nicht nur in London zu bestellen. So legte ich ihm bereits nach wenigen Tagen eine Glosse »Ernte 1945« vor, in der ich die Aufgabe der Politik, gegen Chaos und Barbarei anzukämpfen, mit dem Kampf verglich, in dem die Landwirtschaft ständig gegen die Rückkehr der Wildnis stehe. Greenard sandte mein Manuskript nach London zur Prüfung und konnte mir am 26. Juni dazu gratulieren, daß diese Glosse im Morsedienst des News File ohne jede Änderung für alle Militärregierungszeitungen, insbesondere aber für die »Aachener Nachrichten«, zurückgekommen sei. Nun stand es mir frei, weiterhin selbständig zu schreiben, und so schrieb ich am 7. August auch den ersten Leitartikel.

Über einen Monat später, als Greenard, zum Hauptmann befördert, nach Köln zum »Kölnischen Kurier« versetzt wurde, hätte er mich am liebsten mitgenommen, da die »Aachener Nachrichten« in der Presseabteilung des britischen Hauptquartiers als, wie er wörtlich sagte, »das beste Blatt in der britischen Zone« galt. Dabei sagte er mir auch bei einem weiteren Gespräch in Köln, es sei seinerzeit bei der Lizenzerteilung Hollands gegenüber erklärt worden, er solle zwei Redakteure verschiedener Richtung einstellen, um das Blatt im politischen und weltanschaulichen Gleichgewicht zu halten. Als ich jedoch drei Wochen dagewesen sei, sei von britischer Seite entschieden worden, daß kein zweiter eingestellt zu werden brauche, da ich das Blatt in richtiger Weise gerecht nach jeder Seite leitete. Greenard, der späterhin noch zur »Rheinischen Post« kam und dann in die Dienste der britischen Botschaft in Bonn trat, hatte persönlich Mitleid mit dem deutschen Volk, da es durch Hitler, wie er sagte, alles verloren habe, was es sich seit 1918 auch an Stärke und an geachteter Stellung aufgebaut habe. Er sei wirklich erstaunt gewesen, in Deutschland zu erfahren, daß nicht das ganze Volk hinter Hitler gestanden habe und daß so viele unter großen Risiken ständig den Londoner Sender gehört hätten.

Ganz anders entwickelte sich mein Verhältnis zu Heinrich Hollands, der davon träumte, der große deutsche Zeitungsverleger zu werden, obgleich ich bereits Anfang August in Köln von Reifferscheidt, einem Manne der dortigen SPD, erfuhr, daß Hollands nach Ansicht der Kölner SPD kaum Verleger für ein SPD-Blatt werden könne. Zunächst versuchte Hollands, mich aus der Redaktion herauszuekeln, indem er in die Schriftleitung einzugreifen suchte und mir gegenüber behauptete, die Militärregierung habe ihm heftige Vorwürfe wegen des Inhalts der Zeitung gemacht und ihm gedroht, die Lizenz zu entziehen. Keiner war mehr darüber erstaunt als Greenard und Gill, denen ich darüber berichtete und die sofort Hollands ohne mein Dabeisein ins Gebet nahmen. Dagegen kam es zu einem Kompromiß zwischen ihnen und Hollands, als ich am 16. Juli bei meiner Rückkehr von einem Wochenendbesuch in Köln auf meinem Schreibtisch ein Schreiben Hollands vorfand, er wünsche nicht, daß der im Satz stehende lange Artikel über die Aachener Heiligtumsfahrt im Blatt erscheine. Es handelte sich damals um die sogenannte kleine Heiligtumsfahrt vom 19. bis 22. Juli, nachdem am 26. Mai die Engländer den Domschatz unversehrt aus dem Siegener Stollen nach Aachen zurückgebracht hatten.

Der Artikel war von Dr. Heinrich Schiffers geschrieben, der mir bei der letzten großen Heiligtumsfahrt 1937 jenen Artikel für die »Kölnische Volkszeitung« geschrieben hatte, der mich damals zur Nazizeit vor das Berufsgericht gebracht hatte. Offenbar ging es Hollands nicht allein um die Länge des Artikels, sondern auch um seinen Inhalt. Greenard verstand mich zwar, meinte aber, der Artikel sei in der Tat für den beschränkten Raum der »Aachener Nachrichten« zu lang und bliebe deshalb am besten draußen. Dagegen solle über den Verlauf der Heiligtumsfahrt gut berichtet werden, was dann auch geschah. Kurz darauf änderte Hollands seine Taktik. Anfang August riet er mir, mich doch an Adenauer zu wenden, damit ich in Köln nicht danebenläge. Dabei hatte er bereits im Betrieb erzählt, ich würde bald fort sein. Dann fing er an, gegen Josef Breuer, der Verlagsleiter des »Kölnischen Kuriers« geworden war, bei mir zu hetzen. Er werde dafür sorgen, daß ich in Köln Hauptschriftleiter werde.

Zum ersten großen Knall kam es am 6. September. Da erschien plötzlich im Hause der »Aachener Nachrichten« aus Frankfurt ein Journalist namens Wilhelm Kindermann. Er behauptete, Hollands habe ihm meine Stellung versprochen, und er sei nun höchst überrascht, mich noch vorzufinden. Die Engländer – inzwischen hatte Leutnant Buchanan die Nachfolge von Greenard angetreten – waren platt, als sie das hörten. Als Hollands des Abends von einer Fahrt nach auswärts zurückkam, wurde ihm bedeutet, er möge Kindermann die wirkliche Lage erklären. Nachdem Hollands über eine Stunde mit Kindermann allein gesprochen hatte, ließ er mich kommen. Er habe sich doch für den Fall vorsehen müssen, daß ich nach Köln ginge, deshalb wäre es das Beste, wenn wir beide uns bereiterklärten, uns in die Arbeit zu teilen. Da Kindermann sich mir gegenüber ganz konziliant gab, ging ich nach einigen Tagen auf Hollands Vorschlag ein. Die Zusammenarbeit dauerte bis über das Jahresende. Dann wurde Kindermann unter Vortäuschung einer Einladung von den Amerikanern zu einer Veranstaltung in der amerikanischen Zone gebeten, zu einem kurzen Besuch in ihre Zone zurückzukehren. Dort wurde er wegen Fragebogenfälschung verhaftet. Er war nämlich Parteimitglied gewesen.

Das Auf und Ab im Verhältnis zu Hollands kam auch im Impressum zum Ausdruck. Ab 11. Juli wurden darin Hollands als Verleger und ich als Chefredakteur bezeichnet. Indem dann ab 24. Juli Druck und Verlag in den Zeitungskopf genommen wurden, hieß es nun »Für den redaktionellen Teil verantwortlich Dr. Josef Hofmann«. Dann erschien ab 15. August wieder ein volles Impressum mit Hollands als Verleger und mir als dem für die Redaktion verantwortlichen Chefredakteur. Nun wurde auch die Auflagenhöhe angegeben: 80 000. Ab 11. September hieß es dann außer dem Verleger »Verantwortliche Redakteure Chefredakteur Dr. Josef Hofmann und Wilhelm Kindermann«. Ab 25. September wurde die Höhe der Auflage mit 110 000 angegeben.

Doch zurück zu Anfang Juli. Als ich mich damals registrieren ließ, brauchte ich einen besonderen Ausweis, daß ich auf Verlangen der Militärregierung nach Aachen gekommen sei. Angesichts des Wohnungsmangels in Aachen und der übergroßen Zerstörungen glaubte man nämlich nicht, daß Aachen wesentlich mehr Einwohner aufnehmen könne als die 30 000, die bereits zurückgekehrt waren. Trotzdem verdoppelte sich die Einwohnerzahl innerhalb eines Monats noch einmal. Es war die Zeit, als am Kurpark und am Lousberg noch Schilder standen mit der Aufschrift »Betreten verboten, Minengefahr«. Noch schlimmer war es in Düren, das Bischof van der Velden am 1. Juli in einer ergreifenden Totenfeier als großes Massengrab eingesegnet hatte. Hier sah ich bei meinem ersten Erkundigungsbesuch den Anschlag: »Jeder Rückkehrer sucht sich zunächst eine freie Wohnung.« Wenn er diese gefunden hatte, bekam er jedoch nur eine Wohnküche und einen Schlafraum, bei mehreren Kindern auch zwei Schlafräume zugewiesen. Mir kam es zunächst darauf an, mir ein genaues Bild von Stadt und Bezirk Aachen zu verschaffen und so auch Material für Artikel darüber zu besorgen. Die Serie dieser Artikel begann mit der Schilderung der Anfänge beim Wiederaufbau der Bezirksregierung und mit einem Artikel über die Stadt Aachen. Sie zog sich dann mit Artikeln über die einzelnen Landkreise bis Ende des Jahres hin. Kollege Otto Pesch war so freundlich, mich zu den einzelnen Amtsstellen zu begleiten, um mich dort vorzustellen. Dabei wurde mir bald bewußt, welcher Gegensatz zwischen der Stadtverwaltung und der Bezirksregierung bestand. Während die Stadtverwaltung der frühere Regierungspräsident und Oberbürgermeister Dr. Wilhelm Rombach zusammen mit dem früheren Bürgermeister Albert

Servais führte, die beide Zentrumsleute gewesen waren, wurde die Regierung
von den Sozialdemokraten Ludwig Philipp Lude und seinem Stellverteter Ernst
Pascher geleitet[61]. Allerdings waren das Dezernat Wirtschaft und die Kirchen-
und Schulabteilung mit Berufsbeamten besetzt, das erstere mit Oberregierungsrat
Gaul, einem Bruder des Essener Religionslehrers, die letztere von Dr. Fritz
Deutzmann.

Die Handwerkskammer mit ihrem Präsidenten Walter Bachmann war bereits am
1. Februar als erste öffentlich-rechtliche Körperschaft im besetzten deutschen
Gebiet wieder errichtet worden. Ihr war die Wiedererrichtung der Industrie- und
Handelskammer am 21. Juni gefolgt. Als Pesch und ich deren Präsidenten und
Hauptgeschäftsführer Hermann Heusch am Elisenbrunnen trafen, war dieser
nicht wenig erstaunt, in Aachen einen früheren Schriftleiter der KV und der
»Kölnischen Zeitung« zu sehen. Er lud mich für den Nachmittag in sein Haus
ein, wo wir ein erstes langes Gespräch über die Ausmaße der Zerstörungen an den
Produktionsstätten und über die wirtschaftlichen Verhältnisse in Stadt und Bezirk
hatten.

Herzlich war das Wiedersehen mit Bischof van der Velden, den ich seit der Zeit,
da er Direktor des Volksvereins war, kannte, und den ich zusammen mit Johannes Albers im Frühjahr 1944 aufgesucht hatte. Er wohnte mit seinem Kaplan
Karl Josef Schwelm und mit dem Domkapellmeister Professor Theodor Rehmann, den ich ebenfalls seit längerem kannte, vorerst in einem intakt gebliebenen
Hause am Boxgraben. Viel hatten wir uns gegenseitig zu berichten. Dabei gab
mir der Bischof auch seinen Entwurf für ein gemeinsames Hirtenschreiben zweier
Kirchenprovinzen. Wir haben dann am nächsten Tag den Entwurf gemeinsam
durchgesehen und durchkorrigiert und schließlich bei einem dritten Zusammensein auch noch Stellen aus der Enzyklika »Quadragesimo anno« eingebaut, von
der ich ein Exemplar besaß. So wurde ich zum ersten und zum letzten Male
Mitarbeiter an einem Hirtenbrief. Allerdings klagte Bischof van der Velden mir
gegenüber nach der Fuldaer Bischofskonferenz darüber, daß der Hirtenbrief in
den Diözesen Münster und Paderborn in seinen sozialen Aussagen verwässert
worden sei.

Die Arbeit auf der Journalistenschule nahm ich am 11. Juli auf. Ende August
wurde dieser erste Kursus abgeschlossen. Zur Abschiedsfeier erfreute man mich
durch eine mit viel Liebe gezeichnete Einladungskarte. In den folgenden Kursen
waren auch Hans Wertz, der spätere Finanzminister des Landes Nordrhein-
Westfalen, Hanno Ernst und Kurt Brumme, der spätere Sportberichterstatter des
WDR, meine Schüler. 1946 mußte ich mich wegen der zunehmenden Arbeit in der
Redaktion der »Aachener Volkszeitung« von der Journalistenschule zurückziehen.
Gemeinsam mit Oberstadtdirektor Albert Servais verhandelte ich im Winter
1946/47 mit Professor Emil Dovifat, ob er nicht als Leiter dieser Schule aus

[61] *Dazu vgl.* 150 Jahre Regierung und Regierungsbezirk Aachen. Beiträge zu ihrer Geschichte,
hrsg. von dem Regierungspräsidenten in Aachen. Aachen 1967, *S. 336 ff., 406 f., 415 ff.*

Berlin in die Stadt seiner Jugend zurückkehren wolle und ob das Ganze dann nicht als Institut der Technischen Hochschule angegliedert werden könne. Zu unserem Bedauern hielt es aber Dovifat aus gesamtdeutscher Pflicht für geboten, in Berlin zu bleiben. Die Schule wurde ab 1947 von Dr. Leo Hilberath übernommen, bis sie am 15. November 1955 geschlossen werden mußte, nachdem sich herausgestellt hatte, daß sich eine solche Fachschule nur in einer Stadt mit einem breitgefächerten Zeitungswesen halten könne.

Währenddessen gingen im Sommer 1945 in Köln die Überlegungen in der Zeitungsfrage weiter. Schließlich mußte aber Dr. Kurt Neven einsehen, daß vorerst weder an ein Übergangsblatt und noch viel weniger an eine überregionale Zeitung seines Verlages zu denken sei. Auch die Familie Bachem stellte ihre Überlegungen ein. Das mußte auch von Chamier einsehen, der sich nun ebenfalls mit Denkschriften an den Erzbischof und an Adenauer gewandt hatte. Dabei erfuhr ich von ihm, daß er beim Brande von Eickenscheidt, den frühere Zwangsarbeiter angelegt hatten, alles verloren habe und daß dabei auch das Archiv der »Kölnischen Volkszeitung« mit allen dortigen Zeitungsbänden verbrannt sei.

Auch Adenauers Bemühungen, der sich bei mir schon nach einem versierten Verlagsdirektor erkundigt hatte, führten zu nichts. Dagegen beschlossen die Engländer, nun auch dem »Kölnischen Kurier« eine deutsche Redaktion unter ihrer Aufsicht zu geben. Es dauerte allerdings bis Ende November, bis daß Hans Rörig, den sie als früheren Außenpolitiker der »Kölnischen Zeitung« als Chefredakteur ausersehen hatten, aus der Schweiz zurückgekehrt war. Solange führte Frielingsdorf die Redaktion, in der Franz Goeddert, der frühere Hauptsekretär der Redaktion der »Kölnischen Zeitung«, Chef vom Dienst wurde und in die auch Franz Berger von der ehemaligen »Kölnischen Zeitung« eintrat. Der Betriebsleiter Bindewald wurde entlassen und an seiner Stelle Josef Breuer von der früheren »Kölnischen Volkszeitung« als Verlagsdirektor eingesetzt. Den Vertrieb übernahm Hermann Barz.

Gleichzeitig riefen die Engländer in Düsseldorf die »Neue Rheinische Zeitung« ins Leben, deren Verlagsdirektor Dr. Anton Betz wurde, der frühere Verlagsdirektor der »Münchener Neuesten Nachrichten«. Hauptschriftleiter wurde Dr. Friedrich Vogel. Aus meinem Bekanntenkreis waren weiterhin in der Redaktion tätig Dr. Karl Klein von der früheren Zentrumszeitung »Düsseldorfer Tageblatt«, Josef Noé von der früheren »Kölnischen Volkszeitung« und Richard Muckermann, der vor 1933 die Filmkritik für katholische Zeitungen aufgebaut hatte. Die Gründung wurde von Dr. Robert Lehr, dem Stellvertreter des Oberpräsidenten, unterstützt. Doch wurden seine Absichten und die Absichten der Redaktion, über den Charakter eines Nachrichtenblattes hinauszugreifen, nicht Wirklichkeit. Die dritte Nummer mußte wieder den Charakter eines Nachrichtenblattes einnehmen.

Damals wandte sich auch mein früherer Verleger Dr. Leo Fromm aus Osnabrück mit der Bitte an mich, ihm beim Wiederaufbau seiner Zeitung zu helfen. Schweren

Herzens mußte ich ihm abschreiben, da ich einerseits nicht Aachen verlassen könne und da andererseits noch Monate vergehen würden, bis es wieder eine freie deutsche Presse gäbe.

Über die Weltlage konnte ich mich vom ersten Tage meiner Tätigkeit in Aachen anhand der englischen Zeitungen, vorab der »Times«, unterrichten. Dagegen war es noch immer recht schwierig, etwas über die wirkliche Lage im Reich zu erfahren. Einiges erfuhr ich, als mir bei einem meiner Kölner Besuche Dr. Neven berichtete, was er auf einer Reise nach Bayern erfahren hatte. Er brachte die Kunde mit, daß in Heidelberg Professor Dr. Theodor Heuss zusammen mit zwei oder drei anderen die amerikanische Lizenz zur Herausgabe einer Zeitung erhalten habe. Über Pfarrer Martin Niemöller, der im Konzentrationslager Dachau gewesen war, hatte Dr. Neven erfahren, daß dieser nach seiner Rückkehr nach Frankfurt von den Amerikanern wieder festgesetzt worden war, bis er seine Freilassung durch einen Hungerstreik erzwungen habe. Die Amerikaner hätten es ihm verübelt, daß er sich, um aus dem Konzentrationslager herauszukommen, an Großadmiral Raeder mit dem Ersuchen gewandt habe, ihn wieder im U-Boot-Dienst zu beschäftigen.

Von Dresbach hörte ich, daß Kollege Wilhelm Holbach von der »Frankfurter Zeitung«, der zunächst zum Oberbürgermeister von Frankfurt ernannt worden war, als solcher wieder abgesetzt worden sei und sich nun im Rheinlande befände, wo er eine Studiengesellschaft zur Erforschung der deutsch-englischen Beziehungen gründen wolle. Auch ich fragte mich damals wiederholt, weshalb in Deutschland immer nur über das deutsch-französische Verhältnis geschrieben worden sei, während das deutsch-englische Verhältnis mit seinen jahrhundertelangen wechselseitigen Wirkungen eigentlich nie grundlegend behandelt wurde. In Aachen hatte mich darauf auch schon Domvikar Dr. Heribert Schauf aufmerksam gemacht, und zwar ausgehend von der Tatsache, daß im Juli 1257 mit Richard von Cornwall ein Engländer im Aachener Münster zum deutschen König gekrönt worden war.

Für den 27. Juli hatte Greenard einen Besuch bei der Provinzialregierung in Düsseldorf für unsere beiden Volontärinnen vorbereitet, damit sie lernten, wie man bei Behörden vorspricht und Interviews führt. Für mich war es ein freudiges Wiedersehen mit vielen alten Bekannten. Als erste traf ich Thea Vienken wieder, meine Kollegin von der »Kölnischen Zeitung«. Sie mußte uns leider mitteilen, daß es dem Oberpräsidenten nicht gestattet sei, Gespräche mit der Presse zu führen. So könne er keine Interviews geben, aber wir könnten uns privat mit den Dezernenten unterhalten.

Ich suchte zunächst den Vizepräsidenten Dr. Robert Lehr auf, der vor 1933 Oberbürgermeister von Düsseldorf gewesen war. Die Provinzialverwaltung, so sagte er, sei die Treuhänderin des Reiches und der Länder. Sie fasse alle Verwaltungszweige zusammen; ihre wichtigsten Abteilungen waren: Verwaltung Dr. Robert Lehr; Finanzen Wilhelm Kitz, der frühere Finanzdezernent des Landeshauptmanns Johannes Horion; Kultur: Prof. Dr. Hermann Platz, der Bonner Romanist und Sozialpädagoge, mit dem ich als einem Vorkämpfer der deutsch-französischen Verständigung seit 1929 oft zusammengetroffen war und mit dem nun Dr. Josef Schnippenkötter und Frau Dr. Luise Bardenhewer zusammen-arbeiteten; Justiz: Heinrich Lingemann; Ernährung: Landwirtschaftsdirektor Dr. Karl Müller; Arbeit und Wiederaufbau: Julius Scheuble, der frühere Leiter des Landesarbeitsamtes; Bauwesen: Dr. Hans Schwippert, der sich in Aachen einen Namen als Architekturlehrer an der Kunstgewerbeschule erworben hatte.

Ein eingehendes Gespräch über den Aachener Grenzbezirk hatte ich mit dem persönlichen Referenten des Oberpräsidenten, mit Dr. Paul Egon Hübinger, der mir aus der Zeit des Görresringes bekannt war. Er sagte mir, daß der Ober-präsident zusammen mit dem Leiter der britischen Militärregierung General Barraclough eine Bereisung des Aachener Grenzlandes plane. Was die Grenze zur französischen Zone mit den Regierungsbezirken Koblenz und Trier angehe, so wünschten die Engländer keine deutschen Vorstellungen wegen einer Änderung dieser Grenze mehr entgegenzunehmen. Doch suche man den Handelsverkehr mit der französischen Zone, die sich zunächst hermetisch abgeschlossen habe, wieder in Gang zu bringen, insbesondere auch um das notwendige Grubenholz für das Ruhrgebiet zu erhalten. Nachmittags hatte ich aber dennoch ein privates Gespräch mit Oberpräsidenten Hans Fuchs, den ich aus meiner Zeit an der »Kölnischen Volkszeitung« kannte. Es ging um die trostlosen Verhältnisse im Aachener Bezirk mit seinen großen flächenhaften Zerstörungen. Abschließend sagte der Ober-präsident, er träume manchmal, daß aus allen Ecken Reptile hervorkröchen, die Schuldscheine im Maule trügen, aber keines eine Geldüberweisung.

Am 19. Juli erfuhr ich, daß die Zeitung nun zweimal wöchentlich mit je vier Seiten erscheinen sollte, und zwar jeweils am Dienstag und am Freitag, so daß nun der Montag und der Donnerstag die Hauptarbeitstage für die Redaktion wurden. Für mich hatte das den Nachteil, daß ich vom Wochenendbesuch in Köln schon Sonntagnachmittag zurücksein mußte. Allmählich gab es nun auch wieder eine Bahnverbindung von Köln nach Aachen, die allerdings wegen des noch blockierten Horremer Tunnels über Mönchengladbach führte, wo man zwei Stun-den auf den Anschlußzug warten mußte. Schließlich gab es eine Bahnverbindung ohne Umsteigen über Euskirchen und dann auch endlich wieder die Verbindung auf der direkten Strecke. Als ich im November 1952 einen Schutzmann in New York nach einem Wege fragte, antwortete er mir auf deutsch. Und als ich wissen wollte, wo er denn sein Deutsch gelernt habe, erwiderte er mir, er habe es als Railroad-Man, und zwar als Lokomotivführer amerikanischer Züge, 1945 in Aachen gelernt.

In Aachen selbst hatte ich in kurzer Zeit einen ansehnlichen Kreis von Bekannten gewonnen. Je geringer damals die Kommunikationsmittel waren, desto näher rückte man persönlich zusammen. Auch hatte man bei der kargen und einfachen Lebensführung jener Tage mehr Zeit füreinander. Immer wieder kreisten die

Gespräche wie ich sie insbesondere mit Rechtsanwalt Hermann Eidens hatte, um grundsätzliche Fragen des kommenden demokratischen Aufbaus und um den Beitrag, den dazu eine Rückbesinnung auf christliche Werte und Grundsätze liefern könnte. Das ökumenische Gespräch, das in der gemeinsam durchlittenen Verfolgungszeit begonnen hatte, wurde fortgeführt. Viel wurde dabei auch über Friedrich Heiler diskutiert, der sich bereits 1930 von schismatischen Bischöfen des syrisch-jakobinischen Ritus zum Bischof hatte weihen lassen und Führer einer hochkirchlichen Bewegung in Deutschland für »Evangelische Katholizität« geworden war. Domvikar Dr. Schauf suchte die Arbeit des Katholischen Akademikerverbandes in Aachen wiederzubeleben. Man versuchte verschiedene Arbeitskreise zu bilden, als deren Leiter Oberstudiendirektor Dr. Peter Schmitz, Professor Dr. Peter Mennicken, der Philosoph der Technischen Hochschule, Professor Dr. Hermann Brosch vom Priesterseminar, Domvikar Erich Stephany und ich bestimmt wurden.

Mit nicht geringerem Interesse unterhielt man sich über das künftige Schicksal Deutschlands. Im Vordergrund standen dabei die Fragen einer Wiederbelebung der Wirtschaft und der Politik der Besatzungsmächte, die offenbar entschlossen waren, Deutschland zunächst in einer Art Quarantäne zu halten. Dabei wurde bereits die Frage aufgegriffen, ob man sich weiterhin zur Planwirtschaft bekennen solle, oder ob man möglichst bald auf freie Wirtschaft und damit auf eine Konkurrenzwirtschaft umgeschaltet werden müsse. Da das gespannte Verhältnis unter den Alliierten nicht verborgen bleiben konnte, wurde vielfach die Frage ventiliert, ob sich aus dem Hitlerkrieg ein neuer Krieg zwischen den Westmächten und der Sowjetunion entwickeln würde. Mit den Beschlüssen von Potsdam schien diese Furcht zunächst ausgeräumt. Dafür ergab sich aber nun die Frage, ob eine einheitliche Reichsverwaltung wirklich die Kluft zwischen der russisch besetzten Zone und den Westzonen überbrücken könne.

Allgemein stieß man auf Skepsis, daß sich Deutschland als Wirtschaftseinheit bis zur Oder-Neiße-Linie erhalten ließe. Andere wiederum befürchteten, daß die Russen über eine deutsche Einheitsverwaltung nur Einfluß auf die westlichen Gebiete gewinnen wollten. Mit größter Sorge beobachtete man die Vertreibung von 12 bis 14 Millionen Deutscher aus den Ostgebieten. Ein anderes Gesprächsthema war der Sieg der Labour-Party bei den britischen Unterhauswahlen am 26. Juli, der von den Engländern Gill und Spalding begeistert gefeiert wurde, während Greenard nachdenklich einherging, mir aber bedeutete, daß die englische Labour-Party nicht einfach mit der deutschen Sozialdemokratie gleichgesetzt werden dürfe. Dann aber wurden alle Gesprächsthemen überschattet von dem Abwurf der Atombombe auf Hiroshima.

Diese Meldung war am 6. August gekommen, als die Zeitung bereits umbrochen war. Ich ließ die erste Seite noch einmal auseinandernehmen, um die Meldung unterzubringen. Greenard erhielt dafür ein hohes Lob, weil die »Aachener Nachrichten« in der Tat die einzige von den am 7. August erschienenen Zeitungen gewesen war, die die Meldung gebracht hatte. Er gab den Dank an mich weiter und ordnete nach wenigen Tagen an, daß jetzt die Redaktion, Setzerei und Druckerei stündlich für vollen Einsatz bereitstehen müßten, um für die zu erwartende Nachricht über die Kapitulation Japans gerüstet zu sein. Aber erst am 15. August war es soweit. In einer zweiseitigen Sonderausgabe wurde die Nachricht vom Ende des Krieges in der ganzen Welt gebracht. Nun gab es bald neuen Gesprächsstoff. Am 15. September gewährte eine Verordnung der Militärregierung im britischen Kontrollgebiet Betätigungsfreiheit für die politischen Parteien, am 25. September kündete die britische Militärverwaltung an, sie wolle nunmehr schrittweise demokratische Formen einführen und zunächst Gemeinde- und Bezirksausschüsse berufen.

Am 28. September wurden die Grundbestimmungen des alliierten Kontrollrates über die Reparationen veröffentlicht, durch die praktisch ganz Deutschland beschlagnahmt wurde, ohne daß aber im einzelnen festgesetzt wurde, was die Alliierten fortnehmen dürften. In Wirklichkeit gab es keine Einigung unter ihnen über Art und Umfang der Demontagen. Am 9. Oktober mußte der vorläufige Abbruch der Londoner Außenministerkonferenz mitgeteilt werden. Nun schossen wieder wilde Gerüchte über die Möglichkeit eines Krieges mit Rußland ins Kraut. Aber auch verständige Leute begannen jetzt die Weltlage wieder sehr ernst zu betrachten. Es blieb die Frage, ob Moskau einlenken werde. Am 23. Oktober folgte dann der Wortlaut der Anklage im Nürnberger Prozeß.

Ein gewisser Lichtblick in jenen Tagen war eine Zusammenkunft des Londoner Erzbischofs Bernhard W. Griffin mit den Bischöfen des britischen Kontrollgebietes am 26. und 27. September in Bad Driburg, an der auch Bischof Konrad Graf Preysing von Berlin teilnahm. Als Besprechungspunkte hatten die Bischöfe folgendes vorbereitet: Erzbischof Frings sollte die allgemeine Lage, die Not an Lebensmitteln, Baustoffen und Kohlen vortragen, der Paderborner Erzbischof Lorenz Jäger kirchliche Fragen sowie Fragen der Schule, der Kirchenzeitungen, der Theologieausbildung und der Gewerkschaften und der Aachener Bischof sollte die Grenzfragen vortragen. Erzbischof Griffin war, wie mir am 5. Oktober Bischof van der Velden erzählte, begleitet vom Referenten für kirchliche Fragen im Stabe von Montgomery, einem Päpstlichen Geheimkämmerer, und dem Chief Chaplain der britischen Armee, einem »Jesuiten. Es sei in voller Offenheit den ganzen Tag über bis zum Abend gesprochen worden, wobei es auf seiten der Engländer viel Erstaunen, aber auch viel Verstehen gegeben habe. Man habe dabei erfahren, daß die englische Militärregierung die Simultanschule vorzöge. Trotzdem blieb die Frage, welchen Erfolg diese Unterredung haben würde.

14. WIEDERAUFBAU IN AACHEN

Mitte September benutzte ich eine Fahrt nach Düsseldorf, um mich im Nordteil der Diözese Aachen, in Krefeld, umzusehen. Hier hatte ich am 4. September eine längere Aussprache mit Oberbürgermeister Fritz Stepkes, der in der Weimarer Zeit Beigeordneter für Soziales in Krefeld und dann Oberbürgermeister von Kleve gewesen war, wo er bei der Machtübernahme durch die Nationalsozialisten erklärte, er könne es mit seinem Gewissen nicht vereinbaren, einen Eid auf den Führer abzulegen. Er hatte sich dann in Krefeld als Rechtsanwalt niedergelassen. Nunmehr war man auch in Krefeld dabei, die CDP zu gründen.

Als wir auf 1933 zu sprechen kamen, meinte Stepkes, damals habe allein Brüning die Lage durchschaut. Als er nämlich damals Brüning die Frage gestellt habe, weshalb er die Zentrumspartei beibehalten wolle, habe dieser gesagt: Um den Rechtsstaat wiederzugewinnen. Brüning habe damals auch vor der Fraktion Professor Dr. Hans Peters aus Köln über den Rechtsstaat sprechen lassen. Er sei erschüttert gewesen, daß die Abgeordneten kaum noch darauf eingingen[62]. Auch habe er damals mit Pater Eduard Gehrmann von der Nuntiatur gesprochen, der ihm gesagt habe, er bete jeden Tag, daß Hitlers Werk gelinge, weil er die Dinge im kommunistischen Osten gesehen habe. Darauf habe er, Stepkes, erwidert: Sie dürfen nur beten, daß Gottes Wille geschehe. Auch im Kölner Generalvikariat habe man anfangs geglaubt, die Dinge würden sich wie im Italien Mussolinis wieder einrenken. Stepkes war, als ich mit ihm sprach, fast verzweifelt über die Schwierigkeiten, die die Politik der Besatzungsbehörden allen Ansätzen zum Wiederaufbau machte. Ich sprach ihm jedoch Mut zu, indem ich ihm berichtete, was die englische Presse schrieb. Schließlich wurde verabredet, daß ich in einiger Zeit in Krefeld einen Vortrag über die Weltlage halten solle, wie sie sich in der englischen Presse widerspiegele, aber in den damaligen deutschen Zeitungen nicht behandelt werden durfte.

Dieser Vortrag fand am 9. Oktober vor 30 bis 40 Mitgliedern der Krefelder CDP statt, unter denen sich auch Dr. Karl-Heinrich Knappstein befand, ein früherer Kollege von der »Rhein-Mainischen Volkszeitung«, der zum Schluß noch bei der »Frankfurter Zeitung« gewesen war. Er wurde später Pressechef von Oberdirektor Dr. Hermann Pünder bei der Zweizonenverwaltung in Frankfurt und der erste Generalkonsul der Bundesrepublik in den Vereinigten Staaten. Als Material für den Vortrag hatten mir die englischen Zeitungen gedient, die ich täglich las, von denen ich aber für die »Aachener Nachrichten« kaum etwas benutzen konnte, weil Betrachtungen über die Zukunft Deutschlands in der Zeitung noch verboten waren. Es handelte sich dabei vor allem um das Interview,

---

[62] *Dazu vgl.* R. Morsey, Die Deutsche Zentrumspartei, *in:* Das Ende der Parteien 1933, *S. 391.*

das General de Gaulle am 9. September einem Vertreter der Londoner »Times«
gegeben hatte.

In diesem Interview hatte de Gaulle, ausgehend von den Potsdamer Beschlüssen,
seiner Befürchtung Ausdruck gegeben, daß das im Osten amputierte Deutschland
in Zukunft seine Vitalität nach dem Westen entfalten könne. Es müsse deshalb
eine Regelung im Westen angestrebt werden, die jene im Osten ausbalanciere,
es müßten also für das Rheinland und für das Ruhrgebiet Sonderregelungen
getroffen werden, die das gesamte Rheinland unter die strategische und politische
Kontrolle seiner westlichen Nachbarn stelle, wobei de Gaulle die französische
Kontrolle bis nach Köln ausgedehnt sehen wollte, und es müßte das Ruhrgebiet
internationalisiert werden.

Den gleichen Vortrag, stets auf den neuesten Stand gebracht, habe ich am 3. November im Hause des Kölner Rechtsanwalts Josef Haubricht vor geladenen
Gästen und dann auf Veranlassung von Karl Driever, der inzwischen zurückgekehrt war, in Essen im Hause von Frau Kaiser gehalten. Auch vor den erwei-
terten Vorständen sowohl der Aachener wie der Kölner CDU hielt ich ihn. In
Duisburg konnte er nicht stattfinden, da man dort einen so großen Kreis eingeladen hatte, daß die Versammlung als politische Versammlung angemeldet
werden mußte, aber von der dortigen Militärregierung nicht genehmigt wurde.
Schließlich hielt ich ihn Anfang 1946 in Aachen im Hause von Dr. Kurt Pfeiffer
im sogenannten Kreise der Freunde, d. h. des ehemaligen Rotary-Clubs, der von
den Nationalsozialisten verboten worden war und nun auf seine Wiederauf-
nahme in Rotary International wartete.

In diese Zeit fällt auch die Gründung des Rheinisch-Westfälischen Journalistenverbandes. Am 28. September hatten wir in Benrath eine Vorbesprechung, die
mit einer Ansprache des Leiters der britischen Press-Control, des britischen Of-
fiziers Dilke, eröffnet wurde. Da ich Schwierigkeiten hatte, über den Rhein zu
kommen, traf ich leider erst ein, als dieser den Kreis der deutschen Journalisten bereits wieder verlassen hatte. Die eigentliche Gründungsversammlung
fand dann am 1. Dezember in Düsseldorf unter Teilnahme von rund 100 Kollegen statt. Von Aachen waren Pesch, Kindermann und ich gekommen. Zum
Vorsitzenden wurde Dr. Vogel von der »Neuen Rheinischen Zeitung« gewählt,
ich wurde Kassierer. Frielingsdorf vom »Kölnischen Kurier« hielt ein Referat
über die soziale Stellung des Journalisten, ich berichtete über Nachwuchsschu-
lung. Der Aufnahmeausschuß, zu dessen Vorsitzenden Josef Noé bestellt wurde,
trat zum ersten Mal am 5. Januar 1946 zusammen. 32 Aufnahmen wurden auf
dieser Sitzung angenommen.

Nicht geringes Aufsehen erregte es in Aachen, als gegen Ende August der Leiter des Wirtschafts- und Ernährungsamtes, Josef Hirtz, und der Polizeidirek-
tor Josef Schäfer ohne Angabe von Gründen von der Militärregierung abberufen wurden. Albert Servais war darüber so aufgebracht, daß er mir gegenüber
sagte, dies sei ja schlimmer als Nazimethoden. Doch war dieses nur ein Vor-

spiel. Als nächster wurde Landrat Hermann Sträter abgesetzt und an seine Stelle Winand Ungermann berufen, ein früherer Gewerkschaftler. Am 5. Oktober wurde mitgeteilt, daß Oberpräsident Hans Fuchs abberufen worden sei. Er mußte die Nordrheinprovinz binnen 24 Stunden verlassen. Am 7. Oktober folgte die Nachricht, daß Bürgermeister Stiegler von Düren abgesetzt sei, und am 9. Oktober wurde bekannt, daß auch Konrad Adenauer als Oberbürgermeister von Köln abberufen sei.

Die Aufeinanderfolge dieser Absetzungen führte innerhalb der sich bildenden CDP zu erregten Diskussionen, und man fragte sich, ob die neue englische Labour-Regierung nun überhaupt keine christlichen Demokraten mehr dulden wolle. Dieser Meinung trat mir gegenüber Spalding bereits am 2. Oktober entgegen, als er mich davon unterrichtete, daß Fuchs in den nächsten Tagen abberufen werde. Er stellte es so dar, als ob Fuchs gegen den Regierungspräsidenten Lude gearbeitet habe und zwar mit Material, das ihm Rombach besorgt haben sollte, womit er die erste Andeutung machte, daß wohl auch Rombach abberufen würde, was allerdings erst am 20. Dezember erfolgte. Dabei wurde nach außen hin als Grund angegeben, daß er früher Mitglied im Reichsausschuß des Vereins für das Deutschtum im Ausland gewesen sei. Spalding wies aber bereits am 2. Oktober darauf hin, daß Hitler die Ehrenbürgerschaft Aachens zu einer Zeit verliehen worden sei, als im Übergang zur nationalsozialistischen Diktatur Rombach noch Oberbürgermeister von Aachen gewesen sei.

Rechtsanwalt Hermann Eidens sah den Grund für die Abberufung von Fuchs ebenfalls in seiner Gegnerschaft zu Lude. Er habe in seiner ersten Aussprache mit Lude diesen gefragt, welche Fähigkeiten er überhaupt für den Posten eines Regierungspräsidenten mitbringe und habe ihm später, um ihn von Aachen fortzubekommen, den Posten des Leiters der Provinzial-Feuerversicherung angeboten. Als nun aber auch Adenauer abgesetzt worden war und zwar mit der fadenscheinigen Begründung, er lasse es an Initiative bei der Aktion zur Winterfestmachung von Wohnungen fehlen, hörte man auch andere Begründungen. In Krefeld äußerte mir Dr. Karl-Heinrich Knappstein die Ansicht, daß Fuchs und Adenauer Fühlung mit den Franzosen genommen hätten, was die Engländer, die selbst Herren von Rhein und Ruhr bleiben wollten, gegen beide aufgebracht hätte.

Als am 15. Oktober der Vorstand der rheinischen CDP in Düsseldorf zusammenkam, betonte Vizepräsident Dr. Lehr, wie notwendig es sei, loyal mit den britischen Militärbehörden zusammenzuarbeiten, die Reichseinheit zu vertreten und sich von jedem Verdacht freizuhalten, den Franzosen oder Russen in die Hände zu arbeiten. Vertraulich hörte ich in jenen Tagen auch, daß Oberpräsident Fuchs von dem Gedanken geleitet, den Norden der Rheinprovinz wieder mit ihrem Süden zu vereinigen, in Fühlung mit den Franzosen gestanden haben müsse. Man erzählte auch, die Engländer hätten bei Anton von Weiß, dem Schweizer Generalkonsul, Haussuchung gehalten. Doch konnte ich nicht feststellen, ob das den Tatsachen entsprach. Die Hoffnungen des Kreises um Lude, dieser würde Oberpräsident der Nordrheinprovinz werden, gingen allerdings nicht in Erfüllung. Nachfolger von Fuchs wurde dessen bisheriger Stellvertreter Dr. Lehr und Nachfolger von Adenauer als Oberbürgermeister von Köln wurde am 19. November Dr. Hermann Pünder, der ehemalige Staatssekretär in der Reichskanzlei zu Zeiten der Reichskanzler Dr. Wilhelm Marx, Hermann Müller und Dr. Heinrich Brüning.

Die Gründung der Aachener CDU zog sich über acht Monate hin und fand ihren Abschluß erst am 20. März 1946 mit der endgültigen Genehmigung für öffentliches Wirken. Dabei hatte die Gründungsversammlung nach vorbereitenden Zusammenkünfte bereits am 19. September 1945 stattgefunden[63]. Offenbar hatte bei dieser Verzögerung eine erhebliche Rolle die Tatsache gespielt, daß am 7. Dezember in der Stadt Plakate erschienen waren, auf denen zum Beitritt zu einer in Würselen gegründeten Christus-Imperator-Bewegung aufgefordert wurde. Die Engländer müssen angenommen haben, daß diese Aufrufe mit der CDP zusammenhingen. Es kostete Dr. Albert Maas große Mühe, diese Vermutung den Engländern auszureden und ihnen klarzumachen, daß es sich bei dem Aufruf aus Würselen um die Wiederbelebung der sogenannten Vitus-Heller-Bewegung handeln müsse, die sich in den letzten Jahren der Weimarer Zeit vom Zentrum abgespalten hatte.

Sobald ich im Sommer 1945 erfahren hatte, daß Dr. Albert Maas, der frühere Geschäftsführer des Zentrums für Aachen-Stadt und -Land, und Johannes Ernst, der frühere Sekretär des Christlichen Bergarbeiter-Verbandes und Reichstagsabgeordnete des Zentrums von 1932 bis 1933, zurück seien, suchte ich sie auf, um mit ihnen über die Gründung einer christlich-demokratischen Partei in Aachen zu sprechen. Beide waren nach dem 20. Juli 1944 verhaftet worden. In einem Kölner Konzentrationslager erkrankten beide an Fleckfiebertyphus und wurden dann in Gebiete außerhalb des Rheinlandes entlassen. Auch Dr. Alfred Wolf, der frühere Generalsekretär der Schlesischen Zentrumspartei, sowie auch Oberbürgermeister Dr. Wilhelm Rombach und dessen Stellvertreter Albert Servais, wie auch von Arbeiterseite her die früheren christlichen Gewerkschaftler Hans Naujack, Jacob Soiron und Josef Weyer nahmen großes Interesse an der Gründung einer christlich-demokratischen Partei. In der zweiten Hälfte des August folgte Dr. Maas einer Einladung von Leo Schwering zu einer Zusammenkunft in Düsseldorf, auf der die Gründung der rheinischen CDP vorbereitet wurde. Er berichtete darüber auf der Zusammenkunft eines vorläufigen Arbeitsausschusses in Aachen am 29. August. Dabei erfuhr man auch, daß in Köln Karl Zimmermann die Geschäftsführung der in Bildung begriffen Partei übernommen habe und daß bereits am 19. August in Köln mit Ansprachen von Schwering und von Superintendenten Hans Encke die CDP in Köln-Stadt

---

[63] *Dazu vgl.* Josef Hofmann, Politiker der ersten Stunde. Als die CDU in Aachen gegründet wurde, *in:* Aachener Volkszeitung *vom 28. August 1970.*

und -Land ausgerufen sei. In Düsseldorf war, wie Dr. Maas berichtete, auch darüber diskutiert worden, ob man den Erzbischof Dr. Josef Frings einladen sollte, den Aufruf mit zu unterzeichnen. Ich hielt das bei unserer Aussprache in Aachen nicht für angebracht. Bischof van der Velden hatte mir sogar Bedenken geäußert gegenüber der Gründung einer Partei, die in Kampfstellung zur SPD kommen könne.

So kam der 2. September 1945 heran, an dem im Kölner Gesellenhaus die rheinische CDP gegründet wurde, obgleich die Verordnung der Militärregierung über die Zulassung von Parteien erst im Laufe des Septembers herauskam. An dieser Gründungsversammlung nahmen von Aachen teil Johannes Ernst, Dr. Wilhelm Rombach, Albert Servais und Dr. Alfred Wolf. Auch ich war mit nach Köln gefahren, war aber nur kurz im Gesellenhaus vorbeigegangen und benutzte dann diesen Nachmittag zum Zusammensein mit meiner Familie, die, nachdem nun auch Heidi zurückgekehrt war, wieder zusammen war.

Als dann am 19. September die Gründungsversammlung der Aachener CDP stattfand, waren 45 Frauen und Männer erschienen. Dr. Albert Maas wurde zum Vorsitzenden gewählt. Ende September hörte man, daß in Walberberg eine Zusammenkunft von Carl Severing und Walter Kolb mit christlichen Demokraten stattgefunden habe. Severing habe dabei eine Arbeitsgemeinschaft mit den christlichen Demokraten angesteuert, doch sei diese nicht zustande gekommen. Wie wenig abgesteckt damals noch die Grenzen zwischen SPD und CDP waren, ging für mich aus einem Gespräch hervor, das ich mit Winand Ungermann hatte, dem neuen Landrat des Landkreises Aachen. Er sagte mir, daß er sich als früherer freier Gewerkschaftler für die CDP entschieden habe, weil er glaube, daß nach den ersten Wahlen SPD und CDU zu einer deutschen Arbeiterpartei zusammenwachsen würden. Für einen solchen Kurs trat auch Wilhelm Elfes von Mönchengladbach ein. Am 22. November kam Dr. Heinrich Krone, der in Berlin an der Gründung der Christlich-Demokratischen Union mitgewirkt hatte, nach Aachen. In der Wohnung von Maas gab er Ernst und mir darüber einen ausführlichen Bericht. Das Übergewicht der Kommunisten würde allerdings in der russischen Zone immer stärker. Was die Westdeutschen in Berlin festhalte und sie nicht zurück in den Westen gehen lasse, sei ihr Verantwortungsgefühl, dem Übergewicht der Kommunisten entgegenzuarbeiten, auch wenn es ihr Leben kosten könne. Sie hatten nur die Hoffnung, daß die Amerikaner und die Engländer eines Tages willens und mächtig genug seien, ihnen zu helfen. Wer den Osten abschreibt, sagte Dr. Krone, treibt russische Politik.

Als auch mit dem Jahreswechsel keine endgültige Genehmigung seitens der Militärbehörde für eine Aachener CDU (inzwischen war der Name Christlich-Demokratische Partei in Christlich-Demokratische Union umgewandelt) vorlag, gestattete die Militärbehörde doch ausnahmsweise eine öffentliche Kundgebung, die am 27. Januar 1946 in der Talbot-Halle der Technischen Hochschule

stattfand. Auf ihr sprachen Dr. Maas und Johannes Ernst, denen als evangelischer Befürworter der CDU Fabrikant Georg Wachler mit einem Aufruf an die
evangelischen Mitbürger folgte. Die Versammlungsleitung hatte Dr. Wolf übernehmen sollen. Doch dagegen erhob die Militärregierung Einspruch. Er sei Be-
amter, der mit der Einrichtung der höheren Schulen beauftragt sei, und Beamte
sollten sich nicht öffentlich parteipolitisch betätigen. So fiel die Leitung dieser
ersten öffentlichen Kundgebung der CDU in Aachen mir zu[64]. Übrigens wurde
am gleichen Tag auch die CDU für den Landkreis gegründet. Als dann endlich
am 20. März die Militärbehörde ihre Genehmigung erteilt hatte, fand bereits
vier Tage später die zweite öffentliche Kundgebung statt, diesmal mit Leo
Schwering, dem ersten Landesvorsitzenden der CDU des Rheinlandes. Inzwischen gab es auch seit dem 22. Februar 1946 die »Aachener Volkszeitung«. Auch
war bereits Ende Januar in Herford Dr. Adenauer zum vorläufigen Vorsitzenden der CDU der britischen Zone gewählt worden[65].
Zuvor aber hatte vom 14.–16. Dezember in Bad Godesberg das erste Reichstreffen der CDU stattgefunden, von dem ab es nun einheitlich »Christlich-
Demokratische Union« und nicht mehr »Christlich-Demokratische Partei« hieß[66].
Zusammen mit Johannes Ernst war ich zu diesem Treffen gefahren. Im großen
Schlafsaal des Internats des Pädagogikums, auf dem einmal Rudolf Heß Schüler gewesen war, traf ich Heinrich Krone wieder, der seine Besuchsreise durch
Westdeutschland noch nicht beendet hatte. Mit ihm und mit Dr. Eugen Kogon
wurde ich in den Redaktionsausschuß gewählt. In diesen Tagen spürte man,
wie der Eiserne Vorhang niederging. Die sowjetische Militärregierung hätte ein
solches Treffen in ihrem Kontrollbereich geduldet, aber zu einem solchen Treffen
in einer Westzone ließ sie die Vorsitzenden der CDU ihres Bereiches nicht mehr
fahren.
Am ersten Tage der Zusammenkunft wartete man noch auf Dr. Andreas Hermes, der das Hauptreferat halten sollte. Statt dessen konnten an diesem ersten
Tage, der unter der Leitung von Dr. Leo Schwering als dem rheinischen Landesvorsitzenden stand, zunächst nun die Vertreter der einzelnen Landesparteien
sprechen, so die Vertreter aus Westfalen, Oldenburg, Hannover, Braunschweig,
Sachsen, Nordbaden, Nordwürttemberg, Großhessen und der Nordrheinprovinz. Wie ein Komet ging an diesem Tage Frau Maria Sevenich aus Darmstadt
auf. Allerdings mußte ich beim Durchlesen meiner stenographischen Notizen
feststellen, daß es nicht so sehr der Inhalt ihrer Ansprache, sondern ihre Rede-
kunst gewesen war, die die Zuhörer gefesselt hatte.

[64] *Das handschriftlich ausgearbeitete Referat Hofmanns befindet sich in seinem Nachlaß.* RWN
210/472. *Andere Materialien zur Vorgeschichte und zur Gründung der CDU in Aachen:* HStAD,
RWV 26/145.
[65] *Vgl.* RUDOLF MORSEY, Der politische Aufstieg Konrad Adenauers 1945–1949, in: KLAUS GOTTO,
HANS MAIER, RUDOLF MORSEY, HANS-PETER SCHWARZ, Konrad Adenauer. Seine Deutschland-
und Außenpolitik 1945–1963. München 1975 (dtv-Taschenbuch), *S. 47 f.*
[66] *Vgl.* L. SCHWERING, Frühgeschichte der CDU, *S. 150 ff.*

Am zweiten Tage wurde bekannt, daß Hermes die Reise von Berlin in die britische Zone verboten war. Doch hatte Professor Ulrich Noack, der eigentlich aus einem anderen Grunde nach Westdeutschland gefahren war, das Manuskript der Rede mitgebracht, die nun von ihm verlesen wurde. Es war ein langes Manuskript, dessen Verlesung drei Stunden dauerte und ein starkes Bekenntnis zur Reichseinheit sowie die Forderung nach Rückgabe des Oderbeckens an das Reich enthielt. Andererseits waren aber auch Bedenken gegen die Durchführung der Bodenreform im sowjetischen Kontrollgebiet eingeflochten.

Der Schlußveranstaltung am Sonntag, dem 16. Dezember, konnte der Dreierausschuß, der die Resolution auszuarbeiten hatte, nicht beiwohnen. Er mußte anderswo tagen, um eine Schreibmaschine vorzufinden. Die formulierten Absätze wurden uns buchstäblich aus den Händen gerissen und mit einem Auto abgeholt, so daß, als wir zu Fuß zurückkamen, alles bereits zu Ende war und die Namensänderung sowie die Resolution einhellig angenommen waren.

Mir fiel dann noch die Aufgabe zu, die Resolution vom »Kölnischen Kurier« aus zur Nachrichtenzentrale für die Zeitungen in der britischen Zone nach Hamburg durchzugeben, von wo sie über den Hellschreiber bereits nach etwas über drei Stunden als Meldung zurückkam. In dieser Meldung war allerdings die Resolution anders gegliedert, denn nun stand am Anfang die Forderung nach einer föderalistischen Neugliederung des Reiches als Schutzwehr der Freiheit gegen Exzesse der Macht, was die Engländer offensichtlich als den wichtigsten Punkt der Entschließung betrachtet haben mußten. Größere Diskussionen in unserem Dreierausschuß hatte der Satz über einen »Sozialismus aus christlicher Verantwortung« ausgelöst. Wir fanden einen Kompromiß dahingehend, daß gleichzeitig betont wurde, daß das System planvoller Wirtschaftslenkung mit der Idee der freien und verantwortlichen Persönlichkeit ausgefüllt und belebt werden müsse. So konnte darauf der Satz folgen: »Wir bejahen das Privateigentum und erstreben den Erwerb neuen Eigentums für die besitzlosen Schichten.«

Während der Tagung hatte Konrad Adenauer kurz in den Saal hineingeschaut. Als ich zu ihm ging, sagte er mir, daß er direkt von einem Gespräch mit den höchsten britischen Stellen komme und daß dort bestätigt worden sei, daß er sich um Kölner Kommunalpolitik nach wie vor nicht kümmern dürfe, daß es ihm aber frei stehe, auf höherer Ebene politisch tätig zu werden. Damit hatten die Engländer ihm den Weg geöffnet, der bis zum Bundeskanzler führte.

Endgültige Klarheit über die Entwicklung im Zeitungswesen gab es erst am 12. Februar 1946. An jenem Tage waren bei der britischen Press-Control in Benrath diejenigen versammelt, die als Sprecher der einzelnen Lizenzgruppen galten, die zum 1. März ihre Lizenzen erhielten. Die Erteilung einer Einzellizenz, wie sie Ende Juni 1945 Heinrich Hollands von den Amerikanern gegeben war, wurde von den Militärregierungen nicht wiederholt. Die Amerikaner bildeten in ihrer Zone Lizenzgruppen aus Angehörigen der verschiedenen politischen Richtungen, um so zu überparteilichen Zeitungen zu kommen. Die Engländer waren jedoch der Meinung, daß eine überparteiliche Zeitung für einen bestimmten Bezirk nicht genüge, um die Deutschen wieder zu selbständigem politischem Denken zu ermuntern. Sie entschlossen sich deshalb im Herbst 1945, partei-politisch orientierte Zeitungen ins Leben zu rufen, die allerdings keine partei-politischen Kampfblätter sein sollten, sondern nach wie vor in erster Linie Nach-richtenträger bleiben sollten und auch bei parteipolitischer Orientierung in »positiver Arbeit nicht gegeneinander, sondern miteinander zu arbeiten« hätten. Für den Bezirk Aachen tauchte dabei allerdings doch die Frage auf, ob die Auf-lage von 110 000 Exemplaren der »Aachener Nachrichten« hinreichen würde, auf drei Zeitungen aufgeteilt zu werden, auf eine christlich-demokratische, auf eine sozialdemokratische und auf eine kommunistische Zeitung. Heinrich Hollands führte alle Argumente ins Feld, die dafür sprachen, es im Bezirk Aachen bei seiner Zeitung zu belassen. Gleichzeitig ging es ihm aber auch darum, mich unter allen Umständen aus Aachen zu verdrängen, ehe etwas entschieden sei. Als er hörte, das Greenards Nachfolger Buchanan mit dem Wochenende vom 27. Okto-ber auf Urlaub fahren wollte, legte er mir einen Brief auf den Schreibtisch, von dem er hoffte, daß ich ihn erst nach der Abreise Buchanans finden würde. In dem Brief hieß es, er sei mit meinem Ausscheiden zum Monatsende einverstanden, ich möge mir bei meinem Fortgehen als Ersatz für eine Gewinnbeteiligung 3000,– RM auszahlen lassen.

Da ich aber schon am Sonntag von Köln zurückkam, gelang es mir noch, Leutnant Buchanan zu erreichen, der von nichts wußte und sehr erregt darüber war, daß Hollands mich zu einem Zeitpunkt abschieben wollte, von dem er angenommen hatte, daß er, Buchanan, bereits in Urlaub abgefahren sei. Da sich für Montag Oberst Dilke von der Press-Control zusammen mit seinem Nachfolger angesagt hatte, blieb Buchanan bis zum Montagabend, um mit Dilke sprechen zu können. Er entschied dann, daß ich zu bleiben hätte. Er sei sich darüber klar, daß der Bezirk Aachen überwiegend katholisch sei und daß die Zeitung in Übereinstim-mung mit dieser Tatsache geführt werden müsse. Letzte Entscheidungen könnten erst nach seiner Rückkehr getroffen werden.

So mußte ich mir in diesen Tagen Klarheit über meinen zukünftigen Weg zu verschaffen suchen. Ich stand dabei vor folgenden Fragen: 1. Würde es überhaupt für den Bezirk Aachen eine christlich-demokratische Zeitung geben, um deren Lizenz sich ein früherer Redakteur des »Aachener Volksfreund«, Paul Rothe, bemühte? Über diese Fragen konnten nur Albert Maas und Johannes Ernst Klarheit gewinnen, die ich immer wieder bat, doch möglichst bald nach Benrath zu fahren. Das war ihnen aber erst am 26. November möglich, nachdem sie sich mit Jakob Schmitz, dem letzten Geschäftsführer des »Volksfreund«, über die Möglichkeiten des Drucks unterhalten hatten. 2. Sollte ich zurück nach Köln, wozu mich insbesondere Dr. Neven und Pettenburg ermunterten, nachdem zum 1. November Josef Breuer entlassen worden war?[67] In Köln war aber inzwischen

---

[67] *Am 12. Oktober 1945 hatte* HOFMANN *dem Geschäftsführer der CDP in Köln, Karl Zimmer-*

der Name Dr. Reinhold Heinen von den Engländern als Hauptlizenzträger genannt worden, gegen den allerdings Albers, Schwering und Zimmermann Bedenken hatten. 3. Gab es eine Möglichkeit, eine Stelle beim Wiederaufbau des früheren Volksvereins zu finden? Hier konnte mir der Bischof für eine nahe Zukunft nichts versprechen. 4. Sollte man Schulungsleiter für die Partei oder für die katholischen Arbeitervereine im Bezirk Aachen werden? Das war jedoch eine Überlegung ohne realen Hintergrund.

Während die Kölner Partei noch immer versuchte, mich als Hauptschriftleiter und Mitlizenzträger vorzuschlagen, suchte mich am 6. November Dr. Reinhold Heinen in Aachen auf. Er teilte mir mit, daß er der Verleger der christlich-demokratischen Zeitung in Köln werde und bot mir einen Posten in der Schriftleitung an, wollte sich aber nicht auf den Hauptschriftleiter festlegen. Am Tage darauf brachte Heinrich Hollands aus Benrath ein Schreiben mit, daß, wenn die »Aachener Nachrichten« die einzige Zeitung im Bezirk Aachen blieben, es nicht genüge, daß der Chefredakteur ein christlicher Demokrat sei, sondern daß ihm dann im Verlag ein christlicher Demokrat zur Seite gestellt werden müsse. Mit diesem Bescheid verlor Hollands die Lust daran, weiterhin dafür zu kämpfen, daß die »Aachener Nachrichten« die einzige Zeitung im Bezirk bliebe.

Am 9. November kamen zwei britische Offiziere von Benrath, um sich genauer über die Aachener Verhältnisse zu orientieren. Sie sagten mir, daß ich ihre ganze Anerkennung besäße und daß sie durchaus nicht diejenigen für die Besten hielten, die dauernd nach Benrath gelaufen kämen, sondern in ihren Augen diejenigen die Besten seien, von deren Arbeit sie sich überzeugt hätten. Sie wollten nun von mir wissen, ob ich eine Druckmöglichkeit für eine zweite Zeitung in Aachen sähe und was ich von Jakob Schmitz, dem früheren Geschäftsführer des »Volksfreunds«, hielte. Ich konnte ihnen nur erwidern, daß ich Hollands gegenüber nicht illoyal sein wollte und mich deshalb persönlich noch nicht um weitere Druckmöglichkeiten gekümmert hätte und so auch noch keine Beziehungen zu Schmitz gesucht hätte. Darüber müßten sie mit Maas und Ernst sprechen. Dagegen könne ich sagen, daß sich eine Redaktion leicht aufstellen ließe, nachdem nun auch mein Kollege Hans Carduck von der ehemaligen »Kölnischen Volkszeitung« aus der Gefangenschaft in seine Heimatstadt zurückgekehrt sei.

Einig war ich mit den englischen Offizieren darüber, daß auch diese zweite Phase des Wiederaufbaus eines deutschen Zeitungswesens schwierig werden würde. Dabei wurde mir mitgeteilt, daß als Hauptschriftleiter für Köln Hans Rörig vorgesehen sei, der nunmehr aus der Schweiz zurückkehre. Zum Schluß fragte man mich, ob ich also nun in Aachen bleiben wolle. Unter der Bedingung, daß klare Verhältnisse geschaffen würden, sagte ich zu, obgleich meine Frau immer noch

---

mann, *mitgeteilt, daß er sich danach* sehne, die Leitung eines christlich-demokratischen Blattes in Köln zu übernehmen, *wofür er* auch in erster Linie *in Betracht komme:* Wenn das Blatt etwas bedeuten soll, muß es von einem Journalisten ersten Ranges geleitet werden, und dazu darf ich mich – ohne unbescheiden zu sein – zählen. HStAD, RWV 26/126.

hoffte, daß ich bald nach Köln zurückkehren würde, und meine Entscheidung für Aachen nun weitere Monate der Trennung von der Familie bedeutete.

Diese Klarheit gewann ich zwei Wochen später. Maas und Ernst teilten mir am 26. November mit, daß sie in Benrath gewesen seien. Ich solle bei den »Aachener Nachrichten« bis zu deren Aufgliederung in eine christlich-demokratische und eine sozialdemokratische Zeitung bleiben. Man habe mich als Mitlizenzträger eines christlich-demokratischen Blattes in Aachen vorgesehen. Noch am gleichen Tage kam der Nachfolger von Oberst Dilke zu mir, um, wie er sagte, mich kennenzulernen. Ich sei als Hauptschriftleiter für eine christlich-demokratische Zeitung in Aachen in Aussicht genommen, die im Frühjahr starten werde. Als ich ihm erwiderte, daß mich meine Kölner Freunde immer noch in Köln erwarteten, antwortete er, man werde mir aber für Aachen ein Angebot machen, das ich nicht leicht ausschlagen würde[68]. Anschließend kam es noch einmal zu einer Auseinandersetzung mit Hollands, der darüber erbost war, daß Dilkes Nachfolger ihm keinen längeren Besuch gemacht habe. Schließlich einigten wir uns auf folgender Grundlage: Mit dem Start einer christlich-demokratischen Zeitung werde ich bei ihm ausscheiden. Zum Zeichen dessen verzichtete ich ab sofort darauf, daß im Impressum vor meinem Namen das Wort Chefredakteur stehe.

Zur Vorbereitung dieser christlich-demokratischen Zeitung in Aachen trafen wir uns am 29. November in der Wohnung von Johannes Ernst. Außer ihm waren anwesend Albert Maas, Jakob Schmitz, Paul Rothe und ich. Es ging zunächst um den Namen der Zeitung und dann um die Druckmöglichkeiten, da die Rotations-maschine, die Schmitz vom »Volksfreund« erworben und über den Krieg hinaus gerettet hatte, noch nicht betriebsfähig war und zunächst überholt werden mußte. Als letzte Möglichkeit faßte man deshalb einen Lohndruck in Eschweiler ins Auge, wo die Rotation des ehemaligen »Boten an der Inde« intakt geblieben war. Ich wurde bestürmt, statt in Köln in Aachen mitzumachen, und so entschloß ich mich, den großen Fragebogen entgegenzunehmen, der, ausgefüllt mit dem Gesuch um die Lizenz, eingereicht werden mußte[69]. Als ich dann erfuhr, daß man von Köln aus noch einmal mit meinem Namen in Benrath gearbeitet habe, mußte ich den Kölnern den Absagebrief schreiben, da ich mich nun endgültig für Aachen entschieden hatte.

Später erfuhr ich, daß auch Johannes Ernst an Johannes Albers geschrieben hatte, er möge damit einverstanden sei, daß ich in Aachen bliebe. Bei den »Aachener Nachrichten« gab es Anfang Dezember noch einmal einen Wechsel. Hauptmann Gill wurde nach Düsseldorf versetzt. In freundschaftlichster Weise verabschiedete er sich von mir. Sein Nachfolger wurde ein Mr. White, der, wie wir bald im Gespräch miteinander feststellten, im Ersten Weltkrieg in Flandern an denselben

---

[68] *Über dieses Gespräch berichtete* HOFMANN *am 28. November 1946 Zimmermann.* EBD.
[69] *Am 4. Dezember 1945 bestimmte der Vorstand der CDP Aachen für die Leitung des neuen Blattes: Schmitz (als Verleger), Ernst, Hofmann, Maas und Rothe.* HStAD, RWV 46/165.

Stellen auf englischer Seite gestanden hatte, an denen ich auf deutscher Seite gestanden hatte.

Am 11. Dezember suchte mich Major A. L. Merson aus Benrath auf. Da es äußerst schwierig sei, für Aachen einen zweiten Hellschreiber für die Nachrichtenaufnahme zu beschaffen, besprach er mit mir die Frage, ob nicht die Nachrichtenaufnahme gemeinsam für beide Zeitungen bei den »Aachener Nachrichten« erfolgen könne und ob es überhaupt nicht das beste sein würde, dort auch drucken zu lassen. Von der Redaktion sei dagegen nichts einzuwenden, meinte ich. Aber die Einzelheiten müsse er mit Jakob Schmitz besprechen, der in unserer Lizenzgruppe als Verlagsleiter bestimmt sei. Major Merson warf dann weiterhin die Frage auf, ob man nicht mit drei Lizenzträgern auskomme und ob es angebracht sei, daß Dr. Maas als Parteivorsitzender Lizenzträger würde. Darauf erklärte ich mit Nachdruck, daß, wenn Dr. Maas nicht akzeptiert würde, auch ich auf eine Lizenz verzichten müßte. Damit schien dieses Thema erledigt zu sein, denn er ließ sich nunmehr von mir zur Akzidenzdruckerei von Jakob Schmitz in der Ottostraße begleiten, um mit ihm technische Einzelheiten zu besprechen.

Für den 18. Dezember hatte der Rheinisch-Westfälische Zeitungsverlegerverein die als Verleger in Aussicht genommenen Vertreter der Lizenzanwärter zu einer Besprechung im Dienstgebäude der Press-Control in Düsseldorf-Benrath eingeladen. Dort erklärte Oberst Sayer, er werde mit seinem Stabe alles tun, um die Lizenzen bald erteilen zu können und um den Bedarf an Zeitungspapier sicherzustellen. Dabei gab er einen Einblick in die Voraussetzungen, die von der britischen Press-Control an die inhaltliche Gestaltung der Zeitung gestellt würden. Anschließend kam es unter den Anwesenden zu einer längeren Aussprache über die verlegerischen Fragen, die beim Start der neuen Zeitungen gelöst werden müßten. Auch hatte Major Merson ein Rundschreiben an die Lizenzanwärter gesandt, man möge ihm eine Aufstellung über die voraussichtlichen Mitarbeiter als Redaktionsmitglieder, als Lokalberichterstatter, als Leiter der Abteilungen Vertrieb, Buchhaltung und Anzeigen und als örtliche Vertriebsagenten und Vertreter mit kurzen Angaben über Anschrift, gegenwärtige Beschäftigung, frühere Berufserfahrung und Eignung und über das beabsichtigte Gehalt einsenden und nach Möglichkeit ausgefüllte Fragebogen beifügen.

Man kann sich kaum vorstellen, welche Fülle von Arbeit nunmehr auf den Schultern von Jakob Schmitz lag. Dabei mußte noch ein zwölfköpfiger Beirat aus den Reihen der zukünftigen Leser gewonnen werden, von denen jeder wiederum einen persönlichen Fragebogen auszufüllen hatte. Trotzdem konnte uns Schmitz bereits unter dem 21. Dezember erste Entwürfe für einen Gesellschaftervertrag und für einen Druckvertrag mit Hollands als dem Pächter der Druckerei von Johann Cerfontaine sowie eine Druckkostenberechnung und eine Rentabilitätsberechnung zusenden. Am gleichen Tag hatte ich eine eingehende Aussprache mit Jakob Schmitz über die Zusammensetzung der Redaktion und deren Mindestanforderungen. Aber auch Arbeitsräume mußten gefunden werden. Die erste Anfrage erging an die Eigentümer des früheren Verlagsgebäudes des »Echo der Gegenwart«. Diese waren bereit, das Haus an uns zu vermieten, sobald die notwendigen Instandsetzungsarbeiten durchgeführt seien. Damit war uns aber für den Augenblick nicht gedient. So besichtigten Jakob Schmitz und ich am 10. Januar Räume im Geka-Haus und mieteten sie beginnend ab 1. März für die »Aachener Volkszeitung«.

Nun hieß es, Schreibtische, Stühle, Schränke und Schreibmaschinen zu besorgen sowie vier Telefonapparate mit zwei Amtsleitungen und einen Rundfunkempfänger. Das alles mußte nun schnellstens geschehen, denn schon am 29. Januar gab Oberst Sayer auf einer Verlegerversammlung in Benrath bekannt, daß unter anderem die christlich-demokratische Zeitung in Aachen die erste Instanz in Iserlohn passiert habe und bereits zur endgültigen Genehmigung der Kontrollkommission in Bünde vorläge. Deshalb eilte es auch mit dem Druckvertrag, der zwischen der »Aachener Volkszeitung« und Heinrich Hollands als dem Pächter der Betriebsräume und der Druckereianlagen des Herrn Cerfontaine und des »Politischen Tageblatts« geschlossen werden mußte.

Wegen der Preisforderungen kam es wieder zu Auseinandersetzungen mit Hollands, so daß Schmitz die Angelegenheit zur Prüfung und zur Entscheidung dem Rheinisch-Westfälischen Zeitungsverlegerverein übergab. Da der Schiedsspruch auf sich warten ließ, mußte für den Monat März ein Übergangskompromiß gefunden werden. Wenn Cerfontaine eben solchen Nachdruck wie Dr. Kurt Neven eingesetzt hätte, um seinen Betrieb zurückzuerhalten, dann hätte er ihn wahrscheinlich damals schon wie Neven in Köln zurückerhalten. Jedenfalls verfügten die Engländer, daß Hollands nun nicht mehr wie früher als Erwerber des Betriebs zu gelten habe, der die Erwerbskosten langsam abzustottern habe, sondern sie setzten ihn nunmehr »als amerikanisches Erbe«, wie es bei einem Besuch von Schmitz und mir am 18. Januar 1946 in Benrath geheißen hatte, als Pächter ein.

Nachdem mich am 31. Januar aus Benrath der Anruf erreicht hatte, daß Carduck als Schriftleiter zugelassen sei, und ich auf eine diesbezügliche Frage erklärt hatte, daß wir, von der Redaktion aus gesehen, am 1. März starten könnten, besprach ich mit Carduck die Aufmachung der Zeitung und die Gestaltung des politischen Teiles. Den unpolitischen Teil hatte ich bereits am 18. Januar auf einer Rückfahrt von Düsseldorf in Krefeld mit Lisbeth Thoeren besprochen. Der Lokal- und Bezirksteil lag bei Otto Pesch in guten Händen. Als Volontär, der sich in den Sportteil einarbeiten sollte, hatte Johannes Ernst Karl-Heinz Böker empfohlen. Außerdem war mit Frau Magda Köhlmann ihre redaktionelle Mitarbeit besprochen worden.

Gleichzeitig mußten von den Herausgebern die schwierige Frage des Vertriebs und der Aufteilung der Abonnenten behandelt werden. Die Gesamtauflage war von der britischen Press-Control auf 53 000 Exemplare festgelegt worden. Obgleich wir wußten, daß diese uns zugewiesene Auflage in keiner Weise genügen würde, um die Nachfrage nach einer der CDU nahestehenden Zeitung zu befriedigen, mußten wir versuchen, die 53 000 Exemplare auf die Kreise und Gemeinden des Regierungsbezirks, der damals 618 900 Einwohner zählte, nach bestem Wissen zu verteilen. Den damals der SPD nahestehenden Nachrichten waren 39 000 Exemplare und der in Köln erscheinenden KPD-Zeitung 24 000 Exemplare im Bezirk Aachen zugewiesen worden.

Dann aber kam die große Überraschung, die uns vor unerwartete Schwierigkeiten stellte. Am 12. Februar kehrte Jakob Schmitz von einer Sitzung in Benrath mit der Nachricht zurück, ihm und Heinrich Hollands sei eröffnet worden, daß die beiden neuen Zeitungen in Aachen, wo die erste wieder von Deutschen geleitete Zeitung erschienen sei, nun auch vor den anderen in der britischen Zone erscheinenden neuen Zeitungen herauskommen sollten. Zunächst war sogar das Datum vom 15. Februar genannt worden. Das mußte Jakob Schmitz als unmöglich bezeichnen. Man einigte sich dann darauf, daß die beiden sogenannten Vornummern der »Aachener Volkszeitung« am 22. und am 26. Februar erscheinen sollten. Vertriebsmäßig konnte diese Frage nur so gelöst werden, daß in den genannten Tagen die AVZ mit einer Auflage von 53 000 und die »Aachener Nachrichten« in einer um diese Exemplare verkürzten Auflage nunmehr als eine der SPD nahestehende Zeitung über das gesamte Verbreitungsgebiet so gestreut wurden, wie es der Zufall mit sich brachte.

Nun aber eilte es auch mit der Ankündigung in den »Aachener Nachrichten« über die Neuordnung des Zeitungswesens im Regierungsbezirk Aachen. Dazu hatte ich bereits am 15. Januar zusammen mit Carduck einen Entwurf verfaßt. Doch mußte Jakob Schmitz erhebliche Bedenken gegen den Entwurf anmelden, den Hollands am 12. Februar nach Benrath mitgebracht hatte, weil dieser einseitig die »Aachener Nachrichten« bevorzugte. Schmitz bat mich deshalb, mit Hollands eine neue Fassung auszuarbeiten, die der AVZ gerechter würde. Erschwerend kam hinzu, daß Hollands noch einmal am 16. Februar den Versuch machte, Pesch und mich, sogar rückwirkend um einen Tag, zu entlassen, was ihm allerdings nicht gelang. Zur endgültigen Formulierung der Ankündigung kam Jakob Schmitz hinzu, wobei es wiederum eine scharfe Auseinandersetzung mit Hollands gab. Die Ankündigung erschien dann in der Ausgabe vom 15. Februar. Da aber auch hier immer noch die »Aachener Nachrichten« an erster Stelle genannt waren, gaben Verlag und Schriftleitung der »Aachener Volkszeitung« ein Flugblatt mit näheren Mitteilungen darüber heraus, daß das christlich-demokratische Blatt als Nachrichtenorgan und als Meinungsorgan den Titel »Aachener Volkszeitung« führen werde und daß es sich empfehle, auf gegebene Benachrichtigung hin die Anmeldungen zum Zeitungsbezug umgehend vorzunehmen.

Mit dem 18. Februar 1946 erschien die letzte Ausgabe der bisherigen »Aachener Nachrichten«, an der ich nun fast acht Monate gearbeitet hatte. Pesch und ich nahmen Abschied von der bisherigen Redaktion. Da die Räume im Geka-Haus noch nicht benutzt werden konnten, war von uns im Hause des ehemaligen »Politischen Tageblatts« die Küche der von Johann Cerfontaine noch nicht wieder bezogenen Wohnung als unser Redaktionsraum gemietet worden. Hier fand am 19. Februar die erste Redaktionskonferenz der »Aachener Volkszeitung« statt und hier begannen sofort die Vorbereitungen für die erste Nummer der AVZ, die am Abend des 21. Februar gedruckt werden mußte. Um sich Unterlagen für Reportagen zu verschaffen, fuhren am 20. Februar Lisbeth Thoeren und Magda Köhlmann mit Johannes Ernst ins Wurmrevier. Währenddessen begann im Geka-Haus, wo die Abonnementsabteilung provisorisch untergebracht war, trotz des Schnees, der durch die große Halle wirbelte, die Prozession der Zeitungsbesteller. Die Verlagsabteilung arbeitete währenddessen in der Wohnung von Jakob Schmitz. Als am 22. Februar die erste Nummer der »Aachener Volkszeitung« erschienen war, gab es in der Stadt geradezu eine Jagd auf solche Exemplare[70].

Die Aufgabe, die sich die neugegründete AVZ, die ja kein Parteiorgan im früheren Sinne sein sollte, gestellt hatte, umschrieb ich in einem Leitartikel, der die Überschrift »Die Aufgabe« trug. Von einem Aufruf ausgehend, sich »in ernster Selbstbesinnung und Selbstprüfung klar zu werden über die tiefen geistigen und politischen Voraussetzungen, die zu jener Verirrung des Denkens führte, die nur noch brutale Macht kannte«, kam ich zu der Feststellung, daß der Ursprung und das Wachstum der totalitären Mächte »verbunden waren mit der Leugnung des Übernatürlichen im Menschen« und daß es keine Kultur gäbe, »wenn es keine Norm gibt, auf die alle, so verschieden auch ihre Meinungen in sachlichen Fragen sein mögen, zurückgreifen können, kurz gesagt, wenn es keine ethische Bindung gibt«. Des weiteren warnte ich davor, das Christentum als billiges Aushängeschild

---

[70] *Über die AVZ* vgl. HEINZ-DIETRICH FISCHER, CDU-nahe Lizenzzeitungen (I): „Aachener Volkszeitung", in: Communicatio Socialis 2, 1969, S. 21 ff. DERS., Parteien und Presse in Deutschland seit 1945. Bremen 1971, *S. 131. Dort auch zahlreiche Hinweise auf Hofmanns Rolle als Vorsitzender des* Vereins Union-Presse.

oder als bequemen Wandschirm zu benutzen und fuhr dann fort: »Die Männer, von denen der Gedanke der Union ausging, das heißt der Aufruf an alle christlich denkenden Menschen, aus den Besonderheiten ihres kirchlichen Raumes heraus-zutreten in das politische Feld zu gemeinsamen Handeln, haben lange darum gerungen, ob sie die Bezeichnung ›christlich‹ in den Namen der Union aufnehmen sollten. Sie haben es getan, weil sie darin eine durch nichts zu überbietende Ver-pflichtung sahen, und zwar eine Verpflichtung auf Werke der Diesseitigkeit.« So kam ich zu dem Hinweis auf »eine durchgreifende gesellschaftliche Neuord-nung« und sagte dann: »Wenn 80 v. H. des deutschen Volkes heute besitzlos sind und nicht einmal die zum Leben notwendigste Habe besitzen, kann das öffent-liche und soziale Leben nur nach ihnen ausgerichtet sein, und müssen ihnen die Rinnsale neu erzeugter Güter, von denen wir hoffen, daß sie bald zu Bächen und Flüssen werden, in erster Linie zugute kommen.«

Die Urkunden über die Lizenzen wurden den Herausgebern der neuen Zeitungen am 26. Februar in feierlicher Form in Düsseldorf im Saale des Stahlhofes aus-gehändigt[71]. Es fehlten allerdings noch die Lizenzen für die christlich-demokra-tischen Blätter in Köln und in Dortmund, wo es noch einmal Schwierigkeiten gegeben hatte. So mußte der »Kölnische Kurier«, jetzt allerdings als christlich-demokratisches Blatt, für kurze Zeit provisorisch von der Provinzialregierung getragen werden, bis Reinhold Heinen das Blatt endgültig übernehmen konnte. Von deutscher Seite sprachen bei der Übergabe der Lizenzen Oberpräsident Dr. Lehr und im Namen der neuen Lizenzträger Anton Betz. Da auch viele Politiker aller Parteien geladen waren, traf ich viele Bekannte, darunter auch Adenauer, der es noch einmal bedauerte, daß ich nicht nach Köln zurückgekommen sei. Den Nachmittag benutzte ich, um beim Verlag Schwann und mit Professor Josef Antz vom Kulturdezernat der Provinzialregierung die Frage zu besprechen, wie man Kurzgeschichten erhalten könne. Werner Öllers hatte ich bereits im Januar als Mitarbeiter gewonnen. Auch hatte sich zu solcher Mitarbeit Adolf Eidens, der frühere Feuilletonredakteur des »Volksfreunds«, bei einem Besuch in Aachen bereiterklärt. Nach Aachen zurückkommen wollte er allerdings noch nicht.

Nun aber mußte auch der Gesellschaftervertrag über die rechtliche Grundlage des Verlags unter Dach und Fach gebracht werden. Sein Inhalt war bereits in mehreren Sitzungen besprochen worden. Die schwierigste Frage dabei war der Ausgleich zwischen dem Verlagsleiter als Lizenzträger und dem Hauptschrift-leiter als Lizenzträger. Auch hatten wir uns schon statt für eine offene Handels-gesellschaft für eine GmbH entschieden, an der die damaligen fünf Lizenzträger mit jeweils einer Einlage von 10 000,– RM beteiligt waren. Da Johannes Ernst

---

[71] *Das gedruckte vierseitige Programm* Verleihung der ersten Zeitungslizenzen in den Provinzen Nord-Rheinland und Westfalen (RWN 210/43) *ist im Faksimile abgedruckt in:* NORDRHEIN-WESTFALEN. Ausstellung der staatlichen Archive des Landes Nordrhein-Westfalen (Veröffent-lichungen der staatlichen Archive des Landes Nordrhein-Westfalen, Reihe D, H. 3). o. O., o. J., *S. 102 f.*

und Paul Rothe auf eine Nennung im Firmennamen verzichteten, einigten wir uns auf den Firmennamen »Aachener Volkszeitung Schmitz, Maas, Hofmann & Co. GmbH«. Nachdem der Vertrag auch vom Zeitungsverlegerverein geprüft worden war, wurde er am 7. März vor dem Notar unterzeichnet. Paul Rothe, der den Vertrieb übernommen hatte, schied nach einigen Monaten aus, so daß seitdem als Gründer der AVZ zu nennen sind Jakob Schmitz, Dr. Albert Maas, Johannes Ernst und Dr. Josef Hofmann.

Während die »Aachener Nachrichten« auch mit ihrer neuen inneren Gestaltung im Hause des ehemaligen »Politischen Tageblatts« weiterarbeiten konnten, mußte die »Aachener Volkszeitung« noch einmal, wie alles nach dem Kriege, unter aller-primitivsten Bedingungen ganz von vorn beginnen. Zwar konnten wir am 11. März aus der Cerfontaineschen Küche ausziehen, aber im Geka-Haus waren vorerst nur zwei Räume für die Redaktion benutzbar, jeder mit einem Ofen ausgestattet, dessen Ofenrohr durch das Fenster führte, so daß die Öfen meistens qualmten. Als uns dort Oberleutnant Buchanan besuchte, war er über die primi-tiven Verhältnisse, unter denen sich unser Start vollzog, sichtbar erschüttert. Er sprach von einer »Redaktion am Ende der Welt«.

Für die Schlußredaktion hatte uns Cerfontaine sein Herrenzimmer zur Ver-fügung gestellt. So wanderten wir an den Drucktagen um 17 Uhr vom Geka-Haus zur Theaterstraße, damit wir die letzten Meldungen in der Nähe der Aufnahme und der Setzerei bearbeiten konnten. Das war für uns vor allem deshalb notwendig, weil wir mittwochs und samstags jeweils einen Tag nach den »Nachrichten« erschienen und darauf angewiesen waren, möglichst die letzten Meldungen vom Dienstag und vom Freitag mitzunehmen, um uns von der am Vortag erschienenen Zeitung zu unterscheiden.

Über die Fülle der Arbeiten, die in dieser Übergangszeit von der einen zur an-deren Zeitung auf mir lasteten, gibt mir das damals von mir geführte Tagebuch Auskunft, in dem ich unter dem 9. März den Satz finde: »Wo soll das mit mir hin mit der vielen Arbeit.« Es ging ja nicht nur um die Redaktionsarbeiten und um die Vorbereitungen der AVZ. Währenddessen war in der Journalistenschule der zweite Kursus abzuschließen und der dritte Kursus zu beginnen. Dazu kamen die Vorträge, zu denen ich gebeten wurde. Die Vorträge über die außenpolitische Lage blieben ja nicht die einzigen. Andere Vorträge kamen hinzu, wie »Die englische Selbstverwaltung«, »Katholische Soziallehren im Lichte der Enzyklika« oder »Weltanschauliche Rätsel der Zeit«. Außerdem mußte eine Vortragsreihe für die wiedereröffnete Volkshochschule vorbereitet werden[72]. In Walberberg erbat man für die neue Zeitschrift »Die neue Ordnung«, die das Kloster heraus-geben wollte, von mir einen längeren Artikel über »Sicherung und Gefährdung der Person in der Demokratie«[73].

---

[72] *Das maschinenschriftliche Manuskript einer dreiteiligen Vortragsserie* Entwicklungen zur Demo-kratie *befindet sich im Nachlaß Hofmann.* RWN 210/141.
[73] Jg. 1, 1946, S. 171 ff.

Schließlich ist die Parteiarbeit zu nennen mit vielen Besprechungen in Aachen, in Düren und in Köln, wo am 2. Februar die erste Zusammenkunft des von Leo Schwering ins Leben gerufenen Presseausschusses der CDU des Rheinlandes stattfand. Dabei war in Aachen am 5. Februar der von der Militärregierung ernannte Stadtrat zusammengetreten, dessen Vorsitzender und damit Oberbürgermeister neuer Ordnung Ludwig Kuhnen (SPD) wurde, während im Landkreis Johannes Ernst am 1. März Winand Ungermann als Landrat alter Ordnung ablöste und dann als Vorsitzender des ernannten Kreistages Landrat neuer Ordnung wurde. Als im Sommer 1946 ein CDU-Mitglied aus dem ernannten Stadtrat ausschied, wurde ich in diesen berufen.

Die allgemeine Lage wurde in diesem Frühjahr ernster als sie zuvor gewesen war. Überall wurde geklagt, daß Industrie und Handwerk nicht vorankämen. Am 28. Februar wurde die Brotration auf die Hälfte der bisherigen Menge herabgesetzt. Alles das ließ die Gefahr erneuter nationalsozialistischer Flüsterpropaganda auftauchen, wie auch tatsächlich Plakate gegen die britische Militärregierung und gegen die Antifaschisten in der Stadt erschienen und verschiedene Personen Drohbriefe erhielten, die mit »Die Wehrwölfe« unterzeichnet waren. Von Studenten der Technischen Hochschule, wo am 15. Februar die erste feierliche Immatrikulation stattgefunden hatte und der Rektor seine Rede wegen eines Stromausfalles nur beim Scheine einer Kerze hatte beenden können, wurde der Nürnberger Prozeß kritisiert. Die Frage, wie man mit der Jugend, die aus den Kriegsgefangenenlagern zurückkehrte, ins Gespräch komme, war Gegenstand vieler Diskussionen. Von der Jugend wurde auch tatsächlich das verlangt, was für jeden Reiter das schwierigste ist, nämlich mitten im Galopp eine Kehrtwendung vorzunehmen. Dabei trog die Hoffnung, daß die Katastrophe des Krieges in allen Schichten der Bevölkerung zu einer religiösen Neubesinnung geführt habe. Viele Rückkehrer waren religiös kaum noch ansprechbar.

Auch die Deutschlandfrage wurde, wie ich das in meinen Vorträgen schon hervorgehoben hatte, immer undurchsichtiger. Pater Provinzial Laurentius Siemer wollte vom Luxemburger Vertreter im Kontrollrat erfahren haben, daß das Ruhrgebiet tatsächlich internationalisiert und das linke Rheinufer von Deutschland abgetrennt werden würde, und nannte dafür bereits ein Datum. Selbst Landesrat Wilhelm Kitz von der Provinzialregierung in Düsseldorf mußte mit gestehen, daß man über das Schicksal der Westgrenzen nichts wisse, da die Engländer in ihren Gesprächen völlig zurückhaltend geworden seien.

Last not least machten mir auch persönliche Fragen Kummer. In Köln mußte für die Wohnung unserer Familie etwas geschehen, da es in die Schlafzimmer hineinregnete, und in Aachen mußte ich mich um eine neue Bleibe umsehen, da ich nun nach dem Start der AVZ aus dem Internat der Journalistenschule ausziehen mußte. Ich fand schließlich ein möbliertes Zimmer in der Oppenhoffallee und begann mit Jakob Schmitz zu überlegen, wie in Aachen eine Wohnung für meine Familie beschafft werden könne. Trotz allem stand in einem meiner Leitartikel der Satz: »Wer dem Materialismus verhaftet bleibt, endet in der Diktatur der Gewalt.«

Und doch gab es bald einen Lichtblick. Am 18. März eröffnete Major Merson den beiden Aachener Zeitungen, daß sie fortan ohne Vorzensur erscheinen würden. Das bedeute Ehre, aber auch höhere Verantwortung. Man ziehe in Aachen die dortige Press-Subsection als erste zurück, weil von dort das Pressewesen seinen Ausgang genommen habe. Als sich daraufhin am 22. März Oberleutnant Buchanan verabschiedete, riet er, nicht von uns aus den Presse-Verbindungsoffizier bei der Aachener Militärregierung aufzusuchen.

Aus heutiger Sicht ist es kaum zu begreifen, wie geringe Wellen damals in der Öffentlichkeit das wirklich geschichtsträchtige Ereignis des Jahres 1946 schlug, nämlich der Entschluß der britischen Regierung, aus der Nordrhein-Provinz, also den Regierungsbezirken Düsseldorf, Köln und Aachen und der Provinz Westfalen, das Land Nordrhein-Westfalen zu bilden. Die damals herrschende politische Apathie gegenüber dem, was von den Besatzungsmächten ausging, ist nur aus den Zeitumständen zu begreifen. Damals lebte jeder buchstäblich von der Hand in den Mund, und das Wenige, das ihm zugeteilt wurde, wollte einfach zum Leben nicht reichen. Es konnte ja auch niemand, wie selbst ein höherer britischer Offizier am 3. Mai auf einer Pressekonferenz in Berlin erklärte, auf die Dauer von 1000 Kalorien leben. Selbst die neue Ernte dieses Jahres brachte keine Erleichterung, so daß Adenauer im November offen heraus erklärte: »Die Hungersnot ist da.« Überhaupt wurden die Bewirtschaftungsbestimmungen immer mehr zu einer Art höheren Mathematik, während an den Grenzen der Schmuggel und im Inneren des Landes der Schwarzmarkt blühte. An die Stelle der Reichsmarkwährung trat die Zigarettenwährung. Die Züge waren überfüllt von Hamsterern und Schwarzhändlern. Dabei erzählte man sich in Aachen folgende Geschichte: Ein Bauer tauscht zwei Bund Wolle in Belgien gegen Kaffee. Diesen verkauft er in Deutschland und kauft mit dem erhaltenen Geld ein Ferkel, das er füttert und dann in Belgien gegen deutsches Geld verkauft. Nun kauft er mit dem Geld in Deutschland eine Kuh und verkauft sie wieder in Belgien gegen deutsches Geld. Mit diesem kauft er nun in Deutschland vier Kühe, die er dann in seinen Stall stellt. Ein Schlaglicht auf damalige Verhältnisse wirft auch das, was mir in jenen Tagen der Chef der Aachener Polizei erzählte. Während ein ehemaliger Polizeioffizier nur als Hilfspolizist angenommen werden durfte, wurde bei der Aushebung einer Diebesbande festgestellt, daß ihr Anführer im Kriege Offizier gewesen war.

Nicht weniger schwierig war es, eine Wohnung zu bekommen. So wurde ich mit meiner Familie, die noch immer in Köln wohnte, am 22. Mai 1946 in Aachen in eine Wohnung eingewiesen, die aber erst baulich wieder instandgesetzt werden mußte. Das dauerte ein halbes Jahr, da sich immer wieder neue Schwierigkeiten bei der Beschaffung der Materialien ergaben. Erst am 16. November konnten wir einziehen, obgleich es an jenem Tage immer noch keine Heizungsmöglichkeiten, keine Flurtüren und keine Türgriffe gab. Das alles konnte nur nach weiteren

Tagen beschafft werden, so daß erst am 22. November die Wohnung völlig hergerichtet war.

Nicht zu vergessen bleibt auch das Kontrollratsgesetz über die Einkommensteuer. Sie trug einen konfiskatorischen Charakter und mußte als Lohnsteuer bei der Gehaltszahlung Ende Juni sogar rückwirkend einbehalten werden, so daß von einem Gehalt von 1000,– RM bei jener Gehaltszahlung ganze 250,– RM übrig blieben. Eine solche Steuer war alles andere als ein Anreiz, mit der Arbeit ins Geschirr zu gehen.

Von außen her überkreuzten sich Kontrollratsbeschlüsse, Konferenzen der Siegermächte und Entschlüsse der einzelnen Besatzungsmächte. Am 26. März 1946 wurde der Industrieplan des Kontrollrates veröffentlicht, der den Abbruch vieler Produktionsstätten in den vier Zonen zu Reparationszwecken vorsah. Aber bereits am 27. Mai erklärte der stellvertretende Oberbefehlshaber der amerikanischen Truppen in Deutschland, General Lucius D. Clay: »In der amerikanischen Zone werden vorläufig keine Fabriken mehr abgebaut und für den Abtransport fertiggemacht, solange nicht endlich Klarheit über die Zukunft der wirtschaftlichen Einheit Deutschlands geschaffen wird, die nach dem Potsdamer Abkommen bereits hätte bestehen müssen.« Tags darauf folgte dem eine britische Erklärung, daß auch in der britischen Zone nur noch die Fabriken abgebrochen würden, die auf der Liste 1 ständen. Offenbar hingen diese Erklärungen mit den Schwierigkeiten zusammen, die sich auf der Pariser Außenministerkonferenz zwischen den Angelsachsen einerseits und den Russen und Franzosen andererseits ergeben hatten. Diese Konferenz war am 26. April zusammengetreten und hatte sich am 17. Mai auf den 15. Juni vertagt. Mitte Juli war sie dann abgebrochen worden, ohne daß die vier Siegermächte eine einheitliche Linie in der Deutschlandfrage und insbesondere in der Kontrolle des Ruhrgebietes gefunden hätten.

Dreimal war ich in jenen Tagen in einem Leitartikel auf die in Paris verhandelten Fragen eingegangen. Am 5. Juni stimmte ich unter der Überschrift »Bevins Deutschlandplan«, allerdings unter der Voraussetzung näherer Prüfung der Einzelheiten, dem Grundgedanken Bevins zu, Deutschland eine föderative Gestalt zu geben, die einerseits den Franzosen die Angst vor einem zentralistischen Deutschland nehmen sollte und auf der anderen Seite die wirtschaftliche Einheit erhalten sollte. Allerdings werde es, sagte ich, darauf ankommen, ob die Entwicklung zum Bundesstaat oder zum Staatenbunde ginge und wie das Sonderstatut für das Ruhrgebiet beschaffen sein würde. Im zweiten Artikel vom 26. Juni mit der Überschrift »Die Überwindung des Mißtrauens« ging ich auf das Mißtrauen Frankreichs ein und schrieb: »Betäubt vom Wirbel der Niederlage haben wir uns bislang zu wenig Gedanken gemacht über die Fragen, die damit aufgeworfen sind ... Wir müssen, wenn wir uns nicht selbst aufgeben wollen, ganz nüchtern und klar darüber nachdenken, wieso sich dieses Gebirge des Mißtrauens auf französischer Seite aufbauen konnte und was wir dazu beitragen können, es abzubauen.«

Damit spielte ich auf Gedanken Adenauers an, der schon damals in der gegenseitigen Verflechtung der wirtschaftlichen Interessen Frankreichs und Deutschlands eine Möglichkeit erblickte, den Sicherungsansprüchen Frankreichs und überhaupt unserer westlichen Nachbarn zu genügen[74]. Als Adenauer dann den Kommunalwahlkampf in Nordrhein-Westfalen mit seinen Reden in Dortmund und Osnabrück eröffnete, sagte er: »Dem Sicherheitsbedürfnis der westlichen Länder, das ich als berechtigt anerkenne, wird nur eine konstruktive Lösung Rechnung tragen können, vor allem eine wirtschaftliche Verflechtung, die letzten Endes auf Gegenseitigkeit beruhen muß. Eine solche konstruktive Lösung im Westen bildet einen Meilenstein zu den Vereinigten Staaten von Europa, die allein auf die Dauer dem Kontinent Frieden und Ruhe geben können.«

Doch mußte ich in meinem Artikel vom 17. Juli 1946, dem ich die Überschrift »Nach der Pariser Konferenz« gegeben hatte, feststellen, daß alles wieder in der Schwebe sei und daß je länger der Schwebezustand dauere, desto untragbarer die deutsche Lage werde. Ohne zu wissen, daß an jenen Tagen bereits seitens Englands und der Vereinigten Staaten Entscheidungen getroffen waren, zitierte ich den »Manchester Guardian«, der es für möglich hielt, durch einen Zusammenschluß der Besatzungszonen der Westmächte zu einem gemeinsamen Ein- und Ausfuhrprogramm West- und Süddeutschlands zu kommen und daß im Zusammenhang damit auch die Quoten des Industrieplanes neu festgelegt werden könnten. Allerdings mußte ich hinzufügen, daß sich diese englische Zeitung nicht die Gefahr verhehle, die mit der Bildung einer antisowjetischen Gruppe verbunden sein könne.

Daß mit einer solchen Gefahr auch die britische Regierung die ganze Zeit über rechnete, gab Bevin später am 23. Oktober vor dem Unterhause zu, indem er darauf hinwies, daß es einer der größten Fehler der Friedensmacher nach dem Ersten Weltkrieg gewesen sei, die Lage Rußlands zu ignorieren. Trotzdem war aber nun nach dem Auseinandergehen der Pariser Konferenz die britische Regierung davon überzeugt, daß sie in Verbindung mit den Vereinigten Staaten handeln müsse und zwar nicht nur hinsichtlich der wirtschaftlichen Verschmelzung der beiden Zonen, die am 1. Januar 1947 vollzogen wurde, sondern auch hinsichtlich des Ruhrgebietes, um von der Last befreit zu werden, eigene Steuermittel zum Ankauf von Lebensmitteln für Deutschland einsetzen zu müssen.

Am gleichen Tage, an dem mein Leitartikel »Nach der Pariser Konferenz« erschien, gab der damalige britische Oberbefehlshaber Luftmarschall Sir W. Sholto Douglas auf einer Pressekonferenz in Berlin den Beschluß der britischen Regierung bekannt, die Provinz Westfalen und die Nordrhein-Provinz zu dem neuen Lande Nordrhein-Westfalen mit der Hauptstadt Düsseldorf zusammenzulegen. Die Meldung kam für alle Außenstehenden überraschend. Zuvor waren am 15. Juli nur Konrad Adenauer und Kurt Schumacher mit je einem Begleiter sowie

---

[74] *In seiner Rede vom 24. März 1946 in Köln, abgedruckt in:* Konrad Adenauer, Reden 1917–1967. Eine Auswahl, hrsg. von Hans-Peter Schwarz. Stuttgart 1975, *S. 82 ff.*

Jakob Kaiser durch den stellvertetenden britischen Militärgouverneur, General-
leutnant Sir Brian Robertson, im Berliner Hauptquartier der britischen Militärregierung unterrichtet worden. Während Adenauer das neue Land lieber noch
größer gesehen hätte und an den ehemaligen amerikanischen Militärdistrikt
dachte, der außer der gesamten Rheinprovinz auch die Rhein-Pfalz und Rhein-
Hessen umfaßte, hielt Schumacher das vorgesehene Land zu groß. So kam es,
daß in der sozialdemokratischen Presse nur der Chefredakteur des Düsseldorfer
»Rheinecho«, Albert Dobbert, die Bildung des neuen Landes begrüßte. Er geriet
dadurch in Auseinandersetzungen mit seiner Partei, erlebte aber nach einem Jahr
die Genugtuung, daß Carlo Schmid sagte, wenn Nordrhein-Westfalen noch
nicht bestände, müsse man es erfinden.

Ich bezeichnete es in meinem Leitartikel zur Landesgründung als notwendig,
schon jetzt über das Land Nordrhein-Westfalen hinaus zu denken, indem ich
darauf hinwies, daß man es nicht mehr lange den überarbeiteten und abgehetzten
Frauen zumuten könne, Schlange zu stehen, und dann fortfuhr: »Die sogenannten
kleinen Fragen werden zu großen Aufgabengebieten zusammenwachsen, die zu
sehen und zu erkennen Aufgabe des Politikers ist. Über den engen Raum hinaus
wachsen diese Aufgabengebiete in die Weite der Länder ... und über das Land
Nordrhein-Westfalen in noch größere Zusammenhänge, die keine Zonengrenzen
mehr dulden.« Gleichzeitig forderte ich im Einklang mit Adenauer sofortige
Landtagswahlen. Gemeindewahlen waren bereits für den 15. September und
Kreistagswahlen für den 13. Oktober angesetzt.

Deshalb hatte Adenauer sofort verlangt, daß Landtagswahlen damit verbunden
werden sollten. Aber schon, als Adenauer vor der Bildung des Landes Nordrhein-
Westfalen Provinzial-Landtagswahlen für die Nordrhein-Provinz verlangt hatte,
war er, wie er in einem Gespräch mit Journalisten am 20. Juli mitteilte, auf den
Widerstand der SPD gestoßen. So kam die Militärregierung seinem Verlangen
nach Landtagswahlen erst im späteren Frühjahr 1947 nach, nachdem der ernannte Landtag am 25. März 1947 ein Wahlgesetz für Landtagswahlen verab-
schiedet hatte.

Der einzige Hinweis, den ich vor dem 17. Juli auf diesen Eingriff in die deutsche
Geschichte erhalten hatte, war eine Bemerkung des Freiherrn Max von Gumppenberg von der Düsseldorfer Provinzialverwaltung, die er mir am 5. Juni gemacht hatte, als er sagte, es sei sicher, daß England aus seiner Zone drei Länder
schaffen werde. Auch erinnerte ich mich des Hinweises des britischen Oberst-
leutnants Nelan, der Mitte April auf der Tagung der Lizenzträger der britischen
Zone in Hannover gesagt hatte, man solle die Augen auf die Weltlage richten,
da die meisten Einflüsse, die die Zukunft Deutschlands bestimmten, derzeit ihren
Ursprung im Ausland hätten.

Von allen sonstigen Überlegungen, Denkschriften und Vorschlägen, wie sie später
insbesondere von Dr. Lehr und vom münsterschen Oberstadtdirektor Karl Zuhorn
bekannt wurden, wußte ich damals noch nichts. Persönlich bejahte ich die Zusam-

menfügung von Rheinland und Westfalen. Hatte doch das Sauerland aus dem Erbe Heinrichs des Löwen jahrhundertelang zu Kurköln gehört, während der Niederrhein lange Zeit zum Fürstbistum Münster gehört hatte und noch heute zur Diözese Münster gehört. Vor allem aber hatte das Wachstum des rheinisch-westfälischen Industriegebietes längst die Provinzgrenzen gesprengt, vor allem seit der Gründung des Ruhrsiedlungsverbandes in den zwanziger Jahren. Überdies trug die Aachener Technische Hochschule seit ihrer Gründung den offiziellen Namen »Rheinisch-Westfälische Technische Hochschule«. So war es auch Professor Heinrich Reisner, der am 27. Juli in der AVZ die Bildung des neuen Landes als Folge der von der Technik geprägten Tatbestände begrüßte.

Allerdings traf man auch nachdenkliche Leute, die aus der Schaffung des Landes Nordrhein-Westfalen und aus der Ankündigung der Zusammenlegung der britischen und amerikanischen Zone den Schluß zogen, daß nun kaum noch an eine Wiedervereinigung mit der russischen Zone zu denken sei. Der Gegensatz Adenauer-Kaiser mußte immer auffälliger werden. Dabei hatte Josef Joos bereits bei seinem ersten Besuch in Köln am 15. März 1946 seinen Freunden gesagt, sie sollten sich vor dem Berliner Kurs hüten, weil dieser auf Reichseinheit gerichtete Kurs die Gefahr der Bolschewisierung ganz Deutschlands in sich trüge. Auch vermehrte sich wieder die Furcht vor einer kriegerischen Auseinandersetzung zwischen West und Ost. In der Tat hatten die Engländer im Sommer 1946 alle Flugplätze nachrichtentechnisch wieder auf die gleiche Höhe bringen lassen wie zur Zeit der Luftwaffe. Ebenso hatten sie die Kabelverbindungen von Münster nach den Niederlanden wieder herstellen lassen. Das hatte ich von meinem Freunde Theodor Hehenkamp aus der Osnabrücker Zeit erfahren, der nun der Leiter des Telegraphenbauamts in Münster war und dabei bemerkte, es hätte sogar sonntags daran gearbeitet werden müssen. Jesuitenpater Heinrich Faust wollte sogar über die Schweiz erfahren haben, daß die Amerikaner Brückenköpfe in Spanien ausbauen wollten, um für alle Fälle gerüstet zu sein.

16. PARTEIPOLITISCHE TÄTIGKEIT IN DER CDU – UMSTRITTENER »CHRISTLICHER SOZIALISMUS«

Bis zu ihrer Zusammenlegung hatten die beiden Provinzen ernannte Räte. Die Nordrhein-Provinz hatte ihren »Nichtexekutiven Provinzialrat« bereits am 14. Dezember 1945 erhalten. Seine Mitgliederzahl war im Laufe der Monate von 23 auf 56 erhöht worden. Der »Beratende Westfälische Provinzialrat« war am 30. April 1946 in einer Stärke von 100 Mitgliedern zusammengetreten, und diese Zahl war es auch, die die westfälischen wie die rheinischen Sitze im ernannten Landtag bestimmte. Die Verordnung der britischen Militärregierung über die Zusammensetzung des ernannten Landtags erschien am 29. August. Sie legte gleichzeitig die Stärke der einzelnen Fraktionen fest, wobei die Engländer immer noch glaubten, daß die SPD stärker als die CDU sei und auch die Stärke der Kommunisten überschätzten. Folgende Zusammensetzung des Landtages wurde bestimmt: SPD 71, CDU 66, KPD 34, Zentrum 18, FDP 9, Unabhängige 2. Die wenige Tage zuvor ernannten Kabinettsmitglieder waren in diese Zahlen nicht einbezogen.

Um die Bildung des Kabinetts gab es von vornherein heftige Auseinandersetzungen. Generalgouverneur des neugebildeten Landes wurde der Regional-Commissioner der Nordrhein-Provinz William Asbury. Bis zur Wahl eines Landtags wurde am 24. Juli der westfälische Oberpräsident Dr. Rudolf Amelunxen, der sich noch nicht zwischen CDU und Zentrum entschieden hatte und daher als parteilos galt, von Asbury ernannt. Er nahm umgehend die Verhandlungen mit den Parteiführern über die Bildung des Kabinetts auf. Da am 4. August Helene Weber in Aachen wegen einer Kundgebung im Kommunalwahlkampf weilte, besprachen Dr. Alfred Wolf und ich mit ihr die Frage des Kultusministers. Alois Lammers, der frühere Staatssekretär des preußischen Kultusministeriums in der Weimarer Zeit und nunmehriger Leiter des Kulturreferates in der Verwaltung der Nordrhein-Provinz, war bereits von der »Rheinischen Zeitung« angeschossen. Josef Schnippenkötter hatte sich zu sehr mit Adolf Grimme verfeindet, dem früheren preußischen Kultusminister und derzeitigen Leiter des Kulturdezernats der hannoverschen Provinzialregierung. Man fürchtete deshalb, daß Grimme kommen könne und damit das Kultusministerium an einen Sozialdemokraten fallen würde. Aber auch für Christine Teusch konnte sich damals Helene Weber nicht erwärmen.

Vierzehn Tage darauf erfuhr man, daß der Wiederbegründer des Zentrums, Studienrat Wilhelm Hamacher, Kultusminister werden würde. Da der Kölner Kardinal befürchtete, daß sich bei einem Fortbestehen der Spaltung zwischen CDU und Zentrum die christlichen Stimmen bei einer Wahl zersplittern würden, hatte er nochmals versucht, Hamacher zum Einlenken zu gewinnen, und zwar zunächst durch einen Brief und dann durch ein persönliches Gespräch am 15. August. Aber auch in diesem Gespräch blieb Hamacher bei seinem Nein gegenüber der CDU. Der vorhergehende Brief war in die Hände von Dr. Kurt Schumacher gelangt, der am 11. August in seiner Essener Rede Kardinal Frings wegen dieses Briefes heftig angriff, weil darin der unglückliche Satz gebraucht war: »Der Feind steht links.«

Adenauer ging es vor allem um das Innenministerium. Hier aber erklärten die beiden Hauptvertreter der SPD, daß kein Mitglied der CDU, auch nicht Karl Arnold, Innenminister werden könne, da sich, wie sie sagten, in der CDU zahlreiche Angehörige früherer Rechtsparteien befänden und eine echte Durchführung der Entnazifizierung unter einem CDU-Innenminister nicht gewährleistet sei. Bei dieser Sachlage war es, wie Adenauer am 19. August in einer Pressekonferenz in seinem Rhöndorfer Haus sagte, für die CDU ein Gebot der Selbstachtung, sich nicht weiter an den Kabinettsverhandlungen zu beteiligen[75]. Übrigens, so fügte er hinzu, wären von den drei der CDU angebotenen Ministerien Kultus, Ernährung und Landwirtschaft sowie Justiz die beiden letzteren ohne selbständigen Bereich, da diese Fragen zentral für die britische Zone verwaltet würden. So blieb das erste Kabinett Amelunxen ohne Beteiligung der CDU.

Währenddessen ging der Kommunalwahlkampf seinem Höhepunkt entgegen. Das Wahlrecht war von den Engländern verordnet worden. Es war ein durch eine Reserveliste abgewandeltes Mehrheitswahlrecht. Bestimmte Gruppen der ehemaligen Nationalsozialisten, aber auch alle Beamten und Angestellten des öffentlichen Dienstes waren vom passiven Wahlrecht ausgeschlossen. Da in den einzelnen Wahlbezirken jeweils drei Kandidaten zu wählen waren, hatte jeder Wähler drei Stimmen. Bei der allgemeinen politischen Passivität war es vielerorts schwierig, überhaupt genügend Kandidaten zu finden. In Aachen wurden im letzten Augenblick einige Kandidaten von der Militärregierung gestrichen, da sie als Mitglieder der Entnazifizierungsausschüsse öffentliche Bedienstete seien, so daß in zwei oder drei Wahlbezirken die CDU-Wähler nur zwei Stimmen hatten. Im Wahlkampf stand das Programmatische im Vordergrund. Adenauer rechtfertigte das in seiner Hamburger Rede, indem er sagte, daß man ein Programm aufstellen müsse, wenn die Tatbestände noch nicht feststünden, um den Wählern ein Ziel zu weisen und sie zu fragen, ob sie mit diesem Ziel einverstanden seien. Wie vor 1933 beteiligte auch ich mich wieder an dem Wahlkampf und sprach fast jeden dritten Abend in einem der Orte des Regierungsbezirkes.

Dabei kandidierte ich selbst für den Stadtrat in Aachen. Hier hatte der britische Stadtkommandant Oberst G. F. Parrott zu Beginn des Jahres einen Stadtrat ernannt, der so zusammengesetzt war, daß die CDU keine Möglichkeit hatte, eine Mehrheit zu bilden, es sei denn mit den Sozialdemokraten. Oberbürgermeister wurde Ludwig Kuhnen, der bereits vor 1933 sozialdemokratischer Beigeordneter

---

[75] *An dieser Pressekonferenz hat Hofmann teilgenommen und Adenauers Ausführungen in der AVZ vom 21. August 1946 zustimmend referiert.*

gewesen war. Albert Servais wurde Oberstadtdirektor. Dolmetscherdienste für Oberst Parrott leistete mein Kollege Hans Carduck. Nach der zweiten Sitzung sagte er mir, daß Parrott eigentlich die Nase voll habe, weil seiner Meinung nach nur »agitatorisches Gewäsch« zu hören sei. Die Sitzungen fanden zunächst im Gebäude der Handwerkskammer statt. Am 28. Mai wurde auch ich als Mitglied eingeführt. In der anschließenden geheimen Sitzung wurden Dr. Hans Globke, der spätere Staatssekretär im Bundeskanzleramt, zum Stadtkämmerer, Dr. Alfred Wolf zum Stadtrat für Schule und Erziehung, Dr. Felix Raabe zum Generalmusikdirektor und Prof. Dr. Josef Pirlet zum wissenschaftlichen Berater für den Aufbau der städtischen Monumentalbauten gewählt, und zwar alle einstimmig. Da im Mai 1946 immer noch keine Aussicht bestand, die Trümmer und den Schutt in den Straßen in Großaktionen fortzuräumen, regte die CDU an, einen freiwilligen Ehrendienst aller Männer einzuführen, um mit der Schutträumung zu beginnen[76]. In der Sitzung des Stadtrates vom 26. Juni wurde dieser Ehrendienst beschlossen. Infolge des Mangels an Fahrzeugen, Reifen und Treibstoffen konnte die Schutträumung nur mit Pickel und Schaufel und mit Kipplorenbahnen geschehen. Die Teilnehmer, die straßenweise aufgerufen wurden, erhielten ein kostenloses und markenfreies Mittagessen. Zweimal habe auch ich diesen Ehrendienst geleistet.

Nur langsame Fortschritte machte währenddessen in Aachen die Organisation der CDU. Nach den Erfahrungen mit den Fragebogen, die fast jeder gemacht hatte, bestand ein allgemeiner Widerwille, eingeschriebenes Mitglied einer Partei zu werden. Im Hinblick auf die Stadtratswahlen wurde die Organisation nach Wahlbezirken eingeteilt. Nun oblag es den in Aussicht genommenen Kandidaten, selbst ihre Helfer und Mitarbeiter in den Bezirken zu suchen. Die Liste der Kandidaten wurde, nachdem sich die einzelnen Damen und Herren vorgestellt hatten, in einer Mitgliederversammlung am 21. August 1946 beschlossen. Ein Flugblatt mit den Bildern und Lebensläufen der Kandidaten wurde herausgegeben. In der gleichen Mitgliederversammlung wurde Dr. Albert Maas zum ersten Vorsitzenden wiedergewählt, zu seinen Stellvertretern wurden Johannes Ernst und Dr. Josef Hofmann gewählt. Nach der Stadtratswahl sollte dann der Vorstand erweitert werden und auch ein Hauptausschuß seine Arbeit aufnehmen. Wahlkundgebungen fanden statt am 4. August mit Helene Weber in der damaligen Pädagogischen Akademie in der Beekstraße und am 4. Oktober in einer der großen Hallen der Talbot-Werke mit Konrad Adenauer und Erich Lingens, dem letzten Vorsitzenden der Aachener Zentrumspartei vor 1933.

Den Stadtrats- und Kreistagswahlen gingen am 15. September 1946 die Gemeindewahlen in den kreisangehörigen Gemeinden voraus. Sie waren die Feuerprobe für die erst vor einem Jahre gegründete CDU. Obgleich die SPD nichts unversucht gelassen hatte, um die CDU als den Hort der Reaktion darzustellen,

---

[76] *In der Vorstandssitzung am 15. Mai 1946. Der Umfang dieses* freiwilligen Ehrendienstes *sollte mindestens acht Stunden betragen.* HStAD, RWV 46/119.

gewann diese in Nordrhein-Westfalen 2,73 Millionen Stimmen, während es die SPD nur auf 1,26 Millionen brachte. Auch für die KPD war der Tag eine schwere Enttäuschung. Sie erhielt nur 355 000 Stimmen, das Zentrum erreichte 255 000 und die FDP 95 000 Stimmen. Einen gleichen Erfolg brachten am 13. Oktober die Stadtrats- und Kreistagswahlen für die CDU. Hier lautete das Ergebnis in Nordrhein-Westfalen: CDU 6,5 Millionen, SPD 4,8 Millionen, KPD 1,3 Millionen, Zentrum 900 000 und FDP 600 000 Stimmen. Das Wahlrecht brachte es mit sich, daß in der Stadt Aachen 33 Sitze der CDU, 4 der SPD und je einer der KPD und der Rheinischen Volkspartei zufielen.

Der Versuch der SPD, sich als die Repräsentation der Bevölkerung darzustellen, hatte ein Ende gefunden. Die SPD mußte die Pflöcke, die sie in den vergangenen Monaten weit über das zulässige Maß hinaus vorgetrieben hatte, erheblich zurückstecken. In Aachen wurde Dr. Albert Maas Oberbürgermeister, im Landkreis blieb Johannes Ernst Landrat. Um für den Kreistag kandidieren zu können, hatte er meldeamtlich für sich persönlich den Hauptwohnsitz im Landkreis nehmen müssen. Viel belacht wurde ein Vorkommnis am Wahltage in Aachen. Da kam nämlich eine ältere Frau zum CDU-Büro, um sich doch noch einmal zu erkundigen, ob es wirklich richtig sei, was man ihr gesagt habe, daß nämlich KPD Katholische Partei Deutschlands heiße.

Zwischen den beiden Kommunalwahlen trat am 2. Oktober in Düsseldorf der von der britischen Militärbehörde ernannte Landtag zusammen, und zwar in einer Zusammensetzung, die nach den Gemeindewahlen bereits völlig überholt war, so daß sofort die Frage einer Revidierung der Fraktionsstärken und damit auch die Frage nach einer Umbildung der Regierung auftauchte. Ich hatte am 6. September erfahren, daß ich Landtagsabgeordneter mit Johannes Ernst und Dr. Maas werden würde. Vor dem 2. Oktober hatte es noch zwei Pressekonferenzen gegeben. Die eine war von der Landesregierung einberufen. Auf ihr gab Wirtschaftsminister Erik Nölting (SPD) ein erschütterndes Bild der wirtschaftlichen Lage. Infolge des Kohlenmangels würden Stromkürzungen um 35 v. H. nicht zu umgehen sein, so daß man mit vielen Stillegungen im Ruhrgebiet rechnen müsse. Die andere Pressekonferenz hatte Adenauer für den ersten Oktober nach Köln einberufen. Hier erklärte er, daß angesichts der kommenden Wirtschaftskatastrophe die SPD nicht aus der Verantwortung entlassen werden dürfe.

Am nächsten Morgen fuhr ich um 5.43 Uhr mit dem Zuge nach Düsseldorf. Der Konstituierung des Landtages ging eine Fraktionssitzung voraus. Hier war Albers über die Behandlung der CDU bei der Regierungsbildung so aufgebracht, daß er vorschlug, die CDU sollte auch eine Beteiligung am Präsidium des Landtages ablehnen. Doch war Adenauer besonnener. Eine Nichtbeteiligung am Präsidium sei Obstruktion, erklärte er, und dahin dürfe es die CDU nicht kommen lassen. So wurde beschlossen, für den ersten Vizepräsidenten Karl Arnold vorzuschlagen. Weiterhin billigte die Fraktion die Anregung Adenauers, nach der Regierungserklärung nur eine kurze kühle Stellungnahme abzugeben und dabei ein Eingehen auf sachliche Fragen zu vermeiden, da sonst Amelunxen etwas hätte, an dem er sich festbeißen könne. Zum Schluß der Fraktionssitzung wurde ein Ausschuß zur Behandlung von Bergarbeiterfragen unter dem Vorsitz von Dr. Lehr eingesetzt. In der provisorisch wieder hergestellten Oper fand nach der Mittagszeit die konstituierende Sitzung des Landtags statt. Wir Abgeordnete saßen im Parkett, während auf der Bühne Sir Sholto Douglas zusammen mit William Asbury mit großer Begleitung sowie das Kabinett Amelunxen Platz nahmen. Was mir bei dem britischen Luftmarschall auffiel, war eine gewisse Ähnlichkeit mit dem früheren deutschen Luftmarschall Hermann Göring, der in jenen Tagen in Nürnberg seinem Leben durch Gift ein Ende gesetzt hatte. Der feierlichen Eröffnung durch den britischen Oberkommandierenden und der Begrüßung durch Ministerpräsident Amelunxen, der dabei eine tiefe Verbeugung vor der CDU und vor Adenauer machte, folgte die erste Arbeitssitzung des Landtags. Der Wahl des Präsidiums – Präsident Ernst Gnoß (SPD), erster Vizepräsident Karl Arnold (CDU), zweiter Vizepräsident Skrentny (KPD) – folgte die Regierungserklärung mit der Vorstellung des Kabinetts. Als dann die Fraktionsvorsitzenden Stellung zur Regierungserklärung nahmen, war die Kürze, Kühle und Zurückhaltung, mit der Adenauer sprach, die Sensation des Tages. In den Worten des KPD-Sprechers Max Reimann, der mir wie ein verhinderter SS-Mann vorkam, kündigte sich bereits die kommende Opposition der Kommunisten an. Mit der Bestimmung von Fachausschüssen endete die Sitzung.

Als die Fraktion einen Monat später am 4. November wieder zusammentrat, war die Frage einer Umbildung des ernannten Landtags entsprechend den Stadtrats- und Kreistagswahlen vom 13. Oktober 1946 brennend geworden. Die Fraktionsvorsitzenden hatten darüber bereits eine Besprechung bei Asbury gehabt. Wie Adenauer berichtete, hatten es zunächst die anderen Parteien für unnötig gehalten, die Fraktionsstärken zu ändern. Erst als er und Johannes Gronowski darauf bestanden hätten, sei man dazu bereit gewesen. Er, Adenauer, habe dann die Frage aufgeworfen, ob man nicht nach der Zahl der in den Städten und Landkreisen errungenen Mandate vorgehen müsse. Das hätte die CDU auf 66 v. H. aller Sitze gebracht. Doch habe das der Sprecher der SPD, Robert Görlinger, strikt abgelehnt. In einem solchen Falle würde die SPD ihre Sitze niederlegen. Man könne also deshalb nicht von den Sitzen, sondern von den Stimmenzahlen ausgehen. Sollte es dann auch zu einer Umbildung der Regierung kommen, fuhr Adenauer fort, müsse die CDU Inneres, Kultus und Ernährung verlangen.

Anschließend schilderte Dr. Lehr den Hergang der Landesbildung, die als britischer Gegenzug gegen französische Pläne erfolgt sei. Deshalb sei es auch notwendig, daß um der Verklammerung des Ruhrgebietes nach dem Osten willen der Regierungsbezirk Minden bei Nordrhein-Westfalen verbleibe und nicht an Hannover fallen dürfe. Im weiteren Verlauf der Fraktionssitzung wurde bedauernd festgestellt, daß die Fraktion zu wenig Jugendliche habe, da die westfälische Landespartei zu viele ältere Politiker aus der Zeit vor 1933 benannt habe. Be-

sprochen wurden dann Bergarbeiterfragen. Schließlich wurden Beschlüsse über
die vorläufige Besetzung der Ausschüsse gefaßt.

Zum zweiten Sitzungsabschnitt wurde der ernannte Landtag in unveränderter
Form für den 12. und 13. November einberufen. Die Sitzungen fanden nunmehr
in den Henkel-Werken in Düsseldorf-Holthausen statt, während die Regierung
das Mannesmann-Haus bezogen hatte, wo auch die Landtagsverwaltung ihren
Sitz hatte und die Ausschußsitzungen stattfanden. In den Henkel-Werken war
der große Saal als Schauspielhaus für die Stadt Düsseldorf hergerichtet worden.
Nun diente er während der Landtagssitzungen als Plenarsaal. Als Fraktionsraum
war der CDU der kleine Kinosaal der Henkel-Werke zugewiesen. Im Plenarsaal,
der ebenso wie der Kinoraum kein Tageslicht hatte, so daß man stundenlang bei
künstlichem Licht ausharren mußte, saßen wir Abgeordnete auf Gartenstühlen.
Nur die vordere Reihe der Fraktionsvorsitzenden hatte vor sich einfache Tische.
Die Regierung saß auf der provisorischen Bühne an grüngedeckten Tischen. Pri-
vate Gespräche mit den Ministern mußten in den Seitenkulissen stattfinden.

Obgleich es in den Kantinenräumen Frühstück und Mittagessen gab, konnte es
bei der damaligen Ernährung nicht ausbleiben, daß während der Nachmittags-
sitzungen ältere Abgeordnete auf ihren Stühlen einzunicken begannen. Einmal
gab es einen großen Krach, als ein Abgeordneter in der vorderen Reihe sich auf
die Kante eines Tisches gelegt hatte und so in Schlaf fiel, daß sein Stuhl und auch
die Tischplatte umfielen. Als dann schließlich in der Presse Bilder des »schlafen-
den Landtags« erschienen, stellten die Engländer aus dem Kaffee, der an der
Grenze beim Schmuggel beschlagnahmt worden war, soviel zur Verfügung, daß
jeder Abgeordnete nach dem Mittagessen noch eine Tasse Bohnenkaffee bekam.

Während der Fraktionssitzungen wurde selbstverständlich geraucht. Man kann
sich kaum noch vorstellen, was alles geraucht wurde. Das war vor allem selbst-
gebeizter eigengezogener Tabak, das waren aber auch getrocknete Buchen- oder
Eichenlaubblätter. So mußte Adenauer, der meistens die ganze Sitzung über vor
der Fraktion stand, nicht selten darum bitten, dieses Rauchen einzustellen, weil
die Düfte, die ihm entgegenkämen, nicht auszuhalten seien. Die Sitzungspausen,
in denen man sich in den Gartenanlagen der Henkel-Werke ergehen konnte,
waren deshalb für jeden von uns eine Wohltat.

Diese beiden Tage im November bestanden in einem dauernden Wechsel zwischen
Fraktionssitzungen und Plenarsitzungen. In den Fraktionssitzungen der CDU
ging es um die Frage einer Umbildung der Regierung im Zuge der Umformung
des Landtages, also um die Frage, ob sich die CDU dann an der Regierung beteiligen solle oder nicht. Adenauer schien nicht richtig zu wollen und wurde dabei
von Lehr, Pünder und Konen unterstützt, während ein anderer Teil der Fraktion
meinte, die Wähler würden ein weiteres Abwarten nicht verstehen. Asbury ließ
wegen eines Nottelegramms aus Köln Albers zu sich rufen und benutzte diese
Gelegenheit, auf ihn im Sinne einer Beteiligung der CDU an der Regierung ein-
zuwirken. Albers berichtete, er habe Asbury darauf hingewiesen, daß Kabinetts-

verhandlungen Sache Adenauers seien. Schließlich wurde auf Drängen von Arnold und von Frau Teusch eine Presseerklärung beschlossen, in der die Bereitwilligkeit der CDU ausgesprochen wurde, sich an einem Notkabinett zu beteiligen, aber zugleich auch bestimmte sachliche und personelle Forderungen angemeldet wurden.

Am 29. November erschien die Verordnung der Militärregierung über die neue Zusammensetzung des ernannten Landtags: CDU 92, SPD 66, KPD 19, Zentrum 12, FDP 9 und Parteilose 2. Nun wurden auch die bisherigen Minister unter die 200 Abgeordnete gezählt. Inzwischen hatte Amelunxen mit den Fraktionsvorsitzenden über die Bildung seines Kabinetts verhandelt. Als Ergebnis dieser Verhandlung gab er am 5. Dezember die Umbildung des Kabinetts unter Teilnahme der CDU bekannt. Arnold wurde stellvertretender Ministerpräsident, Josef Gockeln Sozialminister und Dr. Artur Sträter, der allerdings dem Landtag nicht angehörte, Justizminister, dem zugleich die Fragen der Entnazifizierung übertragen wurden. Am 17. Dezember folgte die Ernennung von Prof. Dr. Heinrich Konen, dem Rektor der Bonner Universität, zum Kultusminister und am 6. Januar 1947 die Ernennung von Heinrich Lübke zum Minister für Ernährung, Landwirtschaft und Forsten, so daß die CDU nun mit fünf Ministern in diesem Notkabinett vertreten war.

Daß Artur Sträter, der Schwiegersohn des früheren preußischen Kultusministers Otto Boelitz, als Nichtmitglied des Landtags von der CDU vorgeschlagen war, hatte seinen Grund darin, daß es für die CDU immer schwierig war, eine Ministermannschaft zusammenzustellen. Sie mußte nämlich an die Parität zwischen Katholiken und Evangelischen und an die Parität zwischen Rheinländern und Westfalen denken. Als evangelischer Westfale bot sich Sträter zum Ausgleich immer wieder an. Doch bedurfte es erst einer langen Auseinandersetzung mit Adenauer, ehe Sträter zum Justizminister ernannt werden konnte. Adenauer fürchtete damals offenbar die »Machtzusammenballung« Zeitungsverleger und Minister. Sträter war nämlich Lizenzträger und Verlagsleiter der »Westfalenpost« in Hagen. Später allerdings wollte Adenauer Sträter nicht mehr in einem der Kabinette entbehren, an dem die CDU beteiligt war.

In seiner neuen Zusammensetzung trat der ernannte Landtag erstmals am 19. Dezember 1946 zusammen. Die rheinische CDU hatte nicht nur weitere Mitglieder benannt, sondern auch einige bisherige Mitglieder nicht wiederbenannt. So schieden aus dem Aachener Bezirk nunmehr Dr. Maas und Hubert Fell (Erkelenz) aus dem Landtag aus. Unter den neuen Mitgliedern war auch Dr. Heinz Wolf aus Godesberg, Kustos am naturwissenschaftlichen Alexander-König-Museum in Bonn. Wir beide haben später jahrelang in freundschaftlicher Verbundenheit im Kulturausschuß zusammengearbeitet, dem ich damals nur als stellvertretendes Mitglied angehörte. Da nun die CDU die stärkste Fraktion war, fiel ihr auch das Amt des Landtagspräsidenten zu.

In der Fraktionssitzung bestand Adenauer darauf, daß als Präsident ein Ver-

waltungsfachmann benannt würde, da es zunächst darum gehe, die Landtagsverwaltung aufzubauen und in Ordnung zu bringen. So wurde Dr. Lehr, allerdings gegen die Stimmen der KPD, zum Präsidenten und Ernst Gnoß (SPD) zum
ersten Vizepräsidenten gewählt. Hauptthema dieses Sitzungsabschnittes war die
Frage des Wahlrechts für den Landtag. Adenauer hielt diese Frage für noch nicht
ausdiskutiert und suchte deshalb eine sofortige Beschlußfassung zu verhindern.
Als drei CDU-Abgeordnete mit den übrigen Parteien für den Schluß der Debatte
stimmten, machte er durch den Auszug der CDU-Fraktion den Landtag beschluß-
unfähig. Am nächsten Tage wurde die Wahlrechtsvorlage in der Fassung des
Hauptausschusses abgelehnt und damit die Entscheidung auf das Frühjahr 1947
verschoben.

Inzwischen hatte auch der Kulturausschuß am 4. Dezember 1946 seine Sitzungen
aufgenommen. Zum Vorsitzenden wählte er Christine Teusch. In den ersten
Sitzungen wurde über die einzelnen Abteilungen des Ministeriums berichtet. Da
ich dem Ausschuß nur als stellvertretendes Mitglied angehörte, habe ich bis Januar 1948 nur an einer Sitzung, und zwar an der vom 23. Januar 1947, teilgenommen, als berichtet wurde über Abteilung III: Kunst, Bibliotheken, Denkmal-
pflege, Heimatpflege, Theater, Film und Funk. Das Verlangen nach einer eigenen
Welle für den Kölner Sender kam dabei zum Ausdruck.

Solange noch Besatzungsrecht bestand, wohnten Vertreter der Militärregierung
allen Sitzungen des Landtags und seiner Ausschüsse bei. Für den Kulturausschuß
war das Gastall, der später Lektor für Englisch an der TH Aachen wurde. Als
er bereits zu den Zeiten, als ich Vorsitzender dieses Ausschusses war, einmal verhindert war zu kommen und seine Sekretärin geglaubt hatte, sie könne an seiner
Stelle erscheinen, schrieb er mir einen längeren Entschuldigungsbrief wegen dieser
Eigenmächtigkeit. Mit seiner vornehmen Zurückhaltung, aber auch mit seinem
großen Interesse für alle kulturpolitischen Fragen erwarb er sich im Kultusministerium hohes Ansehen. Eine Besonderheit für den Kulturausschuß bestand darin,
daß auf Anordnung der Militärregierung die Rektoren der Universitäten Köln
und Münster dem Kulturausschuß als beratende Mitglieder angehörten.

Hinsichtlich der Plenarsitzungen dauerte es einige Zeit, bis es auffiel, daß die
CDU in jeder Sitzung vollständig vertreten war. Adenauer ließ nämlich, wenn
es morgens festgestellt wurde, daß dieser oder jener Abgeordnete fehle, sofort der
Militärregierung mitteilen, daß die fehlenden Abgeordneten ihr Amt niedergelegt hätten und daß er deshalb darum bitte, diesen oder jenen, der zufällig
anwesend war, zum Abgeordneten zu ernennen. Das war dann bis zum Zusam-
mentritt des Plenums am frühen Nachmittag geschehen. Allerdings war das nur
beim ernannten Landtag möglich.

Das Gesetz für die Wahl des neuen Landtags wurde am 22. Januar 1947 in einer
von der CDU mit der FDP ausgearbeiteten Kompromißform mit 101 Stimmen
der CDU und FDP gegen 94 Stimmen der übrigen Parteien angenommen. Die
endgültige Beschlußfassung fand jedoch erst am 5. März statt. Zuvor aber hatte

die Landesregierung im Einvernehmen mit der Militärregierung bereits am 14. Februar den 20. April als Wahltag bestimmt.

Im übrigen waren die Sitzungsabschnitte im Januar und im März beherrscht von den Fragen der Sozial- und Wirtschaftsreform angesichts der Tatsache, daß durch den Hitler-Krieg das deutsche Volk weithin ein Volk der Enteigneten und der Enterbten geworden war. Das betraf Ostvertriebene wie Bombengeschädigte in gleicher Weise. Es kam aber auch hinzu, daß die Millionen, die Soldaten gewesen waren, sozusagen jahrelang in einem sozialistischen Betrieb gestanden hatten, wo keiner um Nahrung, Kleidung und Wohnung zu sorgen brauchte, sondern jedem dies zugeteilt worden war in Form von Essen, Uniformen und Kasernen. Vor allem aber glaubte der russische Kommunismus, daß nun die Stunde geschlagen habe, das nachholen zu können, was der Revolution Lenins am Ende des Ersten Weltkrieges nicht gelungen war, nämlich die Einbeziehung ganz Deutschlands in das bolschewistische System. In der russisch besetzten Zone hatte die SPD bereits dem sowjetischen Druck nachgegeben und sich mit der KPD zur Sozialistischen Einheitspartei Deutschlands (SED) verschmolzen. Die Frage war nun, wie es in den Westzonen weitergehen solle. Obgleich Dr. Kurt Schumacher ein erklärter Gegner jeder Verschwisterung mit den Kommunisten war, lebte in der SPD der alte Zwist zwischen bewußten Marxisten und sogenannten Revisionisten wieder auf. Aber auch die CDU tat sich schwer daran, eine einheitliche Linie zu entwickeln, nachdem es bereits in Walberberg 1945 Auseinandersetzungen gegeben hatte.

Während der Landtagssitzung am 20. Dezember 1946 gab mir Carl Severing die Abschrift eines Briefes, den Wilhelm Sollmann aus seinem amerikanischen Exil, wo er sich den Quäkern angeschlossen hatte, an seinen Kölner Parteifreund Jean Meerfeld geschrieben hatte. Ich mußte Severing nur versprechen, daß ich den Brief nicht gegen die SPD auswerten würde. Leider ging mir der Brief später verloren, als Johannes Ernst ein Koffer gestohlen wurde, in dem er sich befand. Dieser Brief war ein intensives Bemühen darum, die wieder ins Leben getretene SPD möchte sich vom Marxismus befreien und vor allem auch die Bedeutung der christlichen Kräfte erkennen. Eine Aufgabe neuzeitlicher Geschichtsforschung wäre es, den Weg vom Sollmann-Brief bis zum Godesberger Programm nachzuzeichnen.

In der CDU ging es zunächst um das Wort »Sozialismus«. In den frühen Erklärungen der CDU war es gebraucht worden, sei es als »christlicher Sozialismus«, sei es als »naturgerechter Sozialismus« (Welty), sei es als »Sozialismus der Tat«. Adenauer warnte bereits im Sommer 1946 vor dem Gebrauch dieses Wortes, weil es vom Marxismus beschlagnahmt worden sei und alle Zusätze nicht verhindern könnten, daß es im Sinne des Marxismus verstanden würde. Andererseits betonte aber auch Adenauer zu gleicher Zeit, daß die CDU nicht eine Minute aufhören dürfe, auf das Heftigste über eine sozialgerechte Ordnung des Lebens nachzusinnen und alle Kräfte, die uns noch geblieben seien, zu gebrauchen, um eine solche Neuordnung zu verwirklichen. Für die Sozialausschüsse, die sich innerhalb der CDU aus Arbeiterkreisen bildeten und die bereits am 22. Februar 1947 in Herne im Beisein von Kaiser und Adenauer ihren ersten nordrhein-westfälischen Kongreß abhielten, bedeutete eine solche gesellschaftliche Neuordnung eine weitgehende Unterwerfung der Industrie unter eine gemeinwirtschaftliche Ordnung.

Darüber hatte es bereits im Zonenausschuß der CDU auf seiner Sitzung vom 18. Dezember 1946 in Lippstadt eine Auseinandersetzung gegeben. Hier hatte Adenauer erklärt, angesichts der Mentalität der Deutschen halte es die CDU nicht für angemessen, die Macht des Staates in einer die Freiheit gefährdenden Weise noch dadurch zu steigern, daß man dem Staat zu seiner politischen Macht auch die entscheidende wirtschaftliche Macht zuerkenne. Das wäre der Weg zu einem neuen Totalitarismus. Man solle statt dessen an die gemischtwirtschaftliche Betriebsform denken, die in Deutschland seit Jahrzehnten erprobt und angewandt sei, und in der Körperschaften des öffentlichen Rechts wie insbesondere Kommunen mit Privatkapital zusammenarbeiteten. Dabei dachte Adenauer vor allem an das Modell RWE, die Rheinisch-Westfälischen Elektrizitätswerke[77].

An diesen Auseinandersetzungen über neue Formen der Wirtschaft, die zugleich die Freiheit schützen, die Produktion steigern und die Mitbestimmung der Arbeiter sichern sollten, nahm ich nur indirekten Anteil, und zwar durch Leitartikel und durch Gespräche mit Johannes Ernst. Ich suchte Fühlung mit allen Richtungen zu halten und zwischen ihnen als Mann des Ausgleichs zu stehen. Übrigens wurde diese Frage nicht nur innerhalb der CDU diskutiert. Sie bildete auch den Gesprächsstoff im sogenannten Kardinalskreis, den Kardinal Frings aus Unternehmern in Verbindung mit Führern der katholischen Arbeitervereine auf Anregung des Verbandspräses dieser Vereine, Hermann-Josef Schmitt, um sich versammelt hatte.

Auf der ersten Zusammenkunft dieses Kreises am 21. Juni 1946 sprach Pater Oswald von Nell-Breuning SJ über die Papst-Ansprache vom 20. Februar. Im Anschluß daran wurde die Frage diskutiert, was zu tun sei, um das von den Kommunisten ganz bewußt geschürte Mißtrauen der Arbeiter gegenüber den Unternehmern zu überwinden. Fragen wie Beteiligung am Gewinn im Aufsichtsrat wurden erörtert. In den folgenden Zusammenkünften, in denen u. a. Generaldirektor Franz Greiss über die Pflichten des Unternehmers, der belgische Domherr Josef Cardijns von der Christlichen Arbeiterjugend über die Notwendigkeit, Apostel für die Betriebe und die Arbeitswelt auszubilden, gesprochen hatte, legte am 25. April 1947 der von der Militärregierung mit der Neuordnung der Stahlindustrie beauftragte Heinrich Dinkelbach die Einzelheiten

---

[77] *Vgl.* Konrad Adenauer und die CDU der britischen Besatzungszone 1946–1949. Dokumente zur Gründungsgeschichte der CDU Deutschlands, bearbeitet von Helmuth Pütz. Bonn 1975, S. 259 f.

der von ihm geschaffenen Konstruktion für die Montan-Industrie dar. Er hatte ein Modell entwickelt, das einen Aufsichtsrat vorsah, der nur zur Hälfte aus Vertretern des Kapitals, zur anderen Hälfte aber aus Vertretern der Arbeiter und Angestellten bestand.

Nach mancherlei Vorarbeiten, an denen vor allem auch Karl Arnold beteiligt war, verabschiedete der Zonenausschuß der CDU der britischen Zone am 4. Februar 1947 auf seiner Sitzung in Ahlen einstimmig ein »Sozial- und Wirtschaftsprogramm«, das als Ahlener Programm in die Geschichte einging. Dieses Programm bildete für die CDU-Fraktion des Landtags die Grundlage für die Auseinandersetzungen in der März-Sitzung, nachdem die Fraktion bereits am 22. Januar 1947 in der Sozialisierungsfrage eine Erklärung abgegeben hatte, die von Arnold, Albers, Gockeln und Heinemann ausgearbeitet worden war.

Der Wortlaut des »Sozial- und Wirtschaftsprogramms der CDU der britischen Zone« war in Ahlen im unmittelbaren Anschluß an die Sitzung des CDU-Zonenbeirats auf einer Pressekonferenz bekanntgegeben worden, zu der auch ich gefahren war. Aufgrund dieser Pressekonferenz schrieb ich einen Leitartikel, in dem ich dieses Programm als »schöpferische Synthese zwischen sozialer Verpflichtung und Freiheit der Einzelperson« ausdeutete. Ich bejahte die Ablehnung schrankenloser Verstaatlichung, weil Wahrung, Entfaltung und Vervollkommnung der menschlichen Persönlichkeit Ausgangspunkt und Wesensziel des Gemeinschaftslebens sei. Ich bejahte ferner das machtverteilende Prinzip, das in den Vorschlägen zur Entflechtung der Großkonzerne und zur Verhinderung der Zusammenballung wirtschaftlicher Macht, sei es in den Händen des Privatkapitals, sei es in den Händen des Staates, in diesem Programm zum Ausdruck komme. Ich hätte hinzufügen können, daß das Wort Sozialisierung im Programm nicht vorkomme, sondern daß statt dessen von Vergesellschaftung und Gemeinschaftsbesitz gesprochen werde. Auf diesen Unterschied zwischen Verstaatlichung und Vergesellschaftung kam ich im Herbst 1947 in einem Gespräch mit Lord Pakenham zurück, das ich mit ihm auf meiner Englandreise hatte.

Aufgrund des Ahlener Programms arbeitete nun ein Arbeitskreis der Fraktion die CDU-Anträge zur Sozial- und Wirtschaftsreform aus, die, zusammen mit den Anträgen der übrigen Fraktionen, Grundlage der sogenannten Sozialisierungs-Debatte vom 4. März 1947 waren. Allerdings konnte es sich bei dieser Landtagssitzung nicht darum handeln, gesetzliche Maßnahmen zu beschließen. Trotzdem darf diese Debatte als der Höhepunkt der Tätigkeit des ernannten Landtags bezeichnet werden, da hier Meinungen geklärt und Zielsetzungen für die Zukunft abgesteckt wurden. Für die CDU sprachen Adenauer und Arnold. Bei der Rede des Fraktionsvorsitzenden der SPD, Fritz Henssler, fiel auf, daß er im Gegensatz zu seinem Parteifreund Minister Nölting, der noch von der materiellen Sozialisierung einer Reihe von Wirtschaftszweigen gesprochen hatte, nicht einer Verstaatlichung der Schwerindustrie das Wort redete, sondern von ihrer Überführung in öffentlichen Besitz sprach. Mit den Stimmen der CDU und der FDP wurden tags darauf die Reformanträge der CDU angenommen, wobei das Zentrum mit Ausnahme von Hermann Heukamp mit der SPD und der KPD stimmte. Am 6. März folgte dieser Debatte eine Debatte über den § 218 des Strafgesetzbuches, dessen Abschaffung die SPD beantragt hatte.

Begonnen hatte diese letzte Sitzungsperiode des ernannten Landtags mit einem Mißtrauensantrag der KPD gegen den Landtagspräsidenten Dr. Lehr. Dazu hatten die Kommunisten rund 200 Demonstranten aus den Betrieben vor den Toren der Henkel-Werke aufgeboten. In der vorausgegangenen Fraktionssitzung erklärte Dr. Lehr, daß er die Absicht habe, diesem Mißtrauensvotum entgegenzutreten und sich vor dem Plenum des Landtags zu rechtfertigen. Adenauer redete ihm aber diese Ansicht aus, indem er sagte, in einem solchen Augenblick dürfe er, Lehr, nicht sprechen, sondern müßten seine Freunde für ihn sprechen, was dann im Plenum Adenauer und Arnold taten, wobei auch Henssler der wilden Polemik der Kommunisten entgegentrat.

Angeschnitten hatte der ernannte Landtag auch die Frage einer Verfassung für das Land Nordrhein-Westfalen. Das geschah in seiner Sitzung am 23. Januar 1947 aufgrund eines Entwurfs, den Innenminister Walter Menzel vorlegte. Doch war man in allen Fraktionen der Ansicht, daß das keine Aufgabe des ernannten Landtags sei, sondern die Aufgabe des gewählten Landtags sein werde.

17. AUFBAUARBEIT IN PRESSE UND PARTEI

Zur gleichen Zeit, in der ich Mitglied des ernannten Landtags war, war ich auch Mitglied des gewählten Stadtrats von Aachen und seines Bildungsausschusses. Die übergroße Mehrheit, die die CDU infolge des Wahlgesetzes für die Gemeinden bei den Oktoberwahlen 1946 errungen hatte, erleichterte die Arbeit im Stadtrat durchaus nicht. Der Ausgleich mit der SPD insbesondere in Personalfragen war sogar schwieriger geworden, weil diese jetzt jederzeit mit Obstruktion drohen konnte. Hinzu kam, daß sich innerhalb der CDU nicht nur der Sozialausschuß, sondern auch die Junge Union bildete, in der sich »zornige junge Männer« sammelten, wie Dr. Jost Pfeiffer, Dr. Franz Josef Bach und Hans Wolf Rombach, die Dr. Maas Inaktivität vorwarfen. Auch hier stand ich zwischen den Fronten, indem ich nach allen Seiten zu vermitteln suchte und damit auch einigen Erfolg hatte.

Hinzu kam, daß sich nun auch Gegensätze zwischen Rat und Verwaltung auftaten, insbesondere nachdem Oberst Parrott im Januar 1947 angeordnet hatte, daß die Vorlagen im Rat nicht mehr vom Oberstadtdirektor, sondern von den jeweiligen Ausschußvorsitzenden eingebracht werden müßten. Die Gewöhnung an das Selbstverwaltungsmodell des allzuständigen Rates brauchte eben seine Zeit. Von vielen wurde es als eine unzulässige Übertragung englischen Rechts auf deutsche Verhältnisse empfunden, obgleich es in Aachen vom Mittelalter an bis zur Napoleonischen Zeit bestanden hatte. Zusammen mit Johannes Ernst bejahte ich dieses Modell, weil es demokratisches Leben bereits auf der untersten Stufe entwickle und sichere, wie ich in einem Leitartikel vom 4. September 1947 darlegte.

Der Winter 1946/47 war einer der härtesten Winter, die es in Deutschland gegeben hat. In meiner Wohnung fror das Wasser ein, so daß es aus dem Keller geholt werden mußte. Schließlich fror es auch dort ein, so daß es aus einem Keller mehrere Häuser entfernt geholt werden mußte. Warmes Wasser zur Reinigung der Wohnung konnten wir allerdings vom Elisenbrunnen holen. Den Schwefelgeruch nahm man bei dem Mangel an Brennmaterial in Kauf. Auch der Stadtrat saß am 11. Dezember in Mäntel gehüllt im kalten Saal der Handwerkskammer. Erst im April 1947 erfolgte der Umzug in einen notdürftig wiederhergestellten Saal im Hochhaus. Als aber dann im Dezember 1947 der Hansemann-Saal des Neuen Kurhauses wieder instand gesetzt war, tagte der Stadtrat dort, bis endlich das Rathaus wieder hergerichtet war.

Fragen des Brennmaterials, der Treibstoffversorgung und vor allem der Lebensmittelversorgung standen nahezu ständig auf der Tagesordnung des Stadtrates. Wegen der Kartoffellieferung kam es wiederholt zu Auseinandersetzungen mit dem Kreis Geilenkirchen-Heinsberg, die auch ihren Niederschlag in der »Aache-

ner Volkszeitung« fanden, wo die Ausgaben für Aachen-Stadt und für Geilenkirchen-Heinsberg heftig gegeneinander polemisierten. Die Kohlenfrage spitzte
sich im April 1947 derart zu, daß es nicht nur im Ruhrgebiet, sondern auch im
Wurmrevier zu Bergarbeiterstreiks kam. Diese Proteststreiks hatten ihren Grund
in der mangelnden Ernährung der Bergarbeiter, die bei ihrer Lebensmittelzutei-
lung nicht mehr in der Lage waren, ihre schwere Arbeit nachhaltig zu verrich-
ten. Damals hielt die Londoner Regierung die Lage für so ernst, daß nach den
Ostertagen 1947 der damals für die britische Zone zuständige Minister John
B. Hynd sich zwei Tage im Ruhrgebiet aufhielt.
Im Fortschreiten der Zeit mußte sich der Stadtrat auch mit der Preiskontrolle
beschäftigen. Weiterhin gab es bereits Entschließungen gegen die niederländischen und belgischen Grenzforderungen und Stellungnahmen gegen die Dortmunder Hochschulpläne, insbesondere dagegen, daß in Dortmund mit Landes-
mitteln ein Materialprüfungsamt errichtet wurde, das Arbeiten, die bisher von
der Aachener Technischen Hochschule geleistet waren, an sich zog. Andererseits
suchte Aachen aber auch wieder Beziehungen zu Antwerpen anzuknüpfen, wobei die Frage eines die Maas und den Rhein verbindenden Kanals im Vordergrund stand. Wegen des Quellenhofs kam es zu einer Auseinandersetzung zwischen der Stadt und Oberst Parrott, der in das beschädigte Hotel Familien als
Dauerbewohner einweisen wollte. Im März 1947 konnte Parrott allerdings
überzeugt werden, daß die sanitären Anlagen in den bislang benutzbaren Stock-
werken vom Frost zerstört waren. Man einigte sich schließlich darauf, daß nur
die obersten Stockwerke für Notwohnungen hergerichtet wurden und die mitt-
leren Stockwerke für Verwaltungszwecke benutzt werden sollten. Dann konnte
das Erdgeschoß wieder seiner eigentlichen Bestimmung zugeführt werden. Als
erste Verwaltung zog die Polizeiverwaltung in den Quellenhof ein. Die Kur-
mittel-Anlagen wurden als Rheuma-Krankenhaus benutzt.
Als Stadtratsmitglied schloß ich mich dem Architekten Lambert Oligschläger an,
um Fragen der Stadtplanung aufzugreifen. Zusammen mit Stadtrat Dr. Hans
Mies, dem seit dem 31. Oktober 1944 die Stadtwerke unterstanden, besichtigten wir am 10. Januar 1948 die von Prof. Dr. René von Schöfer entwickelte
Stadtplanung, die uns allerdings als eine Mischung von Realismus und Utopie
vorkam und deshalb unserer Meinung nach so nicht durchgeführt werden konnte.
Dabei fiel uns als besonders sachkundig sein Assistent Dr. Wilhelm Fischer auf,
der auf unser Drängen hin am 20. Februar 1948 zum Leiter des neuerrichteten
Städtischen Planungsamtes berufen wurde. Zuvor hatte ich Ende Januar mit
Oligschläger die Stadtplanung von Rheydt besichtigt, wo es dem Architekten
Leitl gelungen war, nach sieben Monaten Vorarbeit den gesamten Fluchtlinien-
plan für die Innenstadt fertigzustellen. Im Mai fuhren Oligschläger, Dr. Fischer und ich nach Münster, um uns über die dortige Stadtplanung zu orientieren, die damals vorsah, die ganze Innenstadt innerhalb der Wälle für den Au-
toverkehr zu sperren.

Im Bildungsausschuß standen an die Fragen des Museums und der Wiederberufung von Dr. Felix Kuetgens als Museumsleiter, die Ernennung von Dr. Bernhard Poll zum Leiter des Stadtarchivs, die Frage des Intendanten des Stadttheaters, die Frage des städtischen Schulrats, sowie überhaupt die Probleme des Aufbaus der Schulen. Dabei war auch die Frage aufgetaucht, wie man insbesondere den Absolventen der gymnasialen Sonderkurse für Kriegsteilnehmer helfen könne, die nun ihr Abitur nachgeholt hatten, aber angesichts des strengen Numerus clausus, den die Militärregierung über die Universitäten verhängt hatte, wartend vor deren Türe standen. Ich griff diese Frage im Zusammenhang mit der Frage nach den Schulentlassenen überhaupt und der Frage nach den Bildungszielen in einem Leitartikel vom 5. März 1947 auf, der bei der Aachener Militärregierung so lebhaftes Interesse fand, daß man sich diesen Artikel durch Carduck ins Englische übersetzen ließ.

In diesem Artikel hatte ich zunächst die Frage eines freiwilligen neunten Schuljahrs für jene Volksschüler aufgeworfen, die nach Abschluß der Schule keine Lehrstelle finden konnten. Des weiteren schlug ich vor, die Stadt solle für jene Absolventen der erwähnten Sonderkurse, die ihre Hochschulstudien noch nicht beginnen konnten, Übergangskurse anbieten. Die Sonderkurse wären nämlich vergebens gewesen, wenn die Abiturienten noch einmal zwischen Reifeprüfung und Hochschule durch Arbeitsverpflichtungen dem Studium entfremdet würden. Dabei wies ich darauf hin, daß bei solchen Zwischenkursen wesentliche Erkenntnisse für die Reform der höheren Schulen überhaupt gewonnen werden könnten. Die Grundfrage sei nämlich die Frage nach einer neuen Verbindung von Humanismus und Realismus. Ich nahm damit eine Frage vorweg, die mich später als Kulturpolitiker noch oft beschäftigen sollte.

Wenn ich heute diese Sätze, die im Grund auch schon den Gedanken der Kollegstufe vorwegnahmen, noch einmal lese, bin ich selbst überrascht, mit welcher Klarheit ich damals ein Bildungsprogramm formulierte, um dessen Verwirklichung in all den kommenden Jahren gerungen wurde. Der entscheidende Satz lautete: »Daß die Bildung unserer Jugend weitgehend humanistisch sein muß, ist ein Anliegen, das in einer Zeit, die uns den Ruin einer Politik der Unmenschlichkeit faßbar vor Augen stellte, alle guten Gründe für sich ins Feld führen kann. Aber dieser Humanismus wird nur Bestand haben, wenn er auch zu einer Wirklichkeit des Lebens führt und den Sinn erschließt für die gewaltigen Umwälzungen wirtschaftlicher, technischer und sozialer Art, die das 19. Jahrhundert heraufgeführt hat.«

Verbunden mit meiner Tätigkeit als Landtagsabgeordneter und als Mitglied des Aachener Stadtrats war meine innerparteiliche Tätigkeit. Johannes Ernst und ich waren in Aachen stellvertretende Vorsitzende der Kreispartei. Außerdem gehörte ich dem Landesvorstand der rheinischen CDU an und wurde in diesen auch bei seiner Neubildung am 6. Juni 1947 wiedergewählt. Dagegen konnte ich die Gründung des CDU-Zonenausschusses und dessen Arbeit nur

als Journalist verfolgen. Ein nicht geringes Feld der Betätigung bot sich mir im
Presseausschuß und im Rundfunkausschuß der rheinischen Landespartei, die
Leo Schwering ins Leben gerufen hatte, als Adenauer ihn als Vorsitzenden der
Landespartei zu Anfang des Jahres 1946 ablöste. Seit der Gründung dieser Landespartei führte deren Geschäfte Karl Zimmermann in einem Raum des Gesellenhauses. Als er am 20. Juli 1946 zur Verwaltung der Gesellenvereine zurückkehrte, war bereits in der Herwarthstraße zu Köln eine Etage für das Landessekretariat und für das Zonensekretariat der CDU gemietet worden. Hier übernahm Dr. Hans Schreiber das Landessekretariat und Josef Löns das Zonensekretariat. Hinsichtlich der Presse ging es um zweierlei: einmal darum, eine
engere Verbindung unter den in der britischen Zone der CDU nahestehenden
Zeitungen zu schaffen und zum anderen darum, einen Pressedienst der Partei
für diese Zeitungen aufzubauen. Diesen ins Leben zu rufen hatte Dr. Ruppert
übernommen, der mit Kriegsende nach Hamburg verschlagen war und dort mit
Konsul Paulus, dem Lizenzträger der »Hamburger Allgemeinen Zeitung«, zu-
sammenarbeitete. Allerdings lief die Korrespondenz bis zur Zulassung von Ruppert – er war im Krieg Leiter einer Propaganda-Abteilung gewesen – unter dem
Namen Majewski. Bei meinem ersten Besuch in Hamburg im Juli 1946 war ich
mit Ruppert über die Notwendigkeit seiner Übersiedlung nach Köln einig.
Noch vor Ende dieses Monats kam ich in Köln mit mehreren CDU-Redakteu-
ren zusammen, um die Sitzung des Presseausschusses der rheinischen Landespartei am 1. Juli vorzubereiten. Das einführende Referat über den Stand des
Pressewesens hielt ich, während sich Dr. Reinhold Heinen mit den Publikums-
wünschen auseinandersetzte. Weitere Sitzungen dieses Ausschusses fanden am
20. Juli und am 5. August in Köln statt, wobei es auch darum ging, Mitarbeiter
für den Rundfunk zu finden. Während der Zonenpressetagung in Oldenburg
am 12./13. August hatten die Lizenzträger der der CDU nahestehenden Presse
eine eingehende Aussprache unter sich über die CDU-Korrespondenz. Heinen
schlug eine Trennung zwischen einer parteiamtlichen Korrespondenz und einer
von der Presse geschaffenen Korrespondenz vor. Dabei wollten er und Dr. Betz
vor allem Informationen haben, während Franz Bornefeld-Ettmann und Boelitz Bedenken gegen eine zu weitgehende Veröffentlichung von Vertraulichkei-
ten hatten. Schließlich erklärte sich Dr. Betz bereit, die Betreuung der CDU-
Korrespondenz zu übernehmen.
Nachdem am 6. September in Köln eine Zonenpressekonferenz der CDU stattgefunden hatte, wurden am 16. Oktober auf einer Sitzung des Presseausschusses
in Düsseldorf Fragen und Möglichkeiten von Kreisblättern besprochen. Zu dieser Sitzung war ich zusammen mit Jakob Schmitz gefahren, der als Verlagsleiter der AVZ im Bezirk Aachen mit den ehemaligen Verlegern der Kreisblät-
ter in Verhandlungen stand, ihre Zeitungstitel an die AVZ abzutreten und dafür die Agenturen unserer Zeitungen zu übernehmen. Auf dieser Düsseldorfer
Zusammenkunft sahen die Klein- und Mittelverleger der ehemaligen Zentrums-

presse ein, daß vorerst an ein Wiedererscheinen ihrer Zeitungen nicht zu denken sei. Doch hörten ihre Vorstöße gegen die Lizenzverlage nicht auf. Sie zogen sich durch die Jahre 1947 und 1948. Zur innerparteilichen Erörterung dieser Frage wurde schließlich der Landesausschuß der rheinischen CDU auf den 20. Juli 1948 einberufen. Ich war aufgefordert worden, das Eingangsreferat vom Standpunkt der Lizenzpresse zu halten. Ihm folgte das Korreferat des Altverlegers Claren.

In der Aussprache wurde ich stark angegriffen. Der Lizenzpresse wurden gewaltige Einnahmen vorgeworfen. Auch Adenauer hatte anfangs gefragt, weshalb es nicht wieder Zeitungen mit einer Auflage von wenigen Tausend geben sollte. Nun aber mußte er feststellen, daß von gewaltigen Einnahmen keine Rede sein könne, da diese ja fortgesteuert würden. Die Tagung endete mit dem Beschluß, daß Adenauer die Frage weiterverfolgen solle. Über ein Jahr zuvor hatte Dr. Heinen auf der Pressetagung in Bad Meinberg (6./8. Februar 1947) den Vorschlag gemacht, eine kleine Lizenz für Heimatzeitungen zu schaffen, die dann aber nur einen Heimatteil mit lokalen Nachrichten bringen dürften. Dieser Vorschlag hatte jedoch bei den Engländern keine Gegenliebe gefunden. Die Frage löste sich erst, als der Lizenzzwang fortfiel und an seine Stelle die freie Konkurrenz trat.

Die Geschäftsführung des CDU-Pressedienstes hatte im Dezember 1946 Gerhard Hesse übernommen, dessen Sorge es sein mußte, die Finanzierung des Dienstes durch die Verlage, die der CDU nahestanden, zu sichern. Ein Zwischenspiel ergab sich durch die Frage, ob es einer britischen Lizenz zur Herausgabe dieses Dienstes bedurfte. Erst nach Gründung des Vereins Union-Presse und nach dem Ausscheiden von Ruppert gelang es im Sommer 1948, eine dauerhafte Grundlage für diesen Dienst zu finden. Die Redaktion hatte im Frühjahr dieses Jahres Dr. August Wegener übernommen. Der Dienst bekam nun den Namen CDP (Christlich-Demokratischer Pressedienst). Er wurde nun von den Verlagen finanziert, die seine Abnehmer waren. Mit der Gründung der Bundesrepublik wurde das Büro von Köln nach Bonn verlegt, wo der CDP schließlich nach dem Ausscheiden von Gerhard Hesse von Dr. Wegener auch verwaltungsmäßig betreut wurde.

Zusammenkünfte der Lizenzträger der der CDU nahestehenden Zeitungen fanden bei allen Pressetagungen jener Jahre statt. Schon auf der ersten Zusammenkunft wurde darüber gesprochen, daß man einen Verein Union-Presse gründen müsse. Diese erste Pressetagung für die gesamte britische Zone war am 15./16. April 1946 in Hannover. Dort wurde ein neuer nordwestdeutscher Verlegerverein gegründet mit Emil Gross von der »Freien Presse«, Bielefeld, als Vorsitzendem. Dr. Betz von der »Rheinischen Post« und Verleger Schmidt von einem parteilosen Blatt in Hamburg wurden stellvertretende Vorsitzende. Beschlossen wurde auch die Gründung eines deutschen Pressedienstes, der als DPD am 1. Mai 1946 den bisherigen englischen Pressedienst ablöste und dem dann die dpa (Deutsche Presse-Agentur) folgte, die am 30. Mai 1947 in Hamburg als Genossenschaft der Zeitungsverlage gegründet wurde. In den Vorstand wurde für die CDU Dr. Betz gewählt. Ein Jahr später war die erste Generalversammlung der dpa in Lübeck, und zwar verbunden mit einer Verleger-Versammlung.

In den mit diesen Tagungen verbundenen Zusammenkünften der Lizenzträger der CDU-Zeitungen tauchte am 6. Februar 1947 auf der Pressetagung in Bad Meinberg die Frage einer CDU-Zonenzeitung auf, für die sämtliche CDU-Zeitungen Papier abgeben sollten. Heinen kündigte allerdings an, daß er eine Reichsausgabe der »Kölnischen Rundschau« schaffen wolle. Die Frage der Zonenzeitung wurde auf einer Konferenz der CDU-Verlage am 5. März 1947 in Düsseldorf weiter besprochen, wobei man eine Auflage von 10 000 in Aussicht nahm. Gleichzeitig lag auch Adenauers Wunsch vor, die CDU-Zeitungen Nordrhein-Westfalens möchten von ihren Auflagen 40 000 für die norddeutschen CDU-Zeitungen für die Zeit der Landtags-Wahlkämpfe abgeben. Ich weiß nicht mehr, was daraus geworden ist. Als ich am 2. April mit Betz bei Heinen war, erfuhr ich, daß der Gedanke einer Zonen-Zeitung vorläufig aufgegeben sei. Heinen gab dann eine Zeitlang die sogenannte Reichsausgabe der »Kölnischen Rundschau« heraus.

Nachdem im April 1946 der nordwestdeutsche Verleger-Verein gegründet worden war, trat auch an die auf Landesebene errichteten Journalistenverbände die Frage heran, einen nordwestdeutschen Journalistenverband zu gründen. Der nordrhein-westfälische Journalistenverband konnte nur in sehr begrenztem Maße Unterstützungen an bedürftige Kollegen geben, da die sozialen Guthaben des alten Verbandes mit der einzigen Ausnahme eines Kontos über RM 4 000,– noch blockiert waren. Inzwischen waren aber vom Aufnahme-Ausschuß unter Leitung von Josef Noé schon Kollegen aufgenommen worden, die noch keine Stellung gefunden hatten. So hatte dieser Aufnahme-Ausschuß auf seiner Sitzung vom 6. Juni 1946 auch einige Kollegen aufgenommen, die in der Nazi-Zeit gezwungenermaßen Pg. geworden waren, aber in Wirklichkeit nicht Parteigenossen, sondern nur Karteigenossen gewesen waren. Unter diesen Neuaufgenommenen stand an erster Stelle Max Horndasch. Deren Entnazifizierung gegenüber den Engländern und gegenüber den Entnazifizierungsausschüssen übernahm der Verband als seine eigene Aufgabe.

Die Gründung des nordwestdeutschen Journalistenverbandes fand am 15./16. Juni 1946 in Hamburg auf einer Vertretertagung der regionalen Journalistenverbände unter Leitung von Erich Klabunde statt. Angenommen wurde unser Vorschlag, daß die Mitglieder der Landesverbände gleichzeitig Mitglieder des Zonenverbandes würden. Zum Vertreter der Journalisten in der Arbeitsgemeinschaft mit den Verlegern wurde Prof. Dr. Wilhelm Heile (Hamburg) bestimmt. Zur endgültigen Bildung der Arbeitsgemeinschaft kam es auf der Pressetagung in Oldenburg vom 12. bis 14. August. Dabei wurde beschlossen, die Versorgungskasse fortzuführen und einen Tarifvertrag abzuschließen. Gleichzeitig erklärten sich die Verlage bereit, Beiträge in die Unterstützungskasse zu zahlen. Im Rheinisch-Westfälischen Journalistenverband mußte im Juli 1947 die Einsetzung eines Ehrengerichtes beschlossen werden, nachdem Alfred Dobbert und einige weitere Kollegen den Antrag gestellt hatten, den Kollegen Zerres aus dem Verband auszuschließen wegen seines im Berliner »Tagesspiegel« erschienenen Artikels, es seien in Nordrhein-Westfalen Lord Pakenham Potemkinsche Dörfer des Elends vorgeführt worden.

Auf der Düsseldorfer Mitgliederversammlung, auf der die Einrichtung des Ehrengerichts beschlossen wurde, berichteten Dr. Vogel über die Entwicklung seit der Hamburger Vertretertagung und ich über meine Teilnahme an der ostzonalen Pressetagung in Erfurt. Dem Journalistenverband der sowjetischen Besatzungszone hatte sehr daran gelegen, daß ein Vertreter des Rheinisch-Westfälischen Journalistenverbandes an seiner Tagung in Erfurt am 5. Juli 1947 teilnähme. Schließlich ließ ich mich im letzten Augenblick bereden, diese heikle Mission zu übernehmen. Zeit, einen Paß für die russische Zone von der britischen Militärbehörde zu erhalten, war nicht mehr. So mußte ich abfahren mit nichts in der Hand als einem Telegramm aus Berlin, daß ich nach Erfurt eingeladen sei und daß mir die Grenzstellen Hilfe geben sollten.

Zunächst versuchte ich, in Hersfeld meinen früheren Kollegen von der »Kölnischen Zeitung«, Dr. Fritz Brühl, der dort Bürgermeister war, aufzusuchen. Als ich ihn nicht antraf, fuhr ich von Bebra nach Obersuhl an der Zonengrenze. Dort gab mir die hessische Polizei den Rat, nicht des Nachts über die Grenze zu gehen, sondern es am Tag auf dem Weg über Dankmarshausen zu versuchen. Die kritische Stelle war die Werrabrücke vor Berka. Doch sah man mittags keinen russischen Posten, so daß ich ungehindert nach Berka hineinkam, wo ich vor dem Bürgermeisteramt einen Wagen der Eisenacher Kreisverwaltung vorfand. Da im Kreis Eisenach die Liberale Partei die Kreisverwaltung stellte, nahm mich der Fahrer mit. In Eisenach besorgte mir der dortige CDU-Redakteur eine Fahrkarte nach Erfurt. Die Strecke war eingleisig, da das zweite Gleis bereits von den Russen demontiert war. Die Lokomotive wurde mit Braunkohle beheizt. In Erfurt angekommen, wurde ich als Ehrengast in das Hotel Koschenhaschen eingewiesen, das bislang nur für russische Offiziere reserviert gewesen war. In der Tat patrouillierte noch während der Nacht ein russischer Soldat auf dem Flur.

Zu meiner Überraschung traf ich beim Abendessen auch die früheren Kollegen Karl Gasper und Dr. Eduard Hemmerle. Am anderen Tag konnte ich auch Heinz Baumann und weitere Kollegen von CDU-Zeitungen der russischen Zone begrüßen. Mit ihnen hatte ich während einer Tagungspause im Freien eine Aussprache. Sie fühlten sich auf verlorenem Posten, meinten aber, daß sie durchhalten müßten, solange es ginge. Auf der Tagung richtete Oberst Kirsanow heftige Angriffe gegen den Marshall-Plan. Mir kam diese Tagung wie eine Presseversammlung zur Nazizeit vor. Das Versprechen russischer Offiziere, mir einen Ausweis für die Rückreise auszustellen, wurde nicht gehalten. Doch gelang es Heinz Baumann, bei der Stadt Erfurt das notwendige Benzin zu erhalten, um mich zur Werrabrücke bei Berka zurückzubringen.

Auf dieser Rückfahrt schauten wir in Eisenach noch kurz auf einer Tagung der Liberalen Partei hinein und trafen dort meine Düsseldorfer Landtagskollegen von der FDP, den früheren Landesfinanzminister Franz Blücher. In Berka huschte ich in der zunehmenden Abenddämmerung über die Werrabrücke, während Heinz Baumann die Tränen in den Augen standen. Es gelang mir, in Obersuhl den letzten Zug nach Bebra zu erreichen. Zu erwähnen bliebe noch, daß ich nach Schluß der Tagung veranlaßt worden war, einige Worte für den Rundfunk der russischen Zone zu sprechen. Ich sprach von der Einheit in der Vielfalt.

Diese Monate der Bildung und der Konsolidierung des Landes Nordrhein-Westfalen waren auch Monate des Auf- und Ausbaus der »Aachener Volkszeitung«. Als wir am 22. Februar 1947 auf ein einjähriges Bestehen zurückblicken konnten und am 1. März unser erstes Betriebsfest feierten, konnten wir feststellen, daß unsere Auflage am 1. Januar 1947 99 600 betragen hatte, nachdem sie am 1. August 1946 erstmals auf 65 000 erhöht worden war. Doch kam es im Jahre 1947 noch einmal zu einem Rückschlag hinsichtlich des Umfanges der Zeitung. Am 15. Mai wurde wegen des Kohlenmangels die Papierzuteilung um 25 v. H. gekürzt, so daß ab Mitte Mai die Zeitung abwechselnd mit vier und mit zwei Seiten erschien. Die erste zweiseitige Ausgabe erschien am 14. Mai, die letzte am 9. Juli. Diese zweiseitigen Ausgaben hatten nur eine Viertelseite Anzeigen. Um Platz für Nachrichten zu gewinnen, wurde der bisherige fünfspaltige Kopf der Zeitung auf zwei Spalten verkleinert und auch dann, als die zweiseitigen Ausgaben aufhörten, zunächst nur auf vier Spalten vergrößert. Erst nach der Währungsreform am 20. Juni 1948 waren wir aus allen diesen Schwierigkeiten des Umfanges und der Auflage heraus. Wir konnten nun auf 14 Seiten in der Woche gehen und gleichzeitig mitteilen, daß jetzt jedes Abonnement angenommen werden könne.

Mit Ende des ersten Erscheinungsjahres war der Aufbau der Agenturen in Form von Interessengemeinschaften zwischen der AVZ und früheren Kreisblattverlagen abgeschlossen, während sich die Bezirksredaktionen noch im Aufbau befanden. Immerhin konnten die lokalen Nachrichten bereits siebenmal gewechselt werden, während die Anzeigen zu drei regionalen Blöcken zusammengefaßt waren. Fortschritte machte auch der Ausbau der Hauptredaktion. Bereits kurze Zeit nach dem Erscheinen der »Aachener Volkszeitung« war Helmut A. Crous zum Redaktionsstab gestoßen. Er übernahm Anfang August 1946 die Leitung des Aachener Lokalteiles, während Otto Pesch nunmehr die Redaktion der Bezirksnachrichten übernahm. Hinzu kam für die Eifel Walter Queck, für Eschweiler und Stolberg Erich Soyka, für Erkelenz Aloys Maria Haack, für Geilenkirchen Dr. Anton Ruhnau und für Düren Walter Schmitz. Am schwierigsten war es, für das zerstörte Jülich einen Redakteur zu finden. Hier mußten wir uns zunächst mit provisorischen Lösungen begnügen. An die Seite von Hans Carduck trat im Frühjahr 1947 Dr. Franz-Josef Bach und am 1. Mai 1948 Toni Rosiny in die Feuilleton-Redaktion ein. Beide gingen später in den auswärtigen Dienst.

Gleichzeitig mußten wir uns Gedanken über den Bau eines Verlagsgebäudes machen. Der erste Plan, das Grundstück des ehemaligen »Volksfreunds« zu erwerben, scheiterte, ebenso die Verhandlungen, die mit Pelz-Vogel wegen eines Grundstücks gepflogen waren, für das schon Baupläne entwickelt waren. So ging die Suche nach einem geeigneten Grundstück monatelang weiter. Wir mußten dabei auf zweierlei achten, einmal darauf, daß es verkehrsmäßig günstig gelegen war und zweitens darauf, daß auch Erweiterungsmöglichkeiten gegeben waren. Nachdem wir wegen dieser Voraussetzungen einige Angebote hatten ablehnen müssen, bot sich endlich Anfang Oktober 1947 die Gelegenheit, jenes Grundstück in der Theaterstraße zu erwerben, das bald schon zur Bahnhofstraße und dann im Laufe der Jahre zur Horngasse erweitert wurde und auf dem nach der Währungsreform der Bau beginnen konnte.

Um in Ruhe diesen Bau abwarten zu können, aber auch um möglichst bald vom Druck bei den »Aachener Nachrichten« frei zu werden, wurden zunächst eigene Hellschreiber zur Aufnahme der Nachrichten angeschafft. Dann aber wurde durch Jakob Schmitz, der gleichzeitig Inhaber der Druckerei Brimberg war, eine Zeitungsdruckerei im Geka-Haus aufgebaut. Hier konnten wir im März 1948 erstmals den Satz für die gesamte Zeitung selbst herstellen. Inzwischen war auch am 30. Dezember 1946 die Offene Handelsgesellschaft »Aachener Volkszeitung« in eine GmbH umgegründet worden. Außerdem trat zur Unterstützung von Jakob Schmitz Hubert Meyers in die Verlagsleitung ein.

Mancherlei Anregungen für die redaktionelle Gestaltung erhielten wir von unserem Beirat. Andererseits dauerte aber auch die Überwachung durch die britischen Militärbehörden an. So mußte bereits im Mai 1946 der Untertitel im Zeitungskopf »Christlich-demokratische Tageszeitung« geändert werden, weil das nach Ansicht der Militärbehörde die Parteirichtung allzu eindeutig anspreche. Wir wählten daraufhin den Untertitel »Tageszeitung für Demokratie und Christentum«, der in späteren Jahren noch einmal geändert wurde in die Worte »Demokratisch – Christlich – Unabhängig«.

Auch an Beanstandungen seitens der britischen Press-Control fehlte es nicht. So kritisierte Greenard, der allerdings kurze Zeit darauf uns sagte, wir sollten uns keine allzu großen Gedanken darüber machen, da andere Zeitungen schärfer angefaßt worden seien, am 4. Juli 1946 bei Jakob Schmitz, daß in der Zeitung zuviel Parteipolitik und zu wenig Weltpolitik und zu wenige Leserbriefe zu finden seien. Die Glosse über die SED in der russisch besetzten Zone sei noch gerade am Rand des Erträglichen gewesen, da England doch noch immer mit Rußland verbündet sei. Dem folgte kaum drei Wochen später die Rüge, daß eine Bevin-Rede nicht gebracht sei. In außenpolitischen Auseinandersetzungen unter den Alliierten wurden wir hineingezogen, als am 23. August 1946 die

Zeitungen einzeln zu Greenard in Benrath gebeten wurden. Dort wurden wir darüber unterrichtet, daß in der englischen Presse Berichte über Kriegsproduktion der Russen in ihrer Zone erschienen seien. Diese Berichte könnten wir bringen oder auch fortlassen. Wenn sie gebracht würden, dann müsse aber deutlich werden, daß es sich nur um englische Zeitungsmeldungen handele. Kommentare dazu dürften allerdings nicht erscheinen. Vier Tage später folgte die Anweisung, daß über die Rüstungsproduktion der Russen in ihrer Zone nichts mehr gebracht werden dürfe.

Im Januar 1948 übte noch einmal ein britischer Presseoffizier heftige Kritik. Die AVZ sei viel zu klerikal. Die Weihnachtsnummer habe wie die weltliche Beilage eines Kirchenblattes gewirkt. Dagegen lobte er die Neujahrsausgabe und die Leserbriefe. Im März 1947 hatte ich in Köln erfahren, daß dort britische und belgische Offiziere sprachlos gewesen seien, als die AVZ geschrieben hatte, daß nunmehr die Vereinigten Staaten England unterstützen müßten, und als es dann auch so kam. Eine Vorzensur, wie sie 1945 üblich gewesen war, gab es noch einmal im Februar 1948, als die Zeitungen aufgefordert wurden, die Lebensmittellage zu erklären. Was geschrieben werden sollte, war uns in großen Zügen mitgeteilt worden. Aber ehe der Artikel veröffentlicht wurde, mußte er zur Vorzensur nach Hamburg geschickt werden.

Mit Recht hat man die ersten Landtagswahlen vom 20. April 1947 als Hungerwahlen bezeichnet. Noch kurz vor dem Wahltag sah sich die Landesregierung genötigt, einen Notruf an den Zivilgouverneur des Landes, William Asbury, zu richten, da infolge unzureichender Zufuhren vom 21. April ab eine weitere einschneidende Kürzung der Brotrationen erfolgen mußte. Dabei war noch alles durch den harten Winter geschwächt, der der schwerste für Deutschland seit 1911 gewesen war und der bis in den März hinein gedauert hatte. Ich selbst kam nicht darum herum, mir für die Wahlreden auf dem Land – der Wahlkampf führte mich wieder durch den gesamten Regierungsbezirk – ein Mittag- oder Abendessen auszubedingen. Die Hoffnung, daß es überhaupt einmal besser werden würde, war bei vielen auf den Nullpunkt gesunken.

Hinzu kam das Wissen darum, daß auch der gewählte Landtag noch unter der Kontrolle der Besatzungsbehörden stand. In geradezu tragischer Weise überschnitten sich damals die Entwicklungen in England und in Deutschland. Während in England das Verständnis für Deutschland zunahm, nahm in der britischen Zone das Verständnis für England ab. So konnte es nicht verwundern, daß die Wahlbeteiligung im Landesdurchschnitt nur 66,3 v. H. betrug, während sie noch im Oktober bei den Stadtrats- und Kreistagswahlen 74,4 v. H. betragen hatte. Am geringsten war die Wahlbeteiligung in der Stadt Aachen, wo ich kandidierte. Hier gingen nur 47,8 v. H. der Wahlberechtigten zur Wahl. In Köln waren es immerhin 57 v. H. Eine Ausnahme bildete Gelsenkirchen mit einer Wahlbeteiligung von 74,7 v. H.

Die ganze Last des Wahlkampfes hatte die CDU zu tragen. Alle Parteien von rechts und von links richteten ihre Agitation gegen sie. Trotzdem erreichte sie im Aachener Bezirk, wo in allen Wahlkreisen CDU-Kandidaten gewählt wurden, mit 57,8 v. H. der gültigen Stimmen die absolute Mehrheit. Im Düsseldorfer Landtag wurde sie mit 92 Sitzen die stärkste Partei. Davon waren allerdings 16 Sitze sogenannte Überhangmandate, d. h. die CDU hatte in den direkten Wahlen 16 Sitze mehr errungen, als ihr bei einer prozentualen Berechnung nach der Stimmenzahl zugefallen wäre.

So zählte dieser Landtag nicht 200, sondern 216 Mitglieder. Die SPD erreichte 64 Sitze (davon 53 in direkter Wahl), die KPD 28 Sitze (davon 3 in direkter Wahl), das Zentrum 20 Sitze (davon 2 in direkter Wahl) und die FDP 12 Sitze (alle über die Landesliste). Damit gab es nun im gewählten Landtag keine Mehrheit mehr aus CDU und FDP, wie sie in der zweiten Periode des ernannten Landtags zweimal in die Erscheinung getreten war, und zwar bei der Verabschiedung des Wahlgesetzes und bei der Annahme der CDU-Anträge zur Wirtschafts- und Sozialreform. Andererseits konnten aber auch nunmehr SPD und KPD keine Mehrheit mehr bilden[78].

Am 9. Mai 1947 trat die CDU-Fraktion zu ihrer ersten Sitzung zusammen, auf der zunächst Adenauer wieder als Fraktionsvorsitzender bestätigt wurde. Nachdem Minister Heinrich Lübke ein erschütterndes Bild über die Ernährungslage, die bereits zur Katastrophe geworden sei, gegeben hatte, beschloß die Fraktion, sich nur dann an einem politischen Kabinett zu beteiligen, wenn von englischer Seite Zusagen über Getreide- und Fettzufuhren vorlägen. Beschlossen wurde auch, daß im Fall erneuter Regierungsbeteiligung der CDU auch ein Nichtabgeordneter als Minister benannt werden könne. Das zielte auf Minister Sträter, der auch dem ersten gewählten Landtage nicht angehörte.

Die Frage der Regierungsbildung wurde auf der Fraktionssitzung am 19. Mai, die der Konstituierung des Landtages vorausging, weiter erörtert. Dabei suchte Adenauer Karl Arnold als Kandidaten für die Ministerpräsidentschaft auszuschalten, indem er sich an ihn mit den Worten wandte: »Herr Arnold, Sie sind Oberbürgermeister von Düsseldorf. Wäre es da nicht das Gegebene, wenn Sie nun auch Landtagspräsident würden und in dieser doppelten Eigenschaft das Ständehaus am Schwanenteich so schnell wie möglich zum neuen Landtagsgebäude aufbauten?« Doch Arnold, der entschlossen war, die neue Regierung als Ministerpräsident zu bilden, lehnte dieses Angebot Adenauers ab. Als dann auch Johannes Ernst es abgelehnt hatte, Landtagspräsident zu werden, beschloß die Fraktion, Josef Gockeln dem Landtag als Präsidenten vorzuschlagen. Dieser wußte, daß, wenn Arnold Ministerpräsident würde, er von ihm das Amt des Düsseldorfer Oberbürgermeisters übernehmen müsse.

Die Aussprache über die Regierungsbildung konnte in dieser Sitzung nicht zu

---

[78] *Dazu vgl.* WALTER FÖRST, Geschichte Nordrhein-Westfalens, Bd. 1: 1945–1949. Köln 1970, S. 257 ff.; PETER HÜTTENBERGER, Nordrhein-Westfalen und die Entstehung seiner parlamentarischen Demokratie. Siegburg 1973, S. 241 ff.

Ende geführt werden, da die Stunde der Konstituierung des Landtags gekommen war. Altem Herkommen entsprechend wurde jedes neue Parlament vom Alterspräsidenten eröffnet. Aber ein so lieber Kollege auch Dr. Theodor Schneemann war, dieser Aufgabe war er mit seinen 74 Jahren nicht mehr gewachsen. In späteren Jahren wurde dann auch beschlossen, von Alterspräsidenten abzugehen und einen neugewählten Landtag durch den bisherigen Präsidenten eröffnen zu lassen. Bei der Konstituierung des ersten Bundestages machte es allerdings der damalige Alterspräsident vorzüglich. Der Zufall hatte es nämlich gewollt, daß Paul Löbe, der bewährte Präsident der Weimarer Zeit, Alterspräsident des ersten Bundestages war. Im Düsseldorfer Landtag wurde nun Josef Gockeln Präsident, Ernst Gnoss (SPD) und nach seinem Tod Alfred Dobbert erster Vizepräsident und Emil Klingelhöfer (KPD) zweiter Vizepräsident. Nachdem dann auch die Schriftführer bestimmt waren, kam es zur ersten Auseinandersetzung. Namens der CDU-Fraktion beantragte Dr. Hermann Pünder, daß die Abgeordneten einen Eid leisten sollten, wie es die Mitglieder der Stadträte und Kreistage täten. Dieser Antrag wurde von allen anderen Fraktionen abgelehnt, und so blieb es auch für die Zukunft dabei, daß die Landtagsabgeordneten nur eine Verpflichtung aussprachen, ihr Amt gewissenhaft auszuüben.

Inzwischen hatten interfraktionelle Besprechungen über die Regierungsbildung stattgefunden. Der von mir angeregte Vorschlag der CDU, der Landtagspräsident möge darüber Sondierungsgespräche führen, wurde von den übrigen Fraktionen abgelehnt. Man einigte sich schließlich dahin, daß jede Fraktion Vorschläge für ein Regierungsprogramm entwerfen solle. Die CDU-Fraktion bestimmte am nächsten Tag einen kleineren Kreis, dem auch Johannes Ernst angehörte, Grundlinien für ein Regierungsprogramm auszuarbeiten. In der Mittagspause dieses 20. Mai erfuhr man, daß sich in der SPD-Fraktion der gemäßigte Flügel mit dem Fraktionsvorsitzenden Fritz Henssler stärker durchsetze. Die anschließende Plenarsitzung war erfüllt von einer Rede Lübkes, der über seine Verhandlungen mit der Militärregierung über dringend erforderliche Fettlieferungen berichtete. Darauf folgten wieder Fraktionssitzungen.

In der CDU-Fraktion wurde über die interfraktionellen Besprechungen berichtet. Diese hätten ergeben, daß die CDU den Ministerpräsidenten stellen solle und daß in der Regierungserklärung nicht von einer Verstaatlichung der Grundstoffindustrien, sondern von ihrer Überführung in Gemeinwirtschaft gesprochen werden solle. Dann wurde Lübke gefragt, ob er bereit sei, die Regierung zu bilden. Er lehnte aber ab, da er bereits Lord Pakenham gegenüber erklärt habe, er könne ohne bindende Zusagen Englands kein politisches Kabinett bilden. Asburys Erklärungen genügten ihm nicht. Außerdem glaubte er, daß er als Ernährungsminister wichtiger sei. Die Fraktion beschloß darauf, Arnold zu bitten, ein Kabinett zu bilden.

Am folgenden Tag, dem 21. Mai, warteten wir den ganzen Vormittag über auf den Beginn einer Fraktionssitzung. Zum ersten Mal lernten wir, daß in politisch zugespitzten Stunden interfraktionelle Besprechungen den Vorrang haben. Dabei drang durch, daß die Kommunisten Schwierigkeiten machten, da sie angeblich der CDU nicht trauen könnten. Zudem gab es während des Mittagessens auch unter den gemäßigten SPD-Mitgliedern eine große Aufregung, als Werner Jacobi sich über ein Interview entrüstete, das Adenauer zu den Wahlen in der französischen Zone gegeben hatte. In der anschließenden Plenarsitzung wurde eine Entschließung zur Hungerkrise jedoch einstimmig angenommen.

Die Fraktion trat erst 14 Tage später, am 3. Juni, wieder zusammen. Bei Besuchen in Köln hatte mir Löns einige Sätze aus dem Entwurf der von Arnold beabsichtigten Regierungserklärung gegeben. Auf der Fahrt nach Düsseldorf sprach ich diese Sätze mit Johannes Ernst durch. Dieser war überzeugt, daß die SPD uns entgegenkommen werde. Dadurch, daß sein Kreis-Resident-Officer von ihm einen vertraulichen Bericht über den Aufbau der KPD angefordert habe, habe er erfahren, daß man in London die KPD ablehne. Auch Dr. Bach, der nach Berlin zum Kauf von Schreibmaschinen gefahren war, hatte bei seiner Rückkehr erzählt, ein Adjudant von Robert Murphy habe ihm gesagt, daß in der amerikanischen und in der englischen Zone nicht sozialisiert werden würde, da Deutschland zum Wiederaufbau auf die Privatinitiative angewiesen sei.

In der Fraktionssitzung, die in Benrath stattfand, zeigte sich sehr bald, daß Adenauer die Regierungsverhandlungen am liebsten noch einmal hätte scheitern lassen, weil die KPD zwei Minister forderte. Er überlegte, ob das Kabinett nicht um einen Sitz verkleinert oder um einen Sitz erweitert werden könne, damit die KPD entweder einen Sitz weniger oder die CDU bei zwei KPD-Sitzen einen Sitz mehr als vorgesehen bekäme. Arnold seinerseits warf Adenauer vor, er sei ihm mit einem brieflichen Angebot an das Zentrum, im Falle des Scheiterns einer großen Koalition eine Regierung aus CDU und Zentrum zu bilden, in den Rücken gefallen. Ich selbst war der Ansicht, daß man die Regierungsbildung nicht an der Frage der zwei KPD-Minister scheitern lassen dürfe, und schrieb das, da ich vor Schluß der Sitzung nach Aachen zurückfahren mußte, in kurzen Worten auf einen Zettel, den ich Adenauer zuschob. Er las ihn, wie ich noch im Fortgehen merkte, sichtlich enttäuscht.

Zum dritten Mal trat die Fraktion wegen der Regierungsbildung am 16. Juni zusammen, am Vortage der Plenarsitzung. Adenauer war zum Urlaub in die Schweiz gefahren. Wir mußten erfahren, daß die Regierungsbildung noch einmal zu scheitern drohe. Die FDP wollte ausbrechen, und das Zentrum verlangte ultimativ den Kultusminister, während die SPD erklärte, ohne das Zentrum nicht mitmachen zu können. Doch die CDU-Fraktion war nun entschlossen, sich nicht mehr irre machen zu lassen. Sie bat Arnold, umgehend die Lage in interfraktionellen Besprechungen zu klären.

In diesen Besprechungen kam dann des nachmittags eine Einigung zustande, nachdem Severing erklärt hatte, er habe einen Namen zu verlieren. Die Sozialisierung sei doch eine reichlich theoretische Angelegenheit. Sie habe auch 1919 nicht durchgeführt werden können, weil damals die Vereinigten Staaten Anleihen auf privatwirtschaftlicher Basis für wichtiger gehalten hätten. Aber nun lehnte Gustav Heinemann es ab, Finanzminister zu werden. Arnold mußte noch die ganze Nacht bis vier Uhr morgens die Verhandlungen weiterführen. Da Johannes Ernst in Aussicht genommen war, seitens der CDU-Fraktion Stellung zur Regierungserklärung zu nehmen, arbeiteten wir beide des abends in unserem gemeinsamen Quartier seine Rede aus. Wir wohnten damals bei Landtagstagungen in einem Krankenhaus, das derselben Schwesternkongregation gehörte, die die Krankenschwestern für das Knappschaftskrankenhaus in Bardenberg stellten.

Als sich die Abgeordneten am 17. Juni wieder in den Henkel-Werken versammelten, hörte man, daß nun Dr. Heinrich Weitz Finanzminister werde und Heinemann das Justizministerium übernehme, weil er so Oberbürgermeister von Essen bleiben könne. Als ich mit Dobbert ins Gespräch kam, meinte dieser, Brüning habe doch recht gehabt, daß Deutschland eine autoritäre Demokratie brauche. Dann trat das Plenum zusammen. Arnold wurde einstimmig zum Ministerpräsidenten gewählt. Die Vorstellung des Kabinetts, nun allerdings ohne FDP, und die Abgabe der Regierungserklärung waren für den Nachmittag vorgesehen. In der Mittagspause hieß es dann, daß nicht Ernst, sondern Albers namens der Fraktion sprechen solle. So setzten sich Pünder als stellvertretender Fraktionsvorsitzender, Albers und Ernst zusammen, um die Fraktionserklärung auszuarbeiten, wobei eine Reihe der Formulierungen übernommen wurden, die Ernst und ich am Vorabend ausgearbeitet hatten. Über die Regierungserklärung notierte ich damals, es habe »ein hoher sittlicher Wille« dahintergestanden.

Unter den Stellungnahmen der Fraktionen zur Regierungserklärung fiel es auf, daß Henssler im Namen der SPD sehr gemäßigt sprach. Dabei sagte er nach meinen Notizen: »Wer leben will, kann nur im Einklang mit Gesetz und Ordnung leben.« Diese Worte waren offensichtlich gegen die Kommunisten gerichtet.

Abends kam ich ins Gespräch mit meinem Fraktionskollegen Otto Rippel, der 1929 als Reichstagsabgeordneter[79] Mitbegründer des Christlich-Sozialen Volksdienstes gewesen und nun Mitlizenzträger der »Westfalenpost« in Hagen war. Er machte noch einmal den Unterschied zwischen der englischen Labour Party und den deutschen Sozialdemokraten deutlich, indem er darauf hinwies, daß beim Eröffnungsgottesdienst für den Labour-Parteitag Clement Attlee Epistel und Evangelium verlesen habe. Wir beide stellten uns deshalb die Frage, wie man einen engeren Kontakt zu den christlichen Kreisen in der englischen Labour Party finden könne, nachdem tags zuvor schon Vertreter des christlich-demokratischen MRP (Mouvement Republicaine Populaire) aus Frankreich in Köln gewesen waren und darum gebeten hatten, daß doch Vertreter der CDU nach Frankreich kommen möchten.

[79] Rippel (DNVP) hatte dem Reichstag von 1924–1928 angehört und wurde 1930 erneut gewählt.

NACHWORT DES BEARBEITERS

1. ENSTEHUNG UND NIEDERSCHRIFT DES MANUSKRIPTS

a) *Überlieferung*

In diesem Band ist der erste – kleinere – Teil des Gesamtmanuskripts veröffentlicht, das 265 Schreibmaschinenseiten umfaßt; sie sind mit handschriftlichen Zusätzen und Korrekturen des Verfassers versehen. Einige weitere Korrekturen finden sich in einem Durchschlag, von dem allerdings nur Teile erhalten sind. Das Manuskript ist nicht durchpaginiert, sondern in Kapitel eingeteilt mit jeweils eigener Seitenzählung. Diese Kapitel enthalten weder Überschriften noch Zwischenüberschriften. Auch fehlt ein Titelblatt. Josef Hofmann hat seine Erinnerungen, zu deren Niederschrift ihn (unter anderen) der Bearbeiter ermuntert hatte[1], abschnittsweise aufgrund von stenographischen Aufzeichnungen diktiert. Diese Diktate sind dann von seiner Sekretärin im Verlag der »Aachener Volkszeitung«, Frau Ursula Savelsberg, aufgenommen und übertragen worden.

Das maschinenschriftliche Manuskript war in elf, durchgehend numerierten Mappen aufbewahrt. Der in diesem Band publizierte Text entspricht dem Inhalt von »Mappe 1« und »Mappe 2«. Deren einzelne »Abschnitte« sind von mehr unterschiedlichem Umfang, wie Tabelle 1 zeigt; darin nachträglich, teilweise handschriftlich eingefügte Ergänzungsseiten zu einzelnen Abschnitten, mit a, b, c bezeichnet, wurden in der folgenden Aufstellung nicht eigens berücksichtigt.

(Tabelle 1)

Mappe 1	Seitenzählung im Ms.	Durchlaufende Paginierung
Abschnitt I	1– 8	(1– 8)
Abschnitt II	1–19	(9– 31)
Abschnitt III	1–14	(32– 47)
Abschnitt IV	1–49	(48–105)
Abschnitt V	1–19	(106–126)
Abschnitt VI	1–30	(127–160)
Mappe 2		
Abschnitt I	1–62	(161–224)
Abschnitt II	1–34	(225–259)
Abschnitt III	1– 6	(260–265)

---

[1] *In einem Schreiben* HOFMANNS *vom 16. Juni 1971 an den Bearbeiter hieß es:* Sie sehen also, daß ich mir Ihre Mahnung, meine Memoiren niederzuschreiben, zu Herzen genommen habe. Auch hat mich bei der 25-Jahr-Feier der Aachener Pädagogischen Hochschule mein früherer Landtagskollege aus der SPD-Fraktion, der heutige Wissenschaftsminister Johannes Rau, in sei-

Der Zeitpunkt der Niederschrift der einzelnen Kapitel läßt sich für die Abschnitte I und II der »Mappe 1« nicht ermitteln, ebenfalls nicht für die Abschnitte I–III aus »Mappe 2«. Um so genauer ist das Diktat der übrigen Teile zu datieren, wie aus Tabelle 2 hervorgeht. Auf folgenden Seiten des Manuskripts (in Klammern die Seitenzahlen des vom Bearbeiter durchlaufend paginierten Textes) finden sich handschriftliche Eintragungen von Josef Hofmann:

(Tabelle 2)
Mappe 1

Abschnitt III/1	(32):	»Notiert 3. 3. 71«
Abschnitt IV/1	(48):	»diktiert 4./6. 4. 71«
Abschnitt IV/11	(59):	»10. 5. 71 [S.] 11, 11a, 11b« (S. 59–62)
Abschnitt IV/18a	(71):	»10. 5. 71«
Abschnitt IV/25	(87):	»diktiert 19./20. April 71«
Abschnitt IV/29a	(83):	»10. 5. 71«
Abschnitt IV/40	(96):	»21./22. 4. 71«
Abschnitt V/I	(106):	»aufgezeichnet 21./25. II. 71. Die ersten Seiten 28. IV. 71 überarbeitet.«
Abschnitt VI/1	(127):	»Aufgezeichnet 15./18. Februar 1971«

Daß Josef Hofmann bereits vor dem März 1971 mit dem Diktat einzelner Teile seiner Memoiren begonnen hat, ergibt sich aus einer vierseitigen maschinenschriftlichen Niederschrift »Erinnerungen an Carl Driever«. Darauf findet sich der Vermerk »Aufgezeichnet 3. 1. 1971«. Diese Aufzeichnung ist nur zu einem Teil in das spätere Manuskript (S. 135, 140) übernommen worden.

Da die Fortsetzung der Diktate in »Mappe 3« den handschriftlichen Vermerk »Mitte Dezember 1971« trägt, dürften die Abschnitte in »Mappe 2« (S. 161–265) in der Zeit von Mai bis Dezember 1971 entstanden sein. In einem Brief J. Hofmanns an den Bearbeiter vom 10. August 1971 heißt es: »Mit der Niederschrift meiner Erinnerungen bin ich jetzt im Jahre 1946 angekommen und stehe vor der Frage, wie die Dinge zu konzentrieren sind. Ehe ich mich auf die Kulturpolitik in Nordrhein-Westfalen und den Bundeskulturausschuß der CDU beschränke, muß ich für die Jahre 1946 bis 1950 noch zwischen verschiedenen Aufgabengebieten unterscheiden, als da sind: Entwicklung der eigenen Zeitung und in Verbindung damit des Pressewesens überhaupt; Entwicklung der CDU in Aachen, im Rheinland und in der britischen Zone, Gründung und Entwicklung des Landes Nordrhein-Westfalen, zusammen mit den ersten Überlegungen hinsichtlich der Verfassung und dann den abschließenden Beratungen der Verfassung.«

---

ner Rede aufgefordert, doch einmal darzustellen, was alles in den verflossenen Jahren geschaffen worden sei. Aber Sie wissen, daß das nicht aus dem Ärmel zu schütteln ist und nicht einfach herunterdiktiert werden kann, sondern eine Arbeit erfordert, die mir immer unheimlicher wird.

Die letzten Kapitel seines Manuskriptes über Vorgänge des Jahres 1966 hat Hofmann seiner Eintragung zufolge »im Dezember 1973« – also kurz vor seinem Tode – diktiert. Ob der Verfasser den »Versuch, meine Memoiren zu schreiben«[2], in vollem Umfang zu veröffentlichen gedachte, ist nach Auskunft der Familienangehörigen wenig wahrscheinlich. Für seine Absicht, das Manuskript weiter zu vervollständigen, sprechen Wendungen im Manuskript wie: »Einzelheiten aus Korrespondenz heraussuchen« (S. 149), und: »noch einfügen« (S. 130). Der Verfasser war noch nicht mit einem Verlag in Verbindung getreten und hatte das Manuskript offensichtlich auch keinem Dritten zur Lektüre oder Beurteilung überlassen[3].

b) Quellengrundlage

Hofmanns Niederschrift bis zu den Ereignissen Ende April 1945 stützt sich in der Hauptsache auf seine Erinnerung. Allerdings standen dem Autor – trotz mehrfachen Wohnungs- und Ortswechsels und wiederholter Ausbombung – eine Reihe von Unterlagen zur Verfügung, angefangen von seinem Abiturzeugnis (1916) und seinem Soldbuch. Hofmanns Nachlaß im Hauptstaatsarchiv Düsseldorf enthält ferner zwei Exemplare seiner maschinenschriftlichen Dissertation von 1923 und Manuskripte zahlreicher Vorträge von 1920 an. Schließlich sind seine Verträge mit den Verlagen, in denen er bis 1945 als Journalist tätig war, ebenso erhalten wie einige Materialien über einen politischen Prozeß in Essen 1938 als Redakteur der »Kölnischen Volkszeitung«.

Von 1929 an liegen eine Reihe von Taschenkalendern Hofmanns vor. Sie enthalten in der Regel allerdings nur Angaben über auswärtige Termine und Vorträge, sind aber hin und wieder auch durch kurze Notizen ergänzt worden. Diese (teilweise stenographierten) Notizen hat der Verfasser für die Vorbereitung seiner Memoiren jahrgangsweise abgeschrieben und deren Datierungsangaben für seine Darstellung benutzt. Außer einigen von ihm verfaßten Artikeln aus der »Kölnischen Volkszeitung« – so etwa über die in den Memoiren beschriebenen Tagungen des Verbandes der Katholischen Akademiker in Maria Laach 1931 und 1932 – konnte sich Hofmann auf eine (offensichtlich vollständige) Sammlung seiner Artikel aus der »Kölnischen Zeitung« stützen. Sie umfassen die Zeit vom 20. Juni 1941 bis zum 20. Februar 1943 und werden durch einige Artikel aus dem Kölner »Lokalanzeiger« ergänzt. Erhalten ist auch ein »Arbeitsbuch« von 1944. Darüber hinaus hat J. Hofmann zwei Aufzeichnungen des früheren Vertriebsleiters der »Kölnischen Volkszeitung« und späteren Mitarbeiters im Vertrieb der

---

[2] *So in dem in Anm. 1 zitierten Schreiben.*

[3] *Auszüge aus dem ersten Kapitel des Manuskripts sind im* GERMANEN-BRIEF (MITTEILUNGEN DER ALTHERRENSCHAFT UND AKTIVITAS DER MÜNSTERISCHEN KV-KORPORATION GERMANIA) Nr. 97, April 1974, S. 7–11, veröffentlicht worden unter der Überschrift: Damals Student in Münster. Erinnerungen von B[undes]b[ruder] Josef Hofmann †. *In einem beigefügten Nachruf auf Hofmann schrieb der Redakteur dieser Zeitschrift,* FRANZ KROOS: Der Tod ereilte ihn bei der Niederschrift seiner Lebenserinnerungen. EBD., S. 7.

»Kölnischen Zeitung«, Hermann Barz, verarbeitet. Dabei handelt es sich um eine dreiseitige undatierte maschinenschriftliche Niederschrift »Erinnerungen an die letzten Jahre der KV« (vermutlich aus dem Jahre 1971) und eine zweiseitige maschinenschriftliche Aufzeichnung »Die Geschichte der KV aus meiner Erinnerung« (ebenfalls undatiert und vermutlich auch von 1971), die sich inhaltlich teilweise überschneiden. Auch hat der Autor Einzelfragen wiederholt mit früheren Kollegen aus der Redaktion der »Kölnischen Volkszeitung« und der »Kölnischen Zeitung« (vor allem Horndasch und Pettenberg) besprochen[4].

Für die Zeit vom 28. April 1945 ab konnte Hofmann seine Darstellung auf eine andere, besonders wichtige Quelle stützen, ein Tagebuch, dessen handschriftliche Eintragungen mit dem 28. April 1945 beginnen. Sie sind für den hier behandelten Zeitraum bis Mitte 1947 nahezu täglich vorgenommen worden und häufig sehr ausführlich.

Infolgedessen darf die Darstellung des Verfassers für diesen Teil besonderen Quellenwert beanspruchen. Das gilt beispielsweise für die Schilderung der Fortschritte beim Wiederaufbau in Köln und in Aachen wie für die Vorgeschichte der Gründung der CDU[5]; das gilt gleichermaßen für die Schilderung des Neuaufbaus der Presse in Aachen und im Rheinland seit dem Sommer 1945. Andererseits – das sei nicht verschwiegen – ist dieser Gewinn an detaillierter Information und sachlicher Zuverlässigkeit mit einem Verlust an atmosphärischer Dichte der Niederschrift verbunden, wie sie den voraufgehenden Teil in besonderer Weise auszeichnet.

An einigen Stellen seines Manuskripts (S. 159, 163, 222, 265) hat der Verfasser seine (Tagebuch-) Notizen erwähnt. Dennoch sind weder an diesen noch an vielen anderen Stellen die jeweils zugehörigen Auszüge des Tagebuchs abgedruckt worden, und zwar aus drei Gründen: Zum einen müßte sonst mit dem Beginn dieser Tagebuchaufzeichnungen (28. April) das gesamte Manuskript der Erinnerungen fortlaufend mit den Aufzeichnungen des Tagebuchs verglichen werden, was in der Konsequenz auf einen quasi Paralleldruck hinauslaufen würde. Zum andern überwiegen im Tagebuch zeitweise neben persönlichen und familiären Bezügen auch Mitteilungen über Vorgänge, die in den Memoiren nicht oder nur kurz behandelt werden, so daß deren Auslassung jeweils im einzelnen zu begründen wäre, was wiederum einen nicht vertretbaren editorischen Aufwand erfordern würde. (Vor allem in den ersten Wochen nach Kriegsende hat der Verfasser Gespräche und Reflexionen über vergangene und mögliche zu-

---

[4] *In einem Kondolenzschreiben vom 29. Dezember 1973 zum Tode Hofmanns von* HEINZ PETTENBERG *hieß es, er habe in seinem letzten Gespräch mit Hofmann für dessen* Endfassung seiner geplanten Erinnerungen noch einmal die Jahre 1941–46 *durchgesprochen.* RWN 210/577.

[5] *Am 16. Juni 1971 teilte* JOSEF HOFMANN *dem Bearbeiter mit, er sei mit seinem Manuskript* soweit *vorwärts gekommen,* daß er *die Vorgänge bei der Formulierung der Kölner Leitsätze zu Papier gebracht habe,* und zwar nunmehr ausführlich und anhand aller meiner Unterlagen, d. h. meines damals geführten Tagebuches und der Arbeitspapiere, die wir bei den Beratungen hatten und in denen vieles korrigiert worden ist.

künftige Entwicklungen ausführlich wiedergegeben.) Schließlich ist der Verzicht auf einen quellenkritischen Vergleich zwischen dem Tagebuch und den Memoiren auch darin begründet, daß Josef Hofmann nicht zu den säkularen Gestalten des politischen Katholizismus zählt, für die eine entsprechende Edition sinnvoll und lohnend sein könnte.

2. Zur Edition

Das hinterlassene Manuskript Josef Hofmanns mußte für den Druck redaktionell bearbeitet werden. Das begann damit, einen Buchtitel zu finden. Die sehr ungleichmäßigen Abschnitte mußten in neue Kapitel aufgeteilt und mit entsprechenden Kapitelüberschriften versehen werden. Das Inhaltsverzeichnis ist durch Zwischentitel untergliedert worden. Eine Reihe längerer Textpassagen wurde durch Absätze übersichtlicher unterteilt, Schreibfehler sind korrigiert worden. Eine Anzahl von Vornamen wurde eingefügt: nach dem Vorbild des Verfassers, der in vielen Fällen in das maschinenschriftliche Manuskript entsprechende Zusätze handschriftlich nachgetragen hatte. Auch sind einige falsch geschriebene Namen berichtigt worden. Hingegen war es mit einem vertretbaren Arbeitsaufwand nicht möglich, die Vornamen aller im Text genannten Personen zu ermitteln.

Auch konnte es nicht die Aufgabe des Bearbeiters sein, einige Passagen der Erinnerungen, die im Manuskript nicht streng der Chronologie entsprechend eingeordnet sind, jeweils an die sachlich zugehörenden Stellen zu plazieren, um nicht den Charakter der Niederschrift zu stark zu verändern und zu glätten. Das ist nur in einem einzigen Falle geschehen[6]. Statt dessen sind zum besseren Verständnis der Darstellung einige Daten in den Text eingefügt worden. Das erwies sich auch deswegen als zweckmäßig, weil der Bearbeiter im Sinne des Verfassers – der besonderen Wert auf eine lesbare Darstellung legte – davon abgesehen hat, den Text, wie es leicht möglich gewesen wäre, durchlaufend mit Sachanmerkungen aus gedruckten und ungedruckten Quellen zu kommentieren. Die Zahl der vom Bearbeiter stammenden Anmerkungen sollte so gering wie möglich gehalten werden, um die Lesbarkeit dieser Memoiren nicht zu beeinträchtigen.

---

[6] *Eine Passage über den Sturz Brünings im Umfang einer Seite wurde von S. 54 des Manuskripts an der sachlich zugehörigen Stelle (S. 64a) eingeordnet.*

PERSONENREGISTER

A

Adenauer, Konrad   49 ff., 62, 68, 74, 85, 102, 125, 142 ff., 146 f., 150, 156, 159, 167, 170, 177 f., 180 f., 192, 194 ff., 198 ff., 201 ff., 204 ff., 207 f., 212 ff., 219, 221

Albers, Johannes   13, 54, 67, 115 ff., 122 f., 125, 147, 149, 152 ff., 156, 158, 169, 183 f., 200, 202, 207, 222

Amelunxen, Rudolf   197 f., 201, 203

Antz, Josef   102, 189

Arens, Josef   126, 149

Arnold, Karl   9, 115, 198, 200 f., 203, 207 f., 219 ff., 222

Asbury, William   197, 201 f., 218, 220

Attlee, Clement   222

August Wilhelm, Prinz von Preußen   74

B

Babylon, Theodor   153

Bach, Franz Josef   209, 217, 221

Bachem, Familie   39, 48, 144, 147, 151, 170

Bachem, Julius   48 f.

Bachem-Sieger, Minna   56

Bachmann, Walter   169

Badt, Pfarrer   89

Bardenhewer, Luise   172

Barraclough, Sir John   172

Barth, Karl   151

Barz, Hermann   49, 75, 77, 95 f., 100, 142, 170, 226

Baumann, Heinz   216

Baumer, Familie   23

Belau, Walter   79

Berg, Ludwig   60

Bergengruen, Werner   82

Berger, Franz   132 f., 142 ff., 163, 170

Bergmann, Bernhard   54 f.

Bernadotte, Folke Graf   140

Berning, August Heinrich   38, 61

Berning, Wilhelm   38

Berning, Familie   38

Bertram, Adolf Kardinal   96

Betz, Anton   170, 189, 212 ff.

Bevin, Ernest   193 f., 217

Bindewald, Betriebsleiter   144, 149, 170

Bismarck, Otto Fürst von   29, 47

Blücher, Franz   216

Blume, Friedrich   127, 135 f.

Blumrath, Fritz   103, 105 f., 110, 113, 119, 126, 142, 148, 150

Böhler, Wilhelm   54 f.

Böker, Karl-Heinz   187

Boelitz, Otto   203, 212

Bönner, Eberhard   124

Borchers, Renate   165

Bornefeld-Ettmann, Franz   212

Bornewasser, Franz Rudolf   96

Bornewasser, Ila   74

Brandts, Franz   28

Braun, Otto   156

Brauns, Heinrich   36 f.

Breuer, Josef   46, 78, 85, 98, 101, 149, 167, 170, 182

Brisch, Josef   124

Brockhoff, Helga   165

Brosch, Hermann   173

Brües, Otto   128 f.

Brühl, Fritz   215

Brüning, Anton Paul   65, 74

Brüning, Heinrich   9, 34, 36, 38, 51 f., 55, 60 ff., 63 ff., 66 ff., 69, 72, 79, 81, 146, 175, 178, 222, 227

Brumme, Kurt   169

Buchanan, brit. Presseoffizier   167, 182, 190, 192

Bürckel, Josef   89

Buhla, Ernst   47 f.

C

Cardauns, Hermann   48 f.

Cardijns, Josef   206

Carduck, Hans 33, 43, 47, 74 ff., 84 f., 93 f., 100, 183, 187, 199, 211, 217
Cerfontaine, Johann 186, 188, 190
Chamier, Hans von 86 f., 89, 93, 96 f., 100 f., 170
Chruschtschow, Nikita 51
Churchill, Sir Winston 94, 107 f.
Claren, Verleger 213
Clay, Lucius D. 193
Conradsen, Bruno 77
Contzen, Hans J. 40
Crous, Helmut 216
Curtius, Ludwig 82

D

Deutzmann, Fritz 169
Dilke, Christopher 176, 182, 184
Dinkelbach, Heinrich 206
Dobbert, Albert 195, 215, 220, 222
Dönitz, Karl 139
Dohmen, Pfarrer 76
Dollfuß, Engelbert 87
Douglas, Sir W. Sholto 194, 201
Dovifat, Emil 38, 52, 169 f.
Dresbach, August 101, 136, 148, 171
Dresemann, Elisabeth 46
Driever, Karl 121, 125, 176, 224
Dufhues, Hermann Josef 26

E

Eberle, Josef 56
Eberle, Pfarrer 121
Ebert, Friedrich 37
Ehlen, Nikolaus 34
Eichen, Karl 154 f.
Eichler, Willi 146
Eickenscheidt, Frau 86
Eidens, Adolf 189
Eidens, Hermann 173, 177
Eimert, Herbert 143
Eisenhower, Dwight D. 120, 140
Elfes, Wilhelm 115, 179
Elze, Rudolf 113, 137
Encke, Hans 154 f., 178
Engels, Friedrich 61
Ephialtes 64

Epp, Franz Xaver Ritter von 20
Ernst, Bernhard 23, 26
Ernst, Hanno 169
Ernst, Johannes 50 f., 178 ff., 182 ff., 187 ff., 190 f., 199 f., 205 f., 209, 211, 219 ff., 222
Esser, Werner 114
Esser, Familie 114
Eulenburg, Friedrich Albert Graf zu 111

F

Falke, Josef Hermann 145
Faust SJ, Heinrich 196
Fehrenbach, Konstantin 69
Feiler, Familie 164
Fell, Hubert 203
Ferche, Josef 160
Fetten, Paul Leonhard 145
Field, amer. Presseoffizier 149
Fischer, Josef 124
Fischer, Wilhelm 210
Florian, Friedrich Karl 85
Frank, Ludwig 70
Frielingsdorf, Redakteur 170, 176
Frings, Josef Kardinal 150, 174, 179, 198, 206
Froberger, Josef 43 f., 60
Fromm, Antonius 24, 26
Fromm, Leo 23 ff., 30, 32 ff., 35, 38 ff., 112, 170
Fuchs, Fritz 154 f.
Fuchs, Hans 156, 172, 177 f.
Fülles, Christian 46
Füth, Lehrer 77
Funke, Jakob 77

G

Galen, Clemens August Kardinal von 58
Gasper, Karl 48, 78, 215
Gastall, brit. Presseoffizier 204
Gaul, Oberregierungsrat 169
Gaulle, Charles de 176
Gehrmann SVD, Eduard 175
Georg III., Kurfürst von Hannover 17
Georg VI., König von Großbritannien 87
Gerhardus, Felix 93

Gerig, Otto 153
Gessler, Otto 37
Gill, brit. Presseoffizier 165, 167, 173, 184
Gissinger, Familie 126, 131, 138, 142
Globke, Hans 199
Gnoß, Ernst 201, 204, 220
Gockeln, Josef 203, 207, 219 f.
Goebbels, Josef 42, 64, 86, 88 f., 108
Goeddert, Franz 105, 118 f., 144, 170
Goerdeler, Carl 127, 146
Göring, Hermann 47, 69, 91, 100, 140, 201
Görlinger, Robert 50, 201
Göttschers, Josef 164
Goldbach, Vertriebsleiter 75
Greenard, C. K. 78, 162, 165 ff., 171, 173, 182, 217 f.
Greiss, Franz 206
Griffin, Bernhard W. Kardinal 174
Grimm, Friedrich 85
Grimme, Adolf 197
Grohé, Josef 74, 145
Gronowski, Johannes 201
Grosche, Robert 126, 144, 150 f.
Gross, Emil 213
Groß, Nikolaus 54, 115, 117, 122, 146, 152 f.
Günther, Bernhard 152
Gumppenberg, Max Frhr. von 195
Gurian, Waldemar 79

H

Haack, Aloys Maria 216
Hackelsberger, Albert 72, 74
Hager, Werner 98
Hamacher, Wilhelm 55 f., 117 f., 147, 159 f., 197 f.
Hammels, Josef 45
Hartmann, Sibylle 154
Hartmann, Valentin 86
Haubricht, Josef 176
Hauenstein, Fritz 127
Hehenkamp, Theodor 39, 196
Heile, Wilhelm 214
Heiler, Friedrich 173

Heinemann, Gustav 89, 207, 222
Heinen, Anton 37
Heinen, Reinhold 29, 46, 93, 146, 183, 189, 212 ff.
Heinrich der Löwe 196
Hemmerle, Eduard 215
Hennemann, Josef 76
Henssler, Fritz 207 f., 220, 222
Herbold, Gefängnisdirektor 132, 160
Hering, Gerhard 128
Hermes, Andreas 158, 160, 180 f.
Hermanns, Vertriebsleiter 75
Heß, Rudolf 94, 180
Hesse, Gerhard 21, 22, 24
Hesse, Gerhard 213
Hettlage, Karl 56
Heukamp, Hermann 208
Heusch, Hermann 169
Heuschele, Otto 82
Heuss, Theodor 138, 171
Hilberath, Leo 170
Hilgermann, Bernhard 124, 126, 142, 145, 149
Himmler, Heinrich 140, 161
Hindenburg, Paul von 64 f., 67, 69, 81
Hirtz, Josef 176
Hitler, Adolf 32, 53 ff., 56, 63, 68 ff., 75, 80 f., 88 ff., 91, 94, 109, 114 f., 122, 125, 136, 148, 166 f., 175, 177
Hitze, Franz 28
Hoeben, Hein 73, 93 f., 96
Hoeber, Karl 39 f., 42, 44, 46, 49, 58
Hoff, August 82
Hofmann, Adelheid 12, 112, 120, 126, 130, 139, 179
Hofmann, Anton 11, 17, 28, 57
Hofmann, Bernhard 12, 76, 120, 126, 131, 135, 137, 149
Hofmann, Maria geb. Hesse 12, 22 f., 28, 30 ff., 38, 40, 56 f., 77, 108, 112, 117, 120 f., 124, 135, 138, 149, 163
Hofmann, Maria geb. Volmer 11
Hofmann, Norbert 12, 77, 112, 120, 126, 131, 135, 137 f., 149, 163
Hofmann, Winfried 12, 77, 112, 114, 124, 138 f.

Holbach, Wilhelm   171
Hollands, Heinrich   86, 148, 150, 161,
    163 ff., 166 ff., 181 f., 183 f., 186 ff.
Holzapfel, Friedrich   23
Honold, Lorenz   45
Horatz, Josef   145, 164
Horion, Johannes   172
Horndasch, Katharina   98, 102
Horndasch, Max   14 f., 42, 47, 67 f.,
    72 ff., 75 f., 78 f., 83, 85, 87, 89, 96 ff.,
    101 f., 214, 226
Hübinger, Paul Egon   172
Hüpgens, Theodor   129
Hütter, Verlagsmitarbeiter   141 ff.
Hynd, John B.   210

I
Innitzer, Theodor Kardinal   88 f., 96

J
Jacobi, Werner   221
Jacquemain, Josef   149
Jäger, Lorenz   174
Jäger, Willi   24
Jahn, Josef   85, 87, 98, 101, 109
Jansen, Nikolaus   164
Jarres, Karl   50
Jatho, Carl Oskar   82
Jodl, Alfred   140
Johann, Ernst   128
Joos, Barbara   58
Joos, Josef   34, 54, 56 ff., 60 f., 64 ff., 68,
    148, 153, 196
Jung, Edgar J.   52

K
Kaas, Ludwig   36, 64, 69 f.
Kaes, Bernhard   147
Kaiser, Elfriede   176
Kaiser, Jakob   54, 67 f., 115, 195 f., 206
Kannengießer, Josef   20, 23
Karmann, Wilhelm   35
Katzenberger, Hermann   97
Keitel, Wilhelm   140
Kindermann, Wilhelm   167 f., 176
Kirsanow, russ. Oberst   215

Kitz, Wilhelm   171, 191
Klabunde, Erich   214
Klein, Karl   39, 170
Klein, Kaspar   35
Kley, Ernst H.   26, 44
Klingelhöfer, Emil   220
Klinkhammer, Karl   58
Knappstein, Karl-Heinrich   175, 177
Knoll, amer. Besatzungsoffizier   114, 163
Köhler, Verlagsmitarbeiter   75 f.
Köhlmann, Magda   187 f.
Koenen, Hugo   74
Koenen, Paul   74
Körner, Heinrich   123
Kogon, Eugen   56, 180
Kohler, Familie   22 f.
Kolb, Walter   179
Konen, Heinrich   202 f.
Kramer, Franz Albert   47, 67
Krauß, Johann Baptist   26
Krone, Heinrich   38, 179 f.
Kroos, Franz   225
Krückmann, Paul   20
Kruse, Maria   132
Kühn, Heinz   146
Kühr, Friedrich   38, 61
Kuetgens, Felix   211
Kuhnen, Ludwig   191, 198

L
Lammers, Alois   197
Landmesser, Franz Xaver   33, 55
Langbehn, Julius   52
Le Beau, Rolf   104
Leber, Julius   122
Legge, Dechant   148
Lehr, Robert   170 f., 177 f., 189, 195,
    201 f., 204, 208
Leitl, Architekt   210
Lemmer, Ernst   158
Lenin, Wladimir I.   205
Lenné, Albert   75
Leo XIII., Papst   28
Letterhaus, Bernhard   13, 54, 60, 115,
    117 f., 122, 152 f.
Leuschner, Wilhelm   115

Ley, Robert   90
Lichtschlag, Otto   20
Lingemann, Heinrich   172
Lingens, Erich   199
Lirup, Kaplan   96
Löbe, Paul   220
Löns, Josef   212, 221
Löwenstein, Karl Fürst zu   58 f.
Long, brit. Presseoffizier   149 f.
Loosen, Maximilian   76
Lortz, Joseph   80
Lude, Ludwig Philipp   169, 177 f.
Lübke, Heinrich   203, 219 f.
Lüninck, Hermann Frhr. von   55
Lukas, Josef   22

M

Maas, Albert   23, 178 ff., 182 ff., 185,
   190, 199 f., 203, 209
Mahraun, Artur   36, 68
Mariaux, Franz   122
Marx, Emil   159
Marx, Karl   61
Marx, Wilhelm   36, 38, 54, 178
Marx, Prokurist   75
McClure, Robert A.   161
Maus, Heinrich   39 f., 73, 105
Mausbach, Josef   58
Meerfeld, Jean   205
Meinerzhagen, Arzt   147 f.
Meister, Alois   22
Mella, Julius   127
Menken, Theodor   157
Mennicken, Peter   173
Menzel, Walter   208
Merklen, León   35
Merson, A. L.   185, 192
Mertens, Georg   56
Messner, Johannes   56
Meyers, Franz   56
Meyers, Hubert   217
Middelhauve, Friedrich   23
Mies, Hans   210
Mikat, Paul   14, 76
Model, Walter   132, 136 f.
Moeller van den Bruck, Arthur   52

Mönnig, Hugo   105
Montgomery, Bernhard L.   111, 174
Morsey, Rudolf   67, 72, 223 f., 226
Muckermann, Friedrich   60, 83, 93, 96
Muckermann, Richard   170
Mudra, Herbert von   62
Müller, Franz   143
Müller, Karl   172
Müller, Otto   54, 146, 153
Müller-Franken, Hermann   36, 178
Münch, Franz   55
Murphy, Robert   221
Mussolini, Benito   62, 175
Muth, Carl   44, 55

N

Napoleon I.   109
Naujack, Hans   178
Nelan, brit. Besatzungsoffizier   195
Nell-Breuning SJ, Oswald von   59, 206
Neuß, Wilhelm   151
Neven, August   135 f.
Neven, Kurt   102 f., 120, 122, 141 f.,
   143 ff., 146 ff., 150, 163, 170 f., 182,
   186
Niemöller, Martin   171
Nitti, Francesco Saverio   22
Noack, Ulrich   181
Nobel, Alphons   56 f.
Noé, Josef   85, 87, 170, 176, 214
Nölting, Erik   200, 207

O

Öllers, Werner   189
Ösinghaus, Karl   145, 154
Oligschläger, Lambert   210
Opitz, Redakteurin   165
Oppenhoff, Franz   161
Orth, Hermann   48, 81

P

Pacelli, Eugenio   57, 62, 83 f., 96
Pakenham, Francis A. Lord   207, 215,
   220
Papen, Franz von   48, 55, 64 f., 67 f.,
   75, 79

Parrott, Oberst G. F.   198 f., 209 f.
Pascher, Ernst   169
Pascher, Maria   164
Paulus, Franz Wilhelm   212
Peiner, Werner   46 f.
Perlitius, Ludwig   24
Perqui, flämischer Dominikaner   58
Pesch, Otto   161, 165, 168 f., 176, 187 f.,
    216
Peters, Hans   175
Peters, Johannes   23
Pettenberg, Heinz   104, 111 f., 124, 127,
    142 ff., 145 f., 150, 154, 182, 226
Pfeiffer, Jost   209
Pfeiffer, Kurt   176
Pieper, August   29, 33, 37
Pinsk, Johannes   82 f.
Pirlet, Josef   199
Pius IX., Papst   28
Pius XI., Papst   59, 96
Platz, Hermann   34, 172
Plenge, Johannes   23, 27, 29
Podewils, Clemens Graf   47
Poincaré, Raymond   34
Poll, Bernhard   211
Preysing, Konrad Kardinal von   174
Pünder, Hermann   175, 178, 202, 220,
    222

Q
Queck, Walter   216

R
Raabe, Felix   199
Raeder, Erich   171
Raitz von Frentz, Edmund Frhr.   43 f.,
    47, 87
Raskin, Heinrich   147, 149, 156
Rau, Johannes   223
Rehmann, Theodor   169
Reichwein, Adolf   122
Reifferscheidt, Hans   146, 167
Reimann, Max   201
Reisner, Heinrich   196
Remark, Peter   42
Remarque, Erich Maria   42

Reventlow, Ernst Graf von   52
Richard von Cornwall   171
Richter, Heinz   153
Rienhardt, Rolf   97
Rings, Johannes   48, 152
Rippel, Otto   222
Ritter, Emil   48
Robertson, Sir Brian   195
Röhm, Ernst   81
Röhr, Franz   60 f.
Rörig, Alexander   142, 148
Rörig, Hans   105 ff., 142, 149, 170, 183
Rösch, Josef   56, 147
Rombach, Hans Wolf   209
Rombach, Wilhelm   166, 168, 177 ff.
Roosevelt, Franklin D.   137
Rosenberg, Alfred   54, 80
Rosiny, Toni   217
Rothe, Paul   182, 184, 190
Ruffini, Josef   40, 63 ff., 145 f.
Ruhnau, Anton   216
Rundstedt, Gerd von   123
Ruppert, Redakteur   212 f.
Rust, Bernhard   17

S
Salazar, Antonio Oliveira   148
Sangnier, Marc   34
Savelsberg, Ursula   223
Sayer, brit. Besatzungsoffizier   185 f.
Schäfer, Johannes   94, 103, 127
Schäfer, Josef   176
Schäfer, Prokurist   49
Schaeven, Peter Josef   142 ff., 153 ff., 157
Scharmitzel, Theodor   153
Schauf, Heribert   171, 173
Schaukal, Richard von   98
Scheuble, Julius   172
Schiefeling, Verleger   147
Schiffers, Heinrich   85 f., 167
Schils, Johannes   73
Schlack, Peter   153 ff.
Schlageter, Albert Leo   32
Schleicher, Kurt von   68
Schmaus, Michael   80
Schmelzer, Rudolf   127, 131

Schmid, Carlo 195
Schmidt, Oskar 120, 124
Schmidt, Otto 159
Schmidt, Verleger 213
Schmitt, Hermann-Josef 122, 206
Schmitz, Jakob 182 ff., 185 ff., 188, 190 f., 212, 217
Schmitz, Peter 173
Schmitz, Walter 216
Schneemann, Theodor 220
Schnippenkötter, Josef 172, 197
Schöfer, René von 210
Schreiber, Hans 212
Schreyvogel, Friedrich 47, 145
Schröder, Augusta 64
Schröder, amer. Presseoffizier 165
Schroer, Lehrer 77
Schütz, Werner 14, 23
Schulte, Josef Kardinal 34
Schumacher, Franz 24
Schumacher, Helmond 148
Schumacher, Kurt 29, 194 f., 198, 205
Schuschnigg, Kurt von 88
Schwakenberg, Verlagsmitarbeiter 75
Schwelm, Karl Josef 169
Schwerin, Eberhard Graf von 87, 100 ff.
Schwering, Ernst 126, 145
Schwering, Leo 37, 117, 145, 147, 152 ff., 158 f., 178, 180, 183, 191, 212
Schweyer, Carl 144 f.
Schweyer, Franz 145
Schwippert, Hans 172
Servais, Albert 169, 176, 178 f., 199
Sevenich, Maria 180
Severing, Carl 20, 179, 205, 221
Shukow, Grigon 109, 140
Siemer OP, Laurentius 114 f., 118, 152, 156 ff., 191
Skretny, Konrad 201
Sluytermann, Kreiskulturwart 76
Soiron, Jacob 178
Sollmann, Wilhelm 73, 205
Sonnenschein, Adolf Hubert 37, 39
Sorge, Richard 105
Soyka, Erich 216
Spael, Wilhelm 33, 43 f., 81 f., 85, 100

Spalding, brit. Presseoffizier 162, 165, 173, 177
Speer, Albert 97, 139
Spoerl, Alexander 82
Stalin, Josef W. 60
Stapel, Wilhelm 52
Stegerwald, Adam 24, 38, 58, 159
Stehle, Anton 45
Stephany, Erich 173
Stepkes, Fritz 175
Stiegler, Bürgermeister 177
Stocky, Julius 38 ff., 51, 57, 63, 105, 145, 147, 159
Sträter, Artur 203, 219
Sträter, Hermann 177
Streicher, Julius 95
Stresemann, Gustav 30
Stricker, Fritz 23
Strunk, Heinrich 160
Süsterhenn, Adolf 56
Suth, Willi 102, 144, 156

T

Terboven, Josef 81
Terrahe, Rechtsanwalt 121
Teschemacher, Hans 20, 27, 29
Teusch, Christine 14, 47, 57, 69, 156, 197, 203 f.
Thissen, Otto 45 f., 71, 81, 99, 101
Thoeren, Lisbeth 47, 78, 98, 101, 111 f., 131, 142, 145, 149, 187 f.
Thyssen, Fritz 46, 55
Tötter, Heinrich 127 f., 131 f., 134 ff.
Traub, Anton 49
Treskow, Elisabeth 76
Treviranus, Gottfried Reinhold 81

U

Ungermann, Winand 177, 179, 191
Unverhau, Pfarrer 89

V

van der Lubbe, Marinus 69
van der Velden, Johann Josef 54, 115 ff., 163 f., 168 f., 174, 179
Vaßen, Änne 148, 161

Vienken, Thea 111, 171
Vockel, Heinrich 38
Vogel, Friedrich 170, 176, 215
Vogt, Erika 150, 156
Volpi, Giuseppe Graf 62

W

Wachler, Georg 180
Warnecke, Theodor 23, 33
Warsch, Wilhelm 154
Watter, Oskar 20
Weber, Helene 57, 197, 199
Wegener, August 213
Weinand, Maria 77
Weiß, Anton von 177
Weitz, Heinrich 147, 222
Weizsäcker, Ernst Frhr. von 106
Welty OP, Eberhard 152 f., 155, 205

Werhahn, Wilhelm 72
Wertz, Hans 169
Weyer, Josef 178
White, brit. Presseoffizier 184
Wiegert, Franz 153
Wilhelm II., Kaiser 17 f.
Windthorst, Ludwig 28, 44, 48, 74
Wirmer, Josef 114, 145
Wirth, Joseph 60, 68 f., 156
Wittler, Helmut 83
Wöstmann, Heinz 17, 19
Wolf, Alfred 178 ff., 197, 199
Wolf, Heinz 203
Wust, Peter 82

Z

Zerres, Redakteur 215
Zimmermann, Karl 154 f., 178, 182 ff., 212
Zuhorn, Karl 195

Veröffentlichungen der Kommission für Zeitgeschichte

In Verbindung mit Dieter Albrecht, Andreas Kraus, Konrad Repgen
herausgegeben von Rudolf Morsey

Reihe A: Quellen

Band 1: DIETER ALBRECHT, Der Notenwechsel zwischen dem Heiligen Stuhl und der deutschen Reichsregierung, I: Von der Ratifizierung des Reichskonkordats bis zur Enzyklika »Mit brennender Sorge«, Mainz 1965.

Band 2: ALFONS KUPFER, Staatliche Akten über die Reichskonkordatsverhandlungen 1933, Mainz 1969.

Band 3: HELMUT WITETSCHEK, Die kirchliche Lage in Bayern nach den Regierungspräsidentenberichten 1933–1943, I: Regierungsbezirk Oberbayern, Mainz 1966.

Band 4: BURKHART SCHNEIDER in Zusammenarbeit mit Pierre Blet und Angelo Martini, Die Briefe Pius' XII. an die deutschen Bischöfe 1939–1944, Mainz 1966.

Band 5: BERNHARD STASIEWSKI, Akten deutscher Bischöfe über die Lage der Kirche 1933 bis 1945, I: 1933–1934, Mainz 1968.

Band 6: HEINZ HÜRTEN, Deutsche Briefe 1934–1938. Ein Blatt der katholischen Emigration, I: 1934–1935, Mainz 1969.

Band 7: HEINZ HÜRTEN, Deutsche Briefe 1934–1938. Ein Blatt der katholischen Emigration, II: 1936–1938, Mainz 1969.

Band 8: HELMUT WITETSCHEK, Die kirchliche Lage in Bayern nach den Regierungspräsidentenberichten 1933–1943, II: Regierungsbezirk Ober- und Mittelfranken, Mainz 1967.

Band 9: RUDOLF MORSEY, Die Protokolle der Reichstagsfraktion und des Fraktionsvorstands der Deutschen Zentrumspartei 1926–1933, Mainz 1969.

Band 10: DIETER ALBRECHT, Der Notenwechsel zwischen dem Heiligen Stuhl und der deutschen Reichsregierung, II: 1937–1945, Mainz 1969.

Band 11: LUDWIG VOLK, Kirchliche Akten über die Reichskonkordatsverhandlungen 1933, Mainz 1969.

Band 12: HEINZ BOBERACH, Berichte des SD und der Gestapo über Kirchen und Kirchenvolk in Deutschland 1934–1944, Mainz 1971.

Band 13: PAUL KOPF / MAX MILLER, Die Vertreibung von Bischof Joannes Baptista Sproll von Rottenburg 1938–1945. Dokumente zur Geschichte des kirchlichen Widerstands, Mainz 1971.

Band 14: HELMUT WITETSCHEK, Die kirchliche Lage in Bayern nach den Regierungspräsidentenberichten 1933–1943, III: Regierungsbezirk Schwaben, Mainz 1971.

Band 15: FRIEDRICH MUCKERMANN, Im Kampf zwischen zwei Epochen. Lebenserinnerungen, bearbeitet und eingeleitet von NIKOLAUS JUNK, Mainz 1973.

Band 16: WALTER ZIEGLER, Die kirchliche Lage in Bayern nach den Regierungspräsidentenberichten 1933–1943, IV: Regierungsbezirk Niederbayern und Oberpfalz 1933 bis 1945, Mainz 1973.

Band 17: LUDWIG VOLK, Akten Kardinal Michael von Faulhabers 1917–1945, I: 1917 bis 1934, Mainz 1975.

Band 18: JOHANNES SCHAUFF, Das Wahlverhalten der deutschen Katholiken im Kaiserreich und in der Weimarer Republik, Mainz 1975.

Band 19: HUBERT MOCKENHAUPT, Grundlinien katholischer Sozialpolitik im 20. Jahrhundert. Ausgewählte Aufsätze und Reden von Heinrich Brauns, Mainz 1976.

Band 20: BERNHARD STASIEWSKI, Akten deutscher Bischöfe über die Lage der Kirche 1933–1945, II: 1934–1935, Mainz 1976.

Band 21: ERWIN GATZ, Akten zur preußischen Kirchenpolitik in den Bistümern Gnesen-Posen, Kulm und Ermland aus dem Politischen Archiv des Auswärtigen Amtes Bonn (1885–1914), Mainz 1977.

Band 22: ERWIN GATZ, Akten der Fuldaer Bischofskonferenz, I: 1871–1887, Mainz 1977.

Band 23: JOSEF HOFMANN, Journalist in Republik, Diktatur und Besatzungszeit. Erinnerungen 1916–1947, bearbeitet und eingeleitet von RUDOLF MORSEY, Mainz 1977.

Band 24: HELMUT PRANTL, Die kirchliche Lage in Bayern nach den Regierungspräsidentenberichten 1933–1943, V: Regierungsbezirk Pfalz 1933–1940, Mainz 1977.

Reihe B: Forschungen

Band 1: LUDWIG VOLK, Der Bayerische Episkopat und der Nationalsozialismus 1930–1934, Mainz 1965, ²1966.

Band 2: RUDOLF PESCH, Die kirchlich-politische Presse der Katholiken in der Rheinprovinz vor 1848, Mainz 1966.

Band 3: MANFRED STADELHOFER, Der Abbau der Kulturkampfgesetzgebung im Großherzogtum Baden 1878–1918, Mainz 1969.

Band 4: DIETER GOLOMBEK, Die politische Vorgeschichte des Preußenkonkordats (1929), Mainz 1970.

Band 5: LUDWIG VOLK, Das Reichskonkordat vom 20. Juli 1933. Von den Ansätzen in der Weimarer Republik bis zur Ratifizierung am 10. September 1933, Mainz 1972.

Band 6: HANS GÜNTER HOCKERTS, Die Sittlichkeitsprozesse gegen katholische Ordens-angehörige und Priester 1936/1937. Eine Studie zur nationalsozialistischen Herr-schaftstechnik und zum Kirchenkampf, Mainz 1971.

Band 7: CHRISTOPH WEBER, Kirchliche Politik zwischen Rom, Berlin und Trier 1876–1888. Die Beilegung des preußischen Kulturkampfes, Mainz 1970.

Band 8: KLAUS GOTTO, Die Wochenzeitung Junge Front/Michael. Eine Studie zum katho-lischen Selbstverständnis und zum Verhalten der jungen Kirche gegenüber dem Nationalsozialismus, Mainz 1970.

Band 9: ADOLF M. BIRKE, Bischof Ketteler und der deutsche Liberalismus. Eine Unter-suchung über das Verhältnis des liberalen Katholizismus zum bürgerlichen Libe-ralismus in der Reichsgründungszeit, Mainz 1971.

Band 10: ADENAUER-STUDIEN. Herausgegeben von RUDOLF MORSEY und KONRAD REPGEN, I: Mit Beiträgen von HANS MAIER, RUDOLF MORSEY, EBERHARD PIKART und HANS-PETER SCHWARZ, Mainz 1971.

Band 11: HEINZ HÜRTEN, Waldemar Gurian. Ein Zeuge der Krise unserer Welt in der ersten Hälfte des 20. Jahrhunderts, Mainz 1972.

Band 12: KLAUS STEUBER, Militärseelsorge in der Bundesrepublik Deutschland. Eine Unter-suchung zum Verhältnis von Staat und Kirche, Mainz 1972.

Band 13: ADENAUER-STUDIEN. Herausgegeben von RUDOLF MORSEY und KONRAD REPGEN, II: WOLFGANG WAGNER, Die Bundespräsidentenwahl 1959, Mainz 1972.

Band 14: JOSEF BECKER, Liberaler Staat und Kirche in der Ära von Reichsgründung und Kulturkampf. Geschichte und Strukturen ihres Verhältnisses in Baden 1860–1876, Mainz 1973.

Band 15: ADENAUER-STUDIEN. Herausgegeben von RUDOLF MORSEY und KONRAD REPGEN, III: Untersuchungen und Dokumente zur Ostpolitik und Biographie. Mit Bei-trägen von KLAUS GOTTO, HEINRICH KRONE, HANS GEORG LEHMANN, RUDOLF MORSEY, JÜRGEN SCHWARZ, WOLFGANG STUMP und WERNER WEIDENFELD, Mainz 1974.

Band 16: OSWALD WACHTLING, Joseph Joos – Journalist, Arbeiterführer, Zentrumspoliti-ker. Politische Biographie 1878–1933, Mainz 1974.

Band 17: BARBARA SCHELLENBERGER, Katholische Jugend und Drittes Reich. Eine Ge-schichte des Katholischen Jungmännerverbandes 1933–1939 unter besonderer Berücksichtigung der Rheinprovinz, Mainz 1975.

Band 18: HEINRICH KÜPPERS, Der Katholische Lehrerverband in der Übergangszeit von der Weimarer Republik zur Hitlerdiktatur. Zugleich ein Beitrag zur Geschichte des Volksschullehrerstandes, Mainz 1975.

Band 19: RUDOLF EBNETH, Die österreichische Wochenschrift »Der christliche Ständestaat«. Deutsche Emigration in Österreich 1933–1938, Mainz 1976.

Band 20: MICHAEL KÖRNER, Staat und Kirche in Bayern 1886–1918, Mainz 1977.

Band 21: ADENAUER-STUDIEN. Herausgegeben von RUDOLF MORSEY und KONRAD REPGEN, IV: HUGO STEHKÄMPER, Konrad Adenauer als Katholikentagspräsident 1922. Form und Grenze politischer Entscheidungsfreiheit im katholischen Raum, Mainz 1977.

Band 22: RAIMUND BAUMGÄRTNER, Weltanschauungskampf im Dritten Reich. Die Auseinandersetzung der Kirchen mit Alfred Rosenberg, Mainz 1977.

Band 23: ULRICH VON HEHL, Katholische Kirche und Nationalsozialismus im Erzbistum Köln 1933–1945, Mainz 1977.